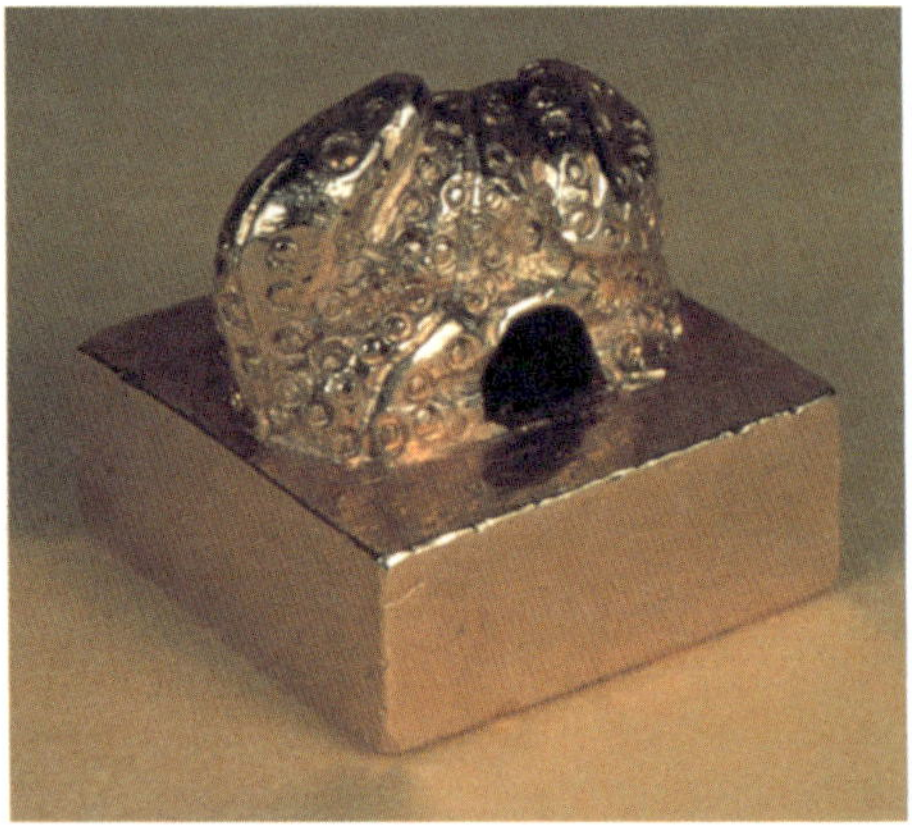

▲「漢委奴国王《かんのわのなのこくおう》」金印　昭和６(1931)年に国宝に指定されたこの金印は，百姓甚兵衛《じんべえ》が天明４(1784)年に志賀島《しかのしま》から掘りだした。当時の福岡藩の学者であった亀井南冥《なんめい》は，同年ただちに『金印辨《べん》』をあらわし，その重要性を指摘した。

▼板付《いたづけ》遺跡の環濠《かんごう》(福岡市博多区)　標高11〜12ｍの低台地上に，弥生前期初頭の楕円《だえん》形(東西80ｍ・南北110ｍ)の環濠がめぐる。断面はＶ字形で，内部には袋状貯蔵穴群を区画する弦状《げんじょう》溝が走る。この周囲にはさらに用水路をかねた溝が取り囲む。

►元寇防塁《げんこうぼうるい》の前を進む竹崎季長《すえなが》　肥後国が担当した生《いき》の松原の防塁の前を進む季長。そのやや前で日輪《にちりん》の扇をかざすのは，肥後《ひご》の大豪族菊池武房《たけふさ》。約３ｍの高さがあるが，絵では人物が誇張され，実際より低くみえる。

◄居屋敷《いやしき》1号窯《かま》跡(京都《みやこ》郡みやこ町)　丘陵最上部にある半地下式の登窯《のぼりがま》(全長6m・幅1.2m)である。焚口《たきぐち》はやや細身で本体はずん胴になる。前庭《ぜんてい》部の広がりはなく，焼成部の傾斜角度は25度である。日本最古級の窯で，考古地磁気年代はAD.440±10とでた。

▼珍敷塚《めずらしづか》古墳(うきは市吉井《よしい》町)　6世紀後半の横穴式石室。奥壁には赤色と青色のほか地色(淡黄《たんこう》色)も利用して，靫《ゆき》3個，大きな蕨手文《わらびてもん》，舳先《へさき》に鳥がとまる船をこぐ人，太陽とみられる同心円文や月の象徴であるヒキガエルを描く。

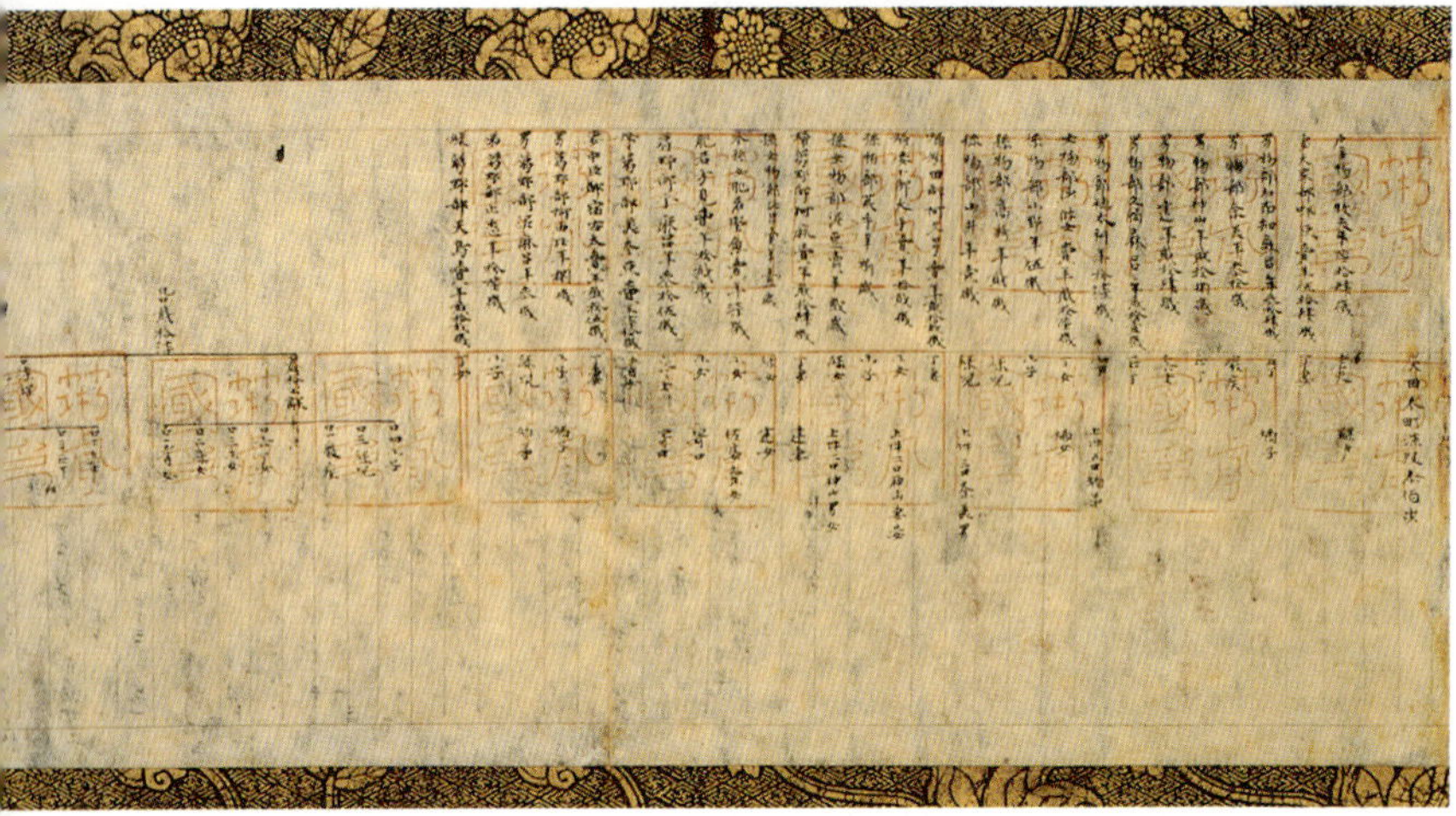

▲筑前国《ちくぜんのくに》嶋郡《しまぐん》川辺里《かわべのさと》の戸籍断簡《こせきだんかん》　郡司肥君《ひのきみの》猪手《いて》の戸籍断簡。正倉院から流出した断簡のひとつ。この大宝2(702)年の戸籍のほか，糸島《いとしま》半島は貴重な歴史遺産で満ちあふれている。国重文。

▼大宰府《だざいふ》政庁復原模型　10世紀半ば以降に再建された政庁(第Ⅲ期遺構)の100分の1の模型。発掘成果にもとづく。写真中央上部の正殿は推定復原。

▲正倉院蔵の新羅文物《しらぎぶんぶつ》(佐波理加盤《さはりかばん》)　クッションに使われたらしい紙に書かれた文字(文書の断片)から新羅文物のひとつであることが判明。正倉院宝物。

▼整理復原された青磁《せいじ》　地下鉄祇園《ぎおん》町駅(福岡市)近くで発掘された井戸から出土した大量な青磁片を復原したもの。

▲新安沖《シナンおき》沈没船でみつかった箱詰めの陶磁器　中世において，中国製の陶磁器はもっとも重要な輸入品。船積みされた状態のまま引き揚げられ，保存状態はきわめて良好であった。

▲遠山五匹馬地文真形釜《とおやまごひきうまじもんしんなり》　室町時代中期の古芦屋《こあしや》の名作。地文には遠山に5匹の奔馬《ほんば》が描かれる。

►筑前国の有力武士の館(『一遍上人絵伝』) 絵伝中もっとも立派な武家屋敷といわれ，麻生《あそう》氏の館との推測もある。酒宴の場面，主人が一遍から札をもらう場面，一遍が門をでる場面，前後する3つの時間が異時同図法で描かれる。国宝。

▲慶長《けいちょう》御《お》城廻《しろまわり》絵図　福岡という地名の由来は，関ヶ原の戦い後筑前《ちくぜん》国をあたえられた黒田長政《ながまさ》が，商業都市博多に隣接する福崎の丘陵地に新たな城を築き，黒田氏ゆかりの備前国福岡にちなんで，福岡城と命名したことによる。

►献上《けんじょう》博多織(小川善三郎作)　博多織は藩の保護のもと，毎年3月に帯地，10月には羽織・裃《かみしも》地が将軍家に献上されたことから献上博多織とよばれ，献上品としての伝統と格式を保持するため，織文様《もんよう》は独鈷《とっこ》・華皿《はなざら》などに制限された。

▲祇園会《ぎおんえ》御神幸《ごじんこう》祭礼絵巻　久留米三大祭礼のひとつ祇園会の華麗な神幸行事の様子をあらわしたこの絵巻には，城下八掛《はちがかり》よりだす通物《とおしもの》とこれを挽《ひ》く人びとの姿が描かれており，当時の盛大な祇園会を今日に伝えている。

▼九州小倉《こくら》合戦図　慶応２(1866)年７月27日，大里に襲来した長州軍と迎え撃つ小倉・熊本藩兵の戦闘状況を描いたもので，長州側は多くの死傷者をだし撤退した。海上には幕府の軍艦とともに小倉藩の軍艦(飛龍丸《ひりゅうまる》)がみえる。

▲福岡の変錦絵　明治10(1877)年３月，前月に勃発した西南《せいなん》戦争に呼応して，旧福岡藩士族が蜂起した。しかし，結局は失敗に終った。この事件に参加した人びとを中心に翌11年秋，向陽《こうよう》社が誕生した。

▼関門海峡《かんもんかいきょう》　北九州市門司《もじ》区(手前)と山口県下関《しものせき》市(対岸)。最狭部幅630ｍ。昭和17(1942)年関門鉄道トンネル，同33年国道トンネル，同48年関門橋，同50年山陽新幹線が通じた。

地方史研究協議会名誉会長
学習院大学名誉教授

児玉幸多　監修

企画委員　熱田公―川添昭二―西垣晴次―渡辺信夫

# 福岡県の歴史　目次

川添昭二―武末純一―岡藤良敬―西谷正浩―梶原良則―折田悦郎

# 福岡県の歴史

# 風土と人間——本州と九州の要

## 生活の環境●

福岡県は日本列島の西南端に位置する九州の北部を占めている。九州と本州とを結ぶ要《かなめ》であり、日本と中国大陸・朝鮮半島の接点に位置している。日本の歴史のなかで福岡県が重要な役割をになう要因の一つはここにある。

『福岡県勢要覧』によると、平成七（一九九五）年の福岡県の総面積は境界未定をのぞき四八三六平方キロで、全国の第二九位、九州で第五位、国土の一・三％、九州の一一・五％を占める。人口は四九三万三三九三人で全国の第九位、九州で第一位である。

福岡県は、東は周防灘《すおうなだ》をへだてて山口県に対し、瀬戸内海をとおして京畿《けいき》地方に連なっている。東南部は東西に走る英彦《ひこさん》山山地で大分県に接する。西は背振《せふり》山地と筑後《ちくご》川下流によって佐賀県に接し、一部は有明海《あけかい》にのぞんでいる。南は大牟田《おおむた》市・熊本県荒尾《あらお》市の境から筑肥《ちくひ》山地で熊本県に接し、北は響灘《ひびきなだ》・玄界《げんかい》灘《なだ》をへだてて朝鮮半島にのぞんでいる。以下、福岡県の地形のあらましをみてみよう。

福岡県の山地は筑紫《つくし》山地・英彦山山地・水納《みのう》（水縄）山地・筑肥山地に大別される。筑紫山地は「ちくしさんち」ともいい、九州北部を北東から南西に走っており、北九州市小倉《こくら》北区東部から門司《もじ》区のほぼ全域を占める企救《きく》山地をはじめ、貫《ぬき》山地・福地《ふくち》山地、県中央のやや西側を縦走する三郡《さんぐん》山地、県西部と佐賀県北東部をほぼ東西に走る背振山地などに分けられる。英彦山山地は古来修験《しゅげん》の山として知られる英彦山を主峰としている。県南部の久留米《くるめ》市の東から大分県境の津江《つえ》山地まで東西に走っているのが水納山地である。その南に位置するのが筑肥山地であり、山地名は筑後国と肥後国の境界であったことにちなむ。

熊本県の阿蘇外輪山《あそがいりんざん》および大分県の久住《くじゅう》山に源流を発し、肥沃《ひよく》な筑後平野を貫流して有明海にそそいでいる九州最大の河川が筑後川である。かつては洪水と治水、境界争いが繰りかえされたが、現在は四市九町をうるおし、農業・林業・工業・水産業などが行われ、水資源開発が進められている。流長で筑後川につぐのは矢部《やべ》川であるが、流域内人口では遠賀《おんが》川が第二位である。母なる川を汚染からまもろうとする努力がさまざまに行われている。

県北西部の福岡市を中心とする平野が福岡平野である。県北東部の遠賀川流域に広がっているのが、

筑後川(うきは市吉井町辺り)

いわゆる筑豊《ちくほう》平野である。日本最大の石炭産地であった。福岡県の南部から佐賀県南部にかけて広がる九州最大の平野が筑紫《ちくし》平野で、「つくしへいや」ともよんでおり、東の福岡県側を筑後平野ともいい、西の佐賀県側を佐賀平野といっている。県東部・周防灘沿岸の平野が豊前《ぶぜん》平野である。

福岡県の三面は海であり、北部は響灘に、北西部は玄界灘に、東は周防灘に、南は有明海に面している。おもな湾としては博多《はかた》湾・洞海《どうかい》湾・加布里《かふり》湾がある。

福岡県の気候は、冬は北西季節風をうけて、しばしば亜寒帯的な気候を呈し、曇天や降雨雪の多い日本海型の気候となる。夏は南東季節風の卓越で、亜熱帯的酷暑と降雨の多い太平洋型の気候となる。その間、六月の梅雨期は年間の最多雨期をなし、また、八、九月に頻度の高い台風の襲来をみる。気候区は、県北部沿岸、周防灘沿岸、筑豊平野・有明海地域などに分けられる。

**筑前・筑後・豊前●**

前述の地域範囲を今日福岡県といっているが、古来からの筑前国・筑後国と豊前国の大部分からなっている。筑前・筑後両国は七世紀末に筑紫《つくし》国から分かれたものである。筑前には律令《りつりょう》国家の出先機関で九州の内政と日本の外交を取りあつかう大宰府《だざいふ》がおかれ、鎌倉期には鎌倉幕府が蒙古《もうこ》防備を契機として鎮西探題《ちんぜいたんだい》をおき、南北朝期から室町期にかけては室町幕府がおいた九州探題が、ともかく九州の政治の動向に大きくかかわった。古代・中世における日本の対外関係は大宰府・博多が主として取りしきったといっても過言ではなく、福岡県が歴史的にみても東アジアへむけての日本の顔であるのは、筑前の立地が大きな理由をなしている。筑後は六世紀の初め大和《やまと》王権に抵抗した規模の大きな内乱であったといわれる磐井《いわい》の乱や磐井の墳墓といわれる岩戸山《いわとやま》古墳で知られる。豊前は東西に走る英彦山山地で福岡県と大分県に分かれており、英彦山の古代から近世福岡県人の精神史に占める意義は大きい。中世後期の筑後は政治的には大友《おおとも》氏の存在で規定されたといってよく、筑前・豊前は大内氏の存在で規定されたといってよかろう。

近世筑前の歴史は黒田氏の福岡藩およびその支藩秋月《あきづき》藩の歴史である。黒田長政は那珂《なか》郡警固《けご》村福崎（福岡市中央区）に城をきずいて城下町を建設し、黒田氏ゆかりの地備前《びぜん》国（岡山県）邑久《おく》郡福岡（瀬戸内市長船《おさふね》町）にちなんで福岡と名づけ福岡藩が成立した。県名の由来は、さかのぼればここに至る。近世筑後は有馬《ありま》氏の久留米藩、立花《たちばな》氏の柳川《やながわ》藩とその支藩三池《みいけ》藩が主である。近世豊前は、落ちついたところでは細川氏のあとをうけた小笠原《おがさわら》氏の小倉《こくら》藩とその支藩小倉新田《しんでん》藩が主であり、豊前国下毛《しもげ》郡中津《なかつ》（大分県中津市）に藩庁をおいた中津藩は福岡県域にその領地があった。これら旧三国各藩は明治維新期の廃藩置県で変遷を重ね、明治九（一八七六）年四月、現在に至る福岡県の形をととのえた。

**英彦山神宮銅の鳥居**（田川郡添田町，重要文化財）　高さ7m，柱回り3m。

これら旧三国は福岡県が誕生して以来、県としての同質化が進み、現在では公に福岡県を問題にする場合、旧三国のことはほとんど話題にならない。福岡県民性を云々するときも、一括して、全体的に明るく開放的で進取性があるが、中央への事大《じだい》主義とその裏返しの対抗意識、強固なとざされた団結性などと評される（祖父江孝男『県民性』）。世に行われている福岡県民性論のあらかたは、大体このようなものであるが、現実に住んでいると、これは筑前に傾いた説明で、具体的には旧三国に即してみなくてはならないと実感する。風土からくる相違は抜きがたい。

旧三国（人）論は中世末期には明確な形ででている。著者未詳の『人国記《じんこっき》』（「にんこっき」と読んでいたろう）である。原文は岩波文庫で読めるが、大意をいおう。筑前はうわべだけで各人ばらばら、何事も成就《じょうじゅ》できない。西国には珍しく上品で優雅、だが自分の利益だけしか考えない。筑後は筑前と違い実儀である。言葉だけでうわべをとりつくろうことはない。しかし下劣で理非をわきまえるものは少ない。豊前は馬でたとえれば癖《くせ》の悪い馬のようなものだ。真実定まった意地もなく、忠孝の義理を忘れ、不義・不理の国である。以上、大体悪評であり、多少、作為を感じる。

旧三国（人）論は近世にはいるとかなりみうけられる。安永六（一七七七）年久留米藩士が書いた『筑後志』のように、自国人の性質・文武諸技を自賛する書もあるが、概して外からの論評である。江戸幕府の巡見使の報告や、ことに紀行文に多い。筑前は、政治も人間の気質などもおおむね悪評ではない。しかし、吉田松陰《しょういん》などは嘉永三（一八五〇）年の『西遊日記《さいゆう》』で、筑前人は便妄《べんもう》（こびへつらい、道理や礼法にもとる）で精神が凝定《ぎょうてい》（こりさだまる）していない。それにくらべ肥前（佐賀）人は剛直で精神が凝定している、と筑前人に酷評をくだしている。ところが天保八（一八三七）年、米の買付けで九州にきた水戸《みと》藩士は佐賀人のことを、いたって性質が悪く他国の人をはぎとることばかりだ、といっている（『西海行記』）。個別例を一国人気質《かたぎ》として一般化することはむずかしいものである。筑後には「じゅうげもん」という言葉がある。すねた、ひねくれた感じをあらわしており、「ちっご」の人は、そういわれないようにしている。豊前は紀行文では小倉の盛衰を書いたものが多く、古河古松 軒《ふるかわこしょうけん》は天明三（一七八三）年の『西遊雑記』で、人物言語はおとり生活の程度は低い、といっている。

旧三国の違いをよく示しているのが方言である。筑後は「クワジ」（火事）や「ドユー」（土用）など老年層に古音の残存がみえ、豊前は肥筑方言の特色といわれる語尾の「バイ」「タイ」の使用が少なく、推移が著しい。筑後・豊前のあいだにある筑前の方言状況は多様である。これらの相違は、前述のような地形の違い、近世各藩の割拠体制などからかたまっていった。今日、各方言の単純化・共通語化が進み、ことに若年層にそれが顕著であり、「福岡県」としての一様化は進んでいるが、旧方言でなお残るものもあり、新しい方言さえうまれている（岡野信子『福岡県ことば風土記』）。福岡県の歴史と現状を、旧三国ではかることは、当分有効性を失うまい。

## アジアの交流拠点として●

福岡県の鉄と石炭が日本の近代化を進める基盤であったことは周知のとおりである。かつては日本の石炭の五〇％は筑豊が供給したといわれ、福岡県の二十世紀は八幡《やはた》製鉄所の作業開始（明治三十四〈一九〇一〉年）ではじまったといっても過言ではない。昭和三十（一九五五）年ころからのエネルギー革命や鉄冷《てつび》えで福岡県勢は沈滞の相をみせた。そののち、社会基盤・生産基盤の整備などがはかられ、県勢は沈滞から浮揚に転じた。さらに現在、社会の構造や価値観は、中央から地方へ、物から心への転換がみられ、福岡県の施策もそれに対応して策定されている。具体的には県内を自然的・社会的特性などにより、九州の中枢管理機能が集積する「福岡地域」、農業や地場産業が展開する「筑後地域」、あらたな産業展開をめざす「筑豊地域」、九州最大の工業集積をほこる「北九州地域」の四地域に分け、分野別計画に対応した事業などが進められている。旧三国の再編成ともいえる。

現在、福岡県はこれまでに蓄積してきた諸潜勢力の総合化をはかり、世界と結ぶアジアの交流拠点としてさらなる飛躍を期している。

1章

# 国家への道

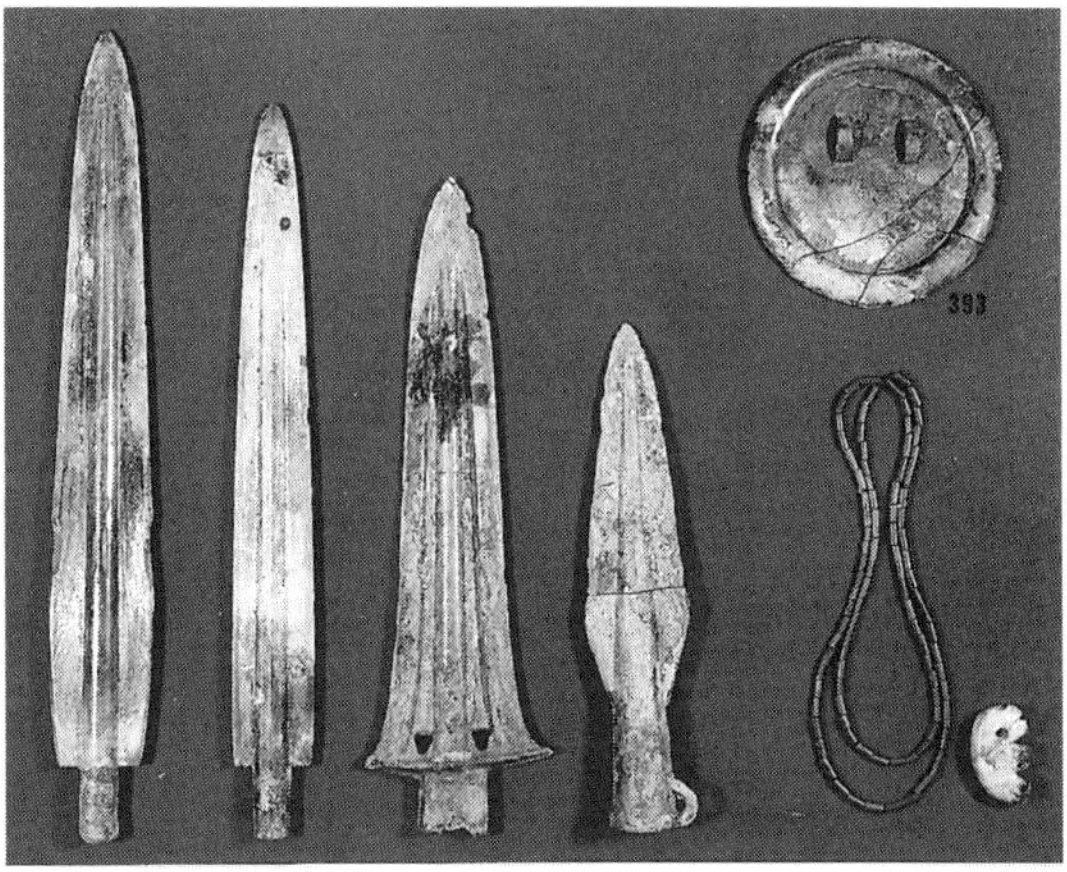

吉武高木3号木棺墓の副葬品

## 1　夜明けの福岡県人

### 採集生活のなかで●

人類は六〇〇万年より前にあらわれ、石器をもっぱら用いる時代（旧石器時代）が長く続いた。福岡県人の祖先も旧石器人までさかのぼる。彼らは、海の水面が低くなり陸続きとなったときに、今は絶滅したオオツノジカ・ナウマンゾウ・野牛などの動物群とともに渡ってきたとみられる。

県内の旧石器時代の遺跡は、ほとんどが三万年前よりも新しい後期に属し、ナイフ形石器が主体である。諸岡《もろおか》遺跡（福岡市博多《はかた》区）はその代表例だが、一万四〇〇〇年前ころからは細石器《さいせっき》を中心とする文化へ移行する。人びとは石器を用いて狩猟を行い、木を伐採し、骨・角・木を加工するとともに、堅果《けんか》類の種子をたたき、すりつぶした。椎木山《しいのきやま》遺跡（北九州市若松区）で発掘された平面が楕円《だえん》形や五角形の竪穴《たてあな》住居は、旧石器人が開けたところにも住んだことを示している。また、辻田《つじた》遺跡（北九州市八幡《やはた》西区）の石器は、後期のものより古い、約九万〜四万年前のものともいわれ、三万年よりも前の福岡県人の歴史にようやく光がさしはじめた。

縄文時代になると気候は温暖になって海がはいりこみ、植生の主体もそれまでの針葉樹から落葉広葉樹、さらには常緑の広葉樹へと変化し、大形の動物は姿を消して、現在と大差のないニホンジカ、カモシカ、イノシシ、ノウサギなどの中小の動物が優勢となる。

こうした自然環境の変化に対応して、人びとは槍《やり》にかわって弓矢を用いるようになり、漁撈《ぎょろう》が活発化して貝塚がつくられ、植物採集の比重がしだいに高くなっていった。そして、土器の出現は食材の範囲を旧石器時代よりはるかに広げた。この時代は、約一万二〇〇〇年前〜二千数百年前におよび、土器の移りかわりによって、草創期・早期・前期・中期・後期・晩期の六期に分かれる。

福岡県内の縄文草創期には、門田《もんでん》遺跡（春日《かすが》市）の爪形文《つめがたもん》土器がある。早期になると押形文《おしがたもん》土器をだす遺跡は県内でも一三〇カ所を超え、人口の増加を物語る。

前期から中期にかけては、縄文土器とはいいながらも縄文をもたない九州独特の土器（轟《とどろき》式・曽畑《そばた》式・阿高《あたか》式など）文化圏の一部を構成するようになる。とくに轟式土器の一部や曽畑式土器には、朝鮮半島の櫛目文《くしめもん》土器とのつながりがみてとれる。

後期には、器面にほどこした縄文を一部残して大半をすり消した土器（磨消《すりけし》縄文土器）に代表される東からの文化が流入し、石鍬《いしくわ》が豊前《ぶぜん》地方の石町《いしまち》遺跡（築上《ちくじょう》郡築上町山崎《やまさき》）や下吉田《しもよしだ》遺跡（北九州市小倉南区）にいちはやくあらわれて、晩期にかけて盛行する。この石鍬は、野生のイモやあくをもつ球根・根茎《こんけい》類を掘る道具で、石皿《いしざら》や磨石《すりいし》の増加ともあわせて、後晩期には植物食への依存度と採集技術がさらにあがったことがわかる。

また、後晩期には一部ではコメも含めて食用植物も栽培されたようだが、それらは生業全体のなかでそれほど大きな比重を占めず、基本はあくまでも狩猟・漁撈・採集であった。

たとえば、今の遠賀《おんが》川流域に広がっていた古遠賀湾周辺の新延《にのぶ》貝塚（鞍手《くらて》郡鞍手町）や山鹿《やまが》貝塚（遠賀郡芦屋《あしや》町）、黒崎《くろさき》貝塚（北九州市八幡西区）の資料によると、湾奥の新延貝塚は内湾性の漁撈が主体で、山鹿貝塚では外海の漁撈が卓越するが、後期には泥海化に伴う内湾漁撈の増大がみられ、自然環境の変化に適切に対応している。復元される一年のカレンダーは、彼らの自然への適応の深さを示している。

しかし、栽培植物の導入は、一方では、限度を超すと農業の道へふみこむ危険性をつねにもっていた。とくに福岡県域は、大陸から朝鮮半島を経て何度も訪れた農業文化の波をうけ、縄文社会の変質ももっともはやく進行した。

山鹿貝塚に葬られた後期の人びとには、貝輪《かいわ》や鰹節形大《かつおぶしがたたい》珠《しゅ》をはじめさまざまな呪術《じゅじゅつ》的装身具を身につけた特殊な人びとが一部に存在する。これは、縄文社会の成熟を示すとともに、つぎの時代へとつながる階層分化の進展でもあった。

**最初の農民たち●**

弥生時代になると、日本列島の狩猟採集民の多くは水田でイネをつくる農民となる。日本史のなかでも工業化社会の成立に匹敵するこの変動は、福岡県の北部を中心にまず引きおこされた。中国大陸や朝鮮半島ですでに一定の形にととのえられていた「イネと青銅」の農業は、その後足ばやに日本列島を北上しながら人びとの生活を一変させ、縄文的な社会を解体して階級社会への道を準備するとともに、日本列島の人び

山鹿貝塚の人骨出土状態

と〈倭人《わじん》〉を、中国を中心とする国際社会の場へ押しだしていき、こうした内外の動きのなかから、日本列島内の政治的な連合と統一が実現されていった。

これまで弥生時代は前・中・後の三時期に分けられ、水田農業のはじまりは弥生時代のはじまりである前期初めの板付《いたづけ》Ⅰ式土器の時期とされてきた。しかし、昭和五十二～五十三（一九七七～七八）年の板付遺跡（福岡市博多区）の調査は、縄文時代晩期後半の刻目《きざみめ》突帯文《とったいもん》土器（夜臼《ゆうす》式や山ノ寺《やまのてら》式ともいう。以下では突帯文期とする）の時期にすでに水田があることを明らかにした。

この水田は台地の縁《ふち》を南から北へと流れる幅二メートルの水路の西にある。水路には直交するように杭《くい》列《れつ》を打ち込んで横木《よこぎ》を渡した井堰《いぜき》をつくり、その少し上流（南側）の取排水口へと水を送り込むようになっている。取排水口のさらに南側には、水路と平行して排水用の小さな溝があるが、取排水口との合流点にはこの排水を給水に切り替えるための簡単な堰《せき》がつくられ、さらにこの堰と水田とのあいだにはもう一つ堰があり、全体で三重の堰となった入念なつくりである。水田の一区画の大きさも、東西六～一〇メートル・南北五〇メートル以上で五〇〇平方メートルを超えている。弥生初期の水田は、小さな湿地に直播《じかまき》する程度のものではなく、かなり高度な灌漑《かんがい》技術でつくられたのである。

また、曲《まが》り田《た》遺跡（糸島《いとしま》市二丈《にじょう》石崎）ではこの時期の集落が発掘されており、雀居《ささい》遺跡（福岡市博多区）や佐賀県菜畑《なばたけ》遺跡の調査成果もあわせると、収穫具（石庖丁《いしぼうちょう》や石鎌《いしがま》）、木器や杭・矢板《やいた》をつくるための工具（太型《ふとがた》蛤刃《はまぐりば》石斧《せきふ》・抉《えぐり》入《いり》石斧・扁平片刃《へんぺいかたば》石斧）、新来の武器（有柄式《ゆうへいしき》や有茎式《ゆうけいしき》の磨製石剣《せっけん》、磨製石鏃《せきぞく》）、木製農具（開墾・田起こし用の諸手鍬《もろてぐわ》、水田を水平にするエブリ、脱穀用の臼《うす》と杵《きね》）、紡織具、金属器、新しい墓（支《し》石墓《せきぼ》・箱式石棺墓・木棺墓《もっかんぼ》）など、これまで弥生時代を特色づけてきた要素が突帯文期までさかのぼったから、この時期を弥生早期とする意見もでてきた。しかし、弥生文化は諸要素のたんなるよせ集めではない。弥生のはじまりとは、水田をつくる技術や目にみえる新しい文物の登場だけでなく、目にみえない農民の考え方や社会組織など、人間社会の全体にわたる新しいモノやコトの出現であり、革新であった。

たとえば、縄文時代には人間が移動して泉で水を汲《く》んでいたのが、弥生時代以後は、人間は動かずに水を汲みあげる井戸を盛んに掘るようになる。便利さの追求と本格的な環境破壊の第一歩も弥生時代にはじまる。大地はたがやすことで傷つけられ、森も伐《き》り倒して人間のための有用物をつくりだす資源とみなされはじめたのである。

また、縄文人は基本的に溝を掘らなかったが、弥生人は盛んに溝を掘って自然と人間を区分するとともに、人と人も区分し格差をつけていく。ここに弥生社会の本質があるから、最古の環溝《かんこう》（濠《ごう》）集落こそ、日本列島での最初の農村であり、弥生時代のはじまりの指標となる。これまで最古の環溝は板付Ⅰ式だったが、平成五（一九九三）年に那珂《なか》遺跡（福岡市博多区）で突帯文期の環溝が発掘され、ようやくこの時期を弥生早期とよんでもよくなった。

最古の農村の内容は江辻《えつじ》遺跡（粕屋《かすや》郡粕屋町）で明らかになった。ここでは突帯文期の円形の環溝のなかに、朝鮮半島南部に起源をもつ竪穴住居跡が円形に配置され、その内部には一棟の大形の平屋建物と六棟の高床《たかゆか》倉庫が確認された。全員のための環溝を掘ってよそのムラ人と区別し、ムラの財産は全員で管理し、ムラの祭りや会議を全員のための大形の建物で行う形で、日本の農村ははじまったのである。

ところで、これまでのべてきた新来の要素の多くは、朝鮮半島南部の前期末〜中期の無文《むもん》土器文化にその直接の源流が求められる。なかでも有柄式の磨製石剣や柄《え》に結びつけるための刳《くり》込みをもつ抉入石斧、碁盤《ごばん》状の大きな上石《うわいし》を小さな石でささえ、その下に人を葬る主体部をつくる南方式支石墓などはほとんどが朝鮮南部に分布している。また、最近では土器のつくりや形にも、この時期の無文土器が影響をあたえたことがわかってきた。

そうすると、弥生のはじまりには、たんに文化要素が伝来しただけでなく、人も渡ってきたことが考えられる。事実、出土した人骨から復元される縄文人が、丸顔で目鼻の凹凸がめだち、身長は低い（男性の平均一五九・二センチ）のに対して、弥生人は面長でのっぺりした顔に切れ長の目をもち、身長も高く（男性の平均一六二・八センチ）なっている。これは朝鮮

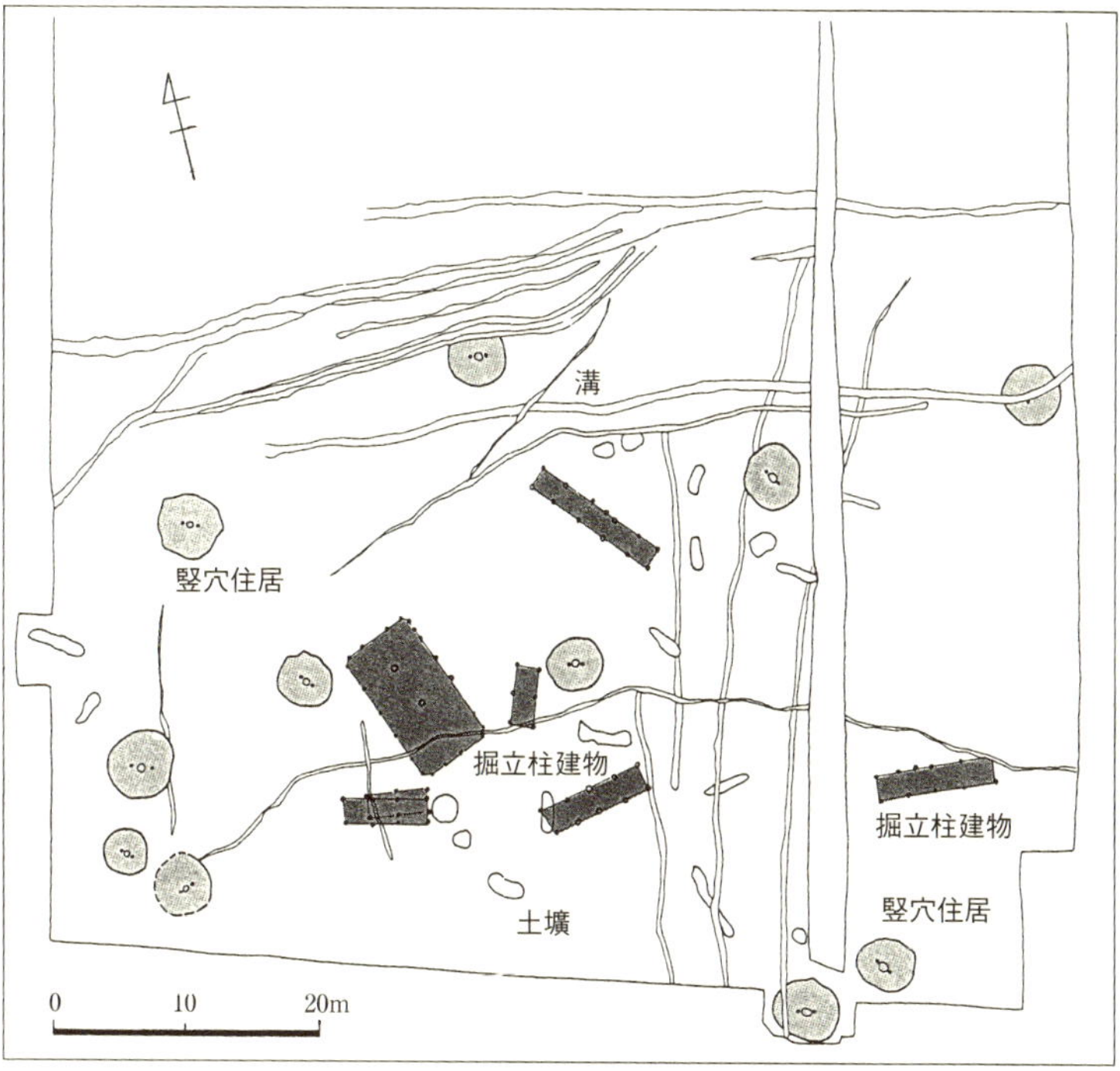


江辻遺跡の集落構造（福岡市教育委員会編『史跡板付遺跡環境整備報告』1995年より）

半島からの無文土器人と縄文人が一緒になった結果であり、極端な説では無文土器が縄文人を駆逐《くちく》したかのようである。しかし、新町《しんまち》遺跡（糸島郡志摩《しま》町）の支石墓からでたこの時期の人骨は、意外にもきわめて縄文人的であった。この例は、文化と人間の形質が必ずしも一致せず、渡来した集団の規模は九州全体でみれば小さかったが、その遺伝子は急速に西日本に広がっていったことを示している。弥生時代は渡来人と縄文人が一緒になってつくりあげたのである。

それでは、弥生時代は無文土器人の渡来によって突如はじまったのだろうか。この疑問への一つの解答が、貫川《ぬきがわ》遺跡（北九州市小倉南区）の長舟形《ながふねがた》石庖丁である。この石庖丁は突帯文期の石庖丁よりもかなり横長で、時期も古い縄文晩期の黒川《くろかわ》式以前である。この時期には、朝鮮無文土器の前期の系統の孔列文土《こうれつもん》器（口のまわりに小さな孔をあけた土器）や籾痕《もみあと》のついた土器も貫川や長行《おさゆき》遺跡（北九州市小倉南区）でみられ、無文土器前期末から中期の文化によって弥生時代がはじまる前に、孔列文土器の農業文化がおよんでいたことがわかる。この農業文化は定着には失敗するが、縄文人の農業への指向をうみだし、つぎの段階での農業文化の定着＝弥生のはじまりを準備したのである。

### 青銅開花●

朝倉郡筑前《ちくぜん》町東小田峯《ひがしおだみね》で発掘された前期初めの墳丘墓《ふんきゅうぼ》は、弥生時代の初めから一般の人びとの上にたつ人びと（首長層）がすでにいたことを示している。彼らは前期末になると、政治的な器物である朝鮮系の青銅器《せいどうき》を独占し、権力者へと転化しはじめ、そのありさまは早良《さわら》平野でとらえられた。

早良平野の吉武《よしたけ》遺跡群（福岡市西区）では、前期末〜中期初めにかけて八カ所の墓地があり、豊富な青銅器をもつ高木《たかぎ》地区、高木とほぼ同数の青銅器はもちながらも群集墓からは抜けだせずに列状の大墓地群

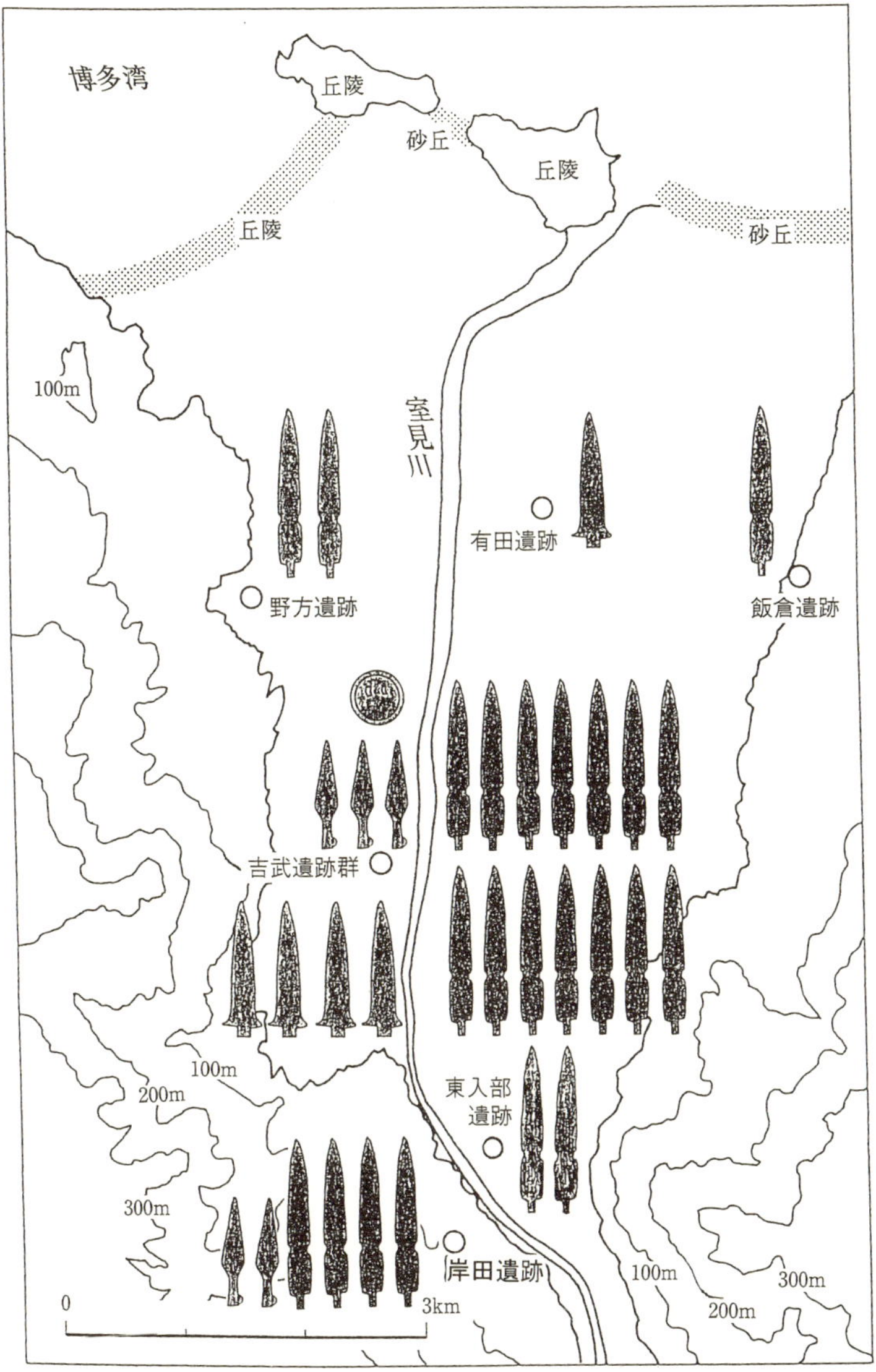


早良平野の前期末～中期前半の青銅武器（下條信行編『古代史復元４　弥生農村の誕生』による。一部加筆修正）

に飲みこまれる大石《おおいし》地区、三〇〜四〇基ほどで副葬品をもたない小墓地群の三者がみられる。

青銅器は細形の銅剣・銅矛《どうほこ》・銅戈《どうか》が主体だが、吊《つ》り下げ用のつまみが二つ以上ついた多鈕細文鏡《たちゅうさいもんきょう》もある。一棺に一本が原則だが、甕棺《かめかん》をおさめる墓の穴（墓壙《ぼこう》）は、大石よりも方形区画墓的な高木のほうが大きく、しかも高木三号木棺墓では剣二・矛一・戈一・多鈕細文鏡一が集中して副葬されていた（九頁写真参照）。つまり、高木―大石―その他の墳墓群という格差と序列（階層）がここですでにできており、高木の人びとは吉武ムラを領導していた首長層であった。

しかも早良平野全体でも、前期末〜中期前半の青銅器は圧倒的に吉武ムラに集中し、有田《ありた》遺跡（福岡市早良区）などほかの小地域の拠点的な遺跡では、一〜二本しかもたない点は重要である。ムラのなかだけでなくムラの外でも、吉武―有田など―周辺の小集落、という階層序列ができ、高木に葬られた人びとはその頂点に位置する早良平野全体の首長層（王族）だったのであり、ここに国の成立、たとえば早良国の成立が認められる。

いま一つ重要なのは、この時期に唐津《からつ》平野（末盧《まつろ》国）では宇木汲田《うきくんでん》、福岡平野（奴《な》国）では板付田端《いたづけたばた》、壱岐《いき》島（一支《いき》国）では原《はる》の辻《つじ》と、いわば細胞の核のように、各単位地域に一つずつ、朝鮮系の青銅器を集中してもつ集団があり、しかもそれらの青銅器の内容は大同小異で優劣の差が認められない点である。これは、国という政治組織がいっせいにでき、相互に実力の差がないことの現れである。有名な『漢書』地理志の「楽浪《らくろう》海中に倭人《わじん》有り、分かれて百余国をなす。歳時《さいじ》を以って来り、献見《けんけん》すという」ような、多くの国々が林立する状況はこの時期までさかのぼるのである。

国のなかの階層差は、墓だけでなく集落の建物でも認められる。早良国の中心地である吉武ムラでは、高木の墓地の約五〇メートル東に、墓と主軸をあわせて外側の柱が短辺で五本（四間）、長辺で六本（五間）、中央に三本の棟持柱《むなもちばしら》をもつ超大型（床面積一一五・二平方メートル）の掘立柱建物（竪穴住居とは異なって床を掘りくぼめず、柱を立てただけの建物）がたっていた。また、この近くには中期のさまざまな掘立柱建物が集中する地区があり、竪穴住居を主体とする通常の集落とはおもむきを異にしており、首長層の居住空間がムラのなかに姿をあらわしはじめている。彼らは高木の墓地に葬られた祖霊をまつることで、ムラのなか、そして早良国を統合していったのであろう。

一方、早良国の小地域の拠点集落である東入部《ひがしいるべ》遺跡（福岡市早良区）では、中期前半の墳丘墓から銅剣が二本でているが、銅矛・銅戈や鏡はない。集落の中心となる掘立柱建物は三間×四間で二回建て替えられているが、床面積は五〇平方メートルほどで、質量ともに吉武ムラにおよばない。

弥生時代には、さまざまな物資の製作の分業化と専業化が進められた。青銅の武器は、朝鮮系の細形《ほそがた》から中細形《なかぼそ》→中広形《なかびろ》→広形とだんだん幅と長さをまして、祭器となっていく。細形は輸入品で、中細形からが国産であるとの説もあったが、あいつぐ細形の鋳型《いがた》の発見で、細形の青銅武器のなかには国産品がかなりあることがわかってきた。これら初期の鋳型は、松本《まつもと》遺跡（北九州市八幡西区）や庄原《しょうばる》遺跡（田川郡添《そえ》田《だ》町）、福岡市志賀島《しかのしま》の勝馬《かつま》や有明海沿岸の各遺跡など北部九州一円に広く散在している。佐賀平野に鋳型が集中する三条節帯《さんじょうせったい》（矛の柄を差しこむ袋部の付け根に三条の突帯《とったい》がめぐる）の細形銅矛の製品は、国産と舶載《はくさい》の区別がむずかしいが、国の範囲を超えて福岡市博多区の板付田端や西区の吉武大石例など、全体として玄界灘沿岸に分布する。これは、中期の初頭〜前半（紀元前一五〇〜一〇〇年ころ）に、国を超えての政治的な器物の流通、つまり国々のまとまり（初期筑紫《つくし》連合政権）がすでにできはじめていたことを示している。

一方、石器の生産と流通では古くから今山《いまやま》（福岡市西区）の石斧と立岩《たていわ》（飯塚市）の石庖丁が有名である。今山は伊都《いと》国の一角にあり、山全体にある玄武岩《げんぶがん》を素材に、伐採用の太型蛤刃《はまぐりば》石斧を前期の初めからつくっている。今山産の石斧は、幅・重さともにほかの地域でつくった石斧よりも大きくて加撃力と衝撃力にすぐれ、前期後半にはすでに小郡《おごおり》市周辺など、山林開拓・木器製作集団に供給されていた。前期末には、今山の周辺でいくつかの別の集団が石斧をつくるが、今山産に質・量ともにおよばず、すぐに今山に一本化され、中期にかけて生産量が飛躍的にふえる。注目されるのは、それが遠くなるほど比率が減る同心円的な自然流通の分布を示すのではなく、細形の青銅器や完形の前漢鏡の分布とも重なって成人用の甕棺《かめかん》墓の地帯、つまり北部九州の国々におもに分布し、各平野で八〇％前後を占めるが、その範囲を超えると急にみられなくなる点であり、これは国々のまとまりを示している。

立岩の石庖丁は粘り気のある輝緑凝灰岩《きりょくぎょうかいがん》でつくられ、やはり前期末〜中期にかけて成人用の甕棺墓地帯に分布するが、それだけでなく、東の豊前北半部とも交易し、中期前半には山国《やまくに》川を越えて大分県の宇《う》佐《さ》平野まで分布が広がる。この結果、玄界灘の国々は瀬戸内海までの内陸の道を確保したのである。

専業集団が独占的に石斧や石庖丁をつくり、各地へと搬出する今山や立岩のありかたは、自給自足の体制とはあまりにかけはなれていたが、近年、北九州市域の香月《かつき》地区や紫《むらさき》川中流域、槻田《つきだ》川流域の高槻《たかつき》遺跡が、それらの中間の半専業段階にあることがわかり、展開過程が明らかになってきている。

### 奴国王と伊都国王●

弥生時代に王がいたなによりの証拠は、紀元五七年に奴国《なこく》の「大夫《たいふ》」が後漢の首都（洛陽《らくよう》）まで朝貢し、光武帝《こうぶてい》から下賜された「漢《かん》の倭《わ》の奴の国王」金印である。今、福岡市の博物館に鎮座するこの金印は、一辺を後漢初期の一寸（約二・三五センチ）につくり、「漢委奴國王《かんのわのなのこくおう》」の五文字を三行に彫る。鈕《ちゅう》は、蛇《へび》がとぐろをまいて頭には目を二つ刻み、身には魚子文《ななこもん》でウロコをあらわす。

この金印をもらった王（金印奴国王とよぶ）よりも五〇年以上も前の紀元前一世紀末の王の墓が、奴国では春日市須玖岡本《すくおかもと》D地点、伊都国では前原《まえばる》市三雲《みくも》南小路《みなみしょうじ》の1・2号の甕棺墓である。これらは、副葬品の主体が朝鮮系から中国系にかわる中期後半の時期で、三〇枚以上の前漢の銅鏡や天《てん》のシンボルである璧《へき》（ガラス製）をはじめ多くの副葬品をもつ。

なかでも木の葉の形を四方に配して中央を半球形に盛り上げた金銅製の四葉座《しようざ》金具

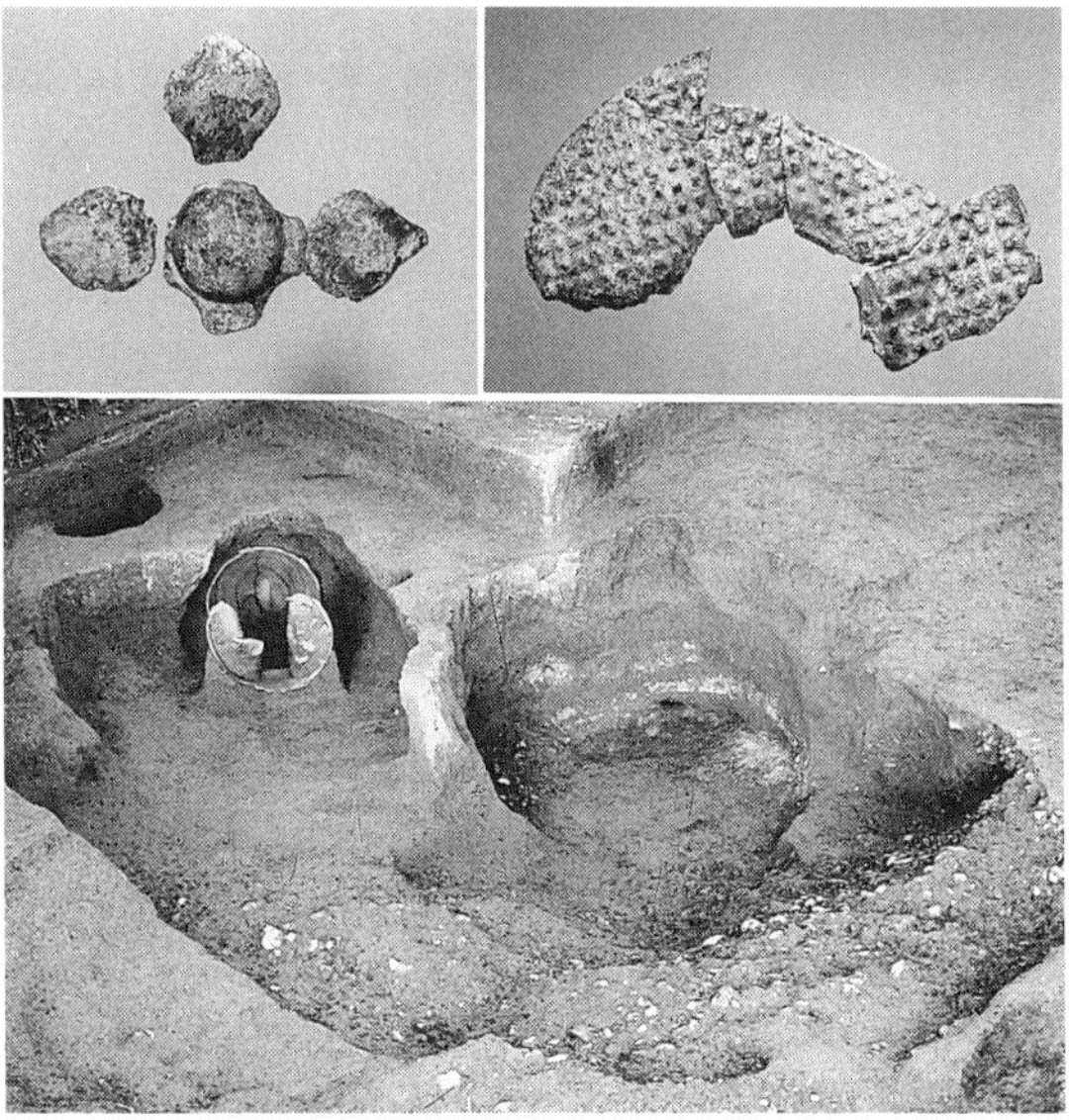
三雲南小路１・２号甕棺墓（下）と金銅製四葉座金具（左上）およびガラス製璧（右上）

は、漢の皇帝が伊都国の首長を王と認め、楽浪をつうじて下賜した木棺の飾り金具である。しかも三雲南小路の墓域（東西三一メートル、南北二一メートル）には、ほかに弥生〜奈良時代の墓はほとんどなく、外側の溝では死後も二〇〇年間ほどお祭りが続いた。つまりこの墓の主は、自分の墓域にほかの人びとをいれず、のちのちまで語りつがれるだけの権力をもつ王だったのである。

また、須玖岡本D地点も一辺二〇メートルを超す墓域をもつようで、その横にも二〇人ほどを一つの墳丘に葬った墳丘墓があり、王墓─墳丘墓─群集墓という序列が認められる。この序列は『後漢書』東夷伝《とういでん》に示される金印奴国王─大夫─一般の人びとという序列と一致する。重要なのは王墓でみられた鏡をはじめとする青銅器がこの墳丘墓ではいっさいない点で、王への権力の集中を裏づける。

ところで、この紀元前一世紀末には、伊都国や奴国の周辺の国でも、立岩《たていわ》遺跡（飯塚市）や隈西小田《くまにしおだ》遺跡（筑紫野《ちくしの》市）など、中国鏡や鉄製の武器をもち、墓域の中心の大きな甕棺に葬られた王墓がみられるが、ほかの王族らと同じ区画のなかにあり、鏡は小型品が一〜二面程度で、ガラス製の壁も破片を転用するなど、伊都や奴の王墓とは大きく異なる。

この違いは、初期筑紫《つくし》政権の内部の、国と国の関係が対等ではなくなったことを示している。伊都国や奴国の王は、ほかの国の王のうえにたって、中国や朝鮮の文物を独占的に手にいれ、ほかの国々に配布し、そうした文物や権威を確保することでその地位を維持できた。

この時期の日本列島には、各地に同じような初期政権ができて競合しはじめる。こうした情勢のもとで、金印奴国王はそれまでの楽浪郡との交渉から一歩進め、漢帝国との直接交渉の道を開き、優位をかためようとしたのである。

❖コラム

## 国宝「漢の倭の奴の国王」金印

あまりにも有名なこの金印は、例のない蛇鈕《じゃちゅう》のために偽物《にせもの》との説もあったが、前漢の武帝《ぶてい》が元《げん》封《ぽう》二（紀元前一〇九）年に滇国《てんこく》に下賜した金印蛇鈕の「滇王之印《てんおうのいん》」が、中国の雲南《うんなん》省石寨山《せきさいざん》六号墓から発掘されて、疑問は一掃された。『後漢書』東夷伝に、「建武中元《けんむちゅうげん》二（五七）年、倭の奴国奉賀《ほうが》朝貢《ちょうこう》す。使人《しじん》自《みずか》ら大夫《たいふ》と称す、倭国の極南界也《きょくなんかいなり》、光武《こうぶ》賜うに印綬《いんじゅ》をもってす」と記す印にこれがあたることは、その一年後の永平《えいへい》元（五八）年につくられ、一九八一年に中国で発見された亀鈕金印「広陵王璽《こうりょうおうじ》」と魚子文《ななこもん》や文字の彫り方が酷似して、たしかに五七年につくられたこと、また、唐の張楚金《ちょうそきん》が顕慶《けんけい》五（六六〇）年に編み、今は太宰府天満宮《だざいふてんまんぐう》だけに伝わる『翰苑《かんえん》』という書物は、倭国の条で、「中元《ちゅうげん》の際《さい》、紫綬《しじゅ》の栄《えい》あり」とのべて『後漢書』の記事を引き、紫綬は紫色の組紐《くみひも》で、中国の印章制度では金印をさし、光武帝が下賜した印は金印となるから、証明される。

長く東京国立博物館に保管され、昭和四十一（一九六六）年に福岡県立文化会館で開かれた日本原始美術展で戦後はじめて里帰りしたさいには、運搬者が東京駅発の夜行列車にのるまで私服刑事が同行し、各停車駅には見張りがたって、博多駅に到着するや否や制服警官の護衛のもと、銀行の金庫におさめられたという。このときには精密測定もなされ、その結果は岡崎敬《おかざきたかし》『「漢委奴国王」金印の測定』（『史淵』第百輯《しゅう》）にくわしい。なぜ、奴国の王たちが眠る須玖岡本の丘ではなく、志賀島からこの金印がでたのだろう？　中国では印はもともと文書を封するさいに使った。志賀島で奴国の外交や通商をになった人びとが管理したと考えたい。

ところで中期から後期にかけて、西日本各地の政権は、銅鐸《どうたく》や平形《ひらがた》銅剣など、それぞれ異なる青銅祭器をもっていた。初期筑紫政権では銅矛・銅戈だが、細形の副葬品の段階ですでに矛―戈―剣という価値の序列ができ、大きくなるにつれて剣が脱落し、矛が最高の祭器となった。銅矛や銅戈は中期後半〜後期に、春日市の須玖一帯で集中、大量に生産されるようになる。それらはムラの祭りにも使われたが、多くはさらに重要な国や国々の祭りに使われ、土に穴を掘っておさめられている。なかでも朝鮮半島との境界である対馬《つしま》には奴国産の銅矛が集中しており、初期筑紫政権の全体にかかわる対外交渉の成功を祈ったことがわかる。

またこれまで弥生時代に文字はなかったと考えられてきた。しかし、九州の対岸の朝鮮半島南岸では、茶戸里《タホリ》遺跡で日本産の可能性がある銅矛とともに筆がでているし、番上《ばんじょう》遺跡（糸島市三雲）の土器溜《どきだまり》では楽浪郡の土器がまとまってでており、楽浪系の漢人がいた可能性がある。当時すでに楽浪郡では文字を使っているから、中期後半以降、初期筑紫政権が文字を使って朝鮮半島南部の鉄（弁韓《べんかん》や辰韓《しんかん》の鉄）を輸入したことも考えられるようになった。

中期後半になると、比恵《ひえ》遺跡（福岡市博多区）の一号環溝のように、地形には左右されず直線的な方形の環溝があらわれ、首長層のための区画がムラのなかにできる。円形環溝は自分たちとヨソモノを分けへだてたが、今度は

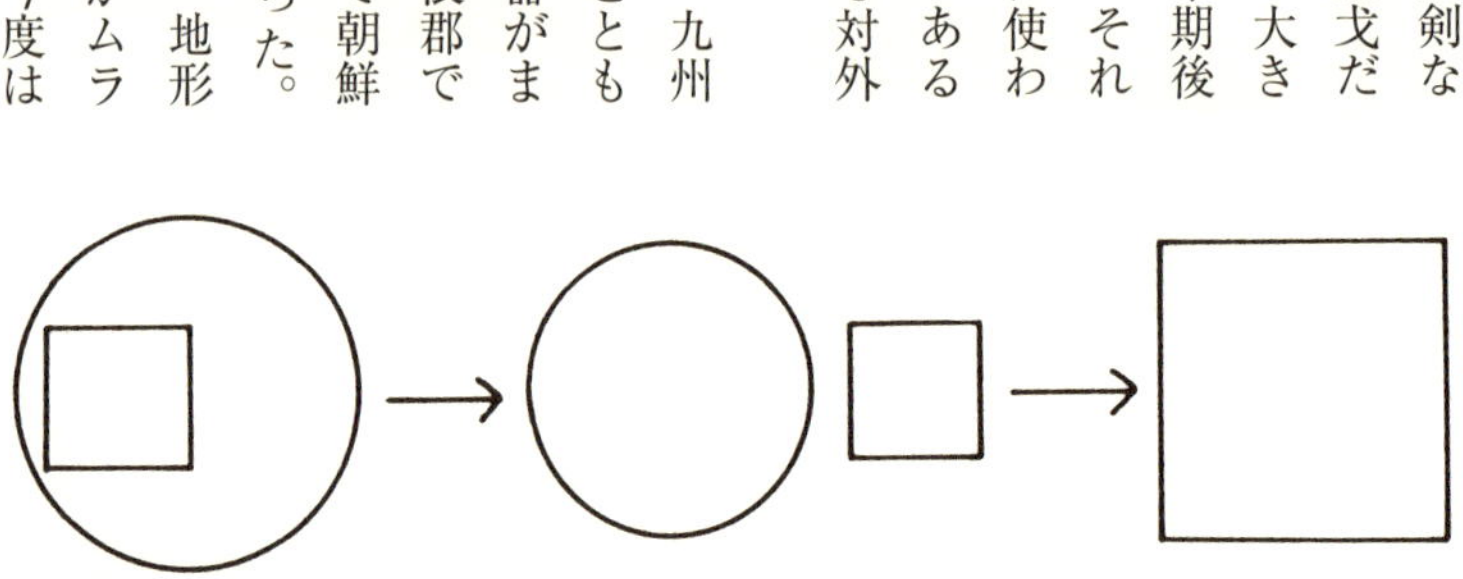

方形環溝の類型概念図

その自分たちのなかにも分けへだての溝が走り、方形環溝のなかから指示命令する人びとと、そのなかにはいれない一般の人びとにムラは分裂した。しかも、広場・倉庫・物《もの》見櫓《みやぐら》・大型の掘立柱建物など、ムラの重要な施設はしだいに方形環溝のなかに取りこまれていく。こうした円形のなかの方形の典型例は、佐賀県吉野ヶ里《よしのがり》だが、板付遺跡でも方形環溝はみられる。平塚川添《ひらつかかわぞえ》遺跡（朝倉市）の環溝は、「円形のなかの方形」の変形である「円形のなかの円形」だが、約二万平方メートルの中央区には広場と四棟の高床倉庫、一棟の楼閣《ろうかく》があり、周囲にはそれぞれ別の機能をもつ半月形の別区《べっく》が取りついている。

　そして、後期の終わりになると方形環溝は円形環溝の外にとびだし、首長層のための方形居館となる。後期の須玖遺跡群では、北部九州の青銅器やガラスをつくった工房が、方形に区画されて何カ所も配置されており、奴国王の居館の一角の街区をなすとみられる。また、この遺跡群はこうした居館を中心に、その広さは吉野ヶ里を超えるとみられ、外郭線も直線的であるなど都市的な様相を示している。

　このようにみてくると初期筑紫政権は順調に発展したかのようである。しかし弥生後期の福岡の土器は、ジワジワと浸透してくる瀬戸内系の土器の色に徐々にそめあげられていく。

　また、一〇七（永初元）年に後漢に朝貢した倭面土国王《わのめんどこくおう》（倭国王ともされる）帥升《すいしょう》については伊都国とする説が考古学的には有力で、二世紀末の倭国大乱を経て、邪馬台国《やまたいこく》の連合体制が成立すると、邪馬台国がどこにあるにせよ、伊都国では井原鑓溝《やりみぞ》、平原と王墓が連続するが、『魏志《ぎし》』倭人伝によると邪馬台国に統属しており、さらに初期筑紫政権の諸国をおもに検察した一大率《いちだいそつ》も伊都国におかれるなど、初期筑紫政権は邪馬台国体制のもとで大幅に後退していった。

## 2　磐井の乱と大和政権

### 東からの風●

福岡県の古墳時代は、前方後円墳の登場によってはじまる。大和で創出された前方後円墳は、それまでの地域政権のワクを超え日本列島の主要地域にわたってできた政治的な連合の証《あかし》であった。そこに副葬された三角縁神獣鏡《さんかくぶちしんじゅうきょう》は、まったく同じ文様をもつ同范鏡《どうはんきょう》が、大和を中心に各地に分布する（分有関係）から、大和政権が連合体の主導権をにぎり、ほかの地域政権のうえにたっていたのである。

厳密な企画でつくられた墳形、狭長な竪穴《たてあな》式石室と割竹形《わりたけがた》木棺、中国製の三角縁神獣鏡が、定型化した最古の前方後円墳の基準で、三世紀の後半には出現しており、石塚山《いしづかやま》古墳（京都《みやこ》郡苅田《かんだ》町）は典型的な例である。この古墳は寛政八（一七九六）年に「鏡十一面古剣一振」が発掘され、三角縁神獣鏡七、銅鏃《どうぞく》一、素環頭大刀《そかんとうたち》の破片一が現存するが、昭和六十二（一九八七）年の再調査では、同范鏡をもつ京都府相楽《そうらく》郡

石塚山古墳出土の三角縁神獣鏡

の椿井《つばい》大塚山古墳の副葬品と同じ形の冑《かぶと》や鉄鏃《てつぞく》がでており、九州の前方後円墳が近畿《きんき》・瀬戸内《せとうち》地方からさほど遅れることなく出現したことがわかる。

石塚山古墳に続く四世紀後半の典型例は、銚子塚《ちょうしづか》古墳（糸島市二丈田中）で、竪穴式石室のなかには、後漢鏡二、日本製の三角縁神獣鏡八のほか、玉類や多くの鉄製武器が副葬されていた。ここで注目されるのは、初期の前方後円墳の多くが、それまでの弥生時代の中心地につくられるのではないという点である。石塚山古墳はそのよい例で、京都平野の中心部ではなく、周縁部につくられている。つまり、首長をうみだしささえるシステムそのものは連続しているが、実体としての弥生時代の首長層と古墳時代の首長層とは連続しておらず、大和政権との連合にあたっては、地域政権の再編と後退があったことを示している。

なお最近では、津古生掛《つこしょうがけ》古墳（小郡《おごおり》市）など、前方部が低く小さくて後円部が正円とならない纏向《まきむく》型の前方後円墳がさらに古いとされているが、少なくとも福岡県域の例は定型化した前方後円墳とほぼ同時期とみられる。

また、北部九州では、初期の古墳に葬られた人びとの居館があいついで発見されており、どの前方後円墳に葬られたか推測できる例もある。福岡県内でも、深田《ふかだ》遺跡（八女《やめ》市）で、平面長方形の四隅と短辺の中央に張出し部があり、東西八一メートル・南北六一メートル（張出し部を含む）の古墳時代初頭の居館が発見されており、一般の人びととの住まいとは別であったことがわかる。

前方後円墳と居館から、古墳時代には各地に豪族がいたことがわかるが、福岡県下の豪族は二つの地域類型に分かれる。一つは大和政権の勢力がはやくから強くおよんだ地域で、豊国直《とよくにのあたい》や崗県主《おかのあがたぬし》、伊覩《いと》県主、儺《な》県主や宗形君《むなかたのきみ》、水沼君《みぬまのきみ》などである。大和政権の対外交渉のルート上にあり、九州支配の拠点地域でもあった。いま一つは独立性が高い在地の豪族たちで、内陸の河川流域に展開する広い平野の農業生産力を基盤とし、君を称するものが多い。とくに筑紫君《つくしのきみ》は肥君《ひのきみ》や阿蘇君《あそのきみ》とともに九州を代表する在地の大豪族である。

このように古墳時代前期（三世紀後半～四世紀）の集落や墓には、東の近畿からの流れが色濃くみられる。一方、西新町《にしじんまち》遺跡（福岡市早良区）では、近畿系や山陰系の土器のほかに、朝鮮半島南部の三国時代の土器がほかの遺跡とは比較にならないほど多くでており、日本では中期に普及するカマドをもつ住居がかなりあり、鉄素材もみられるなど、朝鮮半島をはじめ各地と交易した港町の様相を示している。この遺跡の最盛期は古墳時代の前期であり、弥生時代と古墳時代では対外交渉をになった人びとにも、交代と再編があったことがわかる。

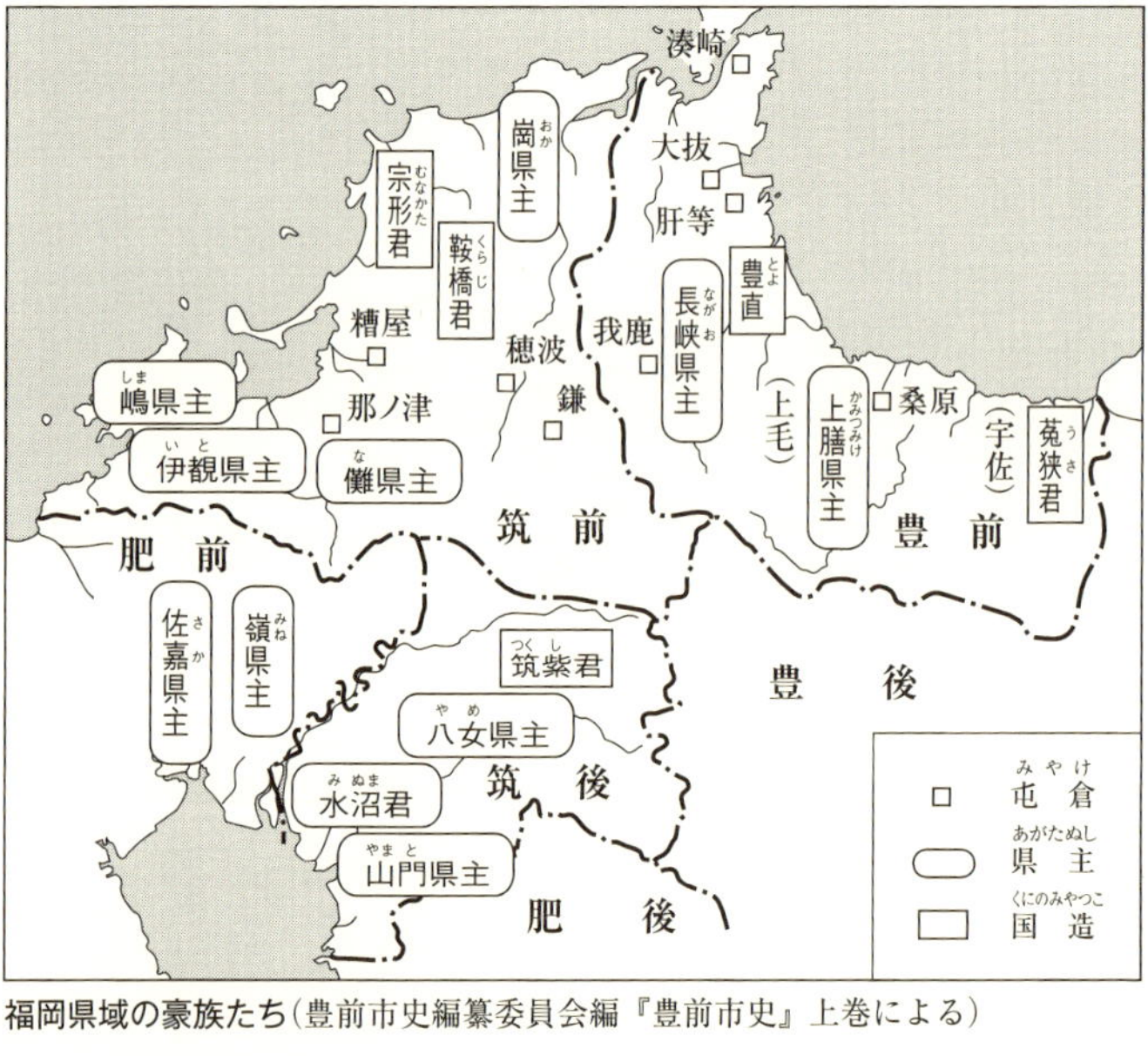

福岡県域の豪族たち（豊前市史編纂委員会編『豊前市史』上巻による）

また、対外交渉の祭りでは、対馬にかわって沖ノ島《おきのしま》が登場する。沖ノ島は、玄界灘に浮かぶ神奈備《かんなび》型の孤島（海抜二四三・一メートル）で、宗像三女神《むなかたさんじょしん》をまつる宗像大社の沖津宮《おきつのみや》にあたり、古くから人を近づけない神の島として畏敬されてきた。今の社殿のまわりには、四世紀後半にはじまる大規模な祭祀《さいし》遺跡が九世紀までいとなまれている。「海の正倉院《しょうそういん》」とよばれるように、多くの奉献品のなかには、日本製品のほかに朝鮮・中国・ササン朝ペルシアの優品もみられる。沖ノ島の祭祀は、宗形君を中心とした在地豪族の信仰を基盤としながらも、それを超えて日本列島全体にかかわる祭祀であった。

四〜五世紀は、巨岩のうえに方形の祭壇をきずき、中央には依代《よりしろ》とみられる塊石《かいせき》をすえて磐座《いわくら》とする。奉献品は、鏡・碧玉《へきぎょく》製の腕飾《うでかざり》・鉄製品など前期の古墳の副葬品と共通し、五世紀には滑石《かっせき》や鉄でつくった模造品が登場する。

五世紀後半〜六世紀前半の岩陰《いわかげ》祭祀は沖ノ島でももっとも多く、金銅製品（指輪・帯金具・馬具）や鋳造鉄斧《てっぷ》など、新羅《しらぎ》からの舶載品が主体となり、金銅製の模造品もあらわれる。以後は半岩陰・半露天祭祀を経て、露天祭祀でおわる。

ところで、宗形君は大和政権に全面的に服従したわけではなくて、新羅との関係が深く、雄略天皇がみずから出兵を企てたさいには、宗像神がいましめて中止させたと『日本書紀』は伝える。そして、一度は後退を余儀なくされた筑紫政権も、五世紀には独自の文化をつくりだすまでにふたたび成長していく。

**筑紫政権の再興●**

五世紀には、呪術的な色彩が強い前期の古墳文化にかわって、中国・朝鮮系の新しい文化（中期古墳文化）が花開いた。古墳の墓室は、遺体をうえからいれる竪穴式から、横からいれて何度も追葬が可能な横穴系へとかわる。横穴系の石室は、中国でうまれて高句麗《こうくり》で完成し、百済《くだら》を経て、四世紀後半から五世紀初頭に福岡・糸島・唐津平野の有力首長にいちはやくうけいれられ、北部九州一円に広がった。列島内の他地域へ普及するのは五世紀後半以後であり、その時間差はきわめて大きい。

初期の横穴系石室には、老司《ろうじ》古墳（福岡市南区）の三号石室のように、それまでの竪穴式石室に横口《よこぐち》をつけただけの竪穴系横口式石室と、鋤崎《すきざき》古墳（福岡市西区）のように、本格的な入口をそなえた横穴式石室の二種類がある。五世紀前半以後もこの両者はつくられるが、竪穴系横口式石室は小規模な古墳に多くみられる。初期の横穴系の石室は、墳丘の上部からはいるようにつくられ、また、鋤崎古墳では当初から壁の崩壊を予測して石の支柱を立てるなど、竪穴式の伝統をひきずって技術も未熟だが、五世紀後半には安定した形となる。

古墳には鉄刀・鉄剣・鉄鏃などのほかに、鉄製の冑《かぶと》や甲《よろい》がかなり副葬されるようになり、初期の馬具や、鉄器をつくる素材である鉄鋌《てってい》もみられる。さらに、やや時期がくだると、金・銀・金銅製のきらびやかな装身具（冠帽《かんぼう》・垂飾付《すいしょくつき》耳飾・指輪・

鋤崎古墳の横穴式石室

腕輪・帯金具・沓《くつ》）・飾大刀、金銅張りの馬具や甲冑《かっちゅう》・胡籙《ころく》（矢を入れる筒）が加わるが、月《つき》の岡《おか》古墳（うきは市）はその代表的な例である。これらは朝鮮半島の加耶《かや》や百済、あるいは「眼炎《まかがやく》く金銀《こがねしろがね》の国」「財宝《たから》の国」とよばれた新羅からもたらされたり、その技術でつくられたものである。

五世紀には、登り窯《がま》をつくって青灰色のかたい須恵器《すえき》と還元焔《かんげんえん》で焼きあげる技術も朝鮮半島から導入された。日本列島でつくりはじめたころの初期須恵器は、大阪の陶邑《すえむら》が一元的に供給したといわれていたが、今では各地に初期須恵器の窯がみつかり、須恵器のはじまりは多元的である。

福岡県内では、朝倉窯《あさくらよう》跡群（朝倉市・朝倉郡筑前《ちくぜん》町）や隈西小田《くまにしおだ》一〇地点窯跡群（筑紫野市）、居屋敷《いやしき》窯跡（京都《みやこ》郡みやこ町）があるが、それぞれが異なった特色をもつ須恵器を焼いている点は重要である。とくに朝倉産の初期須恵器は、波状文をめぐらす壺や、断面円形の把手《とって》をもつ鉢、透孔《すかし》を直列に配する器台、長三角形の透孔をもつ高杯《たかつき》など、形やつくりがかぎられ、加耶の西部からきた工人が、出身地の陶質土器をそのまま再現したかのようである。

朝倉窯跡群から六キロほどはなれた池《いけ》の上《うえ》・古寺《こでら》墳墓群（朝倉市）では、多量の朝倉産須恵器がみられ、しかもそれらには墓のうえに破砕される通常の例のほかに、朝鮮半島の墓と同様に、土壙墓《どこうぼ》のなかの足もとや頭に完形品を副葬する例もあり、加耶からの渡来工人が含まれている。彼らは、この時期の小規模な墳墓にしては不釣合いなほど多くのU字形鋤先《すきさき》や大形の鎌をもっており、あらたな農業土木の技術導入にもかかわっていた。この墳墓群に前方後円墳はなく、全体としてこの時期の社会では上層に位置するほどの副葬品ではないから、彼らは朝倉地域の豪族のもとに、再編・統率されたことがわかる。各地の初期須恵器工人も、それぞれの豪族のもとにあった。

ただし、陶邑産の須恵器は九州の南端まで一円におよぶが、朝倉産は筑前・筑後と肥前にほぼかぎられるし、五世紀後半には朝倉産須恵器自体も陶邑系にかわる点に、大和政権と在地の政権の力量の差があらわれている。

また、住居の炊事施設は、それまでの中央部の炉にかわって、竪穴の一辺や片隅にカマドがつくりつけられるようになる。この時期の変革の波は、庶民の生活にまでおよんだことがわかる。

五世紀は「倭《わ》の五王」の時代ともよばれ、中国の南朝（東晋・宋・南斉・梁）との通交が強調される。実際、雄略天皇のときに身狭村主青《むさのすぐりあお》が南朝からもらった二羽の鵞鳥《がちょう》を、水間君《みぬまのきみ》（水沼君）の犬がかみ殺したと伝える記事は、有明海からの航路も重要になったことを示している。しかし、南朝からはもっぱら目にみえない権威や制度がもたらされた。そして実際の文物や技術の多くは、朝鮮半島からやってきており、福岡県域のそれは質量ともに近畿地方におとらない。これは福岡県域の当時の豪族たちが、新しい文物や技術の導入に熱心だったことにもよるが、四世紀後半〜五世紀にかけての朝鮮半島への倭政権の軍事的な介入にあたって、先兵として深くかかわったことが大きく作用しているといえよう。

ところで新しい文化は、受け入れられ再現されただけでなく、十分に消化され、九州独特の中期古墳文化ができた。装飾古墳と阿蘇系の溶結凝灰岩《ようけつぎょうかいがん》でつくった横口式の家形石棺・石人石馬《せきじんせきば》がそれで、石人山《せきじんやま》古墳（八女《やめ》郡広川《ひろかわ》町）は、この三つの要素をかねており注目される。全長一一〇メートルの石人山古墳は、筑紫君の奥津城《おくつき》（墓所）である人形原《にんぎょうばる》台地に展開する八女古墳群の、今のところ起点をなす前方後円墳で、最古の横口式家形石棺の蓋《ふた》には、装飾古墳としても最古の直弧文《ちょっこもん》や円文《えんもん》が浮彫り的に線刻され、前面には武装石人がたち、朝倉産の初期須恵器をもっている。

横口式家形石棺は、在来の家形石棺に新来の横穴系の墓制を取りいれたもので、わずかに変化しながら筑後地域を中心に筑紫君とその関係氏族の大型古墳に採用される。

装飾古墳は、石棺の内外面に彫刻・彩色する石棺系から、横穴系石室の周壁に沿って立てた板石に彫刻・彩色する石障《せきしょう》系へ、そして壁面に絵を描く壁画系へと変遷するが、五世紀代の石棺系や石障系は筑後から肥前・肥後にみられる。

石人石馬は、短甲《たんこう》をかたどった豊後の五世紀前半の例がもっともはやいが、すぐに武装石人にかわり、筑紫・豊《とよ》・火《ひ》の地域にわたって分布する。初期の武装石人や石甲は、あたかも古墳に眠る主人公を守衛するかのように、一〜二個が墳丘上にたつ。形態は器財埴輪《きざいはにわ》の写しだが、そのありかたには南朝の王陵の石人石獣の影響が考えられる。

一見はなやかな玄界灘沿岸地域＝対外交渉の最前線からは一歩はなれて、じっくりと新来の文化を消化し、広大な筑後平野の農業生産力を背景に、横口式家形石棺、装飾古墳、石人石馬に象徴される筑紫連合政権を再興し、逆に玄界灘沿岸地域を押さえはじめた在地豪族が筑紫君であった。

**磐井の乱**●

朝鮮半島へしばしば軍事介入し、その失敗のなかで、国内での一元支配的な体制づくりを強くめざしはじめた大和政権と、五世紀に伸張する地域政権とのあいだには、大きな軋轢《あつれき》がうまれた。吉備《きび》氏の反乱もその一つである。

福岡県域の例では、応神《おうじん》天皇のときに阿曇《あずみ》氏が宗像郡の海部《あまべ》郷を管掌したことに対して、呉《くれ》からの兄媛《えひめ》を宗像大神にたてまつるように宗形君が強要したり、車持君《くるまもちのきみ》が宗像神の充神者《かんべらのたみ》を車持部としたため、

岩戸山古墳と磐井の墓

『筑後国風土記《ふどき》』の逸文《いつぶん》は、上妻《かみつやめ》の県《あがた》の南二里に筑紫君磐井《つくしのきみいわい》の墓墳《はか》があり、その規模は、高さ七丈、周《めぐ》り六〇丈で、墓田《はかどころ》は南北各六〇丈、東西各四〇丈と記す。また、石人と石盾各六〇枚が、交陣《こもごもつら》なり行《つら》をなして四面をめぐり、東北の隅には一つの別区《ことどころ》があって、号《なづ》けて衙頭《がとう》(政所《まつりごとどころ》)という。別区のなかには解部《ときべ》とよばれる一《ひとり》の石人《いしひと》が縦容《おもぶる》に地《つち》に立ち、その前に裸形《あかはだか》で地に伏す偸《ぬす》人《びと》、側《かたわら》には四頭の盗んだ石猪《いしい》があって、また石馬三匹、石殿三間、石蔵二間があると伝える。

この磐井の墓については、江戸時代中期以後の考証学の興隆のなかで、石人山古墳説が、入口に露出していた横口式家形石棺を石殿に、その前方にすえられた武装石人を石人にあてて定説化していた。

一方、幕末の久留米《くるめ》藩士の矢野一貞《やのかずさだ》は、有名な『筑後将士軍談』(別名『筑後国史』、嘉永六〈一八五三〉年)などをあらわし、当時としては際立った正確さで、墳丘や岩戸山古墳から運ばれて福島《ふくしま》城や正福《しょうふく》寺の礎石《そせき》・石垣に使われていた石製品、文化五(一八〇八)年に同古墳から発掘された二体の石人の実測を示した。そして岩戸山古墳が郡衙《ぐんが》推定地の「県南二里」にあたり、墳丘の「高七丈」もほぼ適合すること、裸形坐像の石人があり「偸人」にあたるのではないかなどを指摘し、岩戸山古墳説を提唱した。これは画期的な説だったが、地方学者であったためか注目されずにおわり、また、岩戸山古墳の南北長と東西長がそれぞれ六〇丈と四〇丈ではない点や、別区の比定に問題が残った。

❖コラム

その後、昭和七（一九三二）年には別区の発見があり、戦後は古墳の時期比定がかなり正確になってしだいに岩戸山古墳が有力となる。そして、昭和三十一年に森貞次郎氏が、「南北各六十丈、東西各四十丈」の記述は奈良時代の官営寺院の建造物の規模をあらわすときの公用語法で、「南北六十丈」とは南側の一辺と北側の一辺がそれぞれ六〇丈、「東西各四十丈」は東端の幅と西端の幅がそれぞれ四〇丈という意味で、岩戸山古墳の規模によくあうとする画期的な論考（「筑後国風土記逸文に見える筑紫君磐井の墳墓」『考古学雑誌』四一―三）を発表し、ここに岩戸山古墳説が確定した。

なお、蛇足ながら、近年、岩戸山古墳の別区が整備され、そのさいに模造された石人が東北の一辺にそってならべられた。これを当初からの姿と錯覚した出版物もあるが、誤りなので御注意いただきたい。

岩戸山古墳

履中《りちゅう》天皇五年に筑紫三神が皇妃に祟《たた》り死なせた記事がある。これらは軍事介入のさいの物資の輸送に宗形君の部民《べみん》が徴発されることに対する宗形君の怒りとみられている（正木喜三郎「宗像三女神と記紀神話」『古代を考える　沖ノ島と古代祭祀』）。

また、さきにのべた水沼君は、嚙《か》み殺された鵝《が》のかわりの鴻《かり》とともに養鳥人《とりかい》までさしだして謝罪したといい、ここにも地方豪族に対する大和政権の動きがあらわれている。

こうした軋轢の頂点に、筑紫君磐井《つくしのきみいわい》の乱がある。

継体天皇二十一（五二七）年六月、新羅に併合された朝鮮半島の地を奪回するために、近江毛野《おうみけぬの》臣《おみ》は六万の兵を率いて渡ろうと西へくだった。新羅はこれを察知し、反逆の機会をうかがっていた筑紫国造《くにのみやつこ》磐井に賄賂《わいろ》を贈り、渡海軍を阻止するように依頼した。磐井はこれをうけて官軍に戦いを宣言し、内では火《ひ》（肥前・肥後）・豊《とよ》（豊前・豊後）にまで勢威を張り、外は海路を押さえて朝

岩戸山古墳の石人（左）と石馬

鮮半島の国々から大和政権へむかう船を自領に引きいれていた。大和政権は物部《もののべ》大連《おおむらじ》麁鹿火《あらかひ》を大将軍にして征討へむかわせた。両軍の戦闘は一年あまり続き、翌年十一月十一日の決戦で磐井は斬られ、大和側の勝利におわった。磐井の子の葛子《くずこ》は反逆罪への連座をおそれて、その年の十二月に対外交渉の窓口であった糟屋屯倉《かすやのみやけ》を献上して許された。以上が『日本書紀』が伝える磐井の乱の概要である。

一方、『日本書紀』と同じころにできた『筑後国風土記』の逸文《いつぶん》では、磐井は豊前の上膳県《かみつみけのあがた》（今の豊前市の辺り）の山のなかにのがれて行方不明となり、筑後の上妻県《かみつやめのあがた》（いまの八女郡）にあった磐井の墓についても、その規模や石製品を立てめぐらした外観、「別区《べっく》」とよばれる特異な施設など、筑紫側の独自の伝承をおさめている。

磐井の墓は、八女古墳群のほぼ中央にある岩戸山《いわとやま》古墳で、北部九州では最大の前方後円墳である。筑紫政権の雄である磐井が、大和政権の象徴である前方後円墳を生前につくった点は、大和政権と一定の上下関係にあったことを示している。また、毛野臣に対しての「昔は吾が伴《とも》として、肩摩《かたす》り肘触《ひじす》りつつ、共器《おなじけ》にして同食《ものくら》いき」という揚言《ことあげ》は、磐井が大和政権の中枢に出仕していたことを物語る。

しかし、すでにのべたように石人石馬という独自の文化は筑紫・豊・火に広がり、六世紀の初めにはあらたに複室構造の横穴式石室もうみだされた。そして、岩戸山古墳の別区の石人石馬には、裁判官（解《とき》部《べ》）、裸形跪坐《らぎょうきざ》人物（偸人《ぬすびと》）、猪《いのしし》（盗物）が配され、石殿《いしどの》や石蔵《いしくら》は政庁や税庫で、その地域の行政・司法権を手中にしていたとみられ、そのさきには独立国家への道もないわけではなかった。

また、大和政権は、かつて倭が朝鮮半島にもっていた権益の継承と確保のために親百済的な政策をとったのに対して、磐井はのちに朝鮮半島を統一する新羅と結んでいた。大和政権と筑紫政権の対決は、避けられない歴史的な運命にあった。

磐井の乱ののちには、石人石馬は激減し、地下の石室の彩色壁画の題材となって沈潜していく。筑紫政権の二度目の挫折《ざせつ》をみる思いである。

一方、大和政権は、乱の平定後に各地に屯倉を設置し、乱の功労者の部民《べみん》や皇室部民の設置、軍事的な部民の再編成などによって支配体制を強化し、外交権の一元化も果たした。磐井の乱は、古代国家形成のための国土統一戦争だったのである。

2章

# 大宰府の成立・展開のなかで

大野城大宰府口門跡

## 1　奈良時代の内政

**大宰府成立前史●**

大宰府《だざいふ》は、少なくとも全九州の歴史にかかわり、たんに福岡県の歴史のみに関係するものではない。しかし大規模機構の大宰府は筑前国内に存在したし、その財政基盤として筑前・筑後・豊前国の果たした役割は大きく、また後述する平安時代後半期の大宰府発給文書も、この地域の寺領をめぐって発給されたものが圧倒的に多い。したがって大宰府の成立・展開・変貌《へんぼう》のなかで奈良・平安時代での福岡県の歴史をみることにしたい。

さて磐井《いわい》の反乱ののち、磐井の子葛子《くずこ》は継体天皇二十二（五二八）年に糟屋屯倉《かすやのみやけ》を進上したという。安閑天皇二（五三五）年には、全国的な要地での屯倉設置にさいして、北部九州にも七カ所、火国《ひのくに》に一カ所の屯倉をおく。北部九州のそれらは、糟屋屯倉と周防灘《すおうなだ》を結ぶ地帯、また遠賀《おんが》川上流の肥沃《ひよく》な地域にあたるから、もとの筑紫国造《つくしのくにのみやつこ》磐井の勢力圏内にクサビが打たれたといわれる。

宣化天皇元（五三六）年五月に「那津官家《なのつのみやけ》」が史料にあらわれる。その遺構として近年、比恵《ひえ》遺跡（福岡市博多区博多駅南五丁目・四丁目）が注目されている。整然とならんだクラからなる大規模倉庫群と、官衙《かんが》的遺構と推定される規模の大きい建物および柵《さく》状遺構が出土したのである。遺構の年代は六世紀後半とみられ、那津官家の時期とほぼ一致する。それにこの地域は「三宅田」「官田」「犬飼」などの小字名があったところで、かつて歴史地理学者から那津官家推定地とされていた地域でもある。

隋《ずい》からの答礼使である裴世清《はいせいせい》が来日した翌年、推古天皇十七（六〇九）年四月四日に「筑紫大《つくしのたい》宰《さい》」が登場する。だが、その具体的な職掌については史料が少なく、断片的な史料を積みあげる以外にない。

白村江《はくすきのえ》での敗戦ののち、北部九州から瀬戸内海にかけて多くの朝鮮式山城がきずかれる。天智天皇三（六六四）年から同四年に、水城《みずき》、大野城・基肄《きい》城がつくられた。これらは大宰府を囲む防衛ラインだから、このころ、現在地に大宰府（後述する第Ⅰ期遺構）の造営もはじまった可能性がある。

文武天皇四（七〇〇）年に筑紫総領の名が、吉備《きび》・周防《すおう》・伊予《いよ》総領とともにみえる。これは古い国造《くにのみやつこ》のクニを律令制の国・評《こおり》（郡）に編成がえするとき、数カ国を一ブロックとして総領（大宰）を派遣したともみられるが、それらは西海道から瀬戸内海両岸の地域だから、各地

**比恵遺跡**　那津官家の遺跡ではないかと注目されている。

域を軍事的に強化・編成する目的でおかれた、ともいう。だとすれば、白村江の敗戦は、それほど大きな衝撃をあたえたのである。しかし大宝令《たいほうりょう》では筑紫総領（大宰）以外はすべて廃された。筑紫大宰（総領）のみが広域的な行政府である大宰府に発展したのである。

飛鳥浄御原令《あすかきよみはらりょう》で「大宰府」がどのように書かれていたかはもちろんわからない。だが持統天皇三（六八九）年九月十日条（『日本書紀』）に、石上麻呂《いそのかみまろ》・石川蟲名《いしかわむしな》らを筑紫につかわして位記を給い送り、また新城を監《み》させたとあるのは、「新設の大宰府の都城を意味する」という説があることに注目しておこう。

なお福岡県は、古代の行政区画でいうと、筑前国・筑後国および豊前国の一部から成りたっている（次頁図参照）。豊前国の上毛《かみつけ》《こうけ》郡で大分県と分かれるのは、山国《やまくに》川を境にするからである。各国郡里（郷）の地域的特性は豊富で、それぞれの時点で歴史上果たした役割は大きい。各地域の歴史については、ぜひ巻末の参考文献を参照していただきたい。

## 大宰府の機能●

大宝元（七〇一）年完成・施行の大宝令で大宰府の官制が成立。大宰帥《そつ》以下四等官だけで計一二名。品官《ほんかん》（各種の専門・技術官人）や史生《ししょう》もいれて定数五〇名という律令制地方官衙最大の機構である。

大宰府は西海道（九国二〈三〉島）の中央政府といわれる。だが大宝・養老令に書かれる大宰帥の職掌は、ほかの国司（大国）のそれとほぼ同じで、「蕃客《ばんきゃく》・帰化・饗讌《きょうえん》」が付け加えられているにすぎない。したがってすでに指摘されているように、大宰府の各機能は、具体的な歴史的経過のなかで、実績によって付与されたもので、段階的に展開の過程を明らかにすべきだ、という考え方に賛成したい。つまり行政・財政・軍事・手工業（工房）・外交・貿易・思想・文化などの各分野で、どのような内実で西海道の中央政府だったのか。また大宰府の性格を明らかにするためには、少なくとも七世紀初めから十二世紀末（平安末）までの成立・展開・変貌の全経過を明確にする必要がある。ここでは奈良時代の財政を中心にのべる。奈良時代の史料はかぎられているので平安時代前半期までの史料も援用してのべる。

全国の調庸《ちょうよう》物は京に運ばせるという律令財政のなかで、西海道諸国島の調庸物は大宰府におさめさせた。大宰府で京進

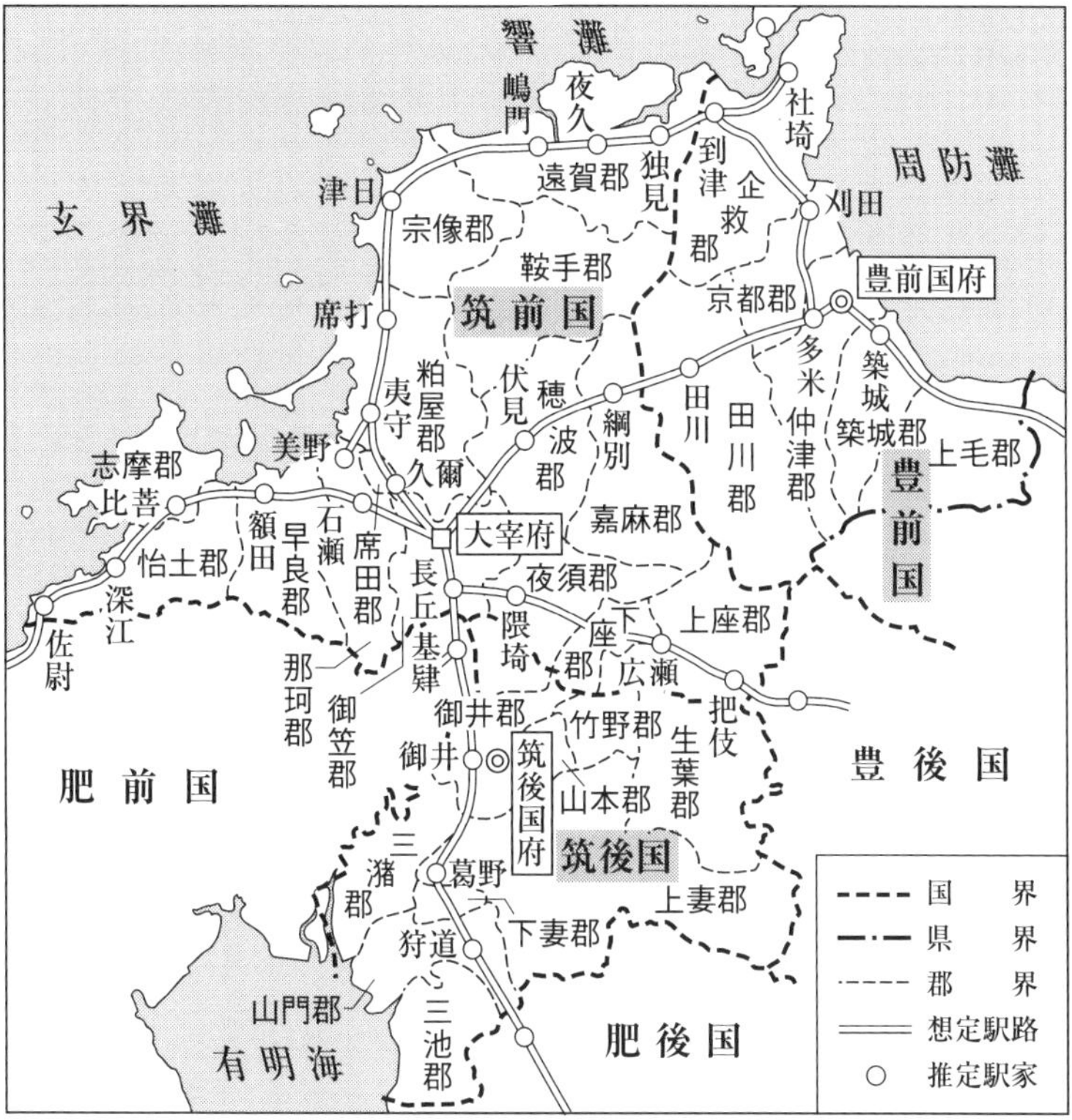

古代の国界・郡界・駅路推定図（光文館『福岡県の歴史』による）

奈良時代の綿《まわた》は真綿のことで、絹綿・繭綿《まゆわた》ともいい、蚕《かいこ》の繭《まゆ》からとったものである。八世紀での西海道調庸の綿（大宰綿）の財政的意味を中心につぎにまとめよう。

一つは、八世紀をつうじて大量な大宰綿が京進されたこと。天平元（七二九）年九月に調綿一〇万屯の京進が義務づけられ、それは約四〇年間続いたらしく、神護景雲三（七六九）年三月には二〇万屯に倍増された。八世紀末になると半減、九世紀初めには隔年貢進となるが、『延喜式』でも綿や貢綿使の記載があり、平安時代中期に至るまで原則はあくまで綿だったといわれる。八世紀に、大宰府に集められた調庸物のうち、京進されたものは、今のところ綿だけらしい。少なくとも奈良時代での大宰綿の重要性が知られる。

二つに、はたして昭和三十八（一九六三）年に、平城宮跡から西海道調綿木簡が一括して出土した。断片を含めて二八点、木簡に記される年次は養老二（七一八）年から天平三（七三一）年におよぶ。この調綿木簡には、他の一般的な木簡と違う著しい特徴があった。つまり材質（シイの木）・形態（つくり方）・綿貢進国（六国）および貢進の単位（郡）・数量（一〇〇屯）などの特徴に加えて、筆跡の調査から、これらの木簡は大宰府でつくられ、大宰府に蓄積されていた綿を京進するさいに、荷物（綿）につけられた、という見方もある。

三つに、八世紀での京進分の綿は、西海道調庸綿総生産量のうち、どれくらいの割合だったのか。試算されている結果をさらに推定すると、七二〇年代に約二〇万屯の総生産量に対して一〇万屯の京進分、七六〇年代には約四〇万屯の総生産量に対して二〇万屯の京進分、という推定になる。

四つに、一袋一〇〇屯の重さは約二二・五キロと試算されている。つまり京進分二〇万屯とは、一袋（一〇〇屯）＝約二二・五キロの綿が年間に二〇〇〇袋京進されたことになり、貢綿使の郡司・郡司子弟二〇人らによって管理・運搬されたらしい。なお一丁二屯の負担とすれば、一袋一〇〇屯とは五〇人分の輸納量になる。

五つに、だとすれば、京進分を差し引いた残りの綿、つまり八世紀をつうじて一〇万屯〜二〇万屯の綿は、大宰府あるいは交易機関のクラに、府用分として蓄積されていたことになる。京進された綿の使途は、しだいに明らかにされているが、府用分の綿がなにに使われたのか、きわめて興味深い。今後の木簡や漆紙文書のような出土文字史料に期待することが大きい。

六つに、大宝二（七〇二）年の豊前国の戸籍に、秦《はた》氏一族の濃密な分布がみられるように、筑紫《つくし》（西海道）の綿は、もともと良質だったとみられるが、八世紀をつうじての大量な綿の生産の義務づけには、なんらかの「政策」が存在していたことによる可能性もある。

(1)・筑前國怡土郡調綿壹伯屯 四兩養老七年
・室山
(2)・肥後國益城郡調綿壹伯屯 四兩養老七年
・□□□〔呂カ〕
(3)豊前國宇佐郡調黒綿壹伯屯 四兩屯 神亀四年
(4)・□〔肥カ〕前國神埼□□綿壹伯屯 四兩 神亀二年
・
(5)豊前國仲津郡調短綿壹伯屯 四兩 天平三年
(6)・豊前國下毛郡調綿壹伯屯 四兩 養老□□
・□人□〔一カ〕

平城宮跡出土の西海道調綿木簡（奈良国立文化財研究所『平城宮木簡一解説』による）

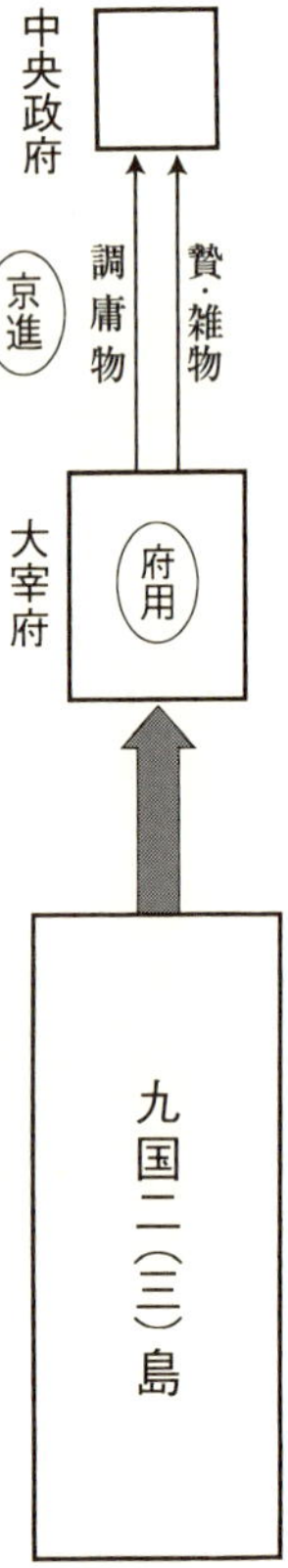

西海道諸国島—大宰府—中央政府の財政・模式図

分と府用分に分け、京進分として特定の物品を京に送った。京進の物品は大きくは二つに分かれる。一つは調庸物、二つには贄《にえ》・雑物である。雑物とは、さまざまな物品の意味で、大宰府工房《こうぼう》・各国衙《こくが》工房で製作された製品や交易によって京進されるものを含んでおり、それぞれ重要な意味をもつが、すべては参考文献にゆずり、ここでは調庸物を中心にとりあげよう。とくに調庸物の綿は大量で、大宰府財政上重要な意味をもつとみられるから、コラムで少しくわしくみてみよう（四四・四五頁参照）。なお綿・贄ともに平城宮内で西海道から送った物品の荷札木簡《もっかん》が出土している。

さて大宰府のクラなどにあったとみられる、一〇万~二〇万屯の綿の府用分としての使途については、推定されることを二・三章のそれぞれのところでのべよう。いずれにしても大宰府に集められた西海道の調庸物・中男作物《ちゅうなんさくもつ》・贄などの諸物品は、大宰府が自由に使用・消費してよいのではなく、政府が指定する物品を京進する義務があったし、また大宰府から政府に調庸用度帳《ようどちょう》を提出しなければならなかった。大宰府は収納と支出の内容を政府に報告せよというわけである。肝心なところは押さえられている。したがって大宰府財政の性格をみるときは、全国的な律令財政のなかでとらえることと、大宰府の独自性をみることの二重の視点が必要である。

このうち大宰府財政の独自性はさまざまな面であらわれる。たとえば、府用分の物品を原料・材料にし

(1) 紫□」
(2) 「怡土郡紫草廿根」
(3) 「怡土郡紫草廿×
(4) ・「怡土郡□×
・「□
(5) 「糟屋郡紫草廿根」
(6) 「糟屋郡紫草廿根」
(7) ・「岡郡全」
・「一編十根」
(8) ・「岡郡□」
・「一編十　」
(9) 「岡賀郡紫草□□」
(10) 「岡賀郡紫□(草カ)□」
(11) 「岡賀郡紫×
(12) 「加麻郡□(紫カ)□」
(13) 進上豊後國海部郡眞紫草…□□□(斤カ)
(14) 「合志郡紫草大根四百五十編」
(15) ・山鹿郡紫草
・託□大根

**大宰府・不丁地区出土の紫草木簡**（九州歴史資料館『大宰府木簡概報・2』による）　紫色に染色する材料（紫草）の付札木簡。8世紀のものと推定され，染色工房の活動を示す。

て大宰府工房でさまざまな手工業生産活動が行われた。匠司《たくみつかさ》・作物所《さくもつしょ》・作紙所《さくししょ》・貢上染物所《そめものしょ》・修理器仗所《きじょうしょ》・主《しゅ》船司《せんし》・主工司《しゅこうし》などの機構名も文献史料にみえるが、考古学的発掘調査と奈良・平安時代の文献史料をあわせると、銅・鉄などの金属加工生産、高級絹織物・染色物、木器・竹器具、紙・筆・墨の製作、瓦・土器類の生産などにおよぶ。このような大宰府工房の機能をもとに、藤原仲麻呂《なかまろ》政権の時期に、新羅《しらぎ》征討計画として、大量な兵器生産が行われた。また天平期の正税帳《しょうぜいちょう》によると、狩猟用の鷹《たか》・犬の訓練も行われている。それらの場合、正税帳や木簡によると、大宰府工房での労働力や原料・材料は大宰府管内の諸国からださせていること、また製作期間中の労働力（工人など）の食料は、各国の正税によって負担していることが注目される。大宰府工房とは、太政官機構のなかにおかれた中央官営工房の縮小版であったが、大宰府はたんに行政や軍事の機構のみでなく、実に多面的な機能をもった機構だったのである。

また徴税体系の独自性を背景に、政務報告の使も他道諸国の場合とは提出期限や報告書の内容で違っていた。たとえば四度使《よどのつかい》（四種類の使＝調帳使・大帳使・朝集使）のうち正税帳使の場合、他道諸国は二月三十日までに正税帳などを政府に提出する規定だったのに対して、西海道諸国は二月三十日までに大宰府に送り、大宰府が覆勘《ふくかん》を加えて五月三十日までに政府に報告することになっていた。また正税帳に加えて、大宰府の公廨処分帳《くがいしょぶんちょう》（公廨稲の配分内訳を書いたもの）を副申（報告）したことが、九世紀後半の史料にみえる。また大宰府から京へは、四度使のほかに、五種類の使（貢綿使・御贄《おにえ》使・別貢《べっこう》使・紫草《むらさき》使・相撲人《すまいにん》使）を加えて計九種類の使（九箇使）が派遣されたことが、天平神護三（七六七）年以降の史料に認められる。このうち貢綿使が使二四人（使一人・史生一人・書生二人・郡司一〇人・郡司子弟一〇人）、使料四六〇石でほかの使より断然多かったことはいうまでもない。

以上を総合すると、律令財政のうえで大宰府はまさしく西海道の中央政府だったのであり、また他道諸国とくらべて独自な性格をもっていたことがいえよう。問題は、このような大宰府財政・工房の体系がいつ確立したかだが、今のところ不明といわざるをえない。ただし、持統天皇三（六八九）年六月の飛鳥浄御原令施行によって、大宰府の徴税機能が軌道にのったとみられていること、また西海道調綿木簡の年次には養老二（七一八）年以降のものがあったことに留意しておこう。

### 大宰府の財源●

奈良時代から平安時代前半期には、大宰府という大規模な機構を運営するための財源、つまり人件費や物件費は西海道諸国のうち、おもに六国に負担させていたといわれる。その端的な例が、大宰府官人の人件費にあたる府官公廨《ふかんくがい》である。次頁表のように六国に合計一〇〇万束の府官公廨稲を設置し、それを出挙《すいこ》

西海道諸国のうち6国の負担

| | 筑前 | 筑後 | 肥前 | 肥後 | 豊前 | 豊後 | 計 |
|---|---|---|---|---|---|---|---|
| 府官公廨 | 束 150,000 | 束 100,000 | 束 150,000 | 束 350,000 | 束 100,000 | 束 150,000 | 束 1,000,000 |
| 修理観世音寺料 | 10,000 | 10,000 | — | — | — | — | 20,000 |
| 修理府官舎料 | 6,000 | 6,000 | 6,000 | 10,000 | 6,000 | 6,000 | 40,000 |
| 衛卒料 | 22,400 | 18,105 | 18,105 | 35,795 | 17,554 | 16,472 | 128,431 |
| 計 | 188,400 | 134,105 | 174,105 | 395,795 | 123,554 | 172,472 | 1,188,431 |

『延喜式』主税上「諸国出挙正税公廨雑稲」による。

(高利で貸し付け)して得た利稲を府官人の給与にあてた。この府官公廨一〇〇万束は天平宝字二(七五八)年五月までに成立しているが、『弘仁式』『延喜式』にも同じ内容で書かれ、また『延喜式』主税上には、府官人内部の配分率も記されている。それらの史料によると、各国はそれぞれ自国の正税・公廨、国分寺料、修理官舎料などを負担しているが、六国は、それらのうえにさらに上表にみるような費目を負担している。また平安時代の史料には「大宰府蕃客《ばんきゃく》儲米《ちょまい》三八四〇石」とあり、「蕃客」に対する饗宴・滞在費、賜禄・渡海料などにあてられていたらしい。

さて全国的にみても、重たい税負担は公民たちの逃亡・浮浪という事態を招く。貧富の格差が生じ、転落する貧窮公民たちは有力農民や大寺社の開発のための労働力として取りこまれていく。調庸物の違期・未進、麁悪《そあく》化の事態が進み、奈良末平安初期には、律令制的な租庸調の収取が困難になっていく。政策の転換が必要な状態が進むのである。なお八世紀から九世紀初頭までの変化は、八世紀に人別に課税された調庸制から、八世紀末九世紀初頭の交易雑物制《こうえきぞうもつせい》へ変化するととらえられている。

また八世紀後半には、調庸物の運京の面でも「官人百姓商旅《しょうりょ》の徒」があらわれるなど、興味深い事態が生じるが、この点も参考文献にゆだねよう。

## 2　平安時代前半期の内政

### 公営田制●

九世紀初頭、良吏たちによって、律令体制の動揺という現実に対応した改革政策が行われる。大宰府管内に実施されたのが公営田制《くえいでんせい》である。立案者は大宰大弐《だいに》の小野岑守《おののみねもり》。太政官《だいじょうかん》で原案修正のうえ、弘仁十四(八二三)年二月から実施された。公営田制とは、端的には歳入の確保、つまり田租・調庸物などの確保を目的にしたもので、いくつかの新しい方式を採用しているが、とくに注目すべきは、運営の根幹に、「村里幹了《そんりかんりょう》なる者」つまり力田《りきでん》の輩ともよばれる有力農民を、正長《しょうちょう》としてすえたことである。正長一人に徭丁《ようてい》五人の組みあわせで運営し、功ならびに食料を給うことは、「一に民間の如《ごと》し」といっているから、民間で行われていた方式を公的に採用したといってよい。つまり有力農民に取りこまれていた班田《はんでん》農民を、ただちに国家の手に取り戻すのではなく、有力農民の経営方法を採用するという現実的な政策だった。一年間で純益一〇八万四二一束をあげる計画で、岑守の原案では三〇年間で三二〇〇余万束の蓄積をうたっているが、太政官の修正で、まずは四年をかぎって施行された。その後八五〇年代にも継続を申請し、実施している肥後国では、比較的に成功したらしいが、筑前国は耕作数年にして停止す、とあり、ほかの地域での継続的な成功は疑わしい。しかし大宰府管内が、九世紀初頭の全国的な財政改革のためのモデルケース(一大実験場)になったことは疑いない。

公営田制は歴史的に重要な意味をもっているから、少し具体的に原案の内容をみておこう。

(1)大宰府管内九国の口分田《くぶんでん》・乗田《じょうでん》の総数七万六五八七町から、良田一万二〇九五町を割きとり、各国の公営田にあてる。(2)合計六万二五七人の農民を傜丁として徴発し、傜丁五人を一組にして一町を耕作させる。(3)傜丁を監督するために正長をおく。傜丁五人に正長一人の組みあわせ。(4)一年間の全収穫稲は五〇五万四一二〇束と計算できる。(5)支出分として傜丁に支給する佃功《でんこう》と食料の計は二一七万四四八四束。つまり佃功として町別一二〇束、それに食料として人別・日別米二升ずつを支給する。(6)傜丁が負担すべき調庸と田租は、秋、公営田収穫の稲で、傜丁の田租・調庸物・修理溝池官舎料にあたる分を調達する。その計は一七九万九二一五束である（支出分）。(7)全収獲稲（4）から支出分（5）・(6)）を差し引き、一年間で一〇八万四二一束の純益をあげ、「納官」として国衙に送る。九国で三〇年間実施すれば、三二〇〇余万束の蓄積が可能である、というものであった。

上奏文のなかで岑守はのべる。「課役の民は多くは貧窮であり、調庸の納入は、きわめて困難で逃亡するもの多し」「飢餓《きが》の輩は十のうち七、八を占める」と。かくして財政再建の基盤を正長、つまり力田の輩の階層に求めたのである。

**選士統領制など●**

大弐岑守は、このほかに、兵制改革の面で選士統領《せんじとうりょう》制を採用し、また貧窮の民のために続命院《ぞくみょういん》を設けている。前者は「富饒遊手の児《ふじょうゆうしゅ》」の掌握を意図したもので、統領—選士の組みあわせと功・食料の支給法などの構想は公営田制とよく似ている。つまり九国二島から選士一七二〇人と統領四二人を選ぶ。このうち大宰府には選士四〇〇人と統領八人をおいた。選士一七二〇人は分けて四番をなし、番別に三〇日を役し、年役の合計は九〇日とする。また選士には庸を免じて中男三人を給い、在番のときは、日粮一升五合・塩二夕を支給する、とくに大宰府配置の選士には、調庸を免じ、傜丁二人を給う。統領には、陸奥国《むつのくに》軍毅《ぐんき》に准じて職田二町と傜丁三人を給い、在戍《ざいじゅつ》のときには日粮二升を支給する、というものであった。

そのほか衛卒《えいそつ》二〇〇人をおき、調庸を免じて粮塩・資丁を給い、それまでの兵士にかえて、各「所」の労働力にあてる、というものもあった。いずれも大宰府奏上をうけて太政官で決定された。

後者の続命院は、大宰府に往来して飢えや病気に苦しむ人びとのための施設で、それは檜皮葺《ひわだぶき》屋七宇・鼎《かなえ》一口・墾田《こんでん》一一四町（運営基盤）の規模をもつ一処で、岑守の死後、実現したようである。現在の筑紫野市俗明院町がその場所という。岑守はこのほかにも、大宰府の書生を権任郡司《ごんにんぐんじ》に任命する施策などを実行している。これは権任郡司の選任権を掌握することで書生の統制を強め、大宰府運営の実務的な円滑化をはかるためのものであった。

岑守は大弐になる以前に、近江介《すけ》・陸奥守などを歴任した現地行政のエキスパートだったが、大弐在任中の以上の諸政策をみると、この時期の良吏の性格がよくあらわれている。

### 筑後守殺害事件●

元慶七（八八三）年六月三日の夜、筑後守都御酉《みやこのみとり》の館を群盗一〇〇余人がおそい、御酉を射殺し財物を掠奪《りゃくだつ》して逃亡した。対応にもたつく大宰府を譴責《けんせき》して政府は、翌年六月二十日推問使を派遣。約一年後に明らかになった犯人の首謀者は、実に筑後掾《じょう》・少目《しょうさかん》など筑後の国府での御酉の配下のものたちであった。彼らは斬刑などの処分をうけたが、大宰府の大監《だいげん》・大少典《だいしょうてん》らの責任も追及された。御酉は元慶四（八八〇）年に筑後守に着任以降、国の収入になる正税の貸し付けを実際の土地の営田数を基準にして行おうとした。つまり税の基準を人から土地にかえたものだが、班田を強行しようとしたのである。

貞観〜元慶年間（八五九〜八八五）に、筑前・肥前・豊後国でもあいついで班田を実施しようとした。筑前国では一九年ぶり、肥前国は四〇年ぶり、そして筑後国では三〇余年ぶりの班田実施であった。国守たちは、なんらかの形で班田を実施し、財政再建をはかったのである。御酉殺害の犯人たちは、それによって不利益をこうむる在地の有力者たちだった可能性が高い。九世紀初頭に公営田のような改革を試みたものの、中央政府は、まだ地域の現実の変化をよく認識していない。八世紀初めの筑後守道君首名《みちのきみおびとな》の場合とくらべると、九世紀末での「良吏」たちの運命もかわらざるをえなかったといえよう。

**府儲田・警固田●**

つぎに九世紀後半には、大宰府は独自の財源をもつようになることをのべておこう。貞観十五（八七三）年には、筑前国に府儲田《ふちょでん》二〇〇町と警固田《けごでん》一〇〇町をおき、その地子《ぢし》を府中の雑事の一部にあてるようになる。つまり統領・選士の食料を六国から取りたてることができなくなったため、警固田をおいてその費用にあて、また府儲料稲は計三万束にのぼっていたが、違期・未進による闕乏《けつぼう》のため、府儲田の地子を府用にあてた。つまり奈良時代の大宰府の財源は、西海道のうちおもに六国にあったことを先述したが、それは大宰府独自の財政基盤という点では、むしろ弱かったことを示すともいえるのである。だが九世紀後半になると、大宰府は独自の財源をもつ方向にむかう。注意すべきは、その財源は府儲田・警固田のように、大宰府の足もとである筑前国はじめ筑後・豊前国という福岡県内に多くはおかれたことである。やがて大宰府は府領をもつようになるが、平安時代をとおしての西海道での荘園の発達については、個別のあるいは全体的な研究が進んでいる。その研究成果は古代・中世の参考文献にゆだねよう。

## 純友の反乱と大宰府再建●

十世紀なかば、大宰府機構そのものが重大な危機にさらされた。天慶四（九四一）年、藤原純友《すみとも》らの大宰府襲撃である。承平・天慶の乱という東西に呼応するかのごとくおこった反乱は、武士団によるはじめての、律令国家に対する本格的な反乱として重要な歴史的意義をもつ。とくに大宰府政庁の炎上は、律令体制の終わりを象徴するかのようであった。海賊の首領である純友は伊予《いよ》国の前掾《ぜんじょう》。豊後水道の日振《ひぶり》島を本拠地に、瀬戸内海を往来する奈良時代以来の豊饒《ほうじょう》のルートをおそっていた。ついに大宰府に攻めこみ財物を奪

大宰府政庁の３回の建てかえ

| 遺構区分 | 建築様式 | 推定年代 |
|---|---|---|
| 第Ⅰ期遺構 | 掘立柱・檜皮葺ヵ | ７世紀後半代 |
| 第Ⅱ期遺構 | 礎石・瓦葺 | ８世紀初めヵ～10世紀なかば |
| 第Ⅲ期遺構 | 礎石・瓦葺 | 10世紀後半代～？ |

**大宰府政庁跡の発掘**　南門跡。第Ⅲ期遺構と第Ⅱ期遺構のあいだに大量の焼土層が発見された。

い政庁を焼失させるが、政府派遣の追捕使《ついぶし》との博多浜決戦で純友軍は壊滅する。追捕使中枢の構成は、長官小野好古《おののよしふる》、次官源経基《つねもと》、判官藤原慶幸《よしゆき》、そして主典《さかん》が大蔵春実《おおくらはるざね》であった。大蔵春実は以後土着化したらしく、平安時代後半期の西国での大勢力大蔵氏の祖となる。

昭和四十三（一九六八）年以来の大宰府跡発掘調査は、さまざまな成果をあげているが、なかでも大宰府政庁が純友の反乱のあと再建されたことを明らかにした意義は大きい。すなわち大宰府政庁域は、大きく三回建てかえられ、現在、地表にみえる礎石群が第Ⅲ期遺構。第Ⅲ期と第Ⅱ期遺構のあいだに大量の焼土が堆積することが判明した。さまざまな点からみて、純友の反乱による炎上のあと、第Ⅱ期遺構よりも規模を大きくして第Ⅲ期遺構は再建されたことが明らかになった。

第Ⅲ期遺構の造営のシステムや経過を示す文献史料はまったくない。いくつかの方式が推定されているが不明といってよい。ただ一つ、反乱後の大宰府の新体制には注目しておこう。天慶八年十月の人事で、追捕使の長官小野好古は大弐になるなど、追捕使の四等官は、そのまま大宰府の中枢に任命された可能性が高い。

十世紀なかばの焼失のあと規模を大きくして大宰府が再建されたことは、すでに進んでいた研究、つまり平安時代の国家をどのようにとらえるかという研究に、拍車をかけることになったのである。

## 3　平安時代後半期の内政

### 大宰府の変貌●

平安時代後半期の大宰府の変貌は、⑴大宰府発給文書の変化、⑵大宰府機構の変化、⑶府官層の形成の面であらわれる。

⑴大宰府発給文書の変化の第一の画期は、十世紀末〜十一世紀初頭で、府政所《ふまんどころ》下文《くだしぶみ》および府政所牒《ちょう》の出現である。ともに多数の監典《げんてん》層が連署し、袖《そで》に府官長が袖判を加え、本文中に権帥《ごんのそつ》・大弐の宣《せん》（口頭命令）を引き、それをうけて府政所から発給されるなど、公式様文書とは明らかに異なる様式をもつ。鎌倉時代の武藤氏発給文書の先駆けといわれるゆえんである。

第二の画期は十二世紀初頭で、大府宣・大宰府庁宣、大宰府官人解《げ》・権帥（または大弐）解という新しい文書が出現し、府政所下文・府政所牒とともに、一連の新しい文書体系がそろったのである。大府宣・大宰府庁宣は上から下

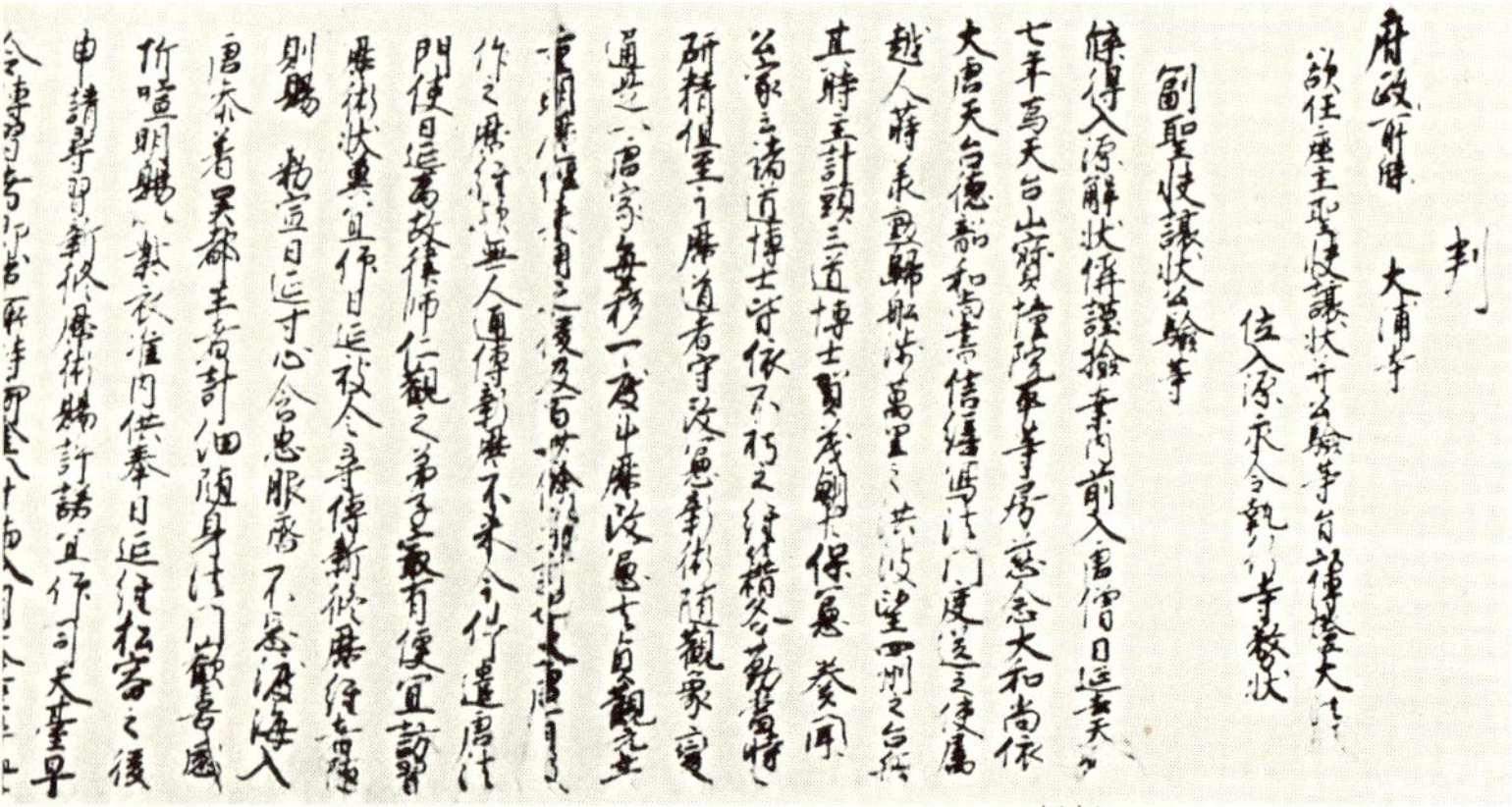

に，大浦寺座主職相続について大浦寺に発給した府政所牒の案文《あんもん》(写し)。国重文。

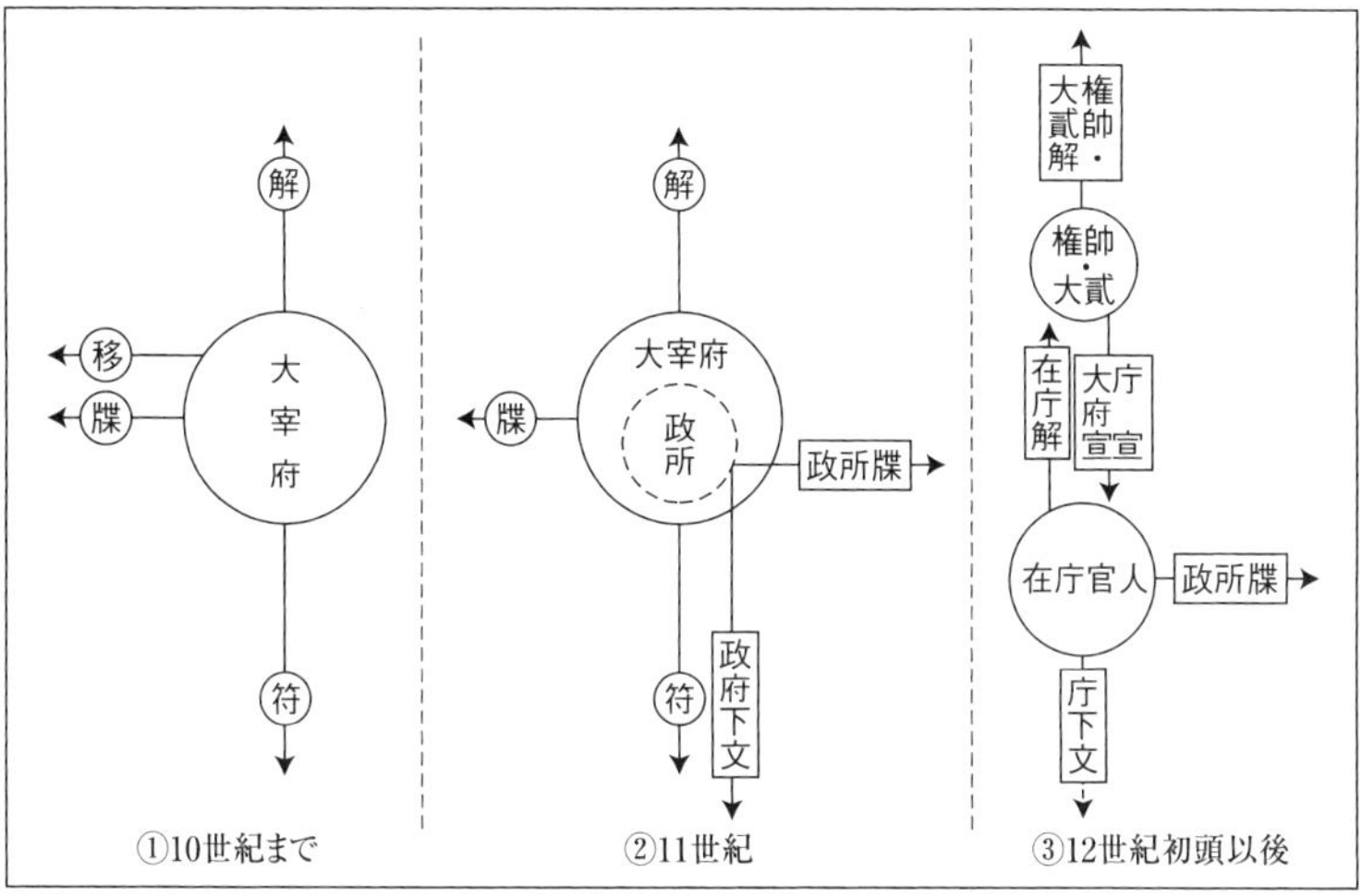


**大宰府発給文書体系変化の模式図**（石井進『日本中世国家史の研究』による）

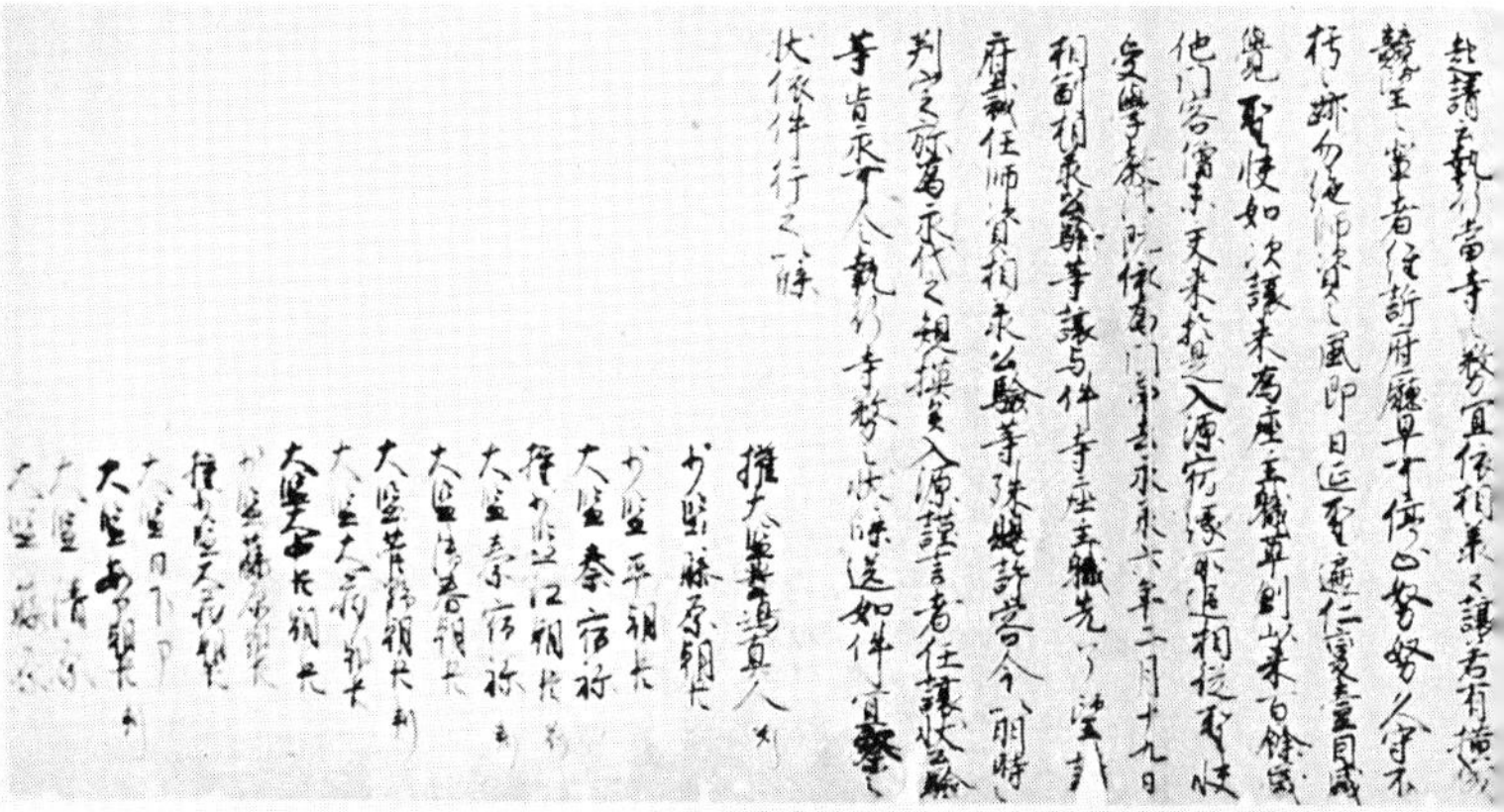

**大宰府政所牒案**　縦27.5×横161.8cm。尾部は紙継目より欠失。永承6〜7（1051〜1052）年

におよぼす文書で、ともに署判者は権帥または大弐の一人。つねに大宰府在庁官人宛に発給されており、それをうけて大宰府は政所下文・政所牒を発給した。大宰府在庁官人解・権帥（または大弐）解は、下から上に達する文書で、前者は府在庁官人から在京の権帥（大弐）宛のもの、後者はそれをうけて権帥（大弐）が上級機関（者）にだした解文である。このような新しい文書の出現は、在京する権帥（大弐）と大宰府在庁官人の分離という大宰府の機能（機構）の構造的な変化にもとづくものであった。

(2)大宰府機構の変化の中心は、大宰府政所の出現である。大宰府政所の初見は、長徳四（九九八）年十二月二十五日で、大弐藤原有国の在任中（九九五年十月〜一〇〇一〈長保三〉年十月）のことらしい。大宰府には奈良時代から各種の司・所とよばれるものは存在したが、十世紀末ころから、それらとは別の新しい機構が多数成立してくる。たとえば公文所《くもんしょ》・大帳所《だいちょうしょ》・兵馬所（司）・警固所《けごしょ》・蕃客所《ばんきゃくしょ》などである。各「所」の成立経過や実態を明らかにすることは、史料の少なさもあって困難だが、大宰府政所は、それらの「所」を統括する太政官的役割を果したとみられている。またいずれの「所」も府官層によって運営されたのである。

(3)その府官層だが、十世紀末以降、府官層とは少弐以上と区別した大監〜少典の監典層のことをいうようになる。監典層は、十世紀末十一世紀初めから急速に増加したことが、府発給文書の署判者数からもわかり、権大監・権少典などの権官も多数あらわれる。十一世紀なかばの府政所下文にいたって、連署する監典層は実に合計三七人に達する。つまり令制の大監〜少典の定員計八人に対して四・六倍の人数になるのである。十一世紀初め以降の連署者を姓別にみると、総数は四五にのぼり、なかでも紀・藤原・大蔵《おおくら》・豊島《としま》・御春《みはる》・秦《はた》・惟宗《これむね》・平《たいら》・日下部《くさかべ》などの諸氏が他を圧する多数を占める。この監典層について、その増加の経過、十一世紀なかば以降の状況、監代《げんだい》・典代《てんだい》の役割、および府官層を率いる府目代《もくだい》の出現などの研究が進んでいる。

監典層には「府中有縁の輩」を任用したといわれ、平安時代後半期の大宰府は、府官層という多くは地域出身の人びとによって運営されていたことがうかがえる。さきにのべた再建された大宰府政庁第Ⅲ期遺構（機構）は、このような地域の人たちが「活用」するもので、またはそのために再建されたのではないか、といわれるゆえんである。大宰府跡調査結果が、その後、平安時代国家論の展開に大きな刺激をあたえたのである。

## 九州武士団の成立●

福岡県内で、個々の武士団の成長経過などを明らかにすることは、系統的な史料の少なさもあってむずかしい。ここでは平安時代をつうじて、いくつかのポイントにしぼって、まとめることにしよう。

(1)九世紀初め、大弐小野岑守は、「富饒遊手の児」を把握した選士統領制を採用し、大宰府軍制の再編・強化をはかったが、それは私兵・武士の発生をうながした可能性がある。

(2)十世紀なかば、藤原純友の反乱などの承平・天慶の乱によって、在地勢力の武士化の傾向が進められた可能性も大きい。また追捕使の主典大蔵春実は、その後土着化し、府官層の中心を占める大蔵氏系氏族の祖になったことにも注目しておこう。

(3)十一世紀初めの、寛仁三（一〇一九）年三月末から一六日間にわたり博多湾岸をおそった刀伊《とい》の入寇《にゅうこう》で、防戦した府官層たちは、一時的にせよ、その武士化した姿をあらわす。つまり警固所合戦での、前少監大蔵種材《たねき》（大蔵春実の孫）、前少監藤原明範《あきのり》（「武芸ノ者」）、前大監藤原助《すけ》高《たか》。また海上で活躍した前少弐平致行《ともゆき》(十世紀末以降、有力府官の系譜を引くカ)、前大監藤原致孝《ともたか》、前肥前介源知などである。これら元府官・元国司たちは、それぞれ地域に根ざして府官または元府官という地位をいかして、勢力を広げ武士化していった可能性がある。また下級府官である散位・傔《けん》仗《じょう》・傔仗随兵《ずいへい》、および擬検非違使《ぎけびいし》とよばれる人びとも、各地でたたかい、武士化した姿をみせる。それに船越津《ふなこしのつ》に上陸した刀伊賊とたたかった志摩《しま》郡住人の文室忠光《ふんやのただみつ》、怡土《いと》郡住人の多治久《たじのひさ》明《あき》のように、地域住民で武士化した人たちも明らかになった。

(4)十世紀末〜十一世紀に在庁官人制の形成が進むと、監典層(府官層)の武士化が進む。とくに筑前・筑後・豊

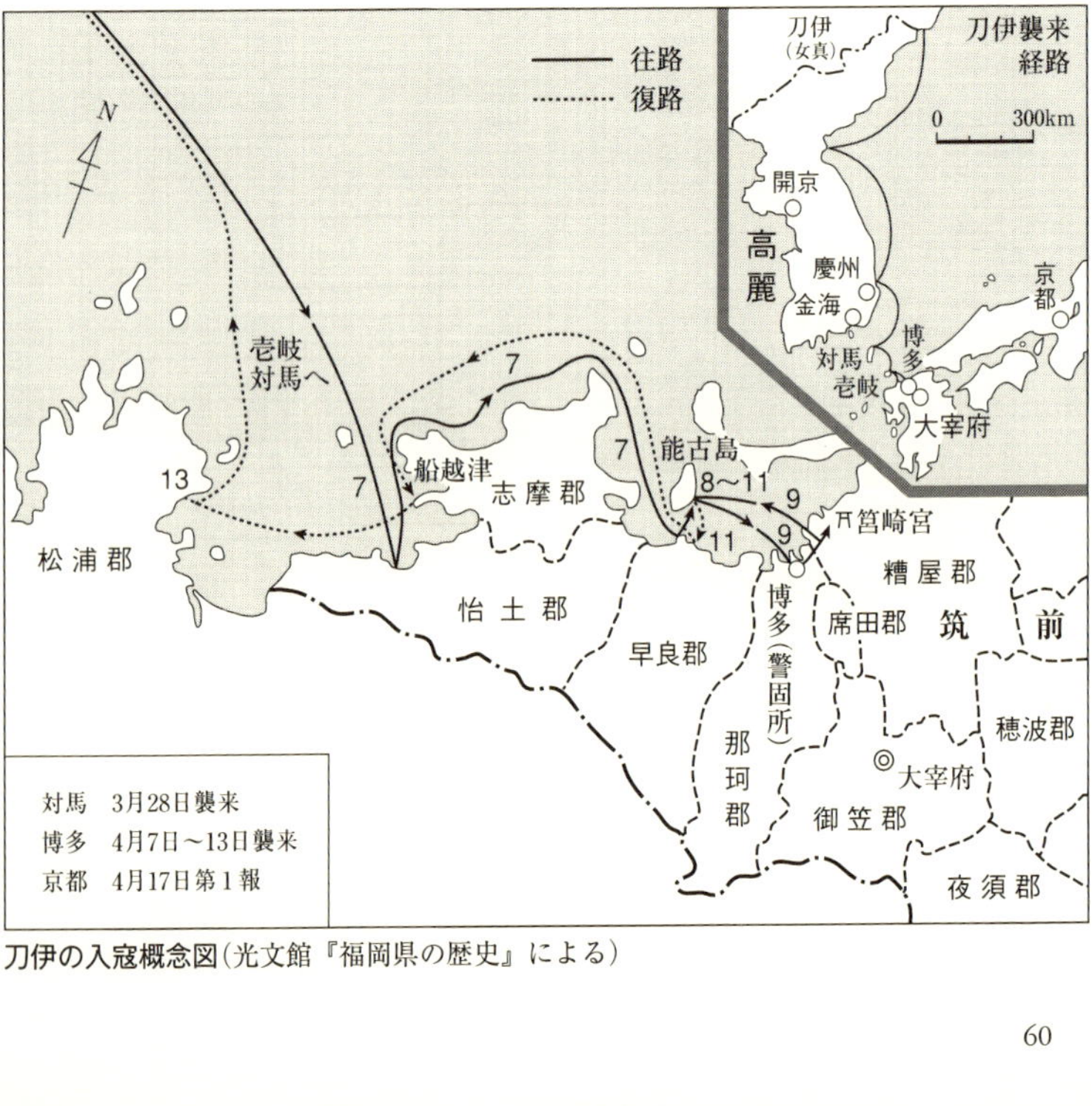


刀伊の入寇概念図(光文館『福岡県の歴史』による)

前の武士団は府官を中核に形成された。十世紀〜十二世紀に府官長と管内大寺社との衝突や事件もあいつぐ。また寺社間の土地争いをはじめ各地で私闘・混乱もあいついだ。このような対立を武力で解決しようとする傾向のゆきつくところ、府官層の武士化はいっそう進んだ。府官たちは抗争・対立の原因ともなり、直接の当事者でもあったのである。

(5)府官武士化について代表的な氏族をみよう。

第一は大蔵氏およびその一族。大蔵氏の系図をみると、十世紀なかばの大蔵春実から代々、大監・権大監・少監という府官の要職を世襲的に占めており、平安末での嫡流原田種直《はらだたねなお》は、平家によって権少弐《ごんのしょうに》に任じられる。第二に藤原氏系氏族。十一世紀初め少弐であった藤原蔵規《まさのり》（政則）はじめ代々「武芸ノ者」で、府官も多く、筑後・肥後国はじめ九州各地に勢力を広げている。

平安後半期での彼らの勢力・所領の拡大については、比較的に史料にめぐまれている。いくつかの例で、地縁的・血縁的関係をつうじて武士団として結合した姿、および所領拡大の経過が浮かびあがる。

また大蔵氏・藤原氏両系統の氏族は、婚姻関係を重ねながら、ますます勢力を拡大し、府官の要職を占め、平安末期には平家の力を背景に西海道に圧倒的な力をきずいた。

### 武士団群像●

十二世紀中ごろになると、五〇〇〇人規模の軍兵を率いた事件もおこってくる。一応、大蔵氏と藤原氏の二系統に分けて、代表的な人物をあげ、十二世紀後半期での武士団としての姿をみてみよう。

第一は大蔵氏系氏族の場合。

(1)大蔵種平《たねひら》─仁平元（一一五一）年に、府検非違使執行の大監種平と同季実《すえざね》は、府目代の宗頼《むねより》・検非違所別当安清《やすきよ》らとともに、五〇〇余騎の軍兵を率いて筥崎《はこさき》・博多に乱入。筥崎・博多大追捕といわれる。この事件の背景には、府官層内部の対立や権帥―目代の筥崎宮支配の強化、つまり筥崎宮内の反対勢力を排除して、貿易を直接把握する志向などがあったと推定されている。このとき、宋人王昇の後家よりはじめて、「千六百家の資財・雑物を運びとり」云々の記事があり、筥崎・博多地区に宋《そう》人の集住が推定される(三章参照)。さて大監種平は、大蔵系図にみえる大蔵種平で、原田種直の父とみられる人物であるが、有力府官として兵力を率いた行動が注目される。大監季実とは、大蔵一族の三毛大夫季実であろう。

(2)その三毛季実《みけのすえざね》は、筑後三池一帯を地盤にしていた。康治三(一一四四)年正月に、筑後国生葉《いくは》郡鷹野《こもの》郷(うきは市の一部)をめぐって鷹野郷司らと観世音寺《かんぜおんじ》とのあいだに紛争がおこったさい、府目代の大江国道《くにみち》・鷹野資綱《すけつな》の与力人として、観世音寺から訴えられることになる。五〇〇余の軍兵を率いた「大将軍」として、観世音寺領大石・山北封内の大野・袋野に乱入し、乱暴・放火したと訴えられたのである。この季実配下の人名からみると、ほぼ筑後国全域から肥前国東半分におよぶ武士団の地縁的・血縁的な結合が浮かびあがるという。

(3)板井種遠《いたいたねとお》―豊前国の板井氏も大蔵氏一族であった。豊前に土着して在庁官人となり豊前国内に所領を拡大していった。平安末に原田種直のいとこにあたる板井種遠のころには、京都《みやこ》郡城井の神楽城を本拠地に、その所領は築上《ちくじょう》・京都・仲津・田川の各郡内に広がっていた。種遠の娘は、宇佐大宮司《うさだいぐうじ》公通《きみみち》の子である公房《きみふさ》の妻であり、板井氏は宇佐宮とともに豊前国内での平氏与党勢力の中心であった。

(4)原田種直―平安末期に大蔵氏嫡流であった原田種直は、原田荘(糸島郡ヵ)など三七〇〇町歩におよぶ広大な所領をもち、二〇〇〇余騎を動員できる大武士団に成長していた。平清盛《きよもり》の大弐時代に、その家《け》人《にん》となったらしく、養和元（一一八一）年に権少弐に任命され、北部九州の平氏の重要な基盤だったが、源平合戦では、文治元（一一八五）年豊後に上陸した源範頼《のりより》軍にやぶれている。

(5)大蔵氏一族としては、このほかに筑前夜須《やす》郡の秋月氏、筑後国では鎌倉時代以降の史料にみえる三原・田尻・米生氏などがいる。豊前の別府氏・久保氏も大蔵一族であった。

第二に藤原氏系氏族の場合。

(1)粥田経遠《かいたつねとお》—十二世紀中ごろ、藤原姓を名乗る粥田経遠は、鞍手・嘉麻《かま》・穂波《ほなみ》の三郡にわたり約一〇〇〇町歩にのぼる広大な領地を所有し、筑豊の一大勢力になっていた。経遠は父・兄に続いて鳥羽《とば》院武者所につとめていたが、のちに経遠ら在地土豪は私領を鳥羽院に寄進して粥田荘《かいたのしょう》が成立する。ここは遠賀川中流域に広がる肥沃な土地であったが、のちに平家没官《もっかん》領から源頼朝《よりとも》を経て北条政子《ほうじょうまさこ》に移り、さらに高野山金剛三昧院《こんごうざんまいいん》領となる地である。

(2)山鹿秀遠《やまがひでとお》—源平合戦のときの山鹿秀遠は、粥田経遠の子と伝える。山鹿荘を本拠地にしているから、叔父の山鹿経政《つねまさ》の跡をついだものとみられる。山鹿の地は、遠賀川河口に芦屋《あしや》と対したところにあり、遠賀川流域に点在する諸荘園の外港として、また海外交通・貿易のうえで重要な地点であった。秀遠は寿永二（一一八三）年、山鹿城に平家一門を迎え、数千騎を率いてまもり、また壇ノ浦合戦では「山賀の兵藤次秀遠、五百余艘《そう》で先陣」をつとめ、「九国一番の勢兵」である秀遠は、「勢兵とも五百余人をすぐって」矢を放ち源氏方を圧倒したと、『平家物語』は伝える。

(3)このように藤原氏一族も九州各地に広がっていた。たとえば筑後の草野氏は、その祖が府官であり、また肥前国在庁に連なるもので、国衙との関係が深い。鎌倉時代以降の史料にみえる吉田氏・北野氏も藤原姓である。

さて先述したように、大蔵氏・藤原氏両系統の氏族は、婚姻関係を重ねながら、ますます勢力を拡大し、西国に圧倒的な力をきずいたのだが、このことを一つの事件の場合でみてみよう。保元二（一一五七）年に粥田経遠は椿荘《つばきのしょう》事件をおこした。つまり宇佐八幡宮領椿荘（飯塚市椿）の若宮殿内で、同荘荘司の宇佐宮貫首《かんじゅ》を殺害し、神殿を焼き神輿《しんよ》を打ち破るなどの乱暴を働いた。その結果、翌年に経遠は下野国《しもつけのくに》に遠流の処分をうけるが、神殿・神輿の改造が、経遠の「縁者」である大蔵種平・三毛季実に命じられている。その他の史料からみても、大蔵氏系氏族と藤原氏系氏族とは、たがいに婚姻関係を結びながら勢力を拡大する縁者だったのである。

### 平氏政権と西国

平氏は保元・平治の乱のあと、平正盛《まさもり》が白河院政との接触に成功してから急速に台頭し、源氏と反対に軍事的・経済的基盤を西国にきずく。正盛は近畿・中国・四国地方の国々の受領《ずりょう》を歴任していたが、元永二（一一一九）年に、肥前国藤津荘《ふじつ》（京都・仁和寺《にんなじ》領）の荘官平直澄を討伐したのを機会に、九州との関係がうまれた。このとき、正盛にしたがう一〇〇余人の武士は、みな「西海南海の名士」だったと伝える。正盛の受領時代に主従関係を結んだ武士たちだった可能性がある。

正盛の基盤をうけついだ平忠盛《ただもり》は、「西海に勢いのある者」として、瀬戸内海の海賊討伐を二度にわたり命じられている。忠盛も鳥羽上皇の厚い信任を得て、西国諸国の受領を歴任するが、皇室領の肥前国神崎荘での宋商との「密貿易」など、対宋貿易に積極的な姿勢もみせるのである。

さて平清盛は、保元三（一一五八）年に、みずから希望して大宰大弐になった。ついで仁安元（一一六六）年には、弟の平頼盛《よりもり》も大弐となる。頼盛は長年の遥任《ようにん》の慣例を破って大宰府に赴任し、貴族や府官たちをおどろかせたという。かくして清盛・頼盛時代に、西国は平氏の確固たる基盤となったのである。

平氏の西国支配の特色はつぎのとおりである。

一つは原田種直の権少弐任命に代表されるように、有力府官層を掌握したこと。

二つに大寺社の把握。平氏は寺社の与党化をはやくから進めていたが、たとえば宇佐八幡宮の大宮司宇佐公通を権少弐や豊前守に任じている。また安楽寺には、応保二（一一六二）年に肥前の牛島荘を寄進。安楽寺別当の安能は、一貫して平氏方として協力している。宇佐宮・安楽寺の所領は、全九州に分布して広大なものであり、かつまた大宰府との関係が深い。

三つに、かくして九国二島のうちまず六カ国は、平氏一門・家人の知行国となり、平氏の家人が受領・目代として派遣され、在庁官人や郡司層を把握した。南九州の武士たちまで平氏と主従関係を結んでいる。平氏一門の九州での所領は、院領・権門寺社領などの荘園所職という性格をもつが、その荘園には、たとえば筑前の怡土《いと》荘、筑後の三潴《みずま》荘など大規模なものが多い。

四つに、対外貿易の積極的な推進である。

以上のような前提があったからこそ、屋島《やしま》の戦いにやぶれた平氏は、九州を起死回生のよりどころにしたのである。だが治承四（一一八〇）年から翌年にかけて、豊後の緒方惟義《おがたこれよし》・臼杵惟隆《うすきこれたか》、肥後の菊池隆直《きくちたかなお》らの反乱があいつぎ、九州への上陸は不可能になる。かくして彦島《ひこしま》（関門《かんもん》海峡の西口）を根拠地にして、北部九州の武士に総動員令をかけ、門司《もじ》関をかため、早鞆《はやとも》の瀬戸にのぞみ、西下する源氏と対決することになる。

しかし文治元（一一八五）年三月二十四日、壇ノ浦の合戦で終止符が打たれた。その後、原田・板井・山鹿氏らの広大な所領は、平家没官領として没収され、安楽寺別当の安能はその地位を追放され、広大な宇佐宮領とともに安楽寺領も没収されて、九州の平氏勢力は一掃された。

かくして鎌倉から派遣される御家人による支配下に組みこまれ、鎌倉時代の新しい体制の成立にむかうのである。

3章

# 博多湾往来

博多湾展望(手前は志賀島)

## 1　奈良時代の外交・貿易

### 新羅使●

遣隋使《けんずいし》・遣唐使《けんとうし》・遣新羅使《けんしらぎし》は博多《はかた》湾から出発し、帰りも博多湾をめざす。さらに新羅使《しらぎし》も博多湾に来航した。博多湾は大陸文化の窓口・玄関、さらに通過点ともいわれる。正面玄関だったことはまちがいないが、はたしてそれだけだろうか。奈良時代に「博多湾は文化や文物の通過点にすぎなかったのか」を念頭に、七世紀なかばの統一新羅以降の新羅との関係を中心にみてみよう。その最大の理由は、七世紀後半〜八世紀末の日羅関係が、筑紫《つくし》の地域史と大きくかかわっているとみられるからである。

　さて新羅は、百済《くだら》についで高句麗《こうくり》を滅ぼし統一新羅をつくるが、その直後の天智天皇七（六六八）年九月には日本に友好関係を求めて急接近してくる。唐との戦後処理をめぐる対立によるものだが、白村江《はくすきのえ》敗戦後、防衛施設をつくっていた日本にとってはのぞむところであったろう。それ以降、八世紀末までの新羅使はおよそ四四回。この間、遣新羅使は二五回を数える。四四回の新羅使をかりに第Ⅰ期（天智天皇七年〜天平四年）と第Ⅱ期（天平六年〜宝亀十年）に分けると、第Ⅰ期は友好的関係の時期、第Ⅱ期は対立の時期ということになる。

　第Ⅰ期をさらに、かりにⅠa（天智・天武・持統朝）とⅠb（文武朝〜天平四年）に分けてみよう。Ⅰaは、天智天皇七年から持統天皇九（六九五）年までの二八年間であるが、この間に二二回の新羅使が来航し、九回の遣新羅使が派遣されている。

Iaの時期、とくに天武・持統朝の新羅使のほとんどは筑紫止まりで入京していないことが注目される。しかも多くは数カ月間滞在しているのである。

この七世紀後半の時期は、第七次遣唐使が派遣された天智天皇八年から第八次遣唐使の大宝元（七〇一）年までのあいだにはいり、とくに注目されるのは、天武・持統朝を含む時期に一度も遣唐使を派遣せず、もっぱら新羅と密接な交流を行っているのである。対唐関係のうえで、空白の三〇余年間ともいわれる。したがって新羅との関係を重視したいが、そのことは唐との関係を無視してよいことにはならない。日唐間に三〇余年間の「距離」をおいたことには、それなりの理由があったとみられる。

さて、この時期の日本は、律令《りつりょう》法編纂《へんさん》のうえでも重要な時期であった。つまり天武天皇十（六八一）年二月に律令の編纂開始、持統天皇三年六月に飛鳥浄御原令《あすかきよみはらりょう》が完成・施行される。さらに大宝元年には大宝律令が完成した。律令編纂を中心に律令国家を形成するうえで、もっとも重要なこの期間に、律令法の母国である唐に使節をまったく派遣していない理由はなんであろうか。それにはいくつかの理由が考えられているが、つぎのようないくつかの研究に注目したい。

一つは、日本が律令の模範とした唐の永徽《えいき》律令（六五一年成立）などは、すでに第二次遣唐使（六五三～六五四年）・第三次遣唐使（六五四～六五五年）によって持ち帰られており、基本的な資料は入手していたとみられること。二つには、日本はこの時期に、新羅に律令の具体的な運用方法を学んだ可能性のあることが、かつて指摘されている。三つに、この間に遣唐留学生たちが新羅経由で帰国していること。つまり飛鳥浄御原令編纂開始後の天武天皇十三年十二月着の新羅使に送られて、入唐《にっとう》学生の土師宿禰甥《はじのすくねおい》・白猪《しらいの》史宝然《ふひとほね》が帰国。この二人は大宝律令編纂のメンバーにはいっており、浄御原令編纂にも関与した可能性がある。また浄御原令完成の翌年にも、入唐学問僧らが新羅の送使に送られて帰国。政府は新羅経由での帰国を彼らにうながしたのではないかという。彼らは新羅経由で帰国の途中に、さまざまな律令施行の知識を入手した可能性がある。四つに、飛鳥浄御原令はいっさい現存していないが、さまざまな角度からの研究で、浄御原令と新羅律令（それは体系的なものではなかったらしいが）との共通点・影響が指摘されている。五つに、遣新羅使派遣の目的や内容はほとんどわからないが、この時期に新羅に渡った学問僧たちは帰国後、七世紀末以降の仏教界で活躍したことが明らかにされている。奈良仏教と新羅仏教との共通性である。

以上のことから七世紀後半の日本と新羅との密接な関係は、政治・文化全般にわたって重要な意味をもっていたとみられるのである。

だとすれば、毎年のように来航する新羅使がどのような情報をもたらしたのか、また遣新羅使派遣の目的はなんだったのか、きわめて興味深いものがある。しかし遣新羅使については、『日本書紀』は使節の任命・出発・帰国を中心に簡単に記すのみで、目的や内容などは、ほとんど記していない。また筑紫止まりの新羅使が、どの場所で、どのような行動をとり、どのような情報をもたらしたのか、ほとんどわからないのである。

具体的な例でみよう。天武天皇八年十月来着の新羅使は、おびただしい「調物」などをもたらしたが、入京した形跡はなく、翌九年四月二十五日に筑紫で饗《あえ》をうけ禄《ろく》を賜った。六月五日の帰国まで約八カ月間、筑紫に滞在したとみられる。ほかの新羅使も筑紫での滞在期間は数カ月におよぶようである。

この間、筑紫の饗をはじめ供応を行い、うけとった物品を京に送り、また新羅使から直接情報を入手し政府に伝えたのは、筑紫大宰であった可能性があり、したがって筑紫大宰の役割はきわめて大きかったとみられるが、その内容を記すものはない。わずかに筑紫大宰の関与が知られるのは、持統天皇元年九月来着使の（王子）金霜林らに、筑紫大宰が天武天皇の死去を告げたこと、および翌年二月二日に同使がもたらした調賦を「大宰」が献上したこと。また天武天皇十四年十一月来着の使も大量の「調物」などをもたらしたが、それらは翌年四月十九日に筑紫から貢上されている。これらの場合、筑紫大宰が「朝貢品」を筑紫から中央に送ったことに、とくに注目したい。

筑紫での供応がすべて筑紫大宰の独自の権限で行われたのではないことはもちろんであり、中央から使が派遣されて饗が行われた場合もある。その代表的な例が、天武天皇十年十月来着の使や天武天皇十四年十一月来着の使の場合であり、また持統天皇元年九月来着の使のさいには、勅使を派遣して、筑紫館《つくしのむろつみ》で饗・賜禄が行われている。

以上のように、七世紀後半の第Ⅰ期において筑紫の地は、新羅との外交上重要であった可能性が強いが、遣新羅使のもたらす情報とともに、筑紫の地で交換された可能性もある情報の内容は、残念ながらまったくわからないのである。

しかしながら、この時期の日羅関係の性格を知る手がかりがまったくないわけではない。新羅使をつうじて（一部、遣新羅使の場合もある）、「朝貢」―「回賜」の形で交換された文物（物産）の内容は、いくつかの例で判明する。それを整理したのが、次頁の表である。

新羅から日本への物産の場合、器物・調度・高級絹織物・彩色（絹）は加工製品、薬物・皮類は製品または半製品とみられるから、新羅から日本にもたらされた物産は、端的にいえば、「加工製品、半製品、

交換された物産

| | 分類 | 物産名 |
|---|---|---|
| 新羅→日本 | 器物・調度 | 仏像(4)・屛風(1)・鏤金器(1)・金器(1)・刀(1)・鼎(1)・旗(1)・幡(1)・鞍皮(1) |
| | 高級絹織物・彩色・布 | 錦(3)・霞錦(3)・綾(3)・絹(3)・絹布(1)・羅(2)・細布(1)・布(2)・彩帛(1)・種々の彩絹(1)・彩色(1) |
| | 金属 | 金(8)・銀(8)・鉄(3)・銅(2) |
| | 薬物 | 薬物(2) |
| | 皮類 | 鹿皮(1)・虎豹皮(1)・皮(2) |
| | 珍獣 | 馬(3)・細馬(1)・騾馬(1)・猟狗(1)・蜀狗(1)・犬(2)・騾(3)・驢(1)・駱駝(1)・水牛(1) |
| | 珍鳥 | 孔雀(1)・鸚鵡(2)・鴝鵒(1)・鵲(1)・鳥(1)・山鶏(1) |
| 日本→新羅 | 纖維類・原料 | 綿(9)・絲(3)・絹(3)・絁(4)・美濃絁(1)・黄絁(1)・錦(1)・布(1)・韋皮(2) |
| | 船 | 船(4) |

(　)内は史料にあらわれる回数。『日本書紀』『続日本紀』による。

金属、珍獣・珍鳥」の類ということになる。それに対して日本から新羅に渡った物産は「纖維《せんい》類および原料（綿《まわた》・韋皮《おしかわ》）、船」ということになる。そのうち綿が多いことに注目しておこう。

一回の新羅使で「朝貢」―「回賜」の物品が対応してわかる例がないから、これはおおよその傾向である。しかしこのような文物の交換は、のちに八世紀中ごろの新羅使一行と交易したさいの文物の内容とよく似ており、七・八世紀の支配層が新羅に求めた文物の性格をよくあらわしている。新羅からもたらされた文物（物産）の相手国にあたえた思想的意義についても指摘されているが、交換された文物をとおしてみた日羅関係については、第Ⅱ期のところでまとめて考えることにする。

つぎにⅠbの時期である文武朝〜天平四年の場合をみてみよう。文武天皇元（六九七）年から天平四（七三二）年までの三六年間であるが、この間に一一回の新羅使が来航し、一〇回の遣新羅使が派遣された。この時期には、さらに両国の親密な友好関係が繰り広げられた。来着した新羅使のほとんどは入京している。入京せず筑紫から帰国したのは一例だけ。養老五（七二一）年十二月来着の使で、元明太上《だいじょう》天皇の死去により入京していない。

また筑紫来着—入京にあたっての外交儀礼もととのうのである。たとえば和銅七（七一四）年十一月来着の使の場合、来着を知った政府は、十一月十一日入京儀衛のため畿内《きない》七道の騎兵九九〇を差発。同十五日遣使して筑紫に新羅使を迎える。十二月二十六日入京にあたり、従六位下布勢朝臣人《ふせのあそみひと》・正七位上大野朝《おおのあそ》臣東人《みあずまひと》をつかわし、騎兵一七〇を率いて三椅《みつはし》（奈良県大和郡山《やまとこおりやま》市上三橋・下三橋カ）で郊労《こうろう》。翌霊亀元（七一五）年一月十六日中門で宴。諸方の楽を奏し禄を賜り、同十七日大射《たいしゃ》に参加、綿を賜る。三月二十三日の帰国にさいして、大宰府に勅して綿五四五〇斤と船一艘を賜った、と『続日本紀』は記している。

さらに和銅二年五月二十七日には、実質的な最高権力者である右大臣藤原不比等《ふひと》は新羅使を弁官の庁内に招いて会見し、新羅との友好関係を重視していることをのべるのである。

『懐風藻《かいふうそう》』には、長屋王《ながやおう》の佐保《さほ》の邸宅に新羅使を招待して、たがいに歓をつくしたことをあらわす一〇首の漢詩をのせている。神亀三（七二六）年秋の作とみられているが、一〇首を二種類に分け、養老七年晩秋の作が九首（うち長屋王の作一首）という見方もある。養老七年は同年八月来着の新羅使（大使・金貞宿）、神亀三年だと同年五月来着の新羅使（金造近）ということになる。神亀三年には長屋王はすでに左大臣であった。

### 対立と交易●

第Ⅱ期は天平六（七三四）年から宝亀十（七七九）年までの四六年間であるが、そのあいだに新羅使は一一回来航し、遣新羅使は六回派遣されている。

第Ⅰ期の友好関係と異なり、一転してトラブルあいつぎ、新羅使の多くは筑紫から放還される。対立の時期であり、それは天平宝字三（七五九）～同六年の藤原仲麻呂《なかまろ》による新羅征討計画にまで至るのである。天平六年から宝亀十年までの九回の新羅使の場合をみると、第Ⅱ期のほとんどの新羅使は筑紫から放還されたのであり、七三〇年代以降満足に入京して供応をうけたのは、天平勝宝四（七五二）年閏三月来着の使と宝亀十年十月来着の使の二回だけである。

第Ⅱ期にこのような対立がうまれた理由は、さまざまにみられているが、新羅側をみると、一つは七世紀末八世紀初めから、それまで対立していた唐との関係改善を行い密接な交流がうまれており、日本にかつてのような政治的・軍事的支援を求める必要がなくなったからといわれる。この対日姿勢の変化は漸進的で、新羅の親唐政策は六九〇年代にはじまり、唐との対立が解消されると、日本への対応がしだいに変化していったといわれている。二つには、このころから新羅側にとって日本は対外交易上の有力な市場となり、外交よりも貿易が主目的になったためという見解がある（後述）。

これに対して日本側は、新羅をいぜんとして蕃国《ばんこく》視し、新羅の貢調・従属という外交形式に固執した。こうして両国の対立が生じたといわれる。それもあるが、日本政府が七三〇年代から新羅に強硬な姿勢をとりだす理由の一つは、神亀四（七二七）年以降、渤海《ぼっかい》とのルートが開けたことにあろう。渤海使は、神亀四年九月二十一日来着の使を第一次として、延長七（九二九）年十二月来着の使まで三五回にのぼるのであり、日本からの遣渤海使は、神亀五年六月発の第一次の使から弘仁二（八一一）年四月発の使まで計一三回を数える。このように神亀年間（七二四～七二九）以降、渤海との緊密な関係が生じた。中国の情報や、これまで新羅からしか入手できなかった文物の一部も、渤海をつうじて入手可能になった。

こうして日本は新羅に強硬姿勢をとりはじめるようになる。それはまず天平四年の節度使《せつどし》任命にあらわれ、天平十年にも新羅征討論がでたが、天平宝字二年末に遣渤海使小野田守《おののたもり》らが報告した中国での安禄山《あんろくざん》の乱の情報を契機に、天平宝字三年には藤原仲麻呂政権によって、三年後の実行を目標に、本格的な新羅征討計画が進められる。結局、天平宝字六年中（五月ころヵ）に仲麻呂は、この計画を断念せざるをえなかったが、実際に征討計画を進めたこと、またこの間にむきだしになる新羅への敵対心は当時の政府中枢の本音であろう。新羅に対する政治的・軍事的な警戒心は、このあと新羅滅亡（九三五年）まで続くのである。

では政治的・外交的に対立の時代に、実情は新羅との貿易が盛んであったという先述の見解を検討するために、コラムで新羅との交易の実態をあらわす史料をみてみよう（七六・七七頁参照）。

さて八世紀中ごろに、このような交易が行われた背景をみよう。一つは、八世紀初頭以来、新羅は唐に

**新羅の交易品を示すもの**　紫氈麻布墨書―交易品の氈を綿か糸かで売ってほしいとの文字。正倉院宝物。

買新羅物解《ばいしらぎぶつげ》は、八世紀なかばに新羅使一行と交易を行った実態を記す貴重な史料である。このときの交易は、平城京《へいじょうきょう》内または難波《なにわ》で行われたものだが、八世紀後半の筑紫《つくし》での交易を推定する手がかりになるため、この史料から知れることをまとめよう。

(1)買新羅物解は、正倉院の鳥毛立女屏風《とりげりつじょのびょうぶ》(北倉)の「下貼り」に使われた反故紙《ほごし》である。屏風を描くさい、麻布と画面本紙のあいだに反故になった買新羅物解などの紙を貼った。使用時に、上下左右に切り貼られたため、多くの断片に分かれている。江戸時代の屏風の修理のさいに、はがしとられたらしい。

(2)現在、正倉院文書(続修後集《ぞくしゅうこうしゅう》四十三・続々修《ぞくぞくしゅう》四十七ノ四)と尊経閣文庫《そんけいかくぶんこ》に現存している。ほかに最近写本四通も紹介された。多くの断片の整理復原が、今も続けられている。

(3)買新羅物解とは、ほぼ五位以上の貴族クラスが、新羅から交易品を購入するにさきだって、大蔵省または内蔵寮《くらりょう》に、品目・数量・代価を報告した購入許可申請書である。

(4)日付は天平勝宝四(七五二)年六月十五日〜同年七月八日に集中している。これは同年に来着した金泰廉ら新羅使一行の在京期間内にはいる。このときの新羅使は同年閏三月に、七〇〇余人が七艘の船で博多湾に来着。六月にそのうち三七〇余人が入京し、七月末ごろ帰国したらしい。

(5)購入品目は、鏡・屏風・鋺《まり》などの器具・調度類、香料・薬物・顔料・染料・金属などで、端的にいえば「加工製品と特殊原料品」となり、さきに本文中でのべた新羅使の朝貢品とよく似ている。

## ❖コラム

(6)正倉院は新羅製品の宝庫でもある。氈《せん》、墨、琴《こと》、佐波理加盤《さはりかばん》（口絵写真参照）・匙《さじ》、金銅鋏《はさみ》、経帙《きょうちつ》など新羅製の文物も多い。

(7)代価の中心は綿である。一部糸や絹もあるが、綿が圧倒的に多い。しかも一件で鏡など二三種の品目を綿五〇〇斤・絲三〇斤で購入した例など、現存する買新羅物解に記される綿の合計だけでも大量な綿が使用されている。

(8)こうして、このときの交易は、端的にいえば新羅の「加工製品・特殊原料品」と日本の「原料（綿）」の交換だったといえる。このような対外交易の性格をどのようにとらえるか、直接の史料はかぎられているので、全体の性格は速断できないが、筑紫での交易を知るために注目しておきたい。

(9)しかし八世紀において、日本は新羅へのたんなる原料提供国にすぎなかった、のではあるまい。鳥毛立女屏風が日本製（中務《なかつかさ》省の画工司または内匠《たくみ》寮で製作カ）であることが明らかになったように、日本は太政官機構を中心に、さまざまな技術生産機構（中央官営工房）をつくり、大宰府工房・各国衙工房・各郡・里（郷）におよぶ全国的な技術生産体系をつくり運営した。しかし八世紀では、それらの加工製品は対外交易のうえで輸出品としてはあらわれない。かわって特徴的にあらわれる綿の意味は明らかにする必要があるわけである。

盛んに使者を派遣し交流を深めたが、それは新羅の技術・文化・社会・経済などの分野に急速な発展をもたらした。多数の官営・私営工房での手工業生産が盛んになり、対外的な交易品もつくられ、商人層も形成されたとみられている。『三国遺事』にみえる三五または三九の「宅」は、王都慶州の有力貴族の家号とみられ、それぞれ自己の工房に有能な工匠をもち、さまざまな製品の加工にあたらせていた、とみられる。また『旧唐書《くとうじょ》』などによると、八世紀後半〜九世紀初めに唐の遣新羅使が新羅で盛んに私貿易を行っていたらしいことが知られ、この時期の唐—新羅、新羅—日本の交易活動には興味深いものがある。

二つに、買新羅物解にみえる加工製品には、新羅での製作品や唐から新羅への輸入品と一致するものがあり、また香料・薬物・顔料・染料は、東南アジア・南海さらに西域を生産地としているものが多く、新羅商人の仲継貿易の実態を示している。つまり唐は、南海・西域との交渉をつうじて独自の世界的文化をつくっていたが、新羅商人（または使節）は、唐の沿海都市を中心に集積されていた物資を本国に転入するとともに、その一部を日本にもたらした。また買新羅物解の品目は一般に軽量のもの、また少量で高価なものが多く、そこに新羅商人たちの商業的意図がうかがえる、という。

こうして新羅は豊富な貨物を背景に、その販路・市場として日本に着目し、八世紀後半には積極的に交易を主目的に、日本に来航したのではないか。なかでも金泰廉一行は国家的規模で編成された経済使節団だったのではないか、というわけである。

では第Ⅱ期にあたる八世紀後半に、博多湾沿岸（筑紫館など）あるいは大宰府でも新羅使一行とのあいだで、平城京または難波における金泰廉一行とのような交易が行われていたであろうか。天平六年〜宝亀十年の新羅使の北部九州での交易活動を、具体的に示す文献史料はない。不明といってよい。しかし状況証拠としてつぎのことに留意しておきたい。

⑴七三〇年代から新羅使の人数は、一回で一〇〇～二三五人くらいとなり増加する。それ以前の人数は不明だから急に増加したとは断定できないが、七世紀後半の新羅使は、一般に二〇～四〇人くらいと推定されている。この多くなった人びとこそ新羅商人たちではないか、七三〇年代からの増加は、新羅側の交易への積極的な姿勢をあらわすものではないか、という。

⑵第Ⅱ期の新羅使はほとんど筑紫から放還され、筑紫での滞在期間は、多くは不明または短期間だが、天平十年正月来着の使の場合約六カ月間、天平十五年三月来着の使は約一カ月半の滞在とみられる。またさきの天平勝宝四年の場合でも、七〇〇余人のうち三七〇余人が入京（七六頁参照）、残り三三〇人ほどは筑紫に約四カ月滞在していたことになり、彼らによって筑紫でも交易が行われたことが推定されている。その場合、交易の相手は大宰府官人や国司クラスではないかとの見方もあるが、八世紀の筑紫での交易の担い手を示す文献史料はまったくないから、今のとこ

**大宰府鴻臚館跡出土の新羅焼土器**　新羅との交流をあらわす土器が出土した。

ろ筑紫側の交易の担い手の実態は不明としておこう。

(3)八世紀後半～九世紀初めの貿易陶磁器は、大宰府周辺の寺院・官衙《かんが》・集落跡と平城京内から出土しているが、それらをもたらしたのは、九世紀中ごろ（八四〇年代）以降の唐商人ではなく、八世紀後半の新羅人（使節・商人）によるという指摘がある。今後の考古学的発掘調査によせる期待は大きいのである。

(4)さて、注目したいのは、買新羅物解にみえる日本側の代価が綿中心だったことである。その他の史料からみても新羅が日本に求めた最大の物品は綿であった可能性が強い。八世紀をつうじて一〇万～二〇万屯の京進分とほぼ同量の綿が、府用分として大宰府などのクラに蓄積されていたとすれば、また八世紀後半に平城京での金泰廉一行とのような交易が、筑紫でも行われていたとすれば、新羅使および新羅商人がもっとも求めたであろう代価としての綿は、大宰府あるいは対外交易機関のクラに準備されていたことになり、筑紫で交易が行われる条件は十分ととのっていたことになろう。少なくとも八世紀後半には、大宰綿は平城京・難波でも、筑紫でも、新羅との交易の代価として定着していたのではないだろうか。たとえば神護景雲二（七六八）年十月に、政府高官たちに、新羅交関物《こうかんぶつ》を買うための料として大量な大宰の綿が支給されており、公的にも大宰綿は新羅との交易の代価として意識されていた。

以上のように、第Ⅱ期における筑紫での交易の実情は、具体的にはほとんどわからないが、新羅側の状況、および日本側の状況をあわせて考えると、筑紫で交易が行われた可能性は高いのである。

こうして八世紀後半からの新羅との関係は、政治的には対立した状態だったが、実情は貿易を主体にしたものという理解に賛成したい。北部九州での民間交易の進展は、すでに八世紀後半からはじまっていた可能性が強い。つまり平安初期になって「公使派遣停止によって民間交易が進展したのではなく、その逆」との見方は正しいであろう。

しかしながら、今までの史・資料からだけでは、博多湾沿岸・大宰府周辺に新羅商人に対応する商人層が発生した、または商圏が成立していた、と過大評価することはできない。七四〇年代から北部九州にあらわれる「官人・百姓・商旅《しょうりょ》の徒」が対外交易に接触した可能性もあるが、それを証明する文献史料はない。平安時代初頭（八三〇年代）になって、ようやく新羅商人に対応する日本側の交易の担い手の姿が文献史料に認められるのである。そのことを次節でみてみたい。

以上のべたことで、とくにまとめておきたいことは、七世紀後半〜八世紀末の時期においても、博多湾は文物や情報の通過点にすぎなかった、のでは決してない、ことである。

Ia（七世紀後半）の時期では、律令編纂など重要な期間に、新羅とのあいだで密接な交流があった。ほとんど筑紫止まりであった新羅使とのあいだで文物の交換を行うなど、筑紫の地と筑紫大宰の役割は軽視することはできない。

Ib（七世紀末〜七三〇年代）の時期でも入京する新羅使に対する外交儀礼がととのうにつれて、新羅使が最初に接触する筑紫大宰—大宰帥《そつ》の役割は引き続き大きかったとみられる。

第Ⅱ期（八世紀後半）では政治的対立のなかで、筑紫で対外交易が行われた可能性について基本的に賛成した。第Ⅰ期では中央政府に直接渡っていた文物も、筑紫の地に交易活動によっておちはじめた可能性が高い。

少なくともいえることは、大宰綿（西海道調庸綿《さいかいどうちょうようめん》）が対外交易の代価として、西海道諸国、とくに六国の人びとに課税されていたとすれば、西海道に住む人びとは、交易の代価を生産する形で間接的に、または人びとの税負担という点では直接的に、博多湾をつうじての文物の交流にかかわっていた、といえるのではないだろうか。つまり、博多湾沿岸（北部九州の地域と拡大してもよい）に住む人びとの生活とまったく無関係に、ただはなやかに、文化や文物が博多湾を往来していたわけではないのである。

## 2 平安時代前半期の外交・貿易

**新羅海商●**

八世紀末九世紀初め、日本から派遣する対外公使はあいついで停止される。その基本的な理由は、八世紀後半からはじまる新羅・渤海商人の来航によって、危険をおかしてまで公使を派遣しなくても、文物や情報は入手できるようになったことによる。

東アジアの海を自由に活動する新羅商人の代表的な人物として張宝高の場合をみると、彼の台頭の基盤には、三国間貿易（中国・新羅・日本）による蓄財、また貿易による新羅商人層の組織化があげられる。かの円仁《えんにん》も承和五（八三八）年六月、入唐にさいし、筑前太守（筑前権守《ごんのかみ》の小野末嗣《すえつぐ》カ）から宝高宛の親書を託されており、事実、登州の赤山の僧院で新羅人の保護・援助をうけて、五台山《ごだいさん》にのぼり長安《ちょうあん》に達している。また承和十四年九月の帰国のさいも新羅商船に便乗した。この間の宝高および部下と円仁との関わりなどは、円仁の『入唐求法巡礼行記《にっとうぐほうじゅんらいこうき》』にくわしい。

さて宝高は承和八年十一月ころに新羅で謀殺されるが、その直後にあらわれる次の史料が注目される。承和九年正月十日、新羅人李少貞ら四〇人が筑紫大津に来着。宝高の死を告げ、前年の廻易使《かいえきし》李忠らのもたらした貨物を返却するよう求める筑前国宛の牒状《ちょうじょう》を持参した、という。このとき、前筑前守の文室宮田麻呂《ふんやのみやたまろ》は、宝高の生前に多数の「唐国の貨物」を買うために、絁《あしぎぬ》を渡しておいた。今、宝高死し物実を得ることができない。ゆえに前年の李忠らの貨物は没収すると宣告したのである。宮田麻呂は「前司富豪浪人《ぜんしふごうろうにん》」の典型のような人物だが、たんに新羅商人から貨物を購入して国内で売却するだけでなく、代価の絁をあらかじめ先渡しして、希望する貨物（唐物《からもの》）をうけとるという方法をとっていたらしい。

このように九世紀の北部九州には、新羅海商と呼応する交易の担い手が文献史料のうえからも確認できるのである。さらに、さまざまな形で民間交易が進展していたことが推定されるが、その実情を示す史料は生《なま》な形では残っていない。政府による民間交易の禁止令や事件発生による処分の文中にあらわれる。天長八（八三一）年から貞観十二（八七〇）年までのいくつかの史料をまとめると、つぎのようなことが浮かびあがる。

一つは、九世紀には北部九州に、さまざまな階層の人びとによる新羅商人との交易が進展していたこと。また大宰府管内に新羅人が長年居住して交易活動を行っていることを政府は指摘している。二つは、政治的には新羅に対して警戒する。とくに八四〇年代から露骨になり入国いっさい禁止の策にでて、貞観十一年の絹綿掠奪《りゃくだつ》事件を契機に軍事防衛上の再編強化を行う。三つに、しかし商賈《しょうく》の輩との民間交易は許したのである。つまり政府は先買権を行使しながら、民間交易は認めざるをえなかったともいえる。

このような九世紀での政治的・軍事的な警戒と民間交易の容認という一見相反する政策は、新羅に対する姿勢（警戒と交流）のあらわれではないか。それらのことはいくつかの「事件」の処分でもあらわれる。

こうして北部九州の地には、新羅商人と対応するさまざまな交易の担い手があらわれ、民間交易が進展していた可能性が高い。九世紀初めには、北部九州をはじめとする地域は、東アジア国際貿易市場のなかに本格的に取りこまれていたとみられる。

**大唐商客●**

唐商人の場合、来航は新羅商人より遅れて九世紀中ごろからである。たとえば嘉祥二（八四九）年八月に、大宰府は大唐商人五三人が多くの貨物をもって駕船一隻で来航したことを報告。以降唐商人の来日は活発になる。いずれも豊富な貨物をもって来航し、もたらす唐物は朝野をあげて歓迎された。

数ある唐商人のうち、仁寿三（八五三）年から元慶元（八七七）年まで約二五年間にわたって史料にみえる李延孝の場合をみると、つぎのような特徴が認められる。

(1)二五年間に少なくとも七、八回の日本への来航が知られる。同一唐商人が数年おきに何回も渡来していること。(2)日本からの入唐僧は、入唐・帰国のさいに、唐商人の船に便乗して往来している。李延

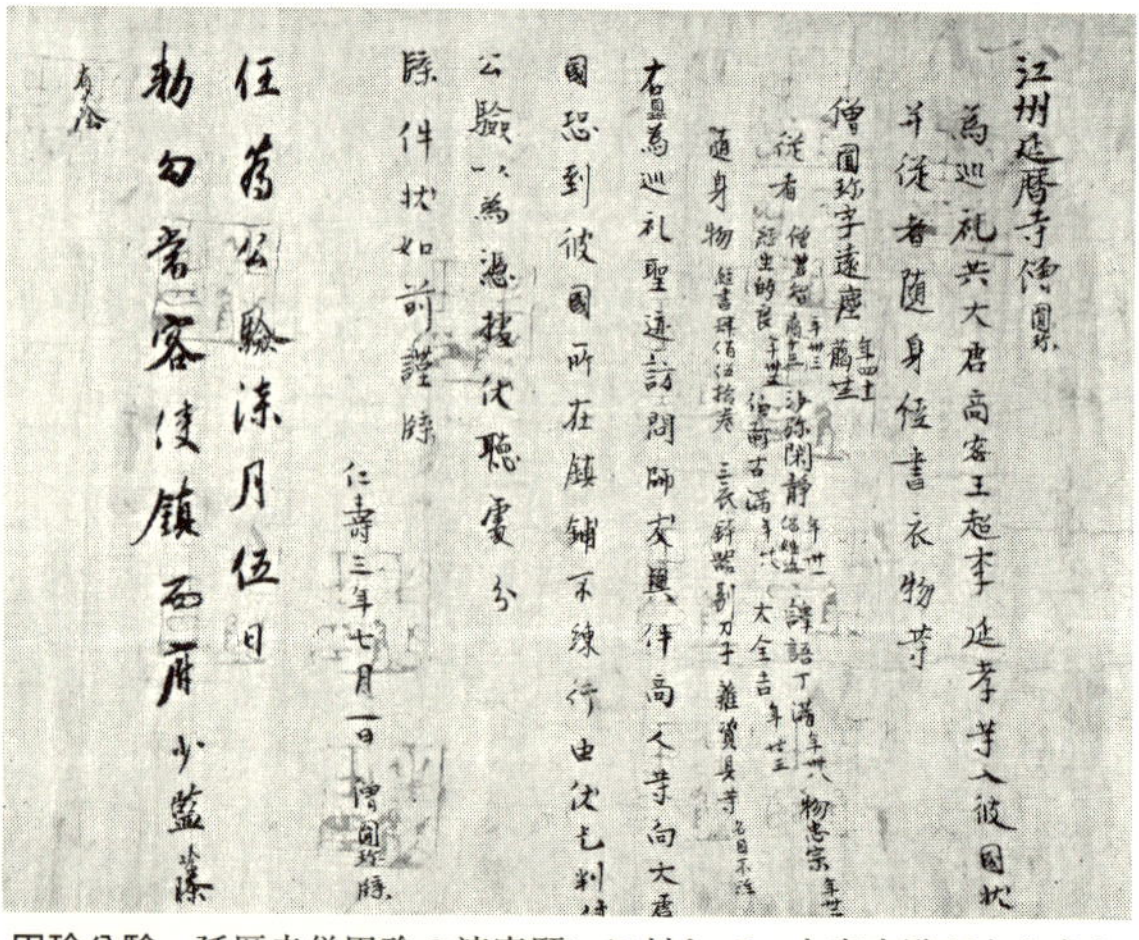
江州延暦寺僧圓珍
為巡礼共大唐商客王超李延孝等入彼国状
并従者随身経書衣物等
僧圓珍 年四十 臘廿
随身物 経書肆佰伍拾巻 三衣鉢器剔刀子雑資具等
右圓珍為巡礼聖迹訪問師友興伴商人等向大唐
国恐到彼国所在鎮鋪不練行由伏乞判付
公験以為憑據伏聴處分
牒件状如前謹牒
仁寿三年七月一日 僧圓珍牒
任為公験 涼月伍日
勅勾當客使鎮西府 少監藤

**円珍公験**　延暦寺僧円珍の渡唐願いに対して，大宰少監があたえた公験。

孝も東アジアの海を自由に往来する唐商人のひとりであった。(3)李延孝は来着のさい、大宰府鴻臚館《こうろかん》に「安置供給」され滞在している。彼は公的には大唐商客だが、実は渤海の商人(または唐に居住する渤海商人)の説もある。九世紀後半の対新羅関係からみると、鴻臚館滞在には唐商人の肩書きが必要だったのかも知れない。李延孝の滞在記録から大宰府鴻臚館の建物の名称などが知られるのである。(4)その李延孝も元慶元年十二月以前に暴風により船は難破、溺死した。

このように唐商人の名前や行動などはわかるが、唐商人との鴻臚館での貿易活動の具体的な実態はよくわからない。しかしながら新羅商人に続いて唐商人とのあいだでも、引き続き民間交易・「私貿易」が盛んであったことは、九世紀〜十世紀初めのいくつかの史料によって推定される。

そのうち延喜三(九〇三)年八月一日付の太政官符《だいじょうかんぷ》は重要であるためつぎにまとめよう。(1)唐人商船来着のとき、官使到着以前に、諸院宮王臣家が使を派遣して争い買い、(2)また「墎《かく》内富豪の輩」が、心に遠物《おんもつ》を愛して、高値で貿易している現状を指摘し、(3)これは関司の勘過《かんか》および府司の検察の怠慢によるものである。(4)律《りつ》と令《りょう》の条文を引用し、(5)あらためて公家《こうけ》交易以前の「私貿易」をきびしく禁止している。

注目したいのは、唐物《からもの》を崇拝して高値で競い買い、貨物の価直を定めることがむずかしい状況であることと、また律(「養老雑律」の逸文《いつぶん》カ)と令(「養老関市令」8官司条)の条文をわざわざ引用して政府先買権を強調し、「私貿易」をきびしく禁止していることである。つまり九世紀末十世紀初めにおいても「富豪層」を中心とした地域の人びとの民間交易や諸院宮王臣家の使による「私貿易」は、ますます盛んになっていたとみられるのである。

**大宰府鴻臚館●**

博多湾沿岸の客館は、七世紀末〜八世紀の筑紫《つくしの》館《むろつみ》から大宰府鴻臚館《こうろかん》へと発展するが、今日唯一現存する遺構であり、超一級の歴史遺産である。昭和六十二（一九八七）年以来の発掘調査によって、すでに重要な発見があいついでいるが、推定される遺構や範囲からみて、福岡城跡全域に広がる可能性も指摘されており、今後の十分な学術的発掘調査と総合的な環境保全計画がのぞまれるのである。従来の文献史料からだけでは不明な対外貿易の実態、またそれから導きだされる平安時代の国家の性格、とくに対外交渉の実態にかかわって、きわめて重要な資料を提供することになろう。福岡県は大宰府跡と鴻臚館跡という二つの重要な核をもち、それに関連する重要な歴史的遺産・環境に満ちあふれている。それら歴史的環境の保全と、十分な学術的な発掘調査が切望される。

**大宰府鴻臚館跡発掘**　昭和63(1988)年10月ごろ。黙々として調査は続けられ，多くの成果をあげた。

大宰府鴻臚館関係史料や名称の変化などの歴史、建物などの推定復原については、今日広く知られるようになった。すべては参考文献にゆずり、ここでは、(1)大宰府鴻臚館の終末と、(2)唐物使《からものつかい》派遣の理由、(3)大宰府官人の関わり方についてだけのべたい。

(1)大宰府鴻臚館の終末については、従来、十一世紀末の「陀羅尼《だらに》」と略称される経典一帖の扉書にある「鴻臚館」が、その最後の文献史料とみられ、十一世紀末まで存在したとみられてきた。しかし最近それには批判があいついでいる。第一に文献史学の面から、この扉書の部分だけでなく、「陀羅尼」の識語全体（終末識語・奥書・扉書）を検討すると、識語にみえるいくつかの「房」は、すべて平安京郊外の天台宗系の寺院や房であること。第二に平安京鴻臚館は、従来十世紀なかば以降衰退したとみられていたが、平安京西鴻臚館跡推定地の発掘調査によって、出土した軒瓦《のきがわら》のなかに平安時代後期（十一世紀末〜十二世紀）のものがあり、院政期に「第二次」平安京鴻臚館が存在した可能性が高くなってきたことである。以上から、十一世紀末の「陀羅尼」の鴻臚館は大宰府のそれではなく、平安京鴻臚館のことであること。また近年の博多遺跡群の発掘調査によって、対外貿易の重点が大宰府鴻臚館から博多遺跡の地に移るのは、十一世紀中ごろとみられること。こうして大宰府鴻臚館の終末は十一世紀末ではなく十一世紀中ごろとの見方が強い。

(2)唐物使派遣の経過をまとめると、九世紀中ごろから派遣がはじまり、十世紀初めに一時中止されるが、まもなく再開され、十一世紀初めまで派遣。事実上の停止は長和元（一〇一二）年九月と推定される。その後も返金使《へんきんし》は派遣されるが、それも十一世紀中ごろが最後とみられる。

では九世紀中ごろから唐物使が派遣される原因はなにか。理由として、九世紀なかばには交易の代価が綿から砂金にかわったため、金属類の専門技術をもつ蔵人所《くろうどどころ》蔵人が派遣されはじめたとの見解がある。たしかに元慶元（八七七）年・同三年の史料をみると、交易の代価は綿から砂金にかわっている。またさまざまな史料からみても、中国に渡る留学僧たちに留学費や学問料として金（または砂金）が渡されている。しかし元慶元年・同三年の史料をみるかぎり、府庫にある綿にかわった砂金も、大宰府で管理しているのであり、とくに元慶三年の史料は、砂金の場合での帳簿上の書き方を、政府に申請し許可されたものと解釈したい。すなわち代価の変化が唐物使派遣開始のおもな原因ではないとみられる。最大の理由は、先述した新羅商人との、また九世紀なかばからは唐商人との民間交易の進展にあったのではないか。日本側の交易の担い手は、「愚闇人民」「管内吏民」「堺内富豪の輩」とよばれる北部九州のさまざまな「富豪層」たち、また居住新羅人や府官たち、それに諸院宮王臣家の使であった。北部九州での民間交易の進展に対して、政府はしばしば禁止令をだすが、九世紀なかばに至り、政府先買権を行使する専使《せんし》（唐物使）を派遣するようになった。そのさい、政府必要物貨以外は、大宰府官人の管理のもとで、府下の富豪層や王臣家の使たちの交易を許したというのも、政府は地域の民間交易の進展に妥協せざるをえなかったためではないだろうか。

(3)注目したいのは、大宰府官人の関わり方である。平安時代後半期には、鴻臚館貿易が府官層たちの「私的貿易—私的利潤追求」の場になったとの見方があった。しかし唐物使の停止とみられる十一世紀初め以降も、中央貴族たちへの唐物進上の史料が多数残存している。中央貴族たちは十一世紀初め以降も、さまざまな唐物を大宰府官長（権帥《ごんのそつ》・大弐《だいに》）や大監《だいげん》および高田牧司《たかたのまきし》などをつうじて入手している。十世紀末以降、府官長には、摂関家の家司《けいし》や院の近臣《きんしん》たちの就任が多かった。彼らは摂関家や院の意向をうけて唐物を入手し、京に進上していた可能性が高い。

一例だけあげると、長保二（一〇〇〇）年七月に大弐藤原有国《ありくに》は、宋商曾令文がもたらした貨物の価直について政府の指示をあおいでいる。つまり金一両＝米一石が「京の定め」であるのに対して、宋商は金一両＝米三石を要求。一石五斗か二石とするか、支払いは絹にするかなどの相談の末、最終的に藤原道長《みちなが》の指示で金一両＝米二石に決定している。有国は二章でのべた大宰府政所《まんどころ》および政所発給文書があらわれたときの大弐で、大宰府の変貌の過程でポイントになる人物だが、彼の行動は、おもに道長の指示をうけていたとみられるのである。やはり平安時代の国家の性格や対外交流の実態を背景に、大宰府の変質過程を解明する必要がある。

## 3　平安時代後半期の外交・貿易

### 呉越商人●

十世紀前半、唐・新羅・渤海という東アジア諸国は、国家が滅亡するという激動の時期にはいっていた。しかしそれらの事態は、日本の政治に直接的な影響をあたえていない。それには、いくつかの理由が考えられるが、日本が「政経分離」の方針をとっていたことも一因であろう。だが、東アジア諸国の変化は、少なくとも博多湾を直撃するのである。

滅亡した唐にかわって、延長八（九三〇）年前後から博多湾に姿をあらわしたのが、五代十国の一つ呉《ご》越《えつ》の商船である。呉越との交渉の特徴は、一つは呉越商人が政治的外交を仲介する役割を果たしたこと。

二つに呉越国王の求めに応じて大量の経典類を日本からもたらしたこと。使は天台僧の日延《にちえん》。天暦七（九五三）年呉越商人蔣承勲の帰船にのり出発。大量の経典類をもたらして呉越国王を歓喜させた。五年後、日延はおびただしい書籍や最新の暦を持ち帰り、その功により僧綱《そうごう》に任命されるが、固辞し隠居と称して鎮西《ちんぜい》にきたり、康保年間（九六四〜九六七）に一道場（大浦寺《おおうら》）をつくった。この大浦寺だが、大弐小野好《おののよし》古《ふる》など大宰府官人の全面的なバックアップによって創建されており、また長保三（一〇〇一）年には大浦寺荘は博多荘とともに安楽寺遍知院《あんらくじへちいん》に寄進され、安楽寺の対外交易の拠点になっている。このようにみると、大浦寺創建は対外的文化交流（そして交易）の地として大宰府周辺を選んだ可能性が高い。三つに注目しておきたいのは、呉越との交流の時期は、十世紀なかばという、純友《すみとも》の反乱ののち、規模を大きくして再建された時期と重なる可能性があることである。大宰府再建のメリットの一つに対外貿易の利があった。十世紀なかばごろ、そのメリットをもたらす当面の相手は呉越商人だった可能性がある。呉越との交

**銭弘俶《せんこうしゅく》八万四千塔**　呉越国王がつくらせた小塔の一つ。日延が伝えたという。日本に現存するのは5基だけである。国重文。

流は大宰府再建の問題に関係して研究課題の一つである。

## 北宋・南宋との交流●

次の北宋《ほくそう》（九六〇～一一二七年）も積極的に貿易振興策をとり、とくに十一世紀後半、神宗の時期に活発になった。各種の専売機関をつくり、市舶司《しはくし》をおき貿易相手国の専門化をはかる。日本を担当したのは明《めい》州《しゅう》市舶司である。天元元（九七八）年の来日が宋商船の初見とみられるが、以降宋船の来日は盛んになった。特徴点の一つは、輸入品・輸出品の場合。北宋と日本のあいだは「製品と製品」の交換になっていることに注目したい。たとえば『新猿楽記《しんさるがくき》』は、北宋からの輸入品目二四種を記しているが、それらを分類すると、「加工的品種」として高級絹織物など多数の品目を記し、「特殊原料品および半製品」としては、香料・薬物・貴木・顔料・染料・豹虎皮などがある。唐代の物産と大きな違いはないが、技術の発達によって多彩になっている。加工的品種はおもに大陸産のもの、特殊原料品または半製品は、南海方面・インド・アラビアなどから、一旦宋に輸入したものを日本に転売したとみられている。

さて日本からの輸出品は、『新猿楽記』以外の史料も含めると、「加工的品種」として扇・刀剣・絹織物に螺鈿《らでん》や蒔絵《まきえ》などの美術工芸品が加わる。また「原料的品種」では金属原料類（砂金〈金〉・銀・銅・鉄・水銀）や染料・硫黄《いおう》および真珠《しんじゅ》などである。扇は扇面の倭絵《やまとえ》、刀剣は美術品としても歓迎され、螺鈿・蒔絵の技術は中国にかわって日本で発達し、平安文化の美術工芸面を代表する技術になり、中国・朝鮮諸国は争い求めるようになる。

具体的な例をみると、長和四（一〇一五）年、藤原道長が北宋天台山大慈寺に送った物品は、螺鈿・蒔絵の厨子《ずし》・箱、蒔絵の箱にいれた海図、屛風《びょうぶ》、琥珀《こはく》、水精《すいしょう》の念珠《ねんじゅ》などの美術工芸品および奥州貂裘《てんのかわごろも》、砂金一〇〇両（蒔絵丸筥《まるばこ》にはいる）、大真珠などである。また、入宋僧寂照《じゃくしょう》に経疏《きょうそ》類を購入し送る料として金一〇〇両を、また唐僧常智《じょうち》が送った文集の返物として貂裘一領を送っている。これら物品は肥前国神崎《かんざき》荘司豊嶋方人にあずけて送らせていることも注目される（『御堂関白記』）。以上は中国天台山への知識《ちしき》物の求めに応じて送ったもので、貿易品とはいえないが、これらの物品はさまざまな「製品」や特殊原料品・半製品だったのであり、そのほかの史料を総合すると、日本と北宋との貿易は十一世紀初頭になると、「製品」と「製品」の交換になっていることを示しており興味深い。

このほか僧源信《げんしん》は博多から自著『往生要集《おうじょうようしゅう》』はじめ多数の浄土教関係文献を送り、その他の使によって詩歌集・行草書を送るなど、思想文化的な面でも日本から「輸出」されるようになった。

また十一世紀なかばにいたって、「筑前国住人」たちの対外貿易への進出が注目される。寛徳二（一〇四五）年、筑前国住人の清原守武《きよはらもりたけ》らが、私《ひそか》に入宋したため、永承二（一〇四七）年に大宰府にとらえさせ、守武は佐渡国に配流、与党五人を徒刑に処し、貨物は没収され、官の厨家《くりやけ》におさめた、とある。詳細は不明で、また密貿易扱いだが、筑前国など地域の人びとは、「商人」として東アジア世界に登場したことがうかがえる。このほか、寛治七（一〇九三）年には契丹《きったん》への密貿易も発覚している。

二つに外交・政治的交渉の場合。宋商人も明州牒状《ちょうじょう》の形で公文書をしばしば日本にもたらし、外交や政治的交渉の仲介役を果たしている。これに対して日本政府は大宰府牒や左・右大臣の書状の形で返書を送っている。国家としての正式な外交交渉はさけているのである。しかし政府は宋人来航のたびに、陣《じん》定《さだめ》を開いて安置か廻却か、また返書・答信物の内容などを審議しており、政府中枢で対応している。大宰府牒の形で返書や答信物を送っていることは、大宰府の役割としてきわめて重要だが、返書の草案（下書き）は政府がつくっている例も多い。したがって日宋関係はたんに私的関係とはいえない、という指摘は重要である。

南宋《なんそう》（一一二七～一二七九年）の時代の具体的な外交・貿易の史料はきわめて少ないが、中国側の史料など断片的な史料を総合すると、「日本人商人」は鯨波《げいは》を越えて直接南宋に赴《おもむ》いたことがうかがえ、南宋からの輸入品は、北宋期のものに加えて、経典・書籍・文房具類・陶磁器と多彩になり、とくに大量な宋銅銭の輸入は日本経済に大きな影響をあたえた。

ところで十二世紀の後半は、平氏政権の最盛期でもあった。平氏は平忠盛《ただもり》が鳥羽《とば》上皇の院司として、上皇のもつ肥前国神崎荘に来着した、宋商周新の船に対する貿易管理権を大宰府官人と争うなど、はやくから対外貿易の利潤に着目していた。平清盛は積極的な貿易振興策をとり、大輪田泊《おおわだのとまり》を修築するなど、瀬戸内海航路の整備を行う。宋商船は直接、大輪田泊まで入港し、日宋貿易はさらに活発になった。それにともない博多湾岸など北部九州の貿易拠点はさらに重要なものになっていく。大量な宋銭の輸入と流通も、平氏政権の大きな経済的基盤となった。

### 高麗との交渉●

九三六年に統一王朝として成立した高麗《こうらい》からも再三正式外交を求める牒がきていたが、日本はここでもいわゆる公的外交を開いていない。しかし能動的に日本人商人が高麗に渡るようになる。延久五（一〇七三）年に、日本人王則貞《おうそくてい》・松永年《まつながとし》はじめ、大宰府商人・筑前州商人・対馬勾当官《つしまこうとうかん》たち計四二人が高麗に渡ったのがその初見らしい。彼らは「螺鈿鞍橋《あんきょう》（馬の鞍）・刀・鏡や硯の筥《すずりのはこ》・画屛風・書案（文机）・櫛《くし》・香料・弓箭《きゅうせん》・水銀・真珠」などをもって礼成港に入港し文宗に献上したという。それ以降十一世紀なかばまで、高麗に渡った筑前商客・大宰府商客・日本商客・日本人などが『高麗史』に散見するが、日本からもたらす物品が、加工的品種や特殊原料品になっていることに注目しておこう。つまり東アジア世界のなかで、本格的に日本人商人は能動的に活動し、諸「製品」を輸出する時代を迎えたのである。

### 対外交易拠点のひろがり●

さきに十一世紀中ごろが大宰府鴻臚館の終末とみられるとのべたが、それは対外貿易の終わりを意味するものではなかった。より多面的に多様に対外貿易の拠点は広がったのである。近年の博多遺跡群の発掘調査によって、そのことを証明する多数の遺物が発見された。地下鉄工事や再開発ビルの事前発掘という極度にかぎられた調査のなかで、点と点を結び、線から面へ復原すべく地道な共同研究が今も続いている。昭和六十三（一九八八）年までの調査・研究の成果のいくつかを紹介しよう。

(1)まず平安時代後半期の地形―博多遺跡群が所在する砂丘は、弥生時代なかばから現代までの複合遺跡であるが、平安時代後半期での地形は、発掘調査や等高線調査などによるとつぎのとおりである。現呉服《ごふく》町交差点を中心に東西に湾入の跡がある。湾入は西側（川端《かわばた》町方面）のほうが大きい。東側の湾入（蓮池《はすいけ》方面）のほうは湾入の跡があるものの、まだ十分わかっていない。また同交差点（国道二〇二号線―旧電車通り）をはさんで南北に大きく地形は二分される。北（海側）は息《おき》の浜、南（博多駅前）を博多浜、あわせて旧博多部という。つまり現呉服町交差点付近を中心に南北に分かれ、東西に湾入の跡があるという地形になる。

(2)さまざまな遺物・遺構―この博多遺跡群の地から、さまざまな遺物や遺構が発見された。たとえば、①地下鉄祇園《ぎおん》町駅出入り口近くで発掘された井戸から、大量な青磁《せいじ》の破片が出土した。いずれも火にあたり、ひずみ割れ、こまかくひび割れしていた。整理の結果、完形に近い二八〇個の青磁の碗《わん》・皿に復原された（口絵写真参照）。この井戸は、火事の焼け跡整理に使用されたらしく、輸入された商品が陸揚げされたのち、出荷までのあいだに、火にあたったものを一括廃棄したと推定されている。青磁以外の遺物は、商家の日常備品の可能性もあり、十二世紀後半ごろの文物とみられている。②上呉服町で発掘された井戸の底からも、白磁碗を主体とする三〇個体の中国陶磁器が国産土師器《はじき》とともに出土している。なお旧博多部のほとんどの地域で越《えっ》州窯《しゅうよう》青磁の破片が出土するという。③遺構では、東長寺《とうちょうじ》の前から馬場《ばば》新町《しんまち》交差点辺りまでに、地下鉄路線内（調査区間）をジグザグに斜断しながら続く規格性をもつ側溝が発見された。これは南北一町の地割

**祇園町交差点付近の発掘**　昭和53(1978)年。地下鉄工事に追われながら，発掘調査はしばしば夜を徹して行われた。ここから大量の貿易陶磁器，生活用具，町割りを示す溝などが発掘された。

をもつ官衙《かんが》遺構とみられ、出土遺物には、官人たちが使用したらしいベルト類や「長官」と書かれた墨書《ぼくしょ》須恵器《すえき》なども発見されている。

このような官衙遺構を、たとえば鴻臚中島館《なかしまかん》のような施設だとすれば、それを核にして、十一世紀なかばころから本格的に、鴻臚館貿易から旧博多部を中心とした貿易へと、変化・発展した経過が合理的に理解できるのではないか、という説もだされている。

(3)袖《そで》の湊《みなと》・石堂《いしどう》川の問題―旧博多部が以上のような状態だとすれば、いくつかの通説の再検討が必要になる。一つが「袖の湊」の問題である。袖の湊は、石堂川河口付近に平清盛によって平安末に築港されたというのが通説だった。しかし呉服町交差点付近が平安末ごろには陸化していた、という発掘調査による証明および文献史学の研究成果によって、その説は否定された。すなわち文献史料や近世の絵図から総合すると、石堂川は中世末の戦国時代に、大友氏家臣の臼杵《うすき》安房守《あわのかみ》鑑続《あきつぐ》によって開削されたもので、それ以前は御笠《みかさ》川（比恵《ひえ》川とも、石堂川の上流）は、現博多駅付近を西に流れて那珂《なか》川にそそいでいた。ゆえに洪水が多かったため、松原を南から北へまっすぐ開削して川をとおし「今川」といった。これが現在の石堂川であるという。

このようにして平安末期「袖の湊」の石堂川河口説は崩壊したが、だとすれば、実際の港はどこに存在したのか。現在まだ港湾施設は発見されていないが、先述した西側の湾入部分が注目されている。そこでの発掘成果の一つをみよう。

(4)港はどこに―博多遺跡群の第一四次調査（昭和五十六〈一九八一〉年、博多区店屋《てんや》町四～一五、コーワ新薬ビル）では、海抜零《ゼロ》メートル付近で、地山砂丘が北と西にむかいゆるやかに傾斜し、そのうえの厚さ五〇〜六〇センチの泥炭層も、それにともない流れこむように堆積している。この泥炭層から中国陶磁器（十一世紀後半〜十二世紀初頭）の破片が大量に出土した。それは白磁ばかり山積みに打ち捨てられた状態で出土し、磁の底部だけでも八〇個体を超える。国産遺物はなく、おそらく貿易船から陸揚げされたのち、船中でこわれた不良品を一括廃棄したと推定されている。この地点は、西側の湾入のなかでも博多浜北西部の入江の入口付近にあたる。

そのほかの地誌的な史料からみても、この第一四次調査地点近く（上川端町付近）に、港の存在が推定されており、今後の調査・研究の結果に期待することが大きい。十分な発掘調査がのぞまれる。

もう一つ大きい問題は、石堂川が中世末の開削であれば、旧博多部と筥崎《はこざき》地区は平安末には地続きの一帯の地域だったことになる。つぎに筥崎地区をみてみよう。

(5)筥崎宮―さきに十世紀初頭の延長元（九二三）年に、筑前国穂波《ほなみ》の大分宮《だいぶぐう》が博多湾に面する海浜の那珂郡（の

**発掘された白磁の山**　店屋町の調査で出土。陸揚げの直後に捨てられたと推定されている。12世紀初頭。

ちに粕屋郡《かすや》）の地に移建され筥崎宮となった。大分宮は現飯塚《いいづか》市大分にあった神社で、宇佐《うさ》と大宰府を結ぶ官道沿いに位置し、また遠賀《おんが》川支流の大分川に沿っている。延長元年の筥崎宮造営は、石清水《いわしみず》八幡宮―宇佐弥勒寺《みろくじ》の主導によるものだが、そのさい、大宰府官人（少弐《しょうに》藤原真材《まき》）の関与があったことは重要である。つまり筥崎宮は石清水八幡宮―宇佐弥勒寺の海外交易の処点として、大宰府官人の関与によって現在地に出現した。

筥崎宮の裏側には、宇美《うみ》川が流れており多々良《たたら》川にそそぐが、その河口部分は、かなり広い入江（内湾部）になって、よい船だまりの状態だったという。つまり筥崎の地は博多湾と多々良潟を分ける細長い州崎であったが、その根元近くのところに筥崎宮は移建された。海外交易の処点として、博多湾に面する絶好の地を選んでいる。

筥崎宮の海外貿易を示す平安時代の文献史料は少ないが、十一世紀初頭の寛弘年間（一〇〇四～一二）の筥崎宮神官の秦定重《はたのさだしげ》は、大宰府と筥崎宮の結びつきをみるうえで興味深い。つまり筥崎宮神官の定重は、府官（府貫首《かんじゅ》）でもあり、また府官長の「不善の郎等《ろうとう》」ともいわれている。また海外貿易の利潤をもとに中央権門と結んでいたことは、『今昔物語集』に説話のかたちで書かれている。

いずれにしても十世紀初頭に筥崎宮が現在地に対外貿易の拠点として進出した意味は大きかったが、筥崎と旧博多部を結ぶ地続きの一帯の地域に、宋人たちの居留地が形成されてくる。宋人たちは筥崎宮の寄人《よりうど》・神人《じにん》などとして帰属関係をもっていたとみられている。

以上のような旧博多部および博多湾東側の状況に対して、平安末期には博多湾の西側、糸島《いとしま》半島の今津《いまづ》も対外貿易の拠点になった。さらに平安時代後半期には、博多湾沿岸はじめ北部九州の各地に、中央寺社

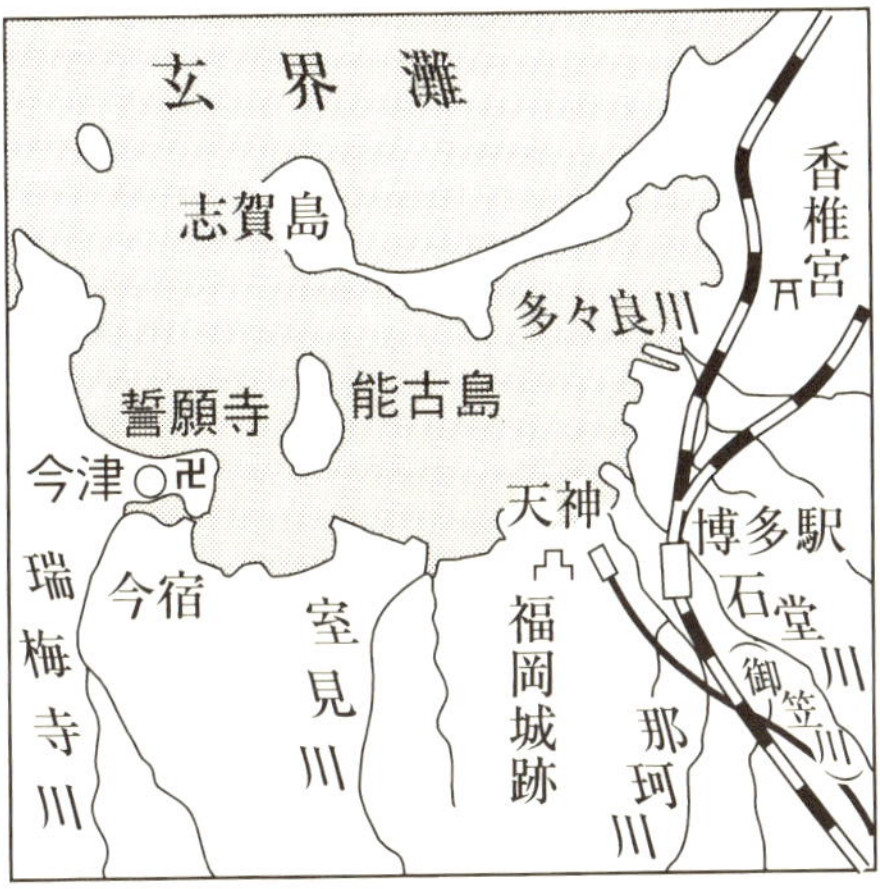
玄界灘
志賀島
香椎宮
多々良川
誓願寺
能古島
今津
天神
博多駅
瑞梅寺川
今宿
室見川
福岡城跡
石堂川
御笠川
那珂川
今津の位置

元寇防塁
誓願寺
勝福寺
今津港
今津の風景

権門は地域の寺社と末寺末社関係を結び、あるいは直接に対外貿易の拠点として荘園を設置した。安楽寺領とともに福岡県内には、これら荘園がむらがったのである。

宋商人がもたらす貨物も多種類・多彩になり、かつ日常品化した。日本側も購買層は民衆に広がり、日本商人層も台頭してくる。筥崎・旧博多部を中心に形成された宋人たちの生活空間をはじめ、日宋間の大いなる交流もうまれた。国際都市博多の発展により、新しいつぎの時代の舞台が準備されていくのである。

# 4章

# 貿易都市博多とモンゴルの襲来

今津の浜に残る元寇防塁（福岡市西区）

## 1　鎌倉幕府と北部九州

### 鎌倉幕府の支配と少弐氏●

元暦二（一一八五）年三月、平家を長門《ながと》国（山口県）壇《だん》ノ浦《うら》に滅ぼしたのち、源頼朝《よりとも》は、九州の戦後処理役として弟範頼《のりより》を差しくだした。しかし、戦後の混乱に乗じて範頼配下の武士の狼藉《ろうぜき》行為があいついだので、京都の公家《くげ》政界から頼朝に対して範頼召還《しょうかん》の要求が突きつけられてきた。範頼は早急に占領行政に目鼻をつけて九州を去り、新しく武士の濫妨《らんぼう》を取り締まるために中原久経《なかはらひさつね》・藤原国平《ふじわらくにひら》の二人が鎌倉殿御《お》使《つかい》として派遣された。

ところが、同じ年の暮れごろには、頼朝と弟義経《よしつね》の対立が決定的となり、義経は後白河院《ごしらかわいん》に強要して、頼朝追討の宣旨《せんじ》を獲得したうえに、九国地頭《きゅうこくじとう》の補任《ぶにん》をうけて九州の支配権をあたえられた。頼朝はこの院の失策を逆手にとって、いわゆる「守護《しゅご》地頭設置」の要求をのませ、九州には、挙兵以来の腹心、伊豆《いず》国御家人《ごけにん》天野遠景《あまのとおかげ》を鎮西奉行《ちんぜいぶぎょう》として下向させた。九州全体におよぶ強い権限をさずけられた鎮西奉行の天野遠景は、義経や平氏残党の逮捕《たいほ》にあたるとともに、幕府の九州諸国支配権の強化に努力したが、必ずしも鎮西御家人らの支持を得ることができず、また荘園領主の反発も強かったので、ついに建久五（一一九四）年ごろ関東によび戻されてしまった。

天野遠景の権限は九州全域におよぶものであったが、その後、鎮西奉行の機能は各国別の守護に分化をとげていった。すなわち、武藤資頼《むとうすけより》が三前《さんぜん》（筑前《ちくぜん》・豊前《ぶぜん》・肥前《ひぜん》）と二島（壱岐《いき》・対馬《つしま》）、大友能直《よしなお》が三後《さんご》

（筑後《ちくご》・豊後《ぶんご》・肥後《ひご》）、島津忠久《ただひさ》が奥《おく》三カ国（薩摩《さつま》・大隅《おおすみ》・日向《ひゅうが》）、それぞれの守護に任命され、中世九州政治史の主役をつとめた、いわゆる「九州三人衆」のもとがきずかれたのである。

九州の守護には遠国《おんごく》ということで、一般の守護がもつ大犯《たいぼん》三カ条（京都大番役《おおばんやく》の催促《さいそく》、謀反人《むほんにん》・殺害人の逮捕）を超えて、地頭御家人の訴えを処理する権限が特別に認められていた。武藤氏は武蔵《むさし》国戸塚郷（神奈川県横浜市）、大友氏は相模《さがみ》国大友郷（同県小田原市）を本拠とする、東国出身の有力御家人である。島津忠久は大友能直と同じく源頼朝落胤《らくいん》説もあったが、代々摂関家につかえた惟宗《これむね》氏出の畿内《きない》武士とするのが、近年定説となりつつある。いうまでもなく、国御家人を統轄し、治安維持の任務をになう守護は、幕府地方支配の要《かなめ》のポストである。幕府が要地とみた九州の守護には、鎌倉幕府が滅亡するまで地元生え抜きの豪族が採用されることはなかった。

筑前守護を鎌倉時代をつうじて世襲した武藤氏は、当初から守護正員《せいいん》が現地に常住した、鎌倉期の守護としては珍しい存在である。初代の武藤資頼は、最初平氏の家人《けにん》として源平合戦に参加し、とらわれの身となっていたのが、故実《こじつ》（儀式の慣行）の知識によって放免《ほうめん》され、源頼朝の家人に取りたてられて重用された。中世国家にとって儀式は政治の中核であり、頼朝は武家儀礼《ぶけぎれい》の創出に努力をおしまなかった。武藤資頼が天野遠景にかわって九州に派遣されたのは、安定した政治上の実務能力を買われたからであろう。

古代から九州には、外交関係と九州の広域行政権を担当する役所として大宰府《だざいふ》がおかれていたが、まだ鎌倉時代には、九州全域に対して強大な影響力を維持していた。大宰府に送りこまれた武藤資頼は、大宰府機構内の特殊な地位につくとともに、現地の府官《ふかん》を自身の主催する大宰府守護所《しゅごしょ》のスタッフに取りこんでいくことで、着実に勢力をたくわえていった。

さらに、嘉禄二（一二二六）年、武藤資頼は朝廷から正式に大宰少弐《だざいしょうに》に任命される。これ以降、武藤氏歴代は大宰府に住んでこのポストを世襲したので、いつのころからか職名にちなんで「少弐氏」を名乗るようになった。すでに大宰府の長官は赴任しないから、名実ともに次官の少弐氏が大宰府の現地最高責任者となったのである。幕府は九州に対して、ほかの西国《さいごく》と異なり、東国《とうごく》に準ずる強い権限を保持したという。もとより、その源泉は、少弐氏をつうじて九州支配の拠点、大宰府機構を直接掌握したことにある。

鎌倉時代前半期、幕府守護と王朝官職をあわせもつ少弐氏は、大宰府を拠点に北部九州にめざましい勢力をきずいていった。少弐氏は寛元三（一二四五）年、被官《ひかん》の宗《そう》氏を派遣して、対外交易上の障害となっていた対馬の在庁阿比留《ざいちょうあびる》氏を討伐させるが、これ以降、対外交易の要衝対馬は代官宗氏をつうじて少弐氏の掌握するところとなった。この宗氏は大宰府の有力府官惟宗氏の一族ともいわれ、のちの対馬島主宗氏につながる。

### 荘園の成立

中世社会は荘園・公領を舞台に展開した。建久八（一一九七）年十一月、鎌倉幕府は九州諸国の在庁官《ざいちょうかん》人《じん》に命じて「大田文《おおたぶみ》」とよぶ土地台帳を作成させた。これには各国内の荘園・公領の田数や領主名が記載されていて、九州諸国では、中世末期まで国家的課役の基準台帳として用いられた。九州の場合は、十一世紀にはじまった中世社会の確立が、全国的状況よりもややはやく、だいたいこの時期に最終的な決着をみたのである。

福岡県に関しては、幸い「大田文」によって土地所有の実態をうかがうことができる。筑後・豊前両国では、国司や大宰府の支配する公領は、わずかに全体の一割前後にすぎなかった。また、筑前国鞍手《くらて》郡でも荘園と公領の比率は三対一と、荘園がかなり優勢である。全国的にみると、荘園・公領はおおよそ半々くらいであるから、県域の三カ国の場合、荘園の占める割合が著しく高いのが目につく。

荘園公領制社会の夜明けともいうべき十一世紀の段階で顕著なのは、地方権門《けんもん》による荘園形成の動向である。九州における最大の荘園領主は、豊前の宇佐宮《うさぐう》とその神宮寺《じんぐうじ》である弥勒寺《みろくじ》であり、筑前の安楽寺《あんらくじ》（太宰府天満宮《てんまんぐう》）がこれにつぐ。どちらの荘園も九州全域に広く分布するが、宇佐宮・弥勒寺領が所在地の豊前を中心に東九州に濃密なのに対して、安楽寺領は筑前・筑後・肥前に過半が存在している。このように宇佐宮・安楽寺領が九州中にみられるのは、九州全体を統轄する大宰府や府官の援助を得て所領を形成していったことによる。

しかし、十二世紀にはいると、これら地方権門の荘園形成は急激に失速し、反対に転倒されるものもでてくる。このころから中央の院政《いんせい》政権が従来の荘園整理

**太宰府天満宮本殿**　本殿床下には菅原道真の墓があると伝える。現在の本殿は，天正19(1591)年に筑前国主小早川隆景が建立。

政策を一八〇度転回させ、みずからが巨大な荘園領主となる道を強力に推し進めたからである。大宰府勢力は政権中枢と結びついて広大な領域を有する王家領荘園を立荘する側にまわり、地方権門をむしろ抑圧する立場をとるようになった。

　こうした環境の悪化に対して九州の地方権門は、いっせいに中央権門の庇護《ひご》にはいることでその立場を確保しようと試みた。保安元（一一二〇）年には、筑前国の観世音寺《かんぜおんじ》が東大寺の末寺《まつじ》化し、宗像社《むなかたしゃ》が堀河皇后令子《よしこ》を本家《ほんけ》にあおぐようになった。宇佐弥勒寺が石清水《いわしみず》八幡宮の末寺となり、宇佐宮が摂関家を本家にいただいたのも、ほぼ同様の時期という。全国的に荘園公領体制が成立する鳥羽《とば》院政期、地方権門は中央権門を頂点とする荘園制的な重層的体系のなかに参入し、その所領となることで生き残りをはかったのである。

　院政期の九州西北部には、広大な領域をもつ王家領荘園があいついで誕生した。その一つ筑前国怡土《いと》荘は、博多湾西方の怡土・志摩《しま》両郡の過半を占める巨大荘園である。鳥羽院の院庁《いんのちょう》別当《べっとう》で待賢門院《たいけんもんいん》（鳥羽院中宮藤原璋子《しょうし》）の近親者であった大宰大弐《だいに》藤原経忠《つねただ》や筑前守藤原公章《きみあき》らの働きによって、女院《にょいん》の建立した法金剛院《ほうこんごういん》の所領として立荘された。怡土荘の成立は、九州の王家領荘園の典型的な姿を示している。つまり、このように巨大な王家領荘園は、王家の人びとの生活に供する目的で、政権中枢部の強大な政治力を背景に現地の行政組織の全面的協力を得て成立したのである。

　一方、立荘の産婆役《さんばやく》をつとめた地方官たちは、権門の庇護のもとで、任期終了後もその荘園の「預所《あずかりどころ》」として莫大《ばくだい》な収益を確保することができた。総田数一四〇〇町を超える怡土荘は、荘域内に安楽寺領・観世音寺領・宇美《うみ》宮領など、既存の地元寺社領を包摂したままなかば強引に立荘された。先行の荘園はいず

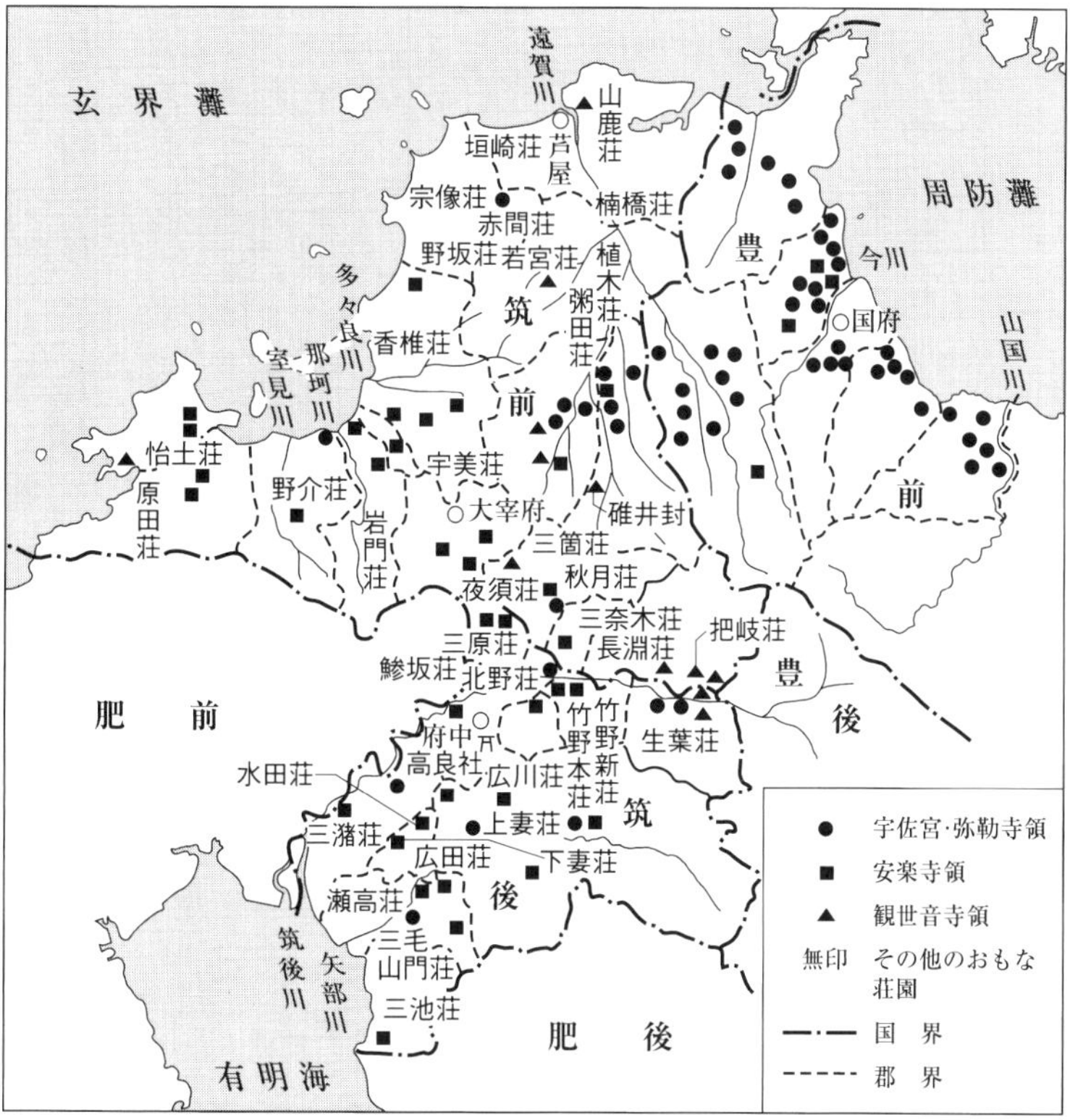


福岡県下のおもな荘園分布

れも三〇町に満たないものばかりである。九州西北部における荘園比率の異常な高さは、一般荘園の数十倍の規模をもつ広大な王家領荘園の存在によるところが大きい。

唐物《からもの》（舶来輸入品）に鎮西米《ちんぜいまい》（九州産の米）。中世九州のうみだす富は莫大であった。平安時代の大宰府長官のすさまじい蓄財《ちくざい》ぶりを伝える逸話は少なくない。もとより、利にさとい平氏が金卵をうむ鶏を見逃すはずがなかった。平清盛の弟頼盛《よりもり》は、大宰大弐として現地赴任したとき、強引に香椎宮《かしいぐう》を後白河院の御《ご》願寺《がんじ》・蓮華王院《れんげおういん》に寄進し、自分の管理する所領に加えた。このほか筑前国の宗像社・三箇《さんが》荘、筑後国の三《み》原《はら》荘なども、王家を本家にあおぐ頼盛の所領である。つまり、平氏も大宰府機構の掌握をはかり、その権限を利用して王家領荘園形成の一翼をになうとともに、自身もその荘園の支配者としてのぞんだのである。筑後国の巨大荘園、三潴《みずま》荘・竹野新荘・瀬高《せたか》荘・上妻《こうずま》荘も平家領荘園と推定されている。平家滅亡後も頼盛の所領は源頼朝との特別な縁によって没収をまぬがれたが、膨大な平家の没官《もっかん》領は鎌倉殿頼朝の手中に帰して関東御領《ごりょう》に加えられ、幕府の九州支配の重要な拠点となった。

**平家方武士団の没落と鎌倉御家人●**

源氏軍に追われ都をおちた平家が、安徳《あんとく》天皇を奉じて九州大宰府をめざしたのは、筑前の原田《はらだ》・山鹿《やまが》・粥《かい》田《た》、筑後の三毛《みけ》、豊前の板井《いたい》など、大規模な武士団を形成する有力府官《ふかん》層を家人化し、ここに代々つちかってきた強力な基盤があったからにほかならない。原田・三毛・板井氏は大蔵一族、山鹿・粥田氏は刀伊《とい》入寇《にゅうこう》のころの最有力府官藤原蔵規《まさのり》の子孫で、肥後の菊池氏と同族である。なかでも平家の強引な引きで権少弐《ごんのしょうに》にまで昇進した原田種直《たねなお》は、「九州軍士二千騎」を率いて反乱鎮圧にあたり、名字の地である原田荘（糸島市）や那珂東郷岩門《なかとうごういわと》（筑紫郡那珂川町）を中心に広大な地域を領有していた。これらの武士団の

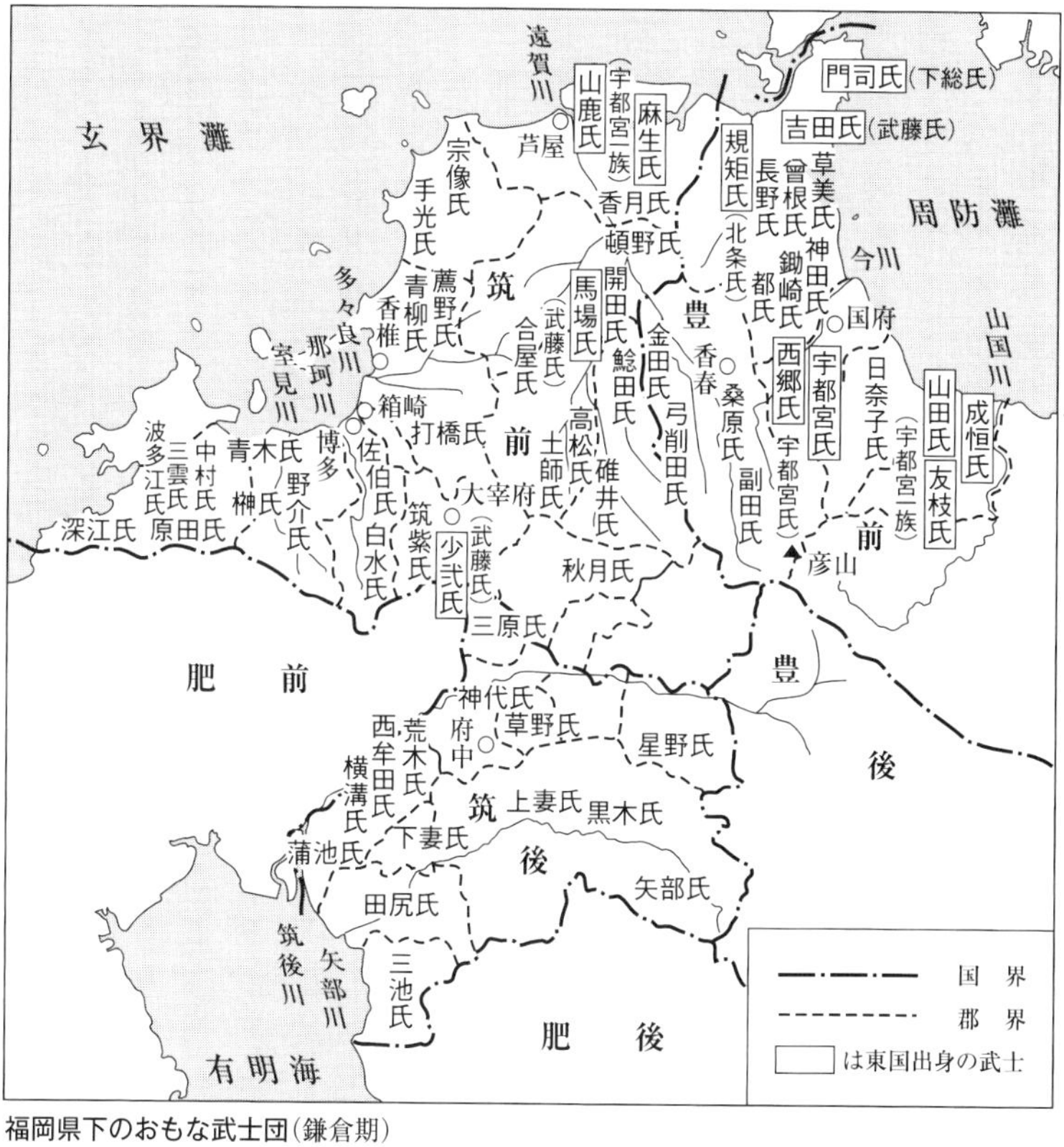

福岡県下のおもな武士団(鎌倉期)

棟梁《とうりょう》を中心にほとんどの九州武士は平家方としてたたかい、敗北を喫した。

しかしながら、鎌倉幕府は九州の安定を重視し、原田・板井ら有力武士については、「平家与同張本《へいけよどうちょうほん》の輩《ともがら》」として所領没収というきびしい姿勢でのぞんだのに対して、それ以外の一般武士には、平氏に味方したことを問わず、むしろ本領を安堵《あんど》して彼らを積極的に鎌倉御家人に取りたてることで幕府の基盤を早急にととのえようとした。九州武士が御家人となるには、現地で希望者のリストを作成して鎌倉に送り、頼朝の許可をあおぐという簡略な手続きが採用されたので、他の地域と違って名主《みょうしゅ》クラスでありながら御家人化したものが少なくない。

文治元（一一八五）年十二月、源頼朝は、全国の荘園や公領に地頭をおくことを朝廷から認可された。ところが、平家支配が深く浸透していた九州では、「張本の輩」の所領が没収された一方で、その下にあった一般武士は本領を安堵され御家人となったために、九州武士の小規模な地頭職《しき》のうえに、広大な没収地を恩給された東国御家人の地頭職が存在する、という特殊な二重構造の地頭制が成立したのである。小規模な国御家人を小地頭《こじとう》というのに対し、東国御家人を惣《そう》地頭とよぶ。地域の歴史に大きな足跡を刻んだ、おもな東国御家人を紹介しよう。

一説に三七〇〇町ともいう広大な原田種直旧領は武藤資頼に給与され、筑前における武藤（少弐）氏繁栄の基盤となった。他方、筑後国の旧平家領巨大荘園の惣地頭には、天野遠景・和田義盛《よしもり》らの頼朝重臣が補任されたが、これらは一時的である。武藤資頼の庶子為頼《ためより》は、宇佐宮領の嘉麻《かま》郡立岩別府《たていわべふ》（飯塚市立岩）に進出するとともに、宗像大宮司《むなかただいぐうじ》氏忠《うじただ》の妻張氏《ちょうし》（博多綱首《ごうしゅ》の娘）から養子として宗像社領内の名主職（小地頭職）を譲与されるなど、土豪化の道をあゆんでいった。このようにはやくから九州に根をおろした武藤一族は、守護職を有する惣領《そうりょう》家を中心に、筑前国をはじめ北部九州各地に根を広げていく。

豊前国の雄族板井種遠《たねとお》の旧領は、下野《しもつけ》国の有力御家人宇都宮信房《うつのみやのぶふさ》にあたえられる。宇都宮氏は一族庶子《しょし》を下向させ、豊前国全域に勢力を張った。宇都宮一族には、野仲《のなか》・山田・成恒《なりつね》・深水《ふかみず》・大和《やまと》・西郷・如法寺《ねほうじ》（以上豊前国）、山鹿・麻生《あそう》（以上筑前国）などの諸氏がある。これら庶家が新しい住所を名字《みょうじ》としたのに対して、蒙古《もうこ》襲来を契機にくだってきた惣領家は、坂東武者《ばんどうむしゃ》のほこりをすてず、本姓を名乗り続けた。

筑前国の麻生氏は、北条得宗《とくそう》領の山鹿荘内麻生荘の地頭代官職を獲得したのをきっかけに、遠賀《おんが》川河口域に勢力を拡大し、室町期には幕府奉公衆《ほうこうしゅう》にまで成長した。海上交通の要衝門司《もじ》関も平家没官領として鎌倉幕府に没収され、のちに得宗《とくそう》領となり、麻生氏と同じ得宗被官の下総《しもふさ》氏が現地の支配にあたった。下総氏は南北朝ころに土着化し、門司氏を名乗る。

一方、もとから九州に住む国御家人は、源平合戦で大豪族が没落した結果、荘官・名主クラスの小地頭が主流であったが、なかには古代以来の権威をほこる宗像大宮司宗像氏・住吉社神主佐伯《さえき》氏や筑後国衙《こくが》の有力官人草野《くさの》氏などのように、郡司クラスのものもいた。鎮西探題打倒に活躍した筑後国御家人三原種昭《たねあき》は「原田大夫《たいふ》種直《たねなお》五代孫子」と高らかに自称したが、筑前の秋月・深江、筑後の三原・田尻をはじめ、府官大蔵氏を称する国御家人も少なくない。豊前の長野氏は、平安時代末に本家から宇佐宮領長野荘（北九州市小倉南区）の地頭に補任された開発領主中原氏の子孫で、中世規矩《きく》郡を代表する豪族として勢力があった。以上の比較的規模の大きな領主に対して、筑前の榊《さかき》氏や中村氏のように、村や名《みょう》に基盤をおく国御家人（小地頭）たちは、守護などの軍勢催促《ぐんぜいさいそく》に応じる一方で、村の指導者層としても活躍した。

このように一口に国御家人といっても、それぞれ社会的立場は一様ではない。さらに、異国警護番役《いこくけいごばんやく》な人それぞれ、住宅事情に違いがあるのは、今も昔もかわらない。鎌倉末期に成立した『一遍上《いっぺんしょう》人絵伝《にんえでん》』には、筑前国の上級武士の屋敷が描かれている（口絵写真参照）。遠賀《おんが》川河口域の実力者麻生《あそう》氏に比定する意見がある。屋敷の周囲は堀と板塀《いたべい》で囲まれ、櫓門《やぐらもん》のうえには弓矢や楯《たて》がおかれ、屈強な男たちが門番をつとめる。簀子縁《すのこえん》をもつ板敷《いたじき》の母屋《おもや》では、酒宴がもよおされている。奥の一部に畳をしき、主客は円座《わろうざ》にすわる。鼓《つづみ》をもつ女性は遊女であろう。右奥のほうに、鷹狩《たかがり》の鷹と盆栽がみえる。縁のうえに二匹の犬がいる離れ家の後ろには、板敷《いたじき》の厩《うまや》がある。離れ家・厩とも板葺《いたぶき》屋根。厩の猿は馬の守護神である。地頭クラスの有力武士の屋敷は、庶民にくらべて著しく広くて立派である。

九州横断自動車道建設のさい、朝倉市入地《いりじ》で鎌倉時代の集落遺跡（才田《さいた》遺跡）が発見された（福岡県教育委員会「才田遺跡現地説明会資料」）。二〇棟ほどの掘立柱《ほったてばしら》建物跡のなかには、四間×五間（二〇坪程度）という大きなものや庇《ひさし》・縁《えん》のある二間×五間のものが存在し、荘官《しょうかん》・有力百姓クラスの居宅跡と推測される。『一遍上人絵伝』に描かれる丹波《たんば》国の有力百姓の家は、角屋《かどや》部分は草葺《くさぶき》、高床《たかゆか》・板葺屋根で前面に庇のある母屋《おもや》は土間《どま》をもち、奥は簾《すだれ》で仕切られる。才田遺跡では、多くの中国製陶磁器が発掘されたが、このクラスで豊富に輸入陶磁器を所持するのは北九州地域ならではといえよう。

みやま市瀬高《せだか》町の金栗《かなぐり》遺跡では、小百姓のものと思われる平安末期ごろの竪穴住居がみつかった。

❖コラム

しかし、竪穴住居は平安後期に姿を消し、中世になると、掘立柱式の土座敷の住居が主流を占めるようになる。発掘事例からみて、鎌倉期ころの小百姓たちの家には、二〜四坪程度の一室住居が多いようであるから、夫婦・親子の小家族の暮らしが主流であろう。土のうえの生活は、なかなか難儀である。戦国日本を訪れたルイス＝フロイスは、百姓の家で土間に藁《わら》をしいて寝たことを記している。土座敷の家屋では、土間に籾殻《もみがら》や藁をしいたうえに莚《むしろ》をかけて居間とするなどの工夫がされたことであろう。

有力百姓の家(『一遍上人絵伝』)

どの幕府公役《くやく》をつとめることで、あとから御家人身分を獲得したものもおり、非御家人との境は思うほど明確ではなかった。

### 水上と市のにぎわい●

中世社会を形成する荘園・公領の暮らしとは、どんなものであったのか、筑前国粥田《かいた》荘をとりあげ、少しのぞいてみることにしよう。粥田荘は、飛び地的にではあるが、宮若《みやわか》市本城《ほんじょう》を中心に北九州市南部から直方《のおがた》市・鞍手郡小竹町・鞍手町、飯塚《いいづか》市にまでおよぶ大荘園である。内陸部に位置しているが、荘域内で遠賀《おんが》川・犬鳴《いぬなき》川・彦山《ひこさん》川が合流し、水運にめぐまれる。もとは平家没官《もっかん》領で、源頼朝・実朝《さねとも》の菩提《ぼだい》をとむらうために北条政子《ほうじょうまさこ》が高野山《こうやさん》の金剛三昧院《こんごうざんまいいん》に寄進した。これが領家《りょうけ》、王家の寺（成勝寺《じょうしょうじ》）を本家《ほんけ》にあおぐ。

　領主におさめる年貢はおもに米、そのほかに公事《くじ》として、大豆《だいず》・小豆《あずき》・納豆《なっとう》・糒《ほしいい》（米を干したもの）・薯蕷《やまいも》（山芋）・干薑《ほしはじかみ》（干し生姜《しょうが》）・布・莚《むしろ》・薦《こも》・畳糸《たたみいと》などを負担した。これらの貢納物は川船でくだり、遠賀川河口の芦屋津《あしやつ》（遠賀郡芦屋町）で海船に積みかえてから、門司関を経由して瀬戸内海航路で運ばれる。輸送業務は専門の海運業者（梶取《かんどり》）に委託する。領主は朝廷・幕府から過書《かしょ》（自由通行許可証）をとって輸送の円滑をはかったが、運送にかかる経費は、年貢の三分の一を超過する、なかなかの負担であった。また、この荘の百姓のなかには、鍛冶《かじ》・土器作り・皮染・紺掻《こんがい》（藍《あい》染業）・檜物《ひもの》師などの職人もいて、荘園の管理にあたる荘官とならんで給田《きゅうでん》をあたえられていた。荘政所《しょうまんどころ》（荘園の現地管理事務所）に製品をおさめる見返りであり、残りは堺郷《さかいごう》（直方市上境・下境）にある市場で売りさばいた。

　両筑・豊前では、粥田荘のように、当時の九州の特産品ともいえる米（鎮西米）を年貢にする荘園・公領がほとんどである。平安時代の末には、九州から瀬戸内・太平洋を越え、東北地方に至る海上の道がすでに開かれており、米を中心に膨大な貢納物が、廻船によって、本家・領家や惣地頭のいる京都・鎌倉まで運ばれていった。さらに、この往反する廻船には、諸国からの貢納物だけでなく、さまざまな商品や人びとが積みこまれていた。保延二（一一三六）年の明法博士《みょうほうはかせ》の勘文《かんもん》によれば、近江《おうみ》国大津（滋賀県大津市）の日吉《ひえ》社神人《じにん》若江兼次《わかえかねつぐ》が、借上《かしあげ》のためにはるばる訪れた芦屋津で兵藤滝口《ひょうどうたきぐち》と名乗る武士に資財を抑留されたという。借上や鋳物師《いもじ》のような商工業者をはじめ、荘園領主の使い、人形遣いの芸能民や巡礼、遠方からの旅人らをのせた廻船は、にぎやかな喧騒《けんそう》であふれていたのである。全国的に、あるいは特定の地域を渡り歩く商人・職人は、寺社や王家に属し神人・供御人《くごにん》の資格をもち、その庇護のもとで各地を自由に通行する特権を保証されていた。筥崎《はこざき》宮を本所とする国安油座《くにやすあぶらざ》の商人も、少弐氏の保証を得て、九州各地を巡回して油を売り歩いた。

旅する商人・芸能民らがめざす場所は市場である。大宰府に近い二日市《ふつかいち》（筑紫野《ちくしの》市）の地名は、二の日に開かれる定期市にちな

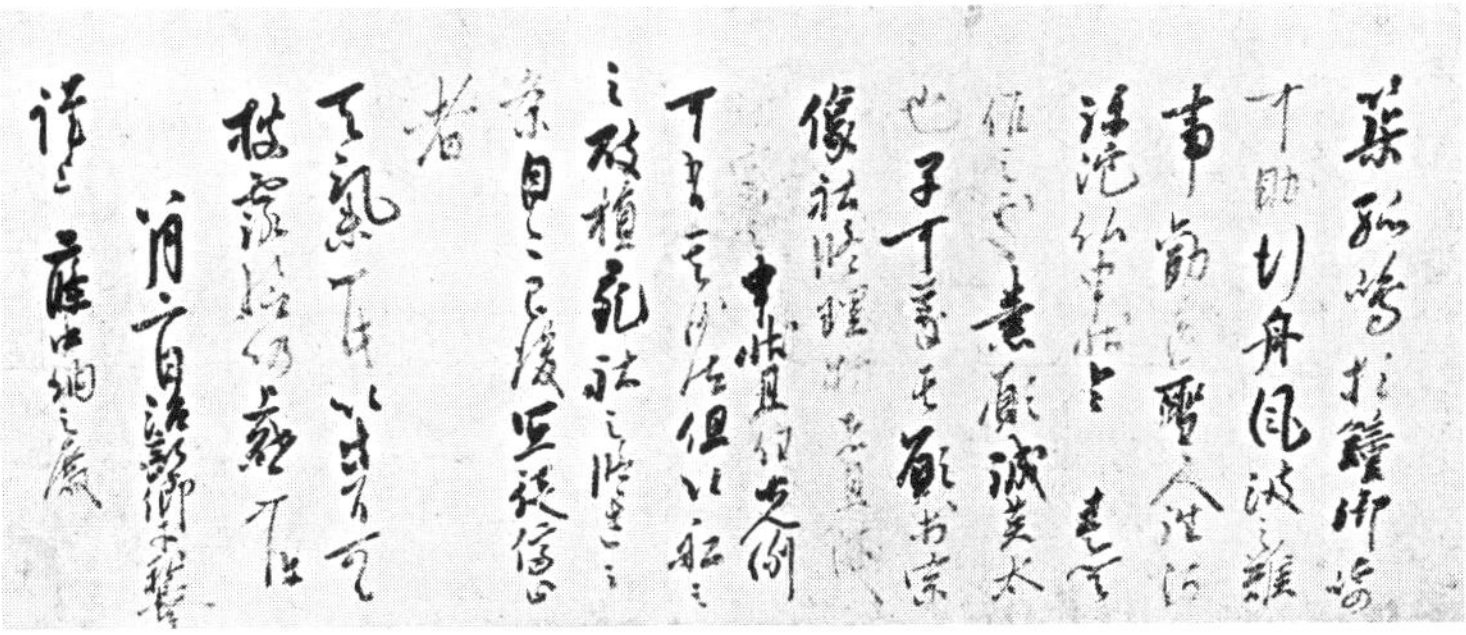

**後堀河天皇綸旨**　航路・港湾の整備もなされた。勧進聖往阿弥陀仏は，行き交う船の安全をはかって，海の難所鐘ノ岬(宗像市)に孤島をきずいた。

むものであろう。月三回の開市の日には、遠来・近郊の商工業者の出店がならび、買物客や見物人の活気にあふれた。そして、今度の市がおわると、遍歴する業者たちは、付近のつぎの定期市へと場所をかえ、にぎわいもそれと一緒に移動していった。

筑前国野介《のけ》荘（福岡市城南区・早良区）では、不足する年貢米の一部を、廻船で巡回して、荘内で産出する塩を米と交易して用意するのが「御荘《みしょう》の習《ならい》」だったという。大半の九州の荘園は米を年貢としたが、海浜・山間など立地によっては、規定の年貢米を生産しない荘園も存在する。中世の市場は、民衆が生活用品をととのえるだけでなく、荘園・公領の貢納物を調達する意味でも、社会にとって欠かせない存在だったのである。

日本列島をめぐる海上の道は、九州からさらに東アジアへとつながっていた。唐物《からもの》を満載した貿易船が九州に着岸すると、博多津や芦屋津で国内航路の廻船に積みかえられ、日本各地に輸送される。流通経済の血液として中世の市場の活況をささえた貨幣は、この貿易船によりもたらされた

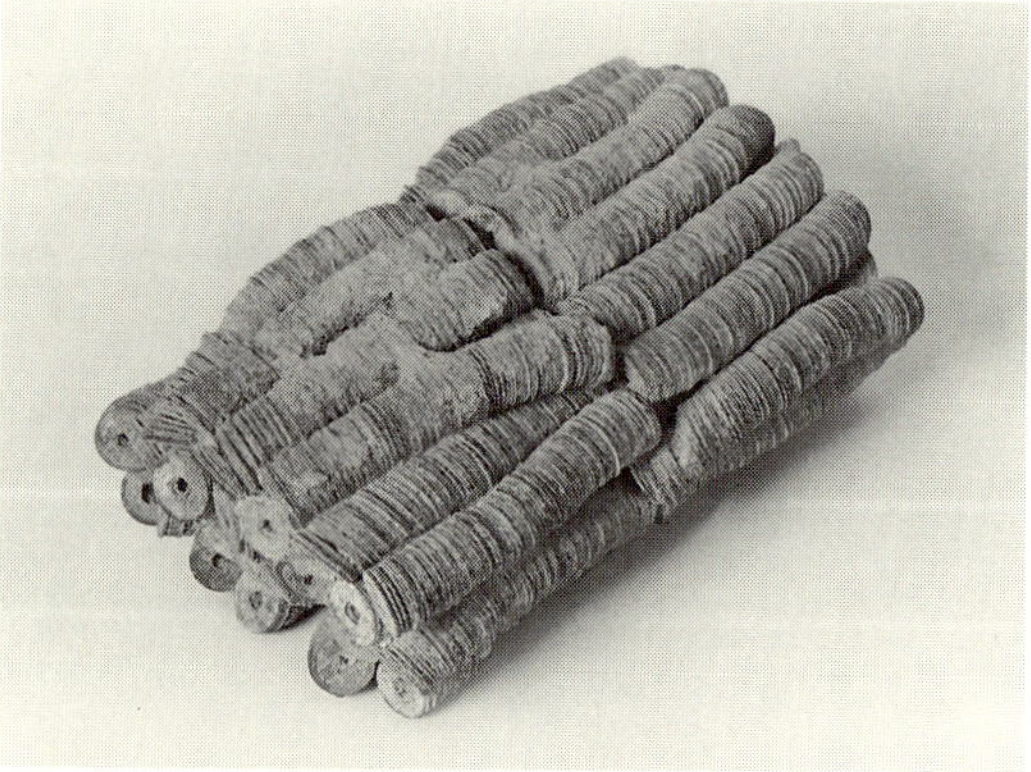

**塊になった銭**（広島県福山市草戸千軒町遺跡出土）　銭は穴に紐をとおして一塊で使用され，96枚の束が100文として流通した。

中国製の銅銭である。韓国の新安《シナン》沖の海底から引き揚げられた博多行きの一隻の沈没船には、陶磁器や材木などとともに、約八〇〇万枚の莫大な量の中国銭が積まれていた。

中国銭の本格的な輸入は十二世紀後半にはじまり、「銭《ぜに》の病《やまい》」とよばれる混乱の時期を経て、十三世紀の前半期ころには、日本国内における銭の流通が定着し、さらにその後半期になると、荘園年貢の代銭納も広くみられるようになった。また、数十貫文（一貫＝銭一〇〇〇枚）におよぶ高額の土地取引にも、日本ではもっぱら銭が用いられた。聖福寺《しょうふくじ》に大規模な国際商取引の決済用といわれる元《げん》代の銀塊《ぎんかい》が伝来し、早良郡比伊《ひい》郷（福岡市城南区）の田地売買に南宋の銀塊が支払われている。このような中国銀貨の使用は、国際貿易の最前線、博多一帯ならではの珍しい事例である。

## 国際貿易都市博多●

十一世紀の終わりごろから、博多にはのちに「大唐街《だいとうがい》」とよばれる中国人街が形成されたのをはじめ、博多の東、箱崎（福岡市東区）にも大きな中国人の集住地が存在していた。博多・箱崎や怡土《いと》荘の貿易港の今津《いまつ》（福岡市西区）では、南宋の龍泉窯《りゅうせんよう》で焼かれた碗《わん》など大量の輸入陶磁器が発掘され、活発な対外貿易の実態がうかがわれる。

鎌倉時代の日本―南宋貿易をおもにになったのは、来航した宋商や中国人街に居住した貿易商（博多綱《ごう》首《しゅ》・博多船頭《せんどう》）たちであった。博多綱首の張興《ちょうこう》・張英《ちょうえい》らは、筥崎《はこざき》宮から博多の堅粕《かたかす》西崎を給与されており、その所役《ところやく》として筥崎宮大神殿の四面玉垣《しめんたまがき》を修築することになっていた。張興は筥崎宮の通事《つうじ》（通訳）をつとめ、張英は鳥飼《とりかい》二郎船頭という日本名をもっていた。また、建保六（一二一八）年には、筥崎宮留守行《るすぎょう》遍《へん》らが、比叡山延暦寺末寺の大宰府有智山《うちやま》寺（大山寺）の寄人《よりうど》で神人《じにん》通事船頭である張光安を殺害し、本寺の延暦寺と筥崎宮の本所《ほんじょ》石清水《いわしみず》八幡宮をまきこんだ大事件となっている。博多綱首らが地域に深く根ざし、当時の日本人商人らと同じく、神人や寄人の地位を得て、有力寺社の庇護のもとでその生業をいとなんだことがわかる。対外関係をかてに都市化をとげた国際貿易都市博多の発展には、これら中国人貿易商たちの活動や信仰が色濃く反映されている。

　鎌倉時代の博多発展の起点となったのは、聖福寺《しょうふくじ》の創建である。建久六（一一九五）年もしくは元久元（一二〇四）年、博多宋人《そうじん》百堂《ひゃくどう》の地に日本臨済禅《りんざいぜん》の開祖明庵栄西《みょうあんえいさい》が源頼朝の外護《げご》を得て建立したと伝えられる。頼朝開基説には疑義があるが、第二次大戦後に聖福寺境内から出土した越州窯《えっしゅうよう》水注《すいちゅう》は宋人百堂時代のものと推定される。現在では、二度の入宋《にっそう》経験をもつ開山栄西が博多在住の宋商と密接な関係を有したことなどから、博多綱首こそが聖福寺建立の実際の担い手だった、というのが定説になりつつある。聖福寺は博多浜のなかばを超える広大な寺域を有し、往時には数多くの建造物が威をほこっていた。

**聖福寺**（福岡市博多区）

さらに、聖福寺創建から半世紀ほど後れて、仁治三（一二四二）年隣地に承天寺《じょうてんじ》が建立された。承天寺は円爾《えんに》（聖一国師《しょういちこくし》）を開山《かいざん》に、謝国明《しゃこくめい》ら博多綱首の出資でたてられた、いわば博多綱首の寺である。謝国明は博多の櫛田《くしだ》神社のそばに居住し、日本人女性を妻としていた。宝治二（一二四八）年承天寺が炎上したさいに、謝国明の援助によって一日のうちに殿堂一八宇がたてられたという逸話が伝わる。もとより、誇張された話であるが、貿易でうるおった博多綱首のけたはずれの財力がうかがわれよう。

円爾は渡宋して径山《きんざん》万寿禅寺《まんじゅぜんじ》（南宋五山の第一位）の無準師範《ぶしゅんしばん》に学び、のちに京都東福寺《とうふくじ》の開山となった。無準師範から径山炎上の知らせを得た円爾のすすめに応じて、謝国明は復興のために板一〇〇〇枚を寄進している。このときの径山側からの感謝状（「板渡《いたわた》し墨蹟《ぼくせき》」）によれば、博多綱首らは、難破の危険の多い荒海をものともせず、共同で大船の船団をくんで貿易を行ったことがわかる。綱首みずからが渡宋することもあったようで、謝国明は無準師範と面識をもち、形見に宋の画家包貴《ほうき》・包鼎《ほうてい》父子の描いた虎の図二本を贈られている。博多綱首らは、故国とのつながりを維持し、故国の宗教・臨済禅に帰依《きえ》していたらしい。

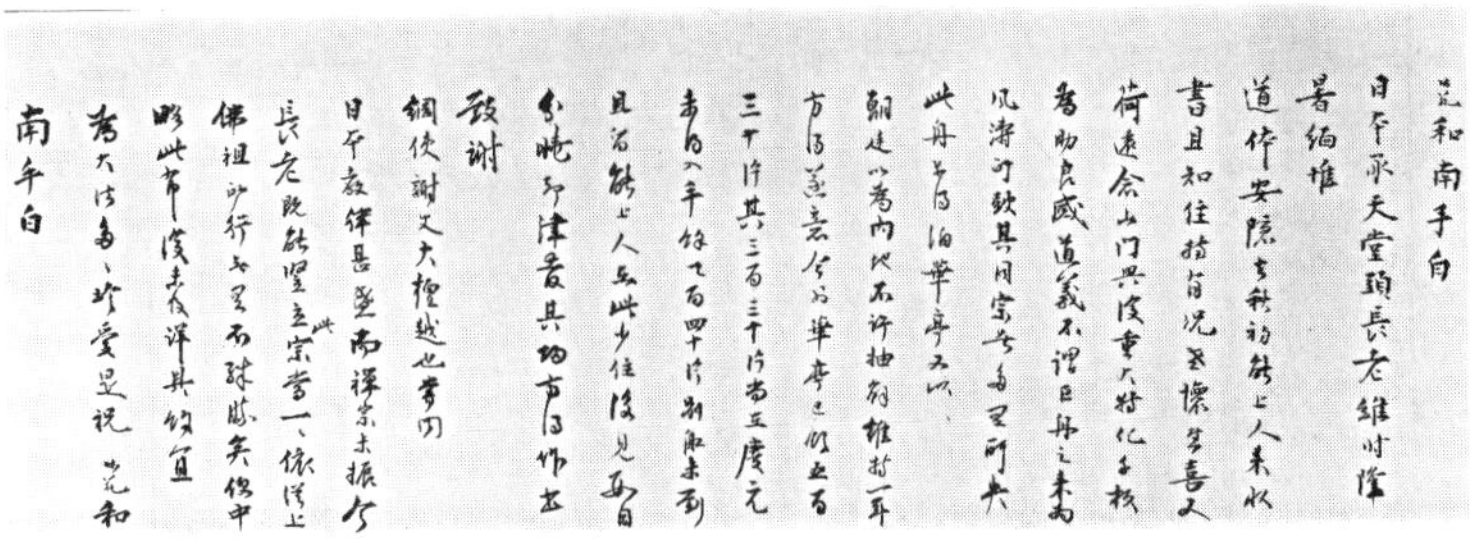

**板渡し墨蹟**　径山の長老無準師範が円爾にあてた感謝状。その経緯から「板渡し墨蹟」として有名。無準師範の謹直な字体から人柄がうかがえる。

対外交渉の窓口であった博多には、日中の架《か》け橋となった博多綱首の太い貿易上のパイプをつうじて、当時の中国文化の中核をなした宋朝禅が、いわば直輸入の形で移入された。栄西自筆の国宝「盂蘭盆一品《うらぼんいっぽん》経《きょう》縁起《えんぎ》」を寺蔵する今津の誓願寺《せいがんじ》は、中原太子《おおいこ》という地元の女性の願いによって建立され、栄西が長らく宗教活動を行った寺として知られる。同寺所蔵の呉越王銭弘俶《ごえつおうせんこうしゅく》の八万四千塔基など、いかにも貿易港今津の寺にふさわしい伝来品である。栄西は香椎《かしい》宮のそばに日本最初の禅寺といわれる建久報恩寺《けんきゅうほうおんじ》をたて、箱崎《はこざき》に興徳寺《こうとくじ》を建立した。円爾が関係した禅寺には大宰府崇福寺《そうふくじ》・肥前万寿寺《まんじゅじ》がある。鎌倉建長寺《けんちょうじ》開山で著名な宋僧蘭渓道隆《らんけいどうりゅう》は今津の勝福寺《しょうふくじ》を開き、博多の天台宗寺院、円覚寺《えんがくじ》が彼の滞在を契機に禅寺に改められた。さらに、多々良《たたら》の顕孝寺《けんこうじ》も、豊後守護・鎮西探題引付頭人《たんだいひきつけとうにん》の大友貞宗《さだむね》や博多綱首張商英《ちょうしょうえい》の援助で建立されたという。

このように博多湾岸部には、古代からある住吉《すみよし》・筥崎・櫛田の各神社や旧仏教の諸寺院に加えて、あらたに聖福寺・承天寺をはじめ巨大な宋風の禅寺があいついで建立され、鎌倉時代の都市博多は、あたかも中国の港町を思わせる景観を呈するようになった。臨済禅という共通の基盤をもつことは、宋と博多の相互理解・国際貿易にとって有利な条件となったにちがいない。無準師範は「板渡し墨蹟」において、円爾が承天寺を開いた当時の日本宗教界の状況を「日本は教律甚《はなは》だ盛にして、南禅の宗未《いま》だ振わず」といい、円爾が博多の地に禅宗流布の孤塁《こるい》をきずいたことを高く賞賛した。中世の武士文化の基調をなし、今日の伝統的日本文化の源流にある禅の文化は、まず博多を起点として、京都・鎌倉、その他の地方に伝播《でんぱ》していったのである。

## 2　元寇と徳政の時代

### モンゴルの襲来●

玄界灘沿岸では、むずがる子どもをやめさせるのに、「ムクリコクリの鬼がくる」といってこわがらせる風習があったという。十三世紀初頭、モンゴル高原に発生し、ユーラシア大陸を縦横に席捲《せっけん》したモンゴル（蒙古《もうこ》）の嵐は、いくつもの国家を滅ぼし、多くの地域に惨害《さんがい》をあたえた。「ムクリコクリ」とひとくくりにいわれるコクリ（高麗《こうらい》）が、ムクリ（蒙古）に協力して日本を攻めてきたのも、実はモンゴルの侵略に対して三〇年におよぶ抵抗を続け、辛酸《しんさん》をなめつくした末のことであった。高麗とくらべれば、二度の元《げん》寇《こう》で日本がこうむった実害は、まことに軽微なものにすぎないのであるが、それまで本格的な外敵の侵略を経験しない島国日本にとって、元寇の衝撃は大きく、強烈な対外畏怖《いふ》の感情を植えつけると同時に、後期鎌倉時代史の決定因として作用したことは否めない。

史上最大の大陸国家モンゴル帝国もフビライが五代目の帝位につくころには、帝国内部の分立が決定的となり、皇帝フビライの実質的な支配地は東アジア方面にかぎられるようになっていた。フビライは中国大陸を中心にして帝国を再構築する方向を打ちだし、一二七一年には、国号も中国風に大元と改めた。肥《ひ》沃《よく》な中国大陸南部を支配する南宋の征服を最大目標に定めつつ、元軍は東アジア各地で同時に侵略戦争を遂行した。日本の元寇もフビライの世界戦略の一環で考えねばならない。

日本問題がフビライの戦略に組みこまれたのは、一二六六年のことである。二度の失敗を経て、文永五

（一二六八）年正月、三度目の遣使によってモンゴルの国書がはじめて日本政府にもたらされた。まず対馬で少弐氏の守護代宗氏がうけとった国書は、大宰府の武藤資能《すけよし》を経由して鎌倉幕府にとどけられ、ついで幕府から朝廷に回送された。国書は和好を掲げてはいたが、日本側はこれを侵略の予告としてうけとった。

　幕府はさっそく、諸国の守護に警戒をよびかけ、朝廷も異国降伏の祈禱《きとう》を命じ、徳政《とくせい》を実施した。執権北条時宗《ときむね》を先頭に押し立てた幕府は、文永八年、九州に所領をもつ東国御家人に対し、下向して守護の指揮下で防御にあたるように命令した。中世九州に活躍した東国出身の武士（西遷御家人）には、蒙古襲来をきっかけに定着したものが多い。九州守護もいっせいに九州にくだり、少弐氏以外の九州三人衆の土着化は、このときからはじまった。さらに翌九年には、九州武士を動員して博多湾岸を警備させる異国警固番役《いこくけいごばんやく》を開始するとともに、守護に命じて軍役賦課の基礎資料となる「大田文《おおたぶみ》」を作成させた。

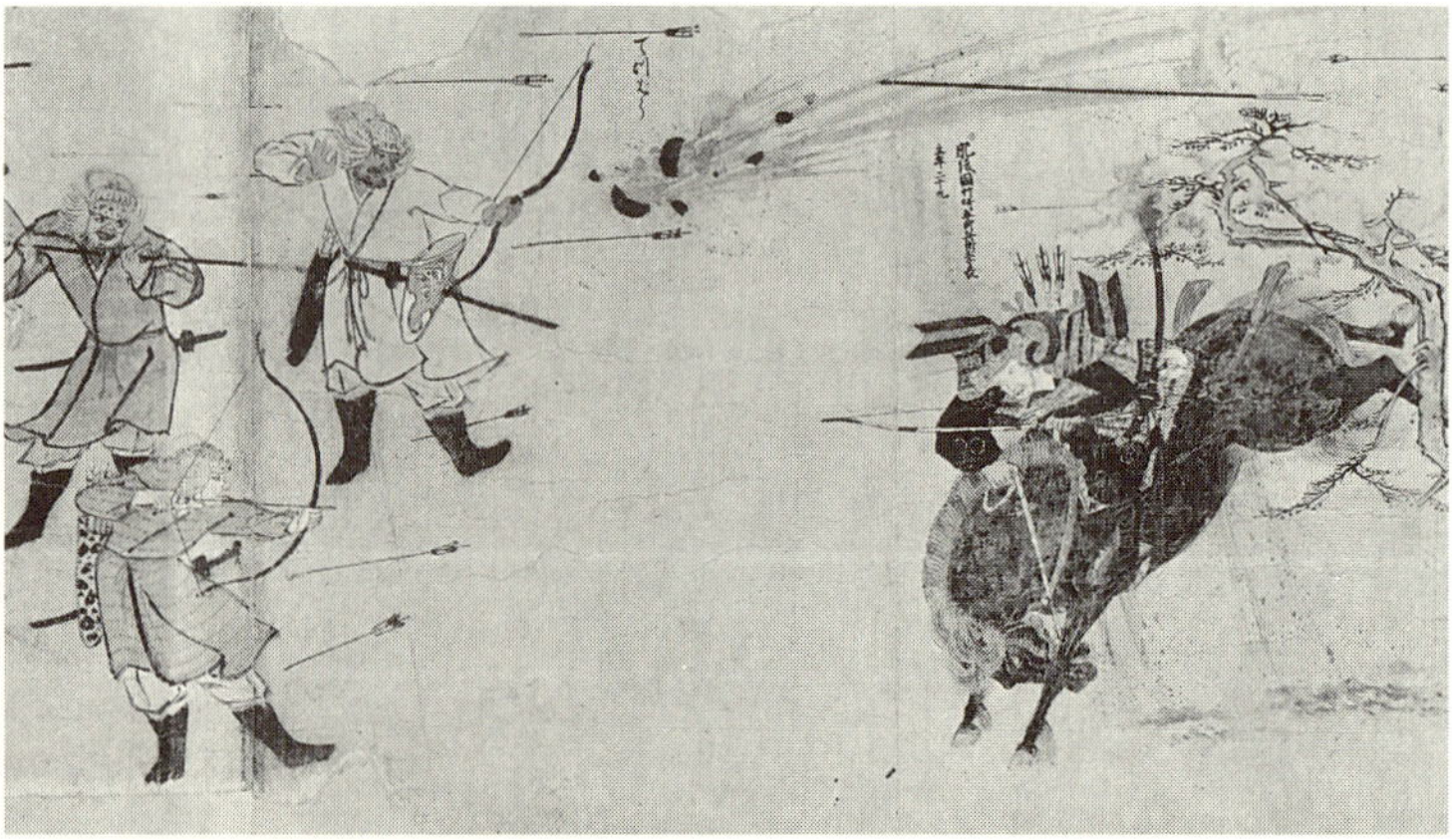

**日本軍の苦戦**（『蒙古襲来絵詞』）　文永の役，鳥飼潟の戦い。てつはう（鉄砲）は小銃の類ではなく，手投げの爆裂弾。飛び散る火薬まで描かれている。

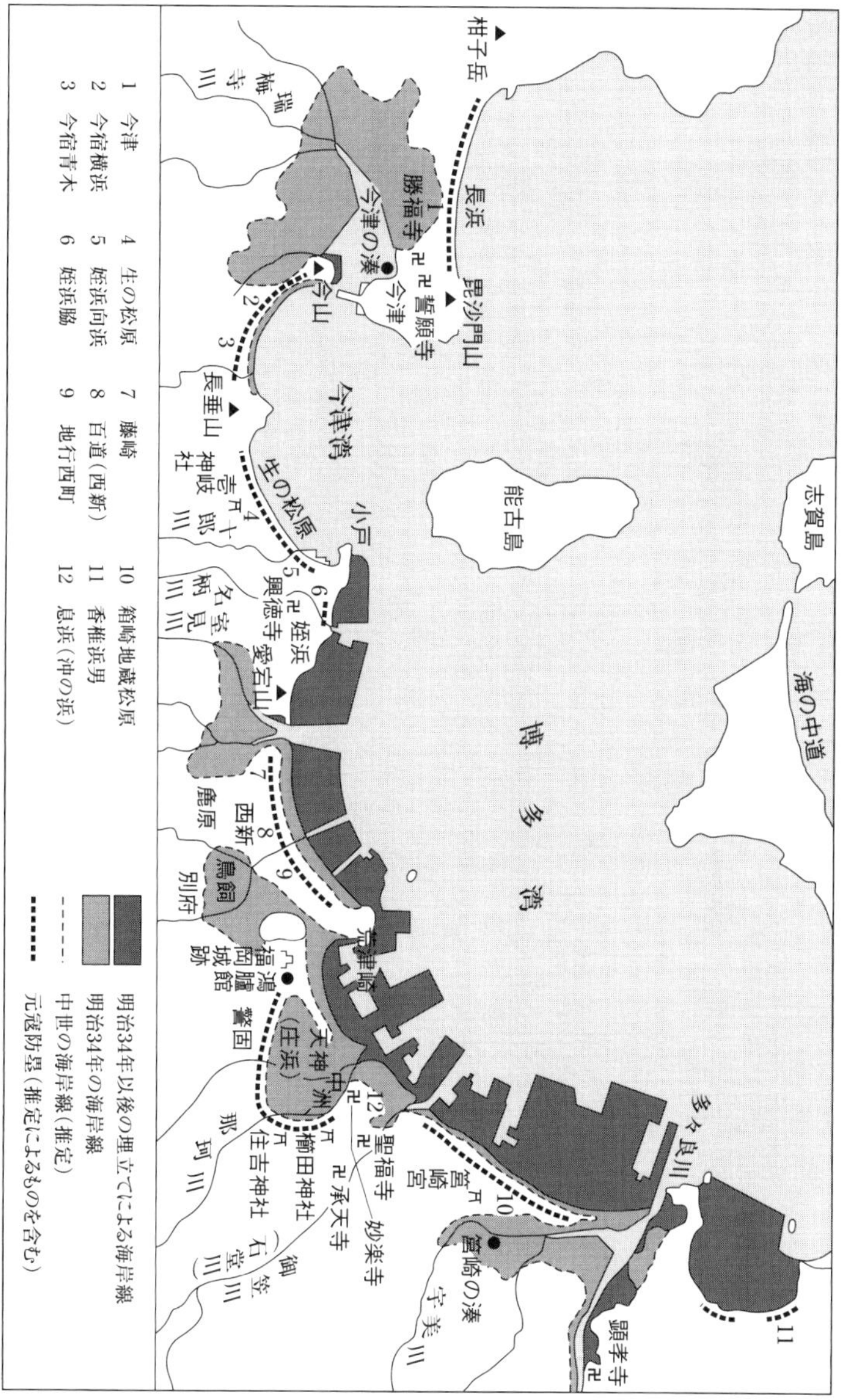


博多湾岸の禅寺・元寇防塁と推定海岸線（柳田純孝「元寇防塁と中世の海岸線」『東アジアの国際都市 博多』による。一部加筆。）

一二七四（文永十一）年四月、高麗において元の支配に最後まで抵抗した勢力（三別抄《さんべつしょう》）が壊滅され、元の日本征討を阻害《そがい》する要因が消滅した。元・高麗を中心とする総勢三万数千人が、対馬・壱岐《いき》を一蹴《いっしゅう》し、今津に姿をあらわしたのは、同じ年の十月十九日であった。翌朝未明、博多湾岸の各地から上陸を開始し、麁原《そはら》（早良区祖原）・鳥飼《とりかい》・赤坂・箱崎と激戦が繰り広げられた。毒矢や「てつはう（鉄砲）」などみなれない武器を有効に使い、鳴物《なりもの》を合図に統制のとれた行動をとる元軍に対して、名乗りをあげて一騎突入を繰りかえす日本軍は苦戦をしいられ、夕方には博多・箱崎をみはなし、水城《みずき》（太宰府市・大野城市）を防衛線と定めて大宰府にまで退却するというありさまであった。

ところが、強風のふきすさんだ一夜が明けると、不可思議にも湾を埋めつくした敵戦艦の姿はみえなかった。大軍を壊滅させるような烈風ではなく、自主撤退の真意は謎とせざるをえないが、当時の人びとは国難を救うために神のふかせた「神風」だといいそやした。

第一次日本征討の翌年、はやくも元の使者がふたたびやってきた。幕府は鎌倉の龍口《たつのくち》でこの使者の首をはねて、断固対決の姿勢を顕示するとともに、つぎつぎと元寇対策の手だてを講じていった。二月、異国警固番役の制度を整備し、十一月、西国沿岸諸国の守護の大幅な入れ替えを断行した。翌建治二（一二七六）年三月には、上陸阻止の目的で博多湾岸に石築地《いしついじ》（元寇防塁）の建設をはじめる。さらに、同じ三月を期して征討の基地高麗をたたくべく「異国征伐」まで立案していたが、防御施設の突貫工事を優先したためであろうか、このほうはいつしか立消えになった。

こうした日本側の動きを横目に、一二七九年、ついに元は南宋制圧に成功した。これ以降、日本征討は元にとって焦眉《しょうび》の課題となる。フビライが一二八一（弘安四）年に派遣した第二次征討軍は、元軍・高麗軍からなる東路《とうろ》軍四万と南宋の降兵を主力とする江南《こうなん》軍一〇万、あわせて一四万人を数え、第一次をはるかに凌駕《りょうが》している。

東路軍は五月三日高麗の合浦《がっぽ》を出発し、対馬・壱岐をおそい、六月六日に博多湾に姿をあらわす。海上や水際で一週間ほど戦闘が行われたが、石築地や日本軍の奮戦によって元軍は上陸をはばまれ、江南軍の到着を待つことにした。一方、慶元（浙江省寧波《ニンポー》市）の江南軍は出発に手まどり、当初の予定より半月遅れて七月初め、肥前平戸《ひらど》（長崎県平戸市）で東路軍にやっと合流した。七月末、四〇〇〇艘《そう》を超える大艦隊は、博多攻撃をうかがい伊万里《いまり》湾沖の鷹島《たかしま》に移動した。ところが、前夜から強くなった風が、翌閏七月一日にはすさまじい暴風となって、遠征軍におそいかかり、船団に壊滅的な打撃をあたえた。かろうじて生きのびた敵兵も勝ちにのる日本軍の容赦ない掃討戦《そうとうせん》に見舞われ、生還したものは、わずか三万三〇〇〇人にすぎなかったという。

### 鎮西探題の成立●

「再度の襲来は遠くない」という緊張が、指導層の脳裏から消え去ることはなかった。蒙古襲来（文永《ぶんえい》の役・弘安《こうあん》の役）ののち、日本全体がモンゴル対策を中心に推移したといっても過言ではないが、とりわけ最前線に位置した九州は、その問題が集約的にあらわれざるをえない状況におかれていた。

弘安七（一二八四）年四月四日、モンゴル対策の先頭にあった執権《しっけん》北条時宗《ときむね》が三四歳で没し、わずか一四歳の嫡男貞時《さだとき》が後継者となり、新執権貞時の外祖父安達泰盛《あだちやすもり》の主導のもとで、「弘安の徳政《とくせい》」とよばれる、幕府史上もっとも意欲的な政治改革が推進されていった。この一環で地方支配のてこ入れのために特使が各地に派遣されるが、とくに九州には、明石行宗《あかしゆきむね》ら三人の「徳政の御使《おつかい》」が下向し、博多において九州の三人の有力守護（少弐経資《つねすけ》・大友頼泰《よりやす》・安達盛宗《もりむね》）とペアを組んで、⑴主要な神社の神領《しんりょう》の回復、⑵名主職《みょうしゅしき》の保護と回復、の二つの任務にあたるように特命があたえられた。⑴は異国降伏の祈禱にはげんだ九州の寺社、⑵は戦闘・警備にしたがった九州の武士、それぞれに対する報償として実施されたものだが、なかでも神領の回復は、時効を適用せず、神社の売却地はすべて無償で返させるという破格の厚遇であった。

ところが、翌年の十一月、安達泰盛とその与党が貞時の命をうけた御内人《みうちびと》によって滅ぼされるという大激震が鎌倉を走る。世にいう霜月《しもつき》騒動である。この余波が各地に波及し、九州では、岩門《いわと》（筑紫郡那珂川町）で泰盛の子盛宗と少弐経資の弟景資《かげすけ》が兵をあげ、幕府軍に討たれた（岩門合戦）。後ろ楯と有力構成員をいっぺんに失って、画期的な九州対策は一年もたたずに頓座《とんざ》してしまった。

霜月騒動のあと幕府の実権をにぎった御内人の勢力は、泰盛の改革を否定する政策を志向したが、もとより、決戦地九州をおざなりですますわけにはいかない。弘安九年七月、新しく博多に鎮西談議所《ちんぜいだんぎしょ》とよぶ合議機関を設置した。異国防御を担当する九州の武士が、訴訟のために九州をはなれるのを防止するのが目的であり、少弐経資・大友頼泰に、得宗家《とくそうけ》に近い筋の東国御家人、宇都宮通房《みちふさ》・渋谷重郷《しげさと》を加えた四人が長官をつとめ、九州の訴訟処理にあたった。

九州の武士が待ちに待った蒙古合戦の恩賞の配分は、ようやくこの段階になって、一挙に実行に移された。筑前国の長淵《ながぶち》荘・三奈木《みなぎ》荘（ともに朝倉市）・怡土《いと》荘、早良郡比伊《ひい》郷・七隈《ななくま》郷（福岡市城南区・早良区）、筑後国の三潴《みずま》荘などが、県内所在の恩賞地である。最前線にある筑前国の所領は南九州など他国の武士に配分され、筑前の武士には肥前国の神崎《かんざき》荘を給与した。博多湾岸に所領のない遠方の武士に足場をあたえ

❖コラム

## 新安沖の沈没船

モンゴル襲来後も、民間ベースでは、東シナ海を往来する商船の活動にのって、活発な人や物の交流が続けられていた。一九七六年、韓国全羅《チョンラ》南《ナム》道《ド》新安《シナン》郡木浦《モッポ》市の沖合でこの時代の沈没船が発見された。船体とともに引き揚げられた膨大な遺物は、大方の予想をはるかに超えるものであった。一三二三年六月ごろ、中国の慶元《けいげん》（寧波《ニンポー》）から博多にむかう途中、難破したこの沈没船は、中国産の松を使用した中国式ジャンクで、船長三〇メートル、乗組員六〇人程度の、当時の貿易船としては平均的なサイズであったが、陶磁器二万点余、銅銭二八トン・約八〇〇万枚、紫檀材《したんざい》一〇〇〇本余というおどろくべき量の貨物を積載していた。発見された木簡《もっかん》から、元応元（一三一九）年に焼失した東福寺《とうふくじ》再建を目的とする「東福寺造営料唐船《とうせん》」と推定されている。幕府の派遣した有名な建長寺船《けんちょうじせん》・天竜寺《てんりゅうじ》船などと同じたぐいで、東福寺再建船といっても、すべてがその目的というのではない。複数の荷主の寄り合い所帯であり、博多の承天寺《じょうてんじ》（東福寺末寺）や筥崎宮もそのなかにみえるし、荷札の木簡は東福寺の公用のものより船主の「綱司《ごうし》」の私用のほうがはるかに多い。

十四世紀前半の日中貿易が、寺社造営料唐船という公許貿易の形式をとったのは、倭寇《わこう》的行為を働く日本商人を排除するためであって、その実態は、博多の貿易商人や禅僧などに経営のほとんどが委託された、民間貿易船の性格が濃厚であった。また、新安沖の沈没船からは、日本製の鏡・将《しょう》棋《ぎ》の駒《こま》・下駄《げた》のほか、高麗式の匙《さじ》や中国式の炊事《すいじ》用具など、乗組員のものらしい日用品がみつかっており、船の乗員は日本人を中心に三民族の混成だったと考えられている。

て異国警固の充実をはかる意図からであるが、遠隔地の狭小な恩給地を維持するのは容易でなく、給地近隣の寺社に寄進する例も少なくなかった。

正応六（一二九三）年の晩春、北条氏一門の兼時《かねとき》・時家《ときいえ》が大軍を率いて、あいついで九州をめざした。とくに兼時は、時宗の従兄弟《いとこ》で、六《ろく》波羅探題《はらたんだい》という実力者である。前年の暮れ、高麗の国書が到来したが、これを第三次征討の予告と考え、兼時を「異国打手大将軍《いこくうってだいしょうぐん》」として急行させたのである。臨戦態勢の兼時・時家は、少弐氏・大友氏らを指揮して防御体制を急ピッチでかためるとともに、裁判業務をこなしていった。

ところが、永仁二（一二九四）年正月、日本征討に執念を燃やしたフビライが死去する。元の襲来の危機がやや緩和されたなかで、翌三年四月、兼時・時家は鎌倉に帰り、幕府の要職に

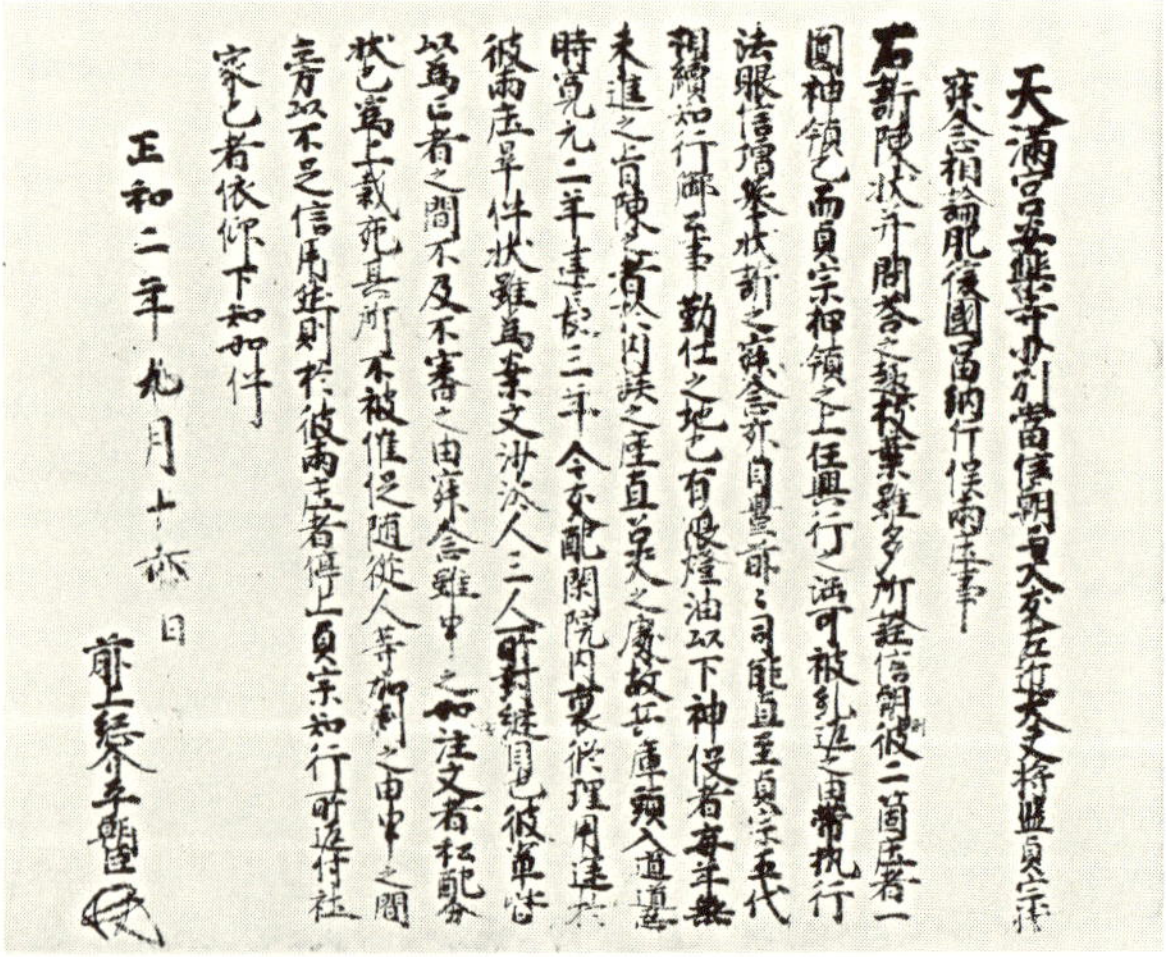

**鎮西裁許状**（正和２年９月18日付）　正和の神領興行法の適用事例。引付三番方頭人の大友貞宗の当知行地にもこの法が適用され，肥後国の２カ所の荘園が安楽寺に返還された。

就任した。この二人にかわって永仁四年、北条（金沢《かねざわ》）実政《さねまさ》が鎮西探題として博多に下向してくる。これ以前、鎌倉幕府が博多に設置した出先機関は、裁判を確定する権限をもたない、いわば下級裁判所であったのが、実政が長官に就任して以降は、臨戦性が薄れたのとは反対に、評定衆《ひょうじょうしゅう》・引付衆《ひきつけしゅう》を設置するなど裁判所としての機能を充実させていき、ついには、「鎮西裁許状《ちんぜいさいきょじょう》」とよぶ判決文書をだして訴訟の最終決定をくだせるようになった。これで九州の武士が、土地裁判のためにわざわざ六波羅や鎌倉にでむく必要がなくなり、異国防御に専念できる条件がととのったのである。鎮西探題の長官（探題）は代々北条氏一門が就任し、少弐氏・大友氏の当主はその下で裁判実務にあたる引付方の頭人《とうにん》（部局の長）をつとめた。

鎮西探題を成立させた蒙古襲来という外圧は、西国とくに九州の政治状況を大きくかえた。鎌倉幕府滅亡時点、九州本島における三人衆の守護管国《かんごく》は、少弐氏の筑前国、大友氏の豊後国、島津氏の薩摩国、各一国だけである。国家存亡の危機ということで、九州三人衆は、否応なく、北条氏一門に守護管国を奪われ、九州の要衝地もつぎつぎと北条氏の手中におさめられた。また、もともと公家裁判権の圏内にあった、本所一円地《ほんじょいちえんち》や荘園・公領の境界裁判にも、幕府が直接関与するようになった。

だが、元軍襲来の危機が緩和されてくると、幕府を壟断《ろうだん》する北条権力ばかりが強くなったことに気づかざるをえない。元応二（一三二〇）年十二月の夜、博多の大火で鎮西探題が焼失し、裁判のためによせられていた多くの公験《くげん》が焼失した。やや逆説的ではあるが、鎮西探題のある博多が、少弐氏のにぎる大宰府にかわって、九州の政治の中心となったことを象徴する出来事といえよう。

### 信仰の様相●

勧進聖《かんじんひじり》往阿弥陀仏《おうあみだぶつ》は海上交通の便宜をはかって、北九州の海の難所鐘《かね》ノ岬《みさき》（宗像市）や鎌倉の海岸に人工島を築造した。源頼朝の追及をのがれるために、義経主従が東大寺再建の諸国勧進の山伏《やまぶし》姿に身をやつして奥州平泉をめざす、というのが有名な歌舞伎「勧進帳」の趣向である。勧進とは、寺院や公共的施設の建設・修理のために広く寄付をつのることをいい、これを行う人を勧進聖と称した。勧進に応じることで、人びとは勧進帳に名を記され、仏道へと導かれるのである。

だが、中世の勧進は、これにとどまるものではない。寺社造営を名目とする貿易船には、勧進聖がのりくみ、貿易商として活躍した。現在でも興行主を勧進元《もと》とよぶが、中世の芸能興行は、勧進猿楽《さるがく》・勧進相撲《ずもう》のごとく、宗教的な勧進の形でもよおされた。このように中世社会では、政治・経済・文学・芸能といったあらゆる領域が、神仏の世界となんらかの関係をもちながら存在していたのである。現在、寺院と神社は明確に区別されているが、明治政府の神仏分離政策より以前は、仏寺と神社は一体であり、神と仏とは相つうじるものと認識されていた。

中世の文芸の中心は、散文《さんぶん》ではなくて、和歌・連歌《れんが》などの詩歌である。和歌・連歌や音楽は、たんなる個人の芸術活動にとどまらず、その言葉や音色《ねいろ》で神仏をよろこばせることにより、国家・地域や一族の安寧《あんねい》を導きだす宗教的・政治的な営為《えいい》でもあった。『平家物語』巻第八名虎《なとら》には、大宰府におちてきた平家一門が、天満宮安楽寺《あんらくじ》に参詣し、法楽《ほうらく》のために和歌・連歌をよんだようすが描かれている。また、蒙古合戦のさいには、異国降伏の祈禱として大般若経《だいはんにゃきょう》の転読《てんどく》と勝軍《しょうぐん》連歌の興行をしたという。元禄年間（一六八八〜一七〇四）に成立した太宰府天満宮所蔵『天満宮縁起』の所載だが、おおいにありうる話である。

また、鎌倉後期に博多に鎮西探題ができると、これを中心に歌壇が形成され、文化的にも博多が大宰府に拮抗《きっこう》する存在として浮上してくる。鎮西探題と目と鼻のさきにあった博多の住吉神社には、二条派の代表的歌集である『松花《しょうか》和歌集』が伝わっている。

筑後国三潴荘の鎮守玉垂宮《たまたれぐう》（久留米市大善寺町）は、筑後国一宮《いちのみや》の高良社《こうらしゃ》の祭神を勧請《かんじょう》した神社である。この玉垂宮に所属した田楽《でんがく》は美麗《びれい》田楽とよばれ、芸能史研究の分野ではすこぶる著名な存在である。美麗家は三潴荘・瀬高荘などの音楽芸能をつかさどる荘官職をもち、玉垂宮や大善寺の祭りには、三潴荘の百姓が舞う村田楽とならんで、プロの美麗田楽を奉仕するのが決まりであった。当時、田楽など歌舞音曲は、娯楽というだけでなく、魔除《まよ》けの呪力《じゅりょく》をもつと考えられていた。また、本宮《もとみや》の高良社には、盲目の琵琶《びわ》法師の芸能座も所属していた。高良社に古い『平家物語』が伝わるが、もともと『平家物語』は琵琶法師の語りの台本であり、この関係から伝来したのであろう。

**「社参曼陀羅」**（『高良社絵縁起』）　室町末期の作と伝えられる。久留米市の東にある高良山は筑後や肥前に信仰圏をもつ霊山として有名。遊行する芸能民によって広められた。

福岡県内には、豊前の彦山《ひこさん》（英彦山）・求菩提山《くぼてさん》、筑前の宝満山《ほうまん》（竈門山《かまど》）など、全国的に有名な修験道《しゅげんどう》のメッカがある。とくに「竈門の本彦山の山」と『梁塵秘抄《りょうじんひしょう》』にもうたわれた彦山は、中世には「三千の衆徒、八百の坊」といわれる威容をほこり、明治の神仏分離令による修験宗禁止で終末を迎えるまでおおいに繁盛した。山岳修行を積んだ修験者（山伏）は、常人を超えたマジカルな力をもつ存在として畏怖《いふ》され、医療行為の加持祈禱《かじきとう》なども行った。

さて、外来の禅宗に続いて、そのほかの新しい仏教もしだいに教線を北九州にのばしてきたが、これらも伝統宗教の場合と同じく、文化・芸能の世界と浅からぬ関係をもっていた。専修念仏を説く法然《ほうねん》の教えは、彼の直弟子聖光上人《しょうこう》（弁阿弁長《べんあべんちょう》）によって九州に広められた。聖光は応保二（一一六二）年、遠賀郡香月荘《かつき》（北九州市八幡西区）の武士の家に生まれ、地元の明星寺《みょうじょうじ》（飯塚市）や比叡山《ひえいざん》で天台教学を学び、帰国後には、当時隆盛をほこった早良郡の油山寺《あぶらやまでら》（福岡市城南区）で学頭《がくとう》までつとめたが、弟の仮死から世の無常を感じ、京都東山の法然を訪れ念仏僧となった。聖光のたてた善導寺《ぜんどうじ》（久留米市）は、筑後国衙に勢力をもつ草野氏の外護《げご》のもとで繁栄した。筑紫箏《そう》は、善導寺の開山会《かいさんえ》の大念仏に奏した管弦楽にはじまるといわれる。

踊り念仏で有名な開祖一遍《いっぺん》が、少年期に大宰府で浄土教義を学び、その後、九州諸国を遊行《ゆぎょう》した縁もあって、鎌倉末から南北朝期にかけて九州の時宗《じしゅう》は急速に広がった。南無阿弥陀仏《なむあみだぶつ》ととなえれば往生疑いなし、という一遍の徹底して明快な教えは、武士にとどまらず、一般民衆にまで幅広く受容されていったが、とりわけ大宰府・博多、芦屋など都市部で盛んで、南北朝期には多くの博多住民が時衆《じしゅう》となった。博多時宗の拠点は、片土居《かたどい》町にあった称名寺《しょうみょうじ》（土居道場、現在東区馬出《まいだし》）である。また、草野氏からでた一向上人俊《しゅんじょう》聖も、一遍とほぼ同時期に踊り念仏をして全国をまわった。

元寇の余韻も新しい弘安六（一二八三）年、無住《むじゅう》という僧侶があらわした『沙石集《しゃせきしゅう》』には、つぎのような興味深い説話がみえる。

### 変貌する社会と徳政●

鎮西に浄土宗に帰依《きえ》するひとりの地頭《じとう》がいた。支配する荘園に設置された神用の田地を調査したところ、台帳にない余分な土地がみつかり没収した。持ち主の社僧や神官は、この措置に激怒し、「呪咀《じゅそ》する」とまでいって強硬に返還を要求したが、地頭のほうは「阿弥陀仏を信仰する念仏者が、どうして神の罰などうけることがあろうか」とさらさら恐れるようすがなかった。ところが、地頭は呪咀により悪病に倒れる。おどろいた地頭の老母が、自分への孝行と思って返すように懇願しても、頑として信念をまげず、ついに悶死《もんし》し、残された家族まで神罰に祟《たた》られた。

この説話では、阿弥陀一仏に固執する念仏者を愚かものに描きだし、神の威力を喧伝《けんでん》する。しかし、真に合理的なのは、もちろん、呪咀など意味がないと喝破《かっぱ》した地頭のほうである。中世の科学知識は近世とくらべてもかなり貧弱で、あらゆる現象が神仏と関係づけて説明された。しかもその神仏は、絶対慈悲とは正反対で、不信《ふしん》・不浄《ふじょう》に対して厳罰をくだす脅威的な存在だったのである。ところが、浄土宗の一神教的な地平にたつことでその恐怖が払拭《ふっしょく》され、伝統仏教の多神教的な世界を批判的にみる覚《さ》めた目が養われている。神罰という結末はさておき、こうした説話がつくられる背景には、伝統仏教をきびしくみつめる新仏教の運動をとおして、さきの地頭のごとき合理主義者が輩出した事実を象徴している。

さらに、古い秩序を突きくずすもう一つの力動に、急速な交換経済の発展があった。きびしく奢侈《しゃし》をいましめ、「銭を下僕《げぼく》のように使うな。君のごとく、神のごとく、恐れ尊んで用いよ」と語る『徒然草《つれづれぐさ》』の大福長者においては、貨幣の増殖こそが究極の目標であり、資本主義の精神によって、神仏の権威はすでに相対化されている。鎌倉時代における目ざましい経済の発展は、既成の支配階級の外から「有徳人《うとくにん》」とよばれる富裕な人びとの躍進《やくしん》を導きだし、土地売買という経済取引をつうじて、寺社や御家人の所領を深刻な虫食い状態に追いこんでいった。

　宗教改革と経済発展のもたらした衝撃に、荘園の動揺、御家人の窮乏、門閥《もんばつ》政治の閉塞《へいそく》感、十三世紀も中盤を迎えるころには、支配体制の再建が待ったなしなのはだれの目にも明らかだった。しかも温暖な平安に対して、鎌倉は寒冷化と大地動乱の時代である。自然条件の規定性が強い中世社会では、たび重なる天変地異と大飢饉《ききん》が破局的な衝撃をあたえずにはいなかった。中世人の思考回路では、この天変地異の原因は、悪政に対する人びとの恨《うら》みに触発された神々の怒りであり、攘災《じょうさい》のためには、

**筥崎八幡宮楼門**（福岡市東区）　楼門に掲げられた「敵国降伏」の額の文字は亀山天皇の宸筆《しんぴつ》を写したもの。文禄３（1594）年筑前国主小早川隆景建立。

善政をしき神をよろこばせねばならないと考えられていた。

さらに、これに輪をかけるように、神仏の存在を意識させる大事件がおこった。突然のモンゴルの襲来である。花園《はなぞの》天皇の日記には、たたかう神の姿をつぎのように記す。

筑前国青木《あおき》荘（朝倉市）に勧請《かんじょう》された北野社《きたのしゃ》に傷ついた一匹の蛇《へび》があらわれた。蛇は北野天神（菅原道真《すがわらみちざね》）の化身で、巫女《みこ》をしてつぎの神託《しんたく》を語らせた。「神仏の世界（冥界《めいかい》）では異国の襲来があり、我は香椎《かしい》・筥崎《はこざき》・高良《こうら》とともに戦い、香椎神は既に半死半生である。祈禱《きとう》があるならば、重ねて異国征伐にむかうであろう」と。不信を口にしたひとりの神官は、罰があたってその夜頓死《とんし》した。鎌倉後期には、このたぐいの逸話が少なくない。異国防衛に対して「神仏の冥助《めいじょ》」を期待したのは、天皇ひとりでなく、当時の一般的な思考である。文永の役のさいには、筥崎宮を出陣する白衣の神兵が「目撃」された。中世の戦争は、凡夫《ぼんぷ》による地上の戦いと同時に、冥界でもたがいの神と神の激しい戦闘が行われ、むしろ冥界での勝敗のほうが戦争の帰趨《きすう》を決すると考えられていた。

神仏は国家・社会を護持する存在と認識され、中世の体制はその権威によって内面からささえられていた。そして、鎌倉時代には、この古い殻を突き破ろうとする力と、逆に旧態に戻ろうとする力がせめぎあっていた。そのおりからのモンゴル戦争における「神戦」の勝利は、いやがうえにも神仏の権威を高め、鎌倉後期の政治史の大勢を決した。寺社修造ブームと神領興行にいろどられた敬神の時代が現出し、「本来のあるべき姿へ戻せ」という復旧のスローガンが時代の思潮となったのである。

徳政《とくせい》といえば、永仁《えいにん》の徳政令があまりにも有名であるが、中世に徳政の名を冠された法律はこれだけではなかった。日本の中世国家が行う重要な政策の変更はほとんど、本来は善政一般を意味した徳政の旗印のもとで推進されていったのである。諸矛盾が露呈した鎌倉後期は、徳政の名のもとに復古を基調とする意欲的な体制改革が推進され、まさに世は「徳政の時代」の様相を呈していた。

異国防御を担当する鎌倉幕府は、徳政として、弘安八（一二八五）年と正和元（一三一二）年に、祈禱に応じて最前線で「神戦」にのぞんだ、宇佐・筥崎・高良・香椎・安楽寺（太宰府天満宮）など九州の主要な寺社にむけて、破格の条件で流失した所領の回復令を発令した。この神領興行令によって、商人のみならず、支配階級に属する公家・武士までも、婚姻や買得によって合法的に取得した神領を、神領を知行するにふさわしくない「非器《ひき》の者」だというたった一点の理由で転倒され、もとの神社の関係者に返還がなされた。さらに、これと似たような事態は、九州寺社の場合ほど徹底的ではないにしても、全国の寺社領や国衙《こくが》領・幕府領などでもみられた。国衙領では国衙関係者、幕府領では幕府関係者に、ほかのものの所領を没収して返還が行われたのである。

神をうやまうという絶対的な「正義」とそれをささえた幕府の武力によって、多くの人びとが既得権の喪失を余儀なくされた。不当な剝奪《はくだつ》に起因する悪党の多発、商業資本の退潮は、社会・経済に少なからぬ混乱を招いたが、時間のネジはまがりなりにもまき戻されたかにみえた。ところが、各地で悪党が蜂起する混乱状況が引金になって、権力の絶頂にあるかにみえた鎌倉幕府が、突然あえなくも倒壊してしまう。要《かなめ》のたがを失い、時代のむきは、今度は逆のほうへと大きくはじけはじめる。

5章

# 打ち続く戦乱と自治都市博多

「日本国西海道九州之図」(『海東諸国紀』)

## 1　南北朝の内乱

### 鎮西探題の滅亡●

正慶二（一三三三）年閏二月、後醍醐《ごだいご》天皇が配所の隠岐《おき》を脱出して、伯耆《ほうき》の船上山《せんじょうさん》にたてこもった。この動きに呼応して西国各地で反乱《はんらん》がおこり、九州でも菊池武時《きくちたけとき》・阿蘇惟直《あそこれなお》が鎮西探題《ちんぜいたんだい》を攻めるが、一緒に挙兵するはずだった少弐貞経《しょうにさだつね》・大友貞宗《おおともさだむね》が探題側に寝返ったために、武時は敗死をとげる。他方、はげしい攻防戦の続く京都からの知らせをうけて、幕府は名越高家《なごえたかいえ》と足利高氏《あしかがたかうじ》（尊氏）を大将に大軍を差しのぼらせた。しかし、高氏は後醍醐方に転じ、五月七日に六波羅《ろくはら》探題が陥落。ついで五月二十二日、得宗《とくそう》北条高時《たかとき》以下が自刃《じじん》をとげ、鎌倉幕府が滅亡した。さらにそれから三日後、六波羅陥落の報を得た少弐・大友・島津《しまづ》の九州三人衆が寝返りを打ち、九州の軍兵を率いて鷲尾《わしお》山（愛宕《あたご》山）にあった鎮西探題北条英時《ひでとき》の城に攻撃をしかけ、これを滅ぼした。鎮西探題の滅亡を聞いた長門《ながと》探題北条時直《ときなお》も降参し、諸国の北条氏一門の守護《しゅご》・地頭《じとう》がつぎつぎと討たれていった。

モンゴル襲来を契機に北条氏の勢力が九州にのびてきたために、九州の武士たちも専制権力の圧迫を身にしみて感じていた。なかでも、少弐・大友・島津といった九州の有力守護家は、新設の鎮西探題の風下におかれただけでなく、しだいに伝来の守護職《しき》を奪われ、探題に対する不満をつのらせていたのである。勢威をほこった鎌倉幕府の突然の倒壊《とうかい》劇を『太平記』は、「六十餘《よ》州　悉《ことごとく》符《ふ》ヲ合《あわせ》タル如《ごと》ク、同時ニ軍起《いくさおこり》テ、纔《わずか》ニ四十三日ノ中ニ皆滅ビヌル業報《ごうほう》ノ程コソ不思議ナレ」と記している。

鎮西探題滅亡と同じ五月二十五日、後醍醐天皇は幕府の擁立した光厳《こうごん》天皇とその年号（正慶）を廃して、もとの「元弘」に戻す。正慶二年は元弘三年にあたる。さらに翌年正月二十九日、「建武」と改元。後醍醐天皇の画期的な改革政治は「建武の新政」とよばれるが、大胆な地方行政の改革にも着手し、あらためて各国に国司と守護をおいた。筑前《ちくぜん》・豊前《ぶぜん》両国の守護に少弐貞経、筑後《ちくご》国の守護に豊前の有力武士宇都宮《うつのみや》冬綱《ふゆつな》が任命された。また、大友・島津両氏にも、北条氏に奪われた守護職が一カ国ずつ返されている。一方、筑前・筑後・豊前の国司には、在京の実務官人である菅原在登《すがわらのありのり》・万里小路宣房《までのこうじのぶふさ》・坂上明清《さかのうえのあききよ》がそれぞれ任命された。後醍醐は手足として動かせる国司をつうじて、地方行政を直接的に掌握しようと考えたのである。

しかし、大方の支持を得るためには、建武政権の改革はあまりに大胆すぎたし、また、公家《くげ》に対するすみやかな報償にくらべて、命がけでたたかった武士たちへの恩賞は遅々として進まなかった。はやくも、元弘三年も暮れごろには、公家と武家の対立は危険水域に近づきつつあった。こうした政権の凋落《ちょうらく》模様をみて、全国各地で北条氏の残党の蜂起があいつぐ。

北九州では、建武元（一三三四）年正月、規矩高政《きくたかまさ》・糸田貞義《いとださだよし》の反乱がおこった。高政・貞義らは鎮西探題金沢政顕《かねざわまさあき》の子で、幕府滅亡時までおのおの肥後《ひご》・豊前の守護をつとめ、いずれも豊前国北部（規矩郡・田川《たがわ》郡糸田荘）を本拠としていた。得宗被官《ひかん》の門司《もじ》氏や山鹿《やまが》氏をはじめ、長野《ながの》氏・星野《ほしの》氏・問注所《もんちゅうじょ》氏など北条氏と関係の深い武士たちが反乱軍に身を投じたという。規矩郡吉田《よしだ》村を本領とする吉田氏は、少弐氏と同じ武藤一族であるが、惣領頼村《そうりょうよりむら》は規矩高政に味方した。事態を重くみた建武政権は、少弐貞経・宇都宮冬綱らを下向させ、鎮圧にあたらせた。この反乱が完全におさまるのは、翌年の初めのことであった。

建武二年七月、北条高時の遺児時行《ときゆき》が信濃《しなの》で兵をおこし、足利軍を一掃して、鎌倉にはいった（中先代《なかせんだい》の乱）。足利尊氏はこれの討伐にむかい、鎌倉奪回に成功した。しかし、この反乱がきっかけとなって、同年十一月ついに尊氏が政権を離反し、長い動乱の時代に突入する。

足利尊氏は、箱根《はこね》・竹ノ下《たけのした》の合戦で新田義貞《にったよしさだ》を一蹴《いっしゅう》したが、翌建武三（延元元）年正月京都の戦いで義貞・北畠顕家《きたばたけあきいえ》の連合軍にやぶれ、兵庫から海路九州にのがれた。長門国の赤間関《あかまがせき》（下関市）で少弐貞経の子頼尚《よりひさ》に迎えられ、芦屋津《あしやつ》を経て、宗像大宮司《むなかただいぐうじ》の館《たち》にはいった。少弐氏・大友氏らをしたがえた尊氏軍は、三月二日、多々良浜《たたらはま》（福岡市東区）において宮方《みやかた》の菊池武敏《たけとし》の大軍とあいまみえた。尊氏起死回生の戦いとして名高い多々良浜の合戦である。『太平記』は、足利方三〇〇騎、宮方四、五万騎とし、足利方の勝利を劇的に描きだすが、九州を代表する雄族を味方につけたのだから、これほどの「多勢に無勢」であったはずがない。実は、尊氏は建武政権樹立の当初から公式に九州の武士たちを指揮する特別の権限をにぎっており、それなりの勝算をもって九州に下向してきたものと思われる。

### 宮方・武家方・佐殿方●

多々良浜の戦いに大勝利をおさめた足利尊氏は、すみやかに大宰府《だざいふ》にはいり九州の武士を招集した。尊氏は一カ月ほど九州支配の基礎固めをして、建武三（延元元＝一三三六）年四月三日、九州勢を率いて都に攻めのぼった。これに従軍した豊前国長野荘（北九州市小倉《こくら》南区）の地頭長野助豊《すけとよ》は、少弐頼尚の麾下《きか》として奮戦し、尊氏から京都合戦の軍忠を賞されている。尊氏が九州をはなれてから南北朝の分裂が終結するまでの展開を、簡単な年表にまとめておこう。

福岡県の南北朝時代

| 西暦 | 北朝・南朝年号 | 事　　項 |
|---|---|---|
| 1336 | 建武3・延元1 | ***4***- 九州探題に一色範氏をおき，尊氏東上する |
| 1338 | 暦応1・延元3 | ***4***- 宇都宮冬綱南朝方となり，少弐頼尚これを討つ |
| 1348 | 貞和4・正平3 | ***2***- 征西将軍宮懐良親王，筑後国にはいる |
| 1349 | 貞和5・正平4 | ***9***- 尊氏，直冬追討を決し，直冬九州にのがれ少弐これを迎える |
| 1350 | 観応1・正平5<br>貞和6 | ***11***- 直義，高師直討伐の募兵(観応の擾乱) |
| 1351 | 観応2・正平6<br>貞和7 | ***3***- 尊氏，直冬を鎮西探題とする<br>***10***- 征西将軍宮懐良親王，筑後国府にはいる |
| 1352 | 文和1・正平7<br>観応3 | ***3***- 尊氏，直義を毒殺。***11***- 直冬，大宰府を去り，中国にむかう |
| 1353 | 文和2・正平8 | ***2***- 菊池武光・少弐頼尚連合し，一色範氏を破る(針摺原の戦) |
| 1355 | 文和4・正平10 | ***10***- 征西将軍宮，博多にはいり，九州探題一色父子長門に敗走す |
| 1359 | 延文4・正平14 | ***8***- 宮方，少弐頼尚を大破(筑後川の戦) |
| 1361 | 康安1・正平16 | ***8***- 征西将軍宮懐良親王，大宰府にはいる |
| 1362 | 貞治1・正平17 | ***9***- 菊池武光，斯波氏経・少弐冬資を破る(長者原の戦) |
| 1363 | 貞治2・正平18 | ***6***- 九州探題斯波氏経，周防へのがれる |
| 1369 | 応安2・正平24 | この年，明の使節，征西府にきて倭寇の禁圧を要求する |
| 1371 | 応安4・建徳2 | ***2***- 今川了俊，九州探題就任。***8***- 征西将軍宮，明に僧祖来を派遣 |
| 1372 | 応安5・文中1 | ***8***- 九州探題今川了俊，大宰府を奪回し，征西府，肥後に撤退 |
| 1374 | 応安7・文中3 | ***1***- 宇都宮直綱，豊前城井に挙兵し，探題方これを討つ |
| 1375 | 永和1・天授1 | ***8***- 今川了俊，少弐冬資を肥後水島の陣で誘殺 |
| 1392 | 明徳3・元中9 | 閏 ***10***- 南北朝合一 |
| 1395 | 応永2 | 閏 ***7***- 九州探題今川了俊，京都に召還される |

南北朝動乱の機軸が、南朝＝宮方と北朝＝武家方の対抗関係にあることはいうまでもない。後醍醐天皇は、皇子を各地に派遣して、それぞれの地方で宮方勢力を養い、京都を奪回するという計画を立てていた。九州には、懐良《かねよし》親王が征《せい》西《せい》大将軍として差しくだされ、菊池氏や阿蘇《あそ》氏など肥後国の勢力がこれをささえた。一方、九州武家方の中心となったのは、代々足利一門から任命された九州探題（鎮西管領《かんれい》）である。九州探題は博多におかれ、筑前国を中心に九州経営にあたった。

ところが、筑前国は鎌倉期以来の少弐氏の基盤だったから、少弐氏と九州探題はどうしても相いれないところがある。年表からわかるように、少弐氏はたびたび九州探題に対して敵対的な行動をとり、宮方に味方することさえあった。このような武家方の対立模様は、九州宮方を利するものであったが、さらに、観応《かんのう》の擾乱《じょうらん》による中央政界の二頭（尊氏・直義《ただよし》）の分裂は、少弐氏を直冬《ただふゆ》（直義の養子）に結びつけ、将軍（尊氏）方に菊池の宮方、大宰府の佐《すけ》殿《どの》（直冬）方が鼎立《ていりつ》する状況を引きおこした。諸勢力が入り乱れての合従連衡《がっしょうれんこう》で、九州の南北朝はいよいよ迷走の様相を呈するようになった。

三つのグループは、それぞれ別の年号を用いたから、現存する文書の年号からだいたいの勢力分布をうかがうことができる。足利直冬が中国に去った一三五二年以降、少弐頼尚は南朝年号「正平」を使いはじめ、一三五〇年代なかばには、筑前国はおおむね宮方の勢力下となっていた。その後、少弐頼尚は幕府方に復帰するものの、大保原《おおほばる》（小郡《おごおり》市）での宮方との決戦にやぶれ、大宰府を制圧した征西府《せいせいふ》の全

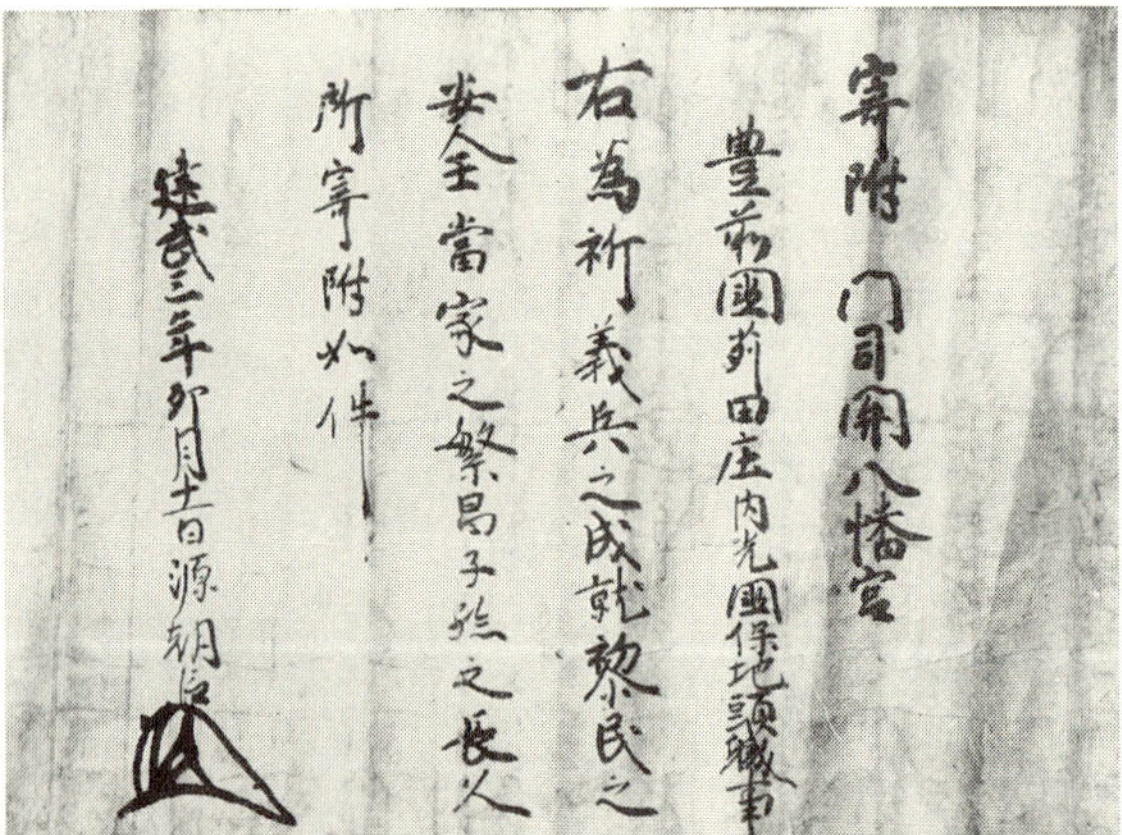
寄附　門司関八幡宮
豊前国苅田庄内光国保地頭職事
右為祈義兵之成就黎民之
安全当家之繁昌子孫之長久
所寄附如件
建武三年卯月十一日　源朝臣

**足利尊氏寄進状**（建武３年卯月11日付）　尊氏は都に攻めのぼるさい，甲宗八幡宮（門司八幡宮）に「義兵之成就」を祈願し，苅田荘内光国保（京都府苅田町）の地頭職を寄進した。

盛時代がしばらく続いた。ここで少弐氏もついに分裂をみせ、武家方の兄冬資《ふゆすけ》に対して、宮方についた弟頼澄《よりずみ》も大宰少弐を名乗った。

しかし、南朝勢力の牙城《がじょう》をほこった征西府も、幕府方の九州経略《けいりゃく》の切札として送りこまれた今川了俊《いまがわりょうしゅん》（貞世《さだよ》）によって切り崩されていき、とうとう文中元（応安五＝一三七二）年八月には大宰府を奪回され、ほんの局地的な勢力に転落してしまう。さらに了俊は、九州探題と少弐氏の宿命的ともいえる矛盾を解決するために、少弐冬資を言葉巧みに誘いだし、暗殺するというきわめて強硬な策におよんだ。これによって島津氏などの離反を招き、了俊の南九州経営は一時苦境にたったが、少弐氏のもつ筑前国守護職を取りあげ、大宰少弐の権限の接収に成功したことで、九州統一の事業は大きく前進した。

## 武士団、東へ西へ●

鎌倉最末期の内戦状況から数えると、南北朝合一まで約六〇年、内乱の時代が続いたことになる。しかもこの間の戦争は、豊前の長野助豊が畿内《きない》各地でたたかい、逆に備後《びんご》の山内首藤通忠《しゅとうみちただ》が今川了俊にしたがって九州を転戦したように、長途にわたる兵士たちの移動を伴うものであった。長期間の内乱を用意した条件と、内乱の結果、社会がどのように変化したのかをみることにしよう。

鎌倉時代までは、どの階層でも財産は諸子《しょし》に分割するならわしであった。さらに、武士のあいだでは、はやくから「継ぐべき家」の観念が成立しており、嫡子《ちゃくし》は父の家をつぎ、家督《かとく》の地位のほか財産の分与をうけ、その他の庶子《しょし》は、財産のみ分与され、自分の家をおこした。鎌倉武士の家では、幕府の公事《くじ》・軍役《ぐんやく》は一括して惣領《そうりょう》（家督）に賦課し、惣領から一族の人びとに催促するという方式をとっていたから、現代の分割相続と異なり、庶子は嫡子である家督によって一定の支配をうけることになる。

ところが、庶子はだんだんと独立の傾向を強めていき、鎌倉後期には、庶子が惣領と対立する動きがおさえがたくなっていた。さらに、惣領が一族を統轄する体制（惣領制）を基本にすえる鎌倉幕府が倒壊したことは、武士団内の軋轢《あつれき》をかきたて、内部矛盾をいっそう大きくしたにちがいない。また、分割相続によって生じた所帯の狭小化は、鎌倉末期のある九州の御家人が「合戦なんどしたらん時は、勲功《くんこう》をばなして申さすべし。身狭き物は、さようの時こそ広くもなる事なれ」とのべたように、戦争を自己拡大のチャンスとみるような機運をもかもしだしていた。

豊前国の門司氏一族は、鎌倉末期ごろには、門司関周辺に数家が分立していたが、門司関山城を拠点とする惣領家が探題方についたのに対して、門司猿喰《さるはみ》城による庶家は宮方にくみし、血を血で洗う激しい抗争を繰り広げた。また、同じく豊前の吉田氏でも、規矩・糸田の乱において惣領と庶子が相分かれてたたかった。この当時には、対立する勢力が味方に寝返ったから、ならば敵方にいくというたぐいさえ珍しくない。中世武士にとって降参や寝返りは当り前で、降参人には本領の半分を没収して許すという慣習さえできていた。南北朝内乱期における政治権力（宮方・武家方・佐殿方）の迷走模様が、武士団の激しい内部抗争を激化させ、さらにそのことが政治情勢をますます複雑にする――こうした相互作用が戦乱の長期化をもたらしたのである。

ところで、中世武士の従軍は戦備いっさいが自弁であったから、貧しい中小の武士にとって長期の戦争はなかなか難儀も少なくなかった。留守をまもる妻にたびたび金策の手紙をしたため、ときには土地を処分して戦費をまかなうことすらあった。また、勇躍従軍したものばかりではなく、なかば強制的に動員されたものもいたようで、大将は軍陣を維持するのに「従軍しなければ、所領を没収する」などと脅しをかけねばならぬこともあったらしい。

足利直冬は、正平五（貞和六＝一三五〇）年暮れから翌年初めにかけて急速に勢力を拡大させ、全九州を席捲《せっけん》する勢いをみせるが、ちょうどこのころ、彼のもとでたたかった武士の求めに応じて、武士が提出した所領安堵《あんど》の申請書（申状《もうしじょう》）に即刻裏書《うらがき》をした文書を盛んにだしている。やや拙速にすらみえるこのすばやい措置が、あるいは、所領の維持に不安をかかえる当時の武士の心をつかんだのかもしれない。いずれにしろ、武士である以上、内乱の傍観者であることはほとんど不可能だったのである。

こうしてさまざまな期待や不安をいだきつつ、動乱期の武士は、移りゆく戦場とともに東奔西走《とうほんせいそう》した。

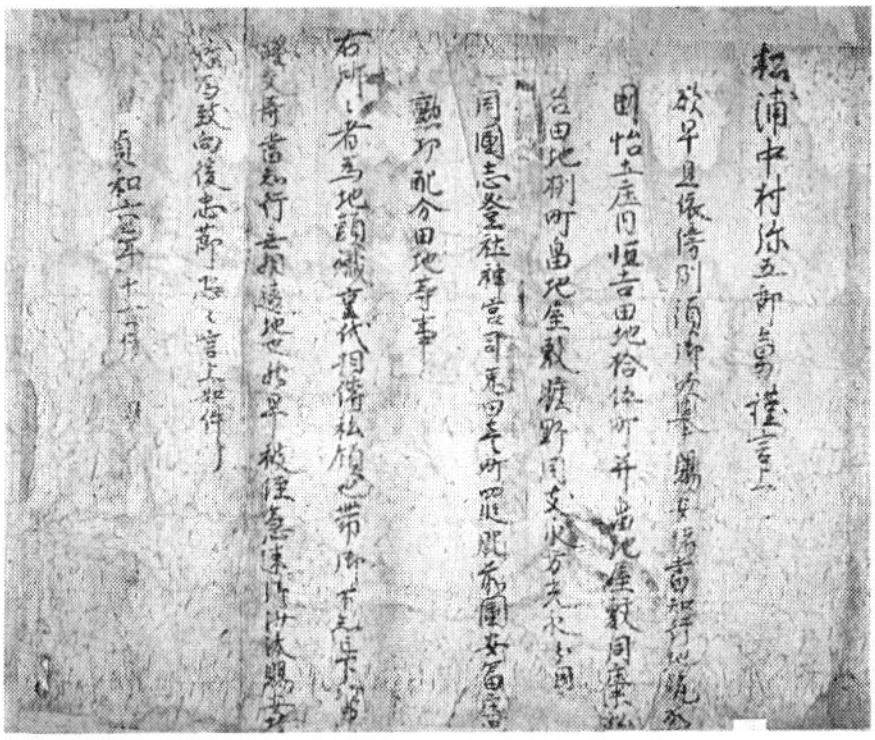

**(表)中村勇申状**(貞和6年11月日付)　松浦党の中村勇が怡土荘内の所領安堵を申請し，直冬が即刻裏書した文書。

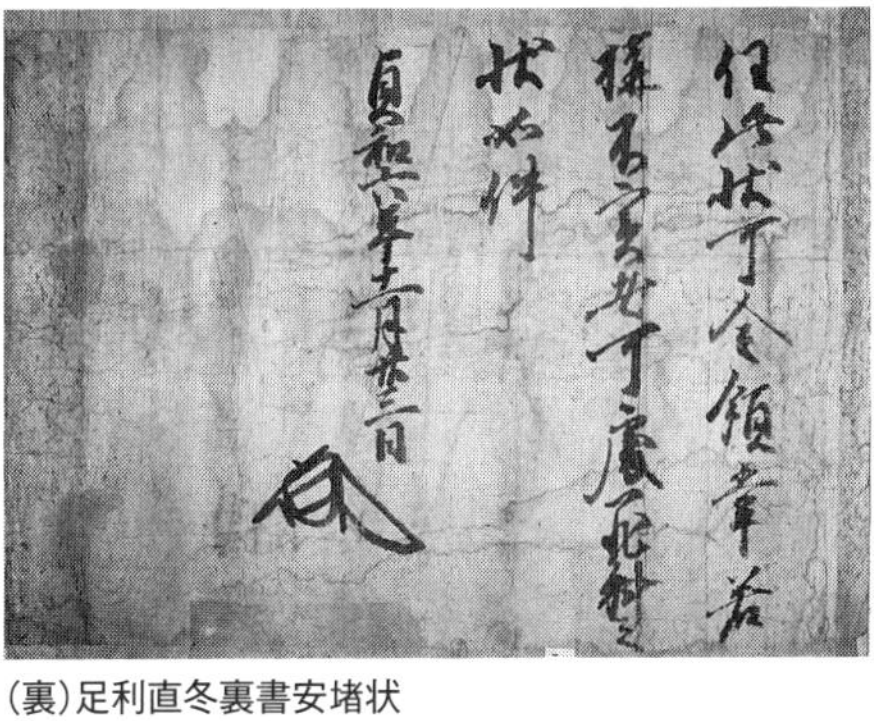

**(裏)足利直冬裏書安堵状**

このうちある程度名のとおった鎌倉御家人であれば、全国各地に複数の所領を所持するのがふつうである。今川了俊と転戦した通忠の山内首藤家は、備後国にある本領のほか、摂津《せっつ》・信濃《しなの》・相模《さがみ》にも地頭職をもっていた。しかし、南北朝の動乱によって、他国の所領はすべて他人に押領されて不知行《ふちぎょう》化し、山内首藤家の所領は本国のものだけになってしまう。九州に所領をもつ関東御家人は異国警備を契機に西遷してくるが、この「下り衆《くだしゅう》」たちも、内乱で遠くの所領を失い、完全に九州の武士になっていった。

地域で生きていくほかなくなった武士たちは、本領の経営に全勢力をかたむけ、領域支配を広げていき、なかには戦国大名にまで発展をとげたものもあった（安芸《あき》国の毛利氏がその代表的存在）。こうした過程のなかで、多くの荘園が中央の荘園領主の手からはなれていった。また、家の勢力を分散させることなく、「一所懸命《いっしょけんめい》の地」をまもり抜くために、すべての財産を嫡子にゆずることが、南北朝期をさかいに一般化してきた。この単独相続制になると、庶子は家督の扶持《ふち》をうけざるをえず、家督と庶子の関係は、独立的なものから主人と家来《けらい》の間柄に大きくかたむいていった。

## 2　室町幕府と北部九州

### 大内氏の進出●

南朝勢力をほぼ一掃することに成功した九州探題今川了俊《いまがわりょうしゅん》は、さらに少弐氏らの守護勢力を圧倒して、豊後国をのぞき、ほぼ九州全域を直接的に支配するようになった。しかし、この了俊の強大化を警戒した将軍足利義満《よしみつ》は、南北朝合一から三年後の応永二（一三九五）年閏七月、突如これを解任し、同じく足利氏一門の渋川満頼《しぶかわみつより》を新しい探題として送りこんできた。九州探題がまがりなりにも九州政治史の中心的な役割をになうのは、渋川満頼・義俊《よしとし》父子が探題職をつとめた一四二〇年代が最後で、その後はまったく有名無実化してしまう。

室町時代になると、中国地方の大守護大内氏の勢力が北九州にまでおよんできた。大内氏の北九州進出は、南北朝末期に大内義弘《よしひろ》が南朝勢力の打倒に活躍した功績によって豊前国守護に補任《ぶにん》されたことからはじまる。応永《おうえい》の乱で一時期守護職を失うが、義弘の跡をついだ弟盛見《もりはる》《もりみ》のときに回復し、代々大内氏が守護職を世襲した。このため大内氏と豊前の武士は深いつながりをもつようになり、弘治三（一五五七）年の滅亡まで、大内氏による豊前国支配が続いた。

応永三年四月、探題渋川満頼が博多に到着した。室町期にはいっても、博多を本拠とする九州探題と少弐氏の関係がむずかしいのはかわりがない。筑前国内では、守護少弐氏の領国支配が進展していたために、探題の勢力はあまり活発ではなかった。応永三十二年、少弐満貞《みつさだ》が肥後の菊池兼朝《かねとも》とくんで探題渋川氏を撃ち破った。これをみた幕府は、大内盛見をくだして鎮定にあたらせた。この経過によって九州探題は名ばかりの存在となり、筑前支配をめぐる争いのおもな構図は、少弐氏と大内氏の対立関係へと移っていった。

中世後期の通奏低音《つうそうていおん》は地方分権化の動向である。中央政府の地方統制力がしだいに低下し、守護による領国形成の段階を経て、戦国大名の地域国家的体制にまで展開していった。こうした傾向のなかで、国内最大の貿易都市博多をかかえる筑前国を支配することは、外交貿易の面で主導権をにぎることを意味する。博多・筑前国のもつ重要性は、ただでさえ激しい少弐氏対大内氏の抗争の図式に、さらに中央・近隣の諸勢力をよびこみ、筑前国の政治情勢をいっそう複雑なものにした。

豊後国の守護大名大友氏は、石築地《いしついじ》（元寇防塁）の警備担当地域である香椎《かしい》方面をはじめ、倒幕の恩賞として建武政権から給与された博多息浜《おきのはま》・怡土《いと》荘地頭職《じとうしき》など、博多湾岸一帯に広大な所領を領有していた。貿易の利潤に目をつけた大友氏は、これを足がかりに博多進出にのりだしてきた。ところが、永享元（一四二九）年の末ころ、外交貿易の独占をねらう将軍足利義教《よしのり》が、筑前国を御料国《ごりょうこく》（幕府直轄国）と定め、大内盛見を代官に指名してきた。「料国代官」の看板を背負った大内氏の勢力は、筑前国の在地勢力を圧迫し、さらには大友氏の支配する筑後地方へも広がる勢いをみせた。

これに対して、本国を奪われた少弐氏をはじめ、大友・菊池氏ら在来勢力の反発はきわめてきびしかった。大内氏の軍勢は、永享三年四月、大友氏の筑前の軍事拠点、立花《たちばな》新城（福岡市東区）を陥落させたものの、つづく六月の少弐満貞《みつさだ》・大友持直《もちなお》らとの戦いでは、怡土郡萩原（糸島市）で総大将の大内盛見自身が戦死を喫し、一時は豊前国からも撤退を余儀なくされる有様であった。しかし、二年後の永享五年八月、盛見の後継争いを統一した大内持世《もちよ》（義弘《よしひろ》の子）が、少弐満貞を秋月城で敗死させ、ふたたび大内氏のもとに豊前・筑前両国を平定し、以降、大内氏の支配が続いた。

**筑後国水田荘の様相●**

鎌倉時代の安楽寺《あんらくじ》（太宰府天満宮《だざいふてんまんぐう》）は、九州全域にたくさんの荘園をもつ九州屈指の荘園領主であった。しかし、南北朝期に遠隔地の荘園を失い、残った近郊の所領にしっかりと根をおろし、いわば「在地領主」となることによって、はじめて激動の中世後期を生き抜くことができた。安楽寺の命綱ともいうべき筑後国水田《みずた》荘（筑後市）をとおして、南北朝・室町時代の荘園の様相をうかがうことにしよう。

菅原道真《すがわらみちざね》をまつる安楽寺の本所《ほんじょ》は、京都の公家である菅原氏（氏長者《うじのちょうじゃ》）である。元来は、菅原氏出身の別当《べっとう》が安楽寺を統轄したが、鎌倉期に別当は現地に赴任しなくなり、南北朝期ごろには、かわって大宰府在住の留守職《るすしき》（留守別当）が現地の実権をにぎるようになった。この留守職には、菅原氏長者の補任をうけて、菅原一族の大鳥居《おおとりい》氏と小鳥居《ことりい》氏がいれかわりに就任した。中世後期の安楽寺では、留守職をめぐる両氏の対立を中心に激しい主導権争いが繰り広げられた。

大鳥居氏は、留守職のほかに各地の荘園に所職《しょしき》（荘官の地位）をもっていたが、そのうちでもっとも重要な所領が水田荘であった。水田荘の経営を重視した大鳥居氏は、十四世紀前期ごろからここに移住し、本腰をいれて荘務にあたるようになった。直接現地にのぞんだ大鳥居信高《しんこう》は、徴税組織の再編成をなしとげるとともに、支配領域の拡大をはかって天満宮の末社を隣荘の熊野山領広川《ひろかわ》荘の領内にあらたにたてるなど、意欲的な荘園経営を展開した。

しかし、大鳥居氏がみずから下向したから難題がすべて解決するというほど、南北朝時代の九州荘園の状況は生やさしいものではなかった。正平七（観応三＝一三五二）年二月の「安楽寺領注進状案《ちゅうしんじょうあん》」によれば、このころ水田荘は宮方（南朝）の侵略にさらされていた。また、武家方が盛り返したあとも、兵粮《ひょうろう》料所《りょうしょ》として荘園年貢の一部をあたえられた武士（給人《きゅうにん》）や、あるいは給人たちの行為にことよせた地元の小地頭らの年貢不払いによって、荘園経営の危機的状況はおさまらなかった。

しかもこれらに加えて、水田本村（筑後市水田）の百姓である石丸《いしまる》と鬼丸《おにまる》が、年貢を押領《おうりょう》したうえに放火・逃亡し、隣荘の広川荘若菜《わかな》村（筑後市若菜）や三潴《みずま》郡の酒見《さけみ》千手院《せんじゅいん》領八江牟田《やえむた》の有力百姓のもとで、妻子・資財とともにかくまわれるという事件なども発生している。九州では、百姓の自治的な村（惣村《そうそん》）

の存在を明示する文献史料にはめぐまれないが、近年の考古学の発展によって、畿内周辺と同じく、鎌倉後期を画期に集村化が進展することが明らかになってきた。本村百姓らの一件は、やはりこの時期の九州においても、領主に対抗しうる惣村組織や一村落を超える百姓の広域的な連帯が形成されていたことの一つのあらわれとみるべきであろう。

このように戦争の混乱に乗じた武士の押領や百姓の抵抗によって、大鳥居氏の支配は重大な困難に直面していた。大鳥居氏が荘内の田地を大量に処分せざるをえなかった事実は、その努力にもかかわらず、荘園経営が破綻《はたん》したことを意味するものといわねばならない。京都の本所に納入すべき年貢をいれられなかったために大鳥居信《しん》弁《べん》・信源《しんげん》兄弟（信高の子）は、本所の不審をこうむって荘官を解任され、かわりに幼少の弟亀松丸《かめまつまろ》を前面に立てて経営の再建にあたることを余儀なくされた。

大鳥居氏の立て直しが具体的にはじまるのは、九州探題今川了俊によって武家方の九州支配が安定したころか

**水田天満宮**（筑後市）　社伝では，嘉禄 2（1226）年の建立。老松社と称した。大鳥居氏の水田荘支配の拠点。現在の本殿は，寛文12（1672）年の造営。

らである。天授四（永和四＝一三七八）年九月、大鳥居亀松丸が氏長者菅原長衡《ながひら》から水田荘の荘官に補任された。大鳥居氏は、本所の権威を楯《たて》に信弁・信源の売却地の回収にのりだしていった。他方、将軍の代替わりを契機にだされた応安大法《おうあんたいほう》（半済令《はんぜいれい》、応安元〈一三六八〉年発布）が、遅ればせながら九州にも適用されることになった。水田荘では、永和三年七月に兵粮料《ひょうろう》所の返還が実施され、大法の趣旨にのっとって、神要《しんよう》（天満宮分）は一円に全部、京済《きょうせい》（本所分）は半分、が返されることになった。しかし、給人や地元武士らはあれこれ理由をつけて命令にしたがわなかったので、菅原長衡が「将軍家文道師範《ぶんどうしはん》」の立場を利用して、特別に押領の停止を命ずる将軍の命令書をだしてもらった。こうして万事順調とはいいがたいものの、京都の将軍や本所、その命令を現地で執行する九州探題の力を活用することで、大鳥居氏はなんとか水田荘の再建を達成できた。

基本的に室町幕府は、荘園領主の権益を擁護する姿勢を取り続けた。幕府の統制のきく九州探題が実力をもち、都鄙《とひ》の政治ネットワークが有効に機能するうちは、現地の側としても将軍の権威を背負った都市領主の存在を無視することはできない。水田荘経営の再建も、地元の大鳥居氏の努力と中央の政治力が連動してはじめて実現したのである。

しかし、十五世紀前半に九州探題の権威が失墜すると、もはや九州では、個別荘園経営のレベルにおいて、中央の威光はほとんど影響力を失い、その生殺与奪《せいさつよだつ》の権は、大内氏・大友氏など地域を支配する大名権力がにぎるようになっていった。同じ菅原一族ということで、大鳥居氏は形骸化した本所に年貢を送り続けたが、戦国期のある老社官がなげいたように「社人が大名の家来《けらい》になって、武役《ぶやく》を専《もっぱ》らにし、社役《しゃやく》を蔑《べっ》する」というのが、中世後期の安楽寺天満宮の実態であった。いわんや、中央と現地との関係がそれほど深くない、ほかの一般の九州荘園においては、すでに鎌倉後期に年貢の送進がとどこおりがちになり、室町期にはいるころには、ほとんどが都市貴族の手をはなれていった。

### 博多と倭寇●

十四世紀なかばごろから、倭寇《わこう》とよばれる海賊集団が朝鮮半島や中国大陸の沿岸を跳梁《ちょうりょう》するようになった。倭寇のなかには、一〇〇〇人を超える大規模な騎馬集団で内陸部にまで侵攻するものもあって、朝鮮・中国の人びとに大きな被害をあたえた。彼らは米穀を略奪するばかりでなく、現地の住人をつれさらい、奴隷《どれい》として売りさばいた。有名な謡曲《ようきょく》『唐船《とうせん》』は、倭寇に拉致《らち》され、九州箱崎（筥崎）の箱崎殿に使われる中国人祖慶官人《そけいかんじん》を、故郷明州《めいしゅう》（寧波《ニンポー》）からはるばる二人の子どもが財宝をもって買い戻しにくるという筋であるが、まったくの絵空事《えそらごと》ということではなくて、当時の世相に取材した話であろう。九州探題今川了俊ひとりで、朝鮮政府の求めに応じて、一七〇〇人を超える浮虜《ふりょ》を送還している。倭寇にさらわれてきた人は、日本国内では一万人に達し、博多には、こうした人びとを売買する大きな奴隷市場があった、という推測もなされている。

一三九二年、高麗朝《こうらい》が滅んで李氏《りし》朝鮮が建国する。高麗崩壊の一因ともいわれるように、朝鮮の政府にとって、倭寇はきわめて頭の痛い問題であった。倭寇撲滅《ぼくめつ》のために朝鮮政府は、日本側に倭寇の禁止を申しいれたり、海岸警備の増強をはかるなどの対策を講じたが、もっとも効果があがったのは、日本人に対して朝鮮との通商を許可する懐柔《かいじゅう》策を採用したことであった。これによって倭寇はだんだんと姿を消し、そのかわりに平和的な通交者として西日本の武士や商人が登場するようになった。このなかには、室町幕府をはじめ、九州探題の渋川氏やその家臣、大内氏・大友氏・少弐氏や対馬《つしま》の宗《そう》氏、筑前国人《こくじん》の宗像《むなかた》氏・

秋月氏、豊前の彦山座主《ひこさんざす》など、九州の支配者たちの名前が多くみうけられる。

「商賈《しょうか》の聚《あつま》る所、関西の要津《ようしん》」といわれた商都博多には、こうした有力者の下請けとして貿易に従事する一方で、みずからも通交権を取得して独自に朝鮮貿易にのりだす大商人がつぎつぎにでてきた。その代表的な人物が宗金《そうきん》である。宗金は、朝鮮国王からさずかった図書《としょ》（貿易を許可する印）を用いて巨額の対朝鮮貿易を行うとともに、代官《だいかん》として大友氏の博多息浜《おきのはま》支配の一端をになった。また、『海東諸国紀《かいとうしょこくき》』所収の「海東諸国総図」の下敷となる「日本・琉球両国地図」を朝鮮にもたらした博多商人道安《どうあん》も、日本・琉球・朝鮮を股《また》にかけたスケールの大きい貿易商としておとせない。

宗金や道安ら博多商人が朝鮮にもちこんだ商品には、日本産の銅・硫黄《いおう》・刀剣などとともに、蘇木《そぼく》や象牙《ぞうげ》など南海からの輸入品が少なくなか

「海東諸国総図」(『海東諸国紀』)　倭寇の本拠地である壱岐・対馬が実際よりもかなり大きく描かれている。当時の朝鮮の人びとの地理感覚がうかがえ，面白い。

った。『海東諸国紀』は博多を「琉球・南蛮商船所集の地」と記すが、事実、十五世紀初頭にジャワ国の使者亜列《あれつ》・陳彦祥《ちんげんしょう》が博多に寄港している。博多商人が海を渡ったばかりではなく、琉球や南洋の船もかなり頻繁に博多に来航してきたのである。

十四世紀の東アジアは、国家体制の変革期であった。中国でも一三六八年に、元《げん》が滅んで明《みん》にかわった。明も日本に対して倭寇の禁圧を要求し、同時に通交関係を締結した。ただし、明の場合は、中国帝国の伝統的な外交形式にのっとって、明の皇帝が「日本国王」と認めた人物とだけ排他的に外交・貿易をとり行うシステムであり、多様な人びとが参加できた日朝貿易とは、大きく様相がちがっている。

明が最初に「日本国王」と認めたのは、当時大宰府を押さえていた征西府の懐良《かねよし》親王であった。さらに、足利義満も明国から帰国した博多商人肥富《こいずみ》にすすめられて、応永八（一四〇一）年に使者を派遣し、「日本国王」として承認された。肥富はこのときの副使にも選ばれており、博多商人が最初から日明交渉で大きな役割をになったことがわかる。室町幕府のつかわした遣明船は、建前は政府使節団であるけれども、実際には多くの商人が便乗しており、貿易船としての性格が濃厚であった。十五世紀後半ごろから、日明貿易の経営の主体は幕府から有力守護大名の細川氏や大内氏に移っていくが、博多商人は大内氏と結んでその枢要をにぎり続けた。

ところで、博多と関係の深いこの時期の中国人に、陳外郎宗寿《ちんういろうそうじゅ》・吉久《よしひさ》父子がいる。応永二十六年、朝鮮軍が対馬を攻撃する事件（応永の外寇《がいこう》）が発生したさいに、九州探題渋川氏は宗金を京都に派遣し、陳宗寿を介して将軍足利義持《よしもち》に報告を行った。また、宗寿の子吉久は、平方吉久《ひらかたよしひさ》という日本名を名乗る博多在住の商人であったが、対馬襲撃の真意をさぐるために日本国王使の副使として朝鮮に派遣された。さらに、

❖コラム

福岡県内では、『海東諸国紀』所収「日本国西海道九州之図《さいかいどう》」（本章扉写真）に博多・芦屋《あしや》と文字《もじが》関《せき》（門司関）の三カ所がみえる。いずれも重要な対外貿易港であるが、良質の砂鉄を産する宗像《むなかた》・芦屋の海岸を後背にもつ芦屋津は、芦屋鋳物師《いもじ》と芦屋釜《かま》の地としても著名である。

芦屋から遠賀川《おんが》をさかのぼると、高野山金剛三昧院《こうやさんこんごうざんまいいん》領粥田荘《かいた》（遠賀郡一帯）に至る。粥田荘の決算書によれば、芦屋で茶釜を購入し荘園領主のもとに送りとどけている。代価は釜四個で一〇〇〇文というから、一個二五〇文である。ちなみにこのときは米一石が五〇〇文、紬《つむぎ》一反が七〇〇文、太刀《たち》一腰が五五〇文という相場である。京上された芦屋釜は、室町幕府の役人に対する八朔《はっさく》（旧暦八月朔日）の進物《しんもつ》に供された。芦屋釜の作品は、その肌に当時の水墨画《すいぼくが》の趣《おもむき》を取りいれており、なかには雪舟《せっしゅう》の下絵という釜もあって、天下の名器ともてはやされた。

高倉《たかくら》神社（遠賀郡岡垣町）の境内にたつ毘沙門《びしゃもん》天《てん》像は、延徳三（一四九一）年の銘文をもち、芦屋鋳物師の記念碑的作品とされる逸品である。なお、芦屋町の時宗寺院、金台寺《こんたいじ》の「過去帳」には、芦屋鋳物師をはじめ紙衣《かみこ》屋・桶《おけ》屋・舟大工などさまざまな商工業者の名前がみえ、芦屋津の往時のにぎわいがうかがえる。

高倉神社の毘沙門天像

やや時代がくだって明の海禁《かいきん》政策（中国人が海外にでることを禁止する政策）がゆるみ、中国人海商の活動がいっそう活発になると、個人の活躍のレベルを超えて、博多にあらたな中国人居留地（大唐街《だいとうがい》）が形成されるようになった。

## 3 戦国時代の北九州

**覇権のゆくえ●**

応仁元（一四六七）年、将軍の後継争いがこうじて、応仁・文明の大乱がはじまった。中国地方に加えて筑前国・豊前国を支配する大内政弘《まさひろ》は、二〇〇〇艘《そう》の船をしたてて京に攻めのぼり、山名宗全《やまなそうぜん》率いる西軍の主力として奮戦した。東軍の主将細川勝元《かつもと》は、この政弘の軍事力を弱めるために、大内氏の分国を内外から攪乱《かくらん》する作戦を立てた。

文明元（一四六九）年四月、勝元の策動に応じた豊後大友氏の軍勢が豊前国に攻めいり、翌五月中には一国全体を平定した。また、筑前国では、東軍方から守護に補任された少弐頼忠《よりただ》（政尚《まさひさ》・政資）が、同年七月、亡命先の対馬から対馬の軍勢を率いて箱崎津（福岡市東区）に上陸し、大内方を駆逐《くちく》して筑前・豊前両国を支配下におさめた。さらに、翌文明二年には、政弘の伯父、大内教幸《のりゆき》が長門《ながと》国赤間関《あかまがせき》で政弘に反旗を翻し、惣領に対抗していた筑前の麻生家延《あそういえのぶ》らがこれに応じている。

文明五年に山名宗全、細川勝元があいついで没し、事実上、戦争がおわりかけていたにもかかわらず、賊軍の立場にたたされた大内政弘は、分国の混乱を横目にしながら本国に帰るに帰れない状況であった。

しかし、ようやく文明九年十月に前将軍義政夫人の日野富子《ひのとみこ》の斡旋《あっせん》で、周防《すおう》・長門・筑前・豊前の守護職と石見《いわみ》・安芸《あき》の所領を安堵《あんど》（保証）するという好条件で講和を取り結ぶことに成功し、翌十一月、京都の陣をはらい帰国の途についた。これによって都の大乱は、完全に終結した。

あくる文明十年の九月、大内政弘は九州に渡って少弐政尚《まさひさ》を討ち、一挙に豊前・筑前を制圧し、同年十二月に本国周防に帰るまで、しばらく博多で筑前経営の陣頭指揮にあたった。自身が名のとおった歌人でもある政弘は、文明十二年に、不世出の連歌師飯尾宗祇《いいおそうぎ》を領国に招いた。この旅行の記録が著名な『筑紫道記《つくしみちのき》』であるが、大内氏の北九州支配の安定ぶりをうかがわせる内容となっている。

一方、本国筑前をおわれた少弐氏は、肥前国三根《みね》郡を中心とする一地方勢力になりさがり、やはりすでに肥前の地方勢力化していた九州探題渋川氏と小競り合いを繰りかえした。大内氏・大友氏といった大守護勢力が、それぞれ筑前・豊前、豊後・筑後を押さえ、肥前で小勢力が割拠するというのが、戦国期北部九州の基本的な政治地図である。

ときおり少弐氏が筑前をうかがうものの、本国を回復する力はすでになかった。だが、大内義隆《よしたか》は北九州の支配をいっそう確実にするために、天文五（一五三六）年五月、わざわざ大宰少弐の上司である大宰大弐に任命してもらった。同年九月、少弐資元《すけもと》は大内勢に攻められ、肥前国小城《おぎ》郡多久《たく》城で自殺し、少弐氏の勢力は著しく衰退した。さらに大内義隆は、大友氏対策として、一時期筑後守護であった経緯から筑後進出をねらう肥後の菊池氏と手をくんで、大友氏の動きを封じるのにも成功した。このように十六世紀中葉、大内氏の北九州支配は安定期を迎えていた。

ところが、天文二十年九月、大内義隆が重臣陶隆房《すえたかふさ》（晴賢《はるかた》）の反乱によって、長門国大寧寺《だいねいじ》（山口県長門市）で自殺し、ついで、北九州支配の要《かなめ》、大宰権《ごんの》少弐《しょうに》・筑前守護代の杉興運《おきかず》も粕屋《かすや》の浜で討たれた。陶隆房は大友義鎮《よししげ》（宗麟《そうりん》）の弟晴英《はるひで》を大内氏の後継に迎え、この大内義長《よしなが》（大友晴英）のもとで、しばらく大内氏の北九州支配が続いた。

　しかし、弘治三（一五五七）年四月に、大内義長が毛利元就《もうりもとなり》によって滅ぼされると、大友義鎮はすかさず豊前・筑前・肥前に兵を送った。永禄二（一五五九）年、三国を平定した義鎮は、すでにもつ豊後・筑後・肥後の守護職に加えて、あらたに豊前・筑前・肥前の守護および九州探題の補任をうけ、名実ともに北部九州の覇者《はしゃ》となった。大友氏の北九州支配は、九州進出をねらう毛利氏とつうじた有力国人《こくじん》らの反抗によって不安定な側面を否めないものの、毛利勢力下の門司一帯をのぞくほぼ北九州の全域が、その勢力範囲におさめられた。

　だが、この大友氏の覇権も長くは続かなかった。天正六（一五七八）年十一月、大友義統《よしのり》が日向《ひゅうが》国の耳川《みみかわ》

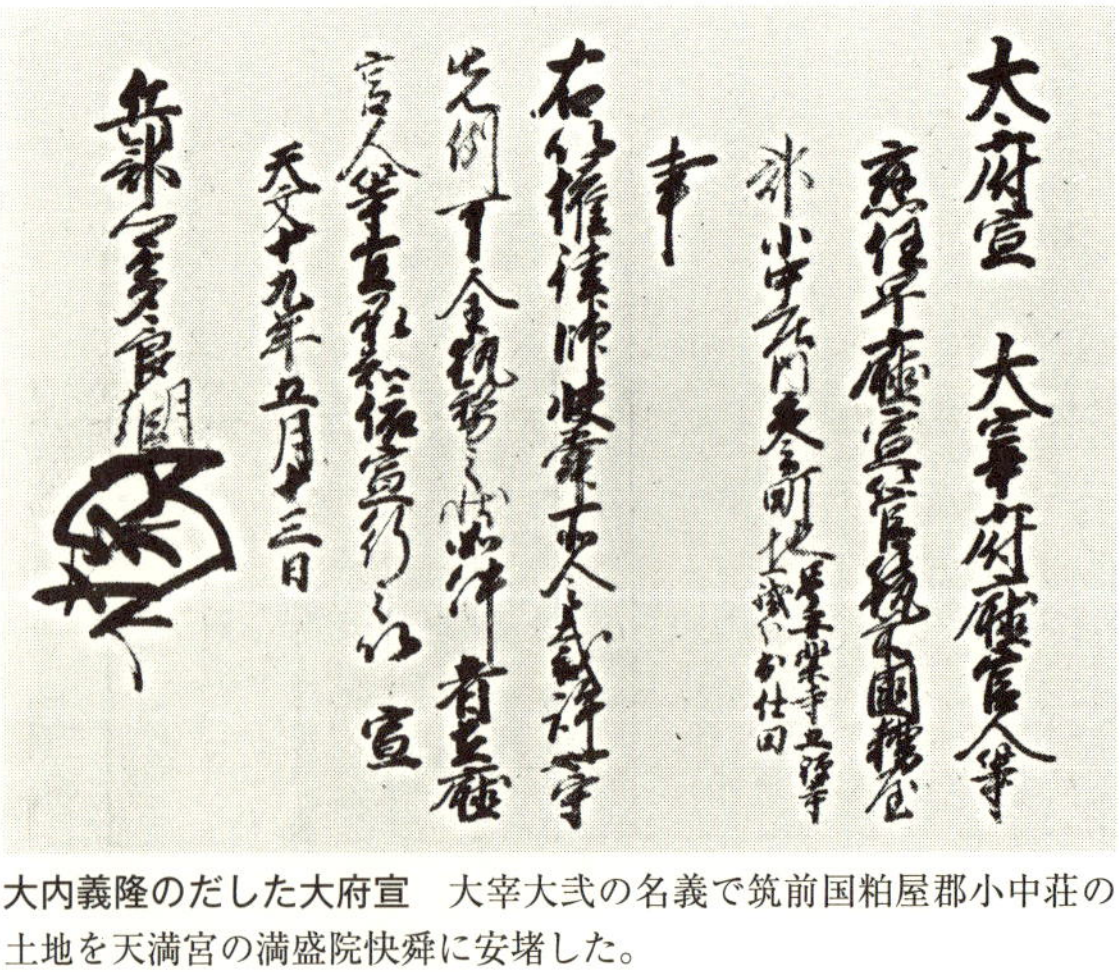
大府宣　大宰府庁官人等

天文十九年五月十三日

**大内義隆のだした大府宣**　大宰大弐の名義で筑前国粕屋郡小中荘の土地を天満宮の満盛院快舜に安堵した。

（宮崎県日向市）で島津氏に壊滅的な大敗を喫したのである。これをみて仕方なく大友氏に服従していた国人たちがあいついで離反し、親大友・反大友が入り乱れて、北九州は一変、群雄割拠の様相をみせるようになった。筑後には、急速に台頭してきた肥前の龍造寺隆信《りゅうぞうじたかのぶ》の勢力が押しよせてきた。

こうした北九州の混沌《こんとん》とは無関係に、南と東から巨大な力が徐々に近づいてきた。その一つは、南九州の島津氏の動きである。天正十四年、全九州制圧の勢いをみせる島津氏が、筑後を抜き、大友方の猛将高橋紹運《しょううん》（鎮種《しげたね》）のまもる筑前国の岩屋《いわや》城（太宰府市）を囲んだ。島津勢の猛攻に城はおち、紹運は討死するが、戦国史上屈指といわれる激戦によって、島津方も大打撃をこうむり、筑後への撤退を余儀なくされた。そして、ついに翌天正十五年三月、大友宗麟の救援要請をうけた天下人豊臣秀吉《とよとみひでよし》が、みずから大軍を率いて九州に出陣してきた。島津氏は状況の不利をさとって、同年五月に降伏し、本領の薩摩《さつま》・大隅《おおすみ》を安堵された。ここに統一政権によってついに九州平定が達成され、九州の政治は新しい秩序の秋《とき》を迎えた。

### たたかう民衆●

天文十三（一五四四）年二月、西山《にしやま》五カ村（警固《けご》・榊《さかき》・曽賀部《そがべ》・新原《にいばる》・西山、現福岡市早良《さわら》区四箇《しか》・金武《かなたけ》）の村人たちは、海岸部から龍山につうじる道を村の内で掘り切り、武装して待ちかまえていた。西山の山口にあたる龍山は、五カ村衆が日々の燃料となる薪《まき》や農業用の肥草《こえぐさ》などを調達してきた入会山《いりあいやま》であり、五カ村の独占的な利用権は、前々から龍山の領主である博多の聖福寺や当地を管轄する大内氏の早良郡代《ぐんだい》も公認するところであった。ところが、聖福寺の和尚様《おしょうさま》の命をうけたといって下司《げす》の因与康《ちなみともやす》が、西山五カ村の既得権をないがしろにして、山門《やまと》・橋本《はしもと》・姪浜《めいのはま》津（福岡市西区）など早良郡の海辺の村々に入会山を利用する権利を売却してしまったのである。案の定、下司の発行した山札《やまふだ》（入山権利証）をもって姪浜や山門の村人たちが馬を引いて大挙押しかけてきたが、一旦は、武力をちらつかせてなんとか追い返すことができた。

一方、因与康のほうも、みずからの腕力をたのんで強硬な姿勢をくずさない。西山村に五カ村から離脱をするよう圧力をかけたほか、西山の人びとの信仰厚い妙見《みょうけん》神社の杜《もり》をことごとく伐採し、大木は材木として、小木は炭焼き窯をこしらえて木炭にして売り払う暴挙に打ってでたのは、武力行使をも辞さない断固たる決意をみせつけて相手方の動揺をさそい、五カ村衆の結合に亀裂をいれようという意図からであろう。

しかし、村人はいっこうにひるまなかった。五カ村衆は聖福寺や早良郡代に対して、龍山の独占的用益権の確認と因与康の下司職罷免《しきひめん》を求める訴えをおこした。聖福寺へあてた訴状は、筆跡・内容とも、村人の知的水準の高さを十分にうかがわせるにたりる。「郡内の村々に入会の権利を売ったがために、自然のダムの役割を果たす龍山が禿山《はげやま》になったのでは、三〇町ある田圃《たんぼ》の用水が皆枯れてしまい、西山に一〇人いる大内氏の給人方へも年貢《ねんぐ》を納めることもできなくなりますよ。そこのところをよくお考えください」と、大名権力の意向を考慮せざるをえない寺社領主の弱いところを巧みに突いている。

さらに、惣村側は寺側との交渉にあたって「要求の二点が成就しないでは、聖福寺への山公事《やまくじ》をつとめない」というような強い姿勢も示した。これは当時としては、けっして突飛な反抗ではなかった。「百姓の生活を守ってこそのご領主。それができないでは、年貢なんぞ納める意味がない」というのが、シビアな戦国期の百姓に共通する考え方だったのである。そして最終的には、惣村連合の強靱《きょうじん》な姿勢に押された聖福寺が、百姓の要求を全面的にうけいれた和尚の一筆をあたえ、ついで、郡代の大村興景《おきかげ》から西山五カ村の独占的用益権を保証するお墨付きがくだされた。

このように先例を楯《たて》にたたかう中世の村は、領主にとってまことに手ごわい存在であったが、さらに強大な武力をもつ大名にとってさえ、けっして油断できる相手ではなかった。永享十一（一四三九）年、大内氏は鞍手《くらて》郡代に対し、植木《うえき》荘の百姓が徒党《ととう》をくんで年貢のボイコットや強訴《ごうそ》を企てて、他所《よそ》に「逃散《ちょうさん》」するのを厳重に取り締まるように命令をだしている。中世における逃散とは、たんなる夜逃げとはちがって、被支配者である百姓が支配者に突きつけた明確な「拒否」の意志表示である。「百姓は一味をもって習《なら》いとする」といわれるように、中世の百姓は、個々は小さな存在であっても、団結することで支配者に対抗しうる強力なパワーが獲得できることを熟知しており、広域的な拒否運動の広がりは、大名の支配をも麻痺《まひ》させかねない危険性さえはらんでいたのである。

このあなどるべからざる中世の村の力の源泉はどこにあるのか、突きつめていえば、刀狩《かたながり》と兵農分離を経験した丸腰の近世の村とちがって、中世の村では、村人の一人ひとりが武器をもつ存在であったことに求められよう。とくに、村の指導者である地侍《じざむらい》は、有力農民であると同時に、大名の家来として働く武士でもあった。村をリードする地侍と、入会・用水や婚姻関係など一村を超える生活連関を媒介にして形成された彼らのネットワークが、惣村連合の中核に存在していた。もし、この村々の連帯が一国に連鎖するような条件がそろったならば、加賀《かが》国以外に「百姓のもちたる国」が誕生しても、なんら不思議ではなかったのである。

一方、村が武力をもつデメリットも、以下でのべるようにまったくないわけではない。

前述の龍山の入会権の問題は、表面上は領主と惣村の対決として展開したが、根本の原因は、どうしても入会山を確保したい海辺の村々の事情のほうにあった。室町・戦国時代の福岡平野では、ほかの地域と同様に、ぞくぞくと新しい村が誕生した。そうすると、山手の村はともかく、平野部の村のなかには、日常生活に必要な入会山にこと欠く村もでてきた。こうした村々の強い欲求をうけて、すでに山林資源の豊富な脇山口《わきやまぐち》（福岡市早良区）では、山札を発行した入会権の分割販売が行われていた。

また、龍山の場合でも、遅くとも十五世紀後半には海岸の平野部の村の手がのびてきており、延徳二（一四九〇）年には、西山村の庄屋《しょうや》西山次郎太郎が、龍山の権利を有田村（福岡市早良区）に売却したために村を追放されている。入会山に対する西山五カ村の慣習的な権利が、文明十七（一四八五）年に早良郡代という公的機関の保証を得てはじめて文書化されたのも、こうした周辺の村との争いがきっかけであった。

中世には、入会山や用水をめぐる村同士のちょっとした紛争が、血生臭い武力衝突にまでエスカレートすることも少なくなかった。また、領主と村の対決も武闘の契機をはらんでいた。自力救済を基本原理とする中世社会では、ちょっとした小競り合いは致し方ないとしても、不倶戴天《ふぐたいてん》の敵同士ではないのだから、凄惨《せいさん》な全面対決はぜひともさけなければならない。つまり、中世後期の在地社会は、紛争を第三者的にときほぐしてくれる強力な審判者を欲していたのである。戦国大名は「公儀《こうぎ》」を標榜し、公正な裁定者を演ずることで、在地における権威をしだいに高めていった。

**自治都市博多●**

朝鮮国の対日外交の担当者がつねに座右においたという『海東諸国紀《かいとうしょこくき》』は、同書が書かれた一四七一年ごろの博多をつぎのように記している。

住民は一万戸余。少弐《しょうに》殿と大友殿が分治し、西南の四千余戸が少弐、東北の六千余戸が大友である。大友領の代官は藤原（田原）貞成《さだなり》である。住民は行商を業《なりわい》とする。琉球・南蛮《なんばん》の商船が集まる所である。……我が朝鮮国に往来する者は、九州中で博多が最も多い。

中世の博多は、内陸方の博多部と北側臨海の息浜《おきのはま》部の二つの地域からなる。「西南の四千余戸」が狭義の博多、「東北の六千余戸」が息浜である。鎌倉時代には、聖福寺《しょうふくじ》・承天寺《じょうてんじ》のある博多部が中心であったのが、だんだんと海岸線が海にのびていった結果、室町・戦国時代になると、新興の息浜のほうが旧市街

**博多をめぐる堀の跡**（昭和61〈1986〉年10月28日付『朝日新聞』による）

**博多の町並**（天文19〈1550〉年ころ。福岡市博物館図録『堺と博多展』による）

地の博多部よりも発展し、戸数も博多全体の六割を占めるようになった。また、博多の日朝貿易も息浜在住の商人が独占していた。博多部を少弐氏が押さえたのは大乱期のごく一時期で、大方は大内氏の統治下にあった。一方、息浜の支配者は大友氏であったが、守護の大内氏はこの対外貿易の拠点を虎視眈眈《こしたんたん》とねらっていた。

しかし、十六世紀中葉に大内氏が滅亡して、博多支配の二元性は解消され、全体が大友氏の一元的支配のもとで、一体として展開をみせるようになる。近世の地誌『筑前国続風土記《ちくぜんのくにしょくふどき》』には、かつて博多は箱崎と陸続きであったのを、大友氏の家臣臼杵安房守《うすきあわのかみ》が、それまで博多の南側を流れていた御笠川《みかさ》（比恵《ひえ》川）をつけかえて、まっすぐ海にむけて人工の川（石堂川《いしどう》）をとおし、南側には防御のために堀（房州《ぼうしゅう》堀《ぼり》）を設けたという伝承が記されている。この戦国末期の大土木工事は謎《なぞ》とされてきたが、地下鉄工事などに伴う発掘調査によって幅六メートルを超える東西に走る堀が発見され、大友氏管下の博多が四方を川・海・堀で囲まれた、堺と同様な要塞都市であることが明らかになった。南北は現在の博多駅のやや北に比定される堀と海、東西は石堂川と那珂《なか》川、この内側が戦国最末期における都市博多の領域ということになる。

戦国末期に日本を訪れたキリスト教の宣教師たちが、このころの博多について「九州中で博多ほど高級かつ富裕なところはどこにもない。商人の市《まち》であり、万事、堺の市を模倣したものであった」「博多は大きな市で、富裕な商人たちは戦争によって町が破壊されないように、あらかじめ進物を贈って交渉した」とのべたように、博多は堺とならぶ当時の代表的な自治都市であって、町の中央部には堂々たる瓦敷《かわらじき》の舗装道路が走っていた。戦国最末期の博多市民の自治組織は、東分《ひがしぶん》と西分《にしぶん》に分かれ、それぞれにその代

❖コラム

博多どんたく・博多祇園山笠

博多の町を彩《いろど》る祭礼に、どんたくと山笠《やまがさ》がある。宣教師ルイス＝フロイスは、山笠をつぎのようにみていた（フロイス『日本史』）。

博多の市はまったく異教的で、デウスのことにほとんど好意をもっていなかった。市のあるいくつかの町内では、祇園《ぎおん》といい、毎年彼らの偶像を敬って公然と行う祭りや盛大な行列に使用する材木その他の道具を、教会で保管してくれとねだりはじめた。……一カ月後、司祭が断固拒否することがわかると、彼らの多数が集合し、かの悪魔の道具を肩に担ぎ、大声で叫び喚声をあげながらまっすぐ我らの教会にひっぱってきた。

どうも宣教師たちは、都市の攘災《じょうさい》を願う祇園山笠の本来の意味を理解していないようではあるが、太閤町割《まちわり》以前においても、現在と似たようなやり方で山笠が行われていたことがわかる。

この騒ぎの一〇〇年ほど前、康正二（一四五六）年十一月、筑前の守護大内氏は「門松《かどまつ》や祇園会の作り物にするためにかってに筥崎《はこざき》の神木を切った者は一族まで罰する」という禁制をだしている。門松をはやし、新春を祝う行事に、松囃子《はやし》がある。博多の松囃子は、「通りもの」（町を練り歩く祭り）として正月十五日に行われた。この博多松ばやしが月がかわって催されるようになったのが、現在の博多どんたくである。守護の厳禁にもかかわらず、依然、どんたくや山笠の作り物に、名所とうたわれた筥崎松原の松が使用され続けたらしく、文明十五（一四八三）年の五月にも、同様の趣旨の禁制がだされている。

表として月役《つきやく》がいた。そしてそのうえに、「大友氏―博多津御取次《おとりつぎ》―博多代官《だいかん》」という戦国大名の行政機構が存在した。

戦国時代の地層から出土する大量のタイ・ベトナム産の焼物は、東アジア地域をおもなテリトリーとした博多商人が、このころになるとさらに活躍の範囲を広げて、直接東南アジアまで雄飛するようになったことを雄弁に物語っている。

日本における対外交渉の拠点博多は、新しい海外の技術をいち早く受信し、国内に発信する媒体の役割をになった。日本は十七世紀の初めに世界最大の銀産出国となるが、そのシルバー・ラッシュの先駆けとなる石見《いわみ》銀山の開発は、博多商人の神屋寿禎《かみやじゅてい》が明の採掘技術を伝えたことにはじまるといわれ、銀山周辺には多くの博多商人が住みついていた。また、博多織の起源も明確ではないが、十六世紀のなかばごろ満《まん》田彦三郎《だひこさぶろう》が神屋寿禎の協力を得て明に渡り、明の織物技術を習得して帰国し、博多の織物業の復興に力をつくしたという言い伝えがある。遣明船の船頭もだした神屋一族の寿禎は、近世初頭の豪商神屋宗湛《そうたん》の祖父にあたる。

中世最後の博多の支配者大友氏は、キリシタン大名としてよく知られている。キリスト教宣教師ルイス＝ダルメイダは、本部の教団に対して戦国最末期の博多をつぎのようにレポートしている。

「豊後の王（大友宗麟）は、博多の中央海岸の近くに広大な地所を教会建設用地として宣教師にあたえた」「博多は皆が商人できわめて富裕な町なので、なかなか町人がキリスト教をうけいれず、日本一布教のやりにくい土地であった。しかし、今度（一五五九年）の戦争で戦災に見舞われ、人々の心が慈悲深くなり、布教がやりやすくなった」「九年前（一五五九年）の戦争でわずか二〇軒を残すばかりであったのが、この二カ月で三五〇〇軒にふえた。今後四カ月のうちには、人口は一万人に達するであろう」。

誇張やかたよりも少なくはなかろうが、博多の富裕ぶりと戦災にもたじろがない活力とをよく伝えている。宣教師が言及する永禄二（一五五九）年の戦争とは、大友氏の支配にむけた、筑前の国衆筑紫惟門《くにしゅうちくしこれかど》の反乱である。博多はこの前後にも戦災に見舞われているが、これは博多の重要性の裏返しといえよう。

天正八（一五八〇）年の龍造寺氏の筑前侵入と天正十四年の島津氏の北上によって、博多はふたたび焦土と化した。この博多の町が完全に復活するのは、太閤《たいこう》豊臣秀吉の到来を待たねばならない。翌十五年、博多の地を踏んだ太閤秀吉の指図《さしず》（太閤町割《まちわり》）に基づいて都市の復興がなされ、以降、いわゆる「鎖国《さこく》」を迎えるまでのあいだ、近世豪商のもとで国際貿易都市博多は、しばらく最後の黄金の日々を謳歌《おうか》する。

6章

# 九州平定と藩の成立

福岡城(上ノ橋付近)

## 1 豊臣政権と福岡

### 九州平定●

豊臣秀吉《とよとみひでよし》は、関白《かんぱく》の命にしたがわない島津氏を討つため、天正十四（一五八六）年九州への遠征軍派遣を決定した。西国大名を中心に二五万ともいわれる大軍が編成され、九州への侵攻が開始された。翌年三月、小倉城にはいった遠征軍は二手に分かれ、秀吉の弟羽柴秀長《はしばひでなが》が率いる軍は豊後《ぶんご》から日向路《ひゅうがじ》を進み、秀吉の軍は筑前《ちくぜん》・肥後《ひご》を経て薩摩《さつま》をめざした。五月には、島津氏が降伏したことから、豊臣政権による九州平定が達成され、同時に九州の戦国時代も終わりを告げた。

島津氏の降伏後、秀吉は筑前国箱崎において九州の国割《くにわり》（知行割《ちぎょうわり》）を行った。筑前一国と筑後《ちくご》国の生葉《いくは》郡・竹野郡は、肥前国一郡半（基肄《きい》郡・養父《やぶ》半郡）とともに小早川隆景《こばやかわたかかげ》にあたえられた。そのほか、筑後国には隆景の養子で、実の弟でもあった小早川秀包《ひでかね》や立花宗茂《むねしげ》・高橋直次《なおつぐ》（宗茂の弟）・筑紫広門《つくしひろかど》が領地を得た。豊前国では、京都《みやこ》郡・仲津《なかつ》郡・築城《ついき》郡・上毛《こうげ》郡・下毛《しもげ》郡・宇佐《うさ》郡が黒田孝高《よしたか》に、残る企救《きく》郡・田川郡は毛利勝信《かつのぶ》（森吉成《よしなり》）にあたえられた。

戦国期の在地勢力（国人《こくじん》）は、筑前の秋月氏・豊前の高橋氏が日向国に移され、豊前の宇都宮《うつのみや》氏も伊予《いよ》国に移ることを命じられた。鎌倉時代に地頭職《じとうしき》を得て以来、豊前地域に勢力を張っていた宇都宮氏は、伊予へ移ることをこばんで黒田氏の入部に抵抗し、在地勢力を結集して城井《きい》城（築上郡築上町《ちくじょう》）を奪回した。秀吉は黒田孝高に追討を命じたが、天然の要害である城井城によった宇都宮方の抵抗は激しく、孝高は一旦和睦《わぼく》したうえで、宇都宮鎮房《しげふさ》を中津城に誘殺し鎮圧した。筑後では、鎌倉以来の名族草野《くさの》氏や高良山座主《こうらさんざす》麟圭《りんけい》が小早川秀包に討たれた。そのほか、筑前の原田氏・麻生《あそう》氏・宗像《むなかた》氏、筑後の問注所《もんちゅうじょ》氏・三池《みいけ》氏などは、小早川氏や立花氏の与力につけられ、この地域の勢力地図は一新された。このような北部九州におけるあらたな大名配置は、秀吉が大陸侵略の拠点としてこの地域を重要視していたことを示している。

小早川隆景は、中国地方に広大な勢力を張った戦国大名毛利元就《もうりもとなり》の三男で、小早川家を相続した。隆景は、いわゆる三本の矢の伝説で有名な毛利三兄弟のひとりであり、長兄毛利隆元《たかもと》の死後は、吉川《きっかわ》家をついだ次兄の吉川元春《もとはる》とともに、甥の毛利輝元《てるもと》を補佐し毛利家をささえてい

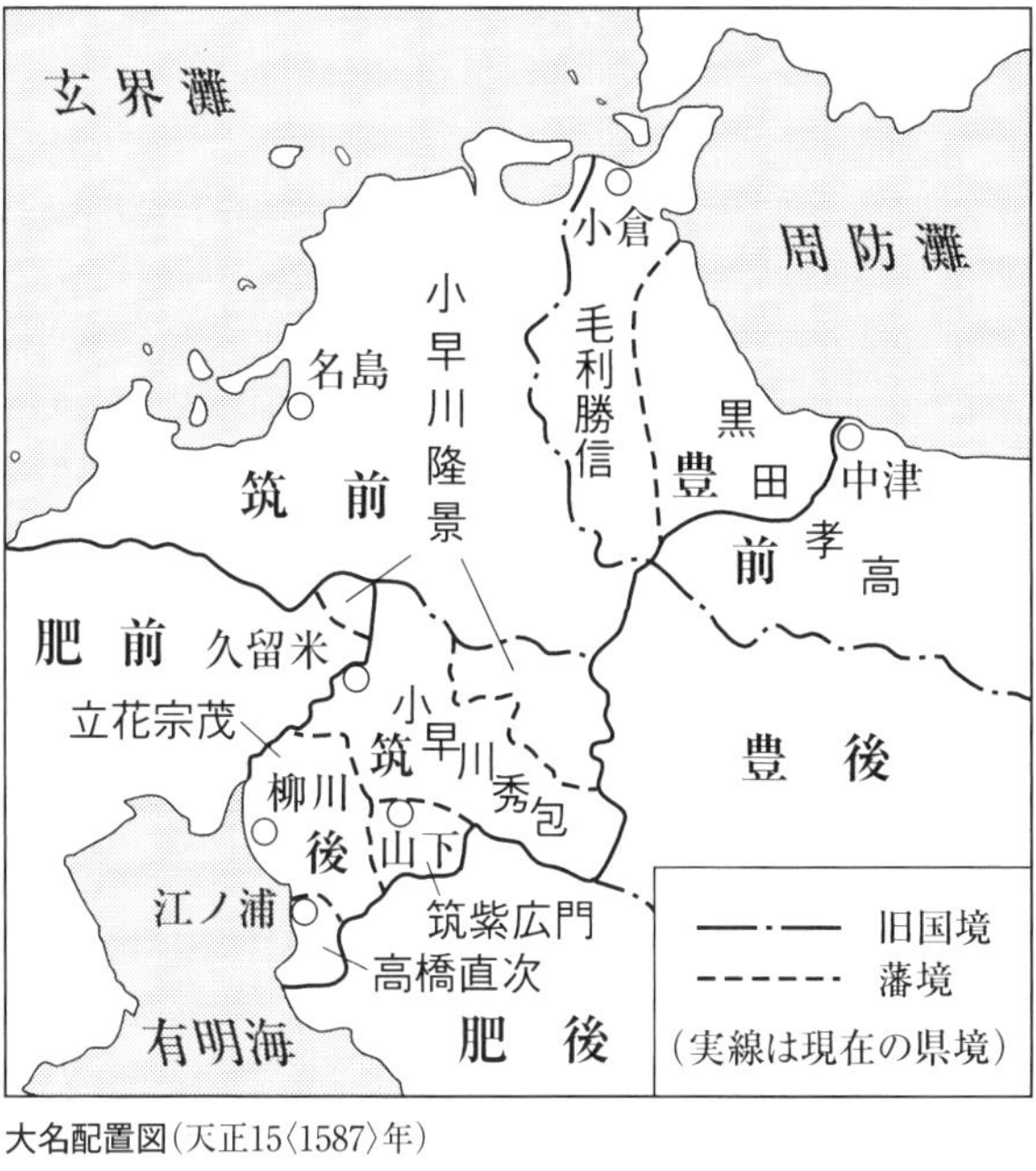


**大名配置図**(天正15〈1587〉年)

た。筑前に入国した隆景は、まず筑前有数の山城である立花城（立花山城ともいう。福岡市東区、糟屋《かすや》郡新宮町・久山町）にはいった。この城は天然の要害ではあったが、領国の支配には不便であったため、海岸部の名島《なじま》（福岡市東区）にあらたな城を築造した。名島城は、多々良《たたら》川の河口北岸に位置し、博多湾に突きでた半島を利用した規模の大きな城で、三方を海と川に囲まれた海城であった。隆景の本国備後《びんご》三原城も海城で、隆景の率いる強力な水軍勢力の拠点であった。名島城は、小早川家臣団の特徴からも必要とされたものと考えられ、大陸侵攻をめざす豊臣政権が、小早川隆景を筑前に配置した理由の一つも、おそらくこの点にあったのであろう。

小早川秀包は、毛利元就の末子で、母が小早川家の血筋を引いていたことから、兄隆景の養子となったといわれている。筑後にはいった秀包は、丹波《たんば》麟圭の居城であった久留米《くるめ》城に入城し、城の拡張工事を行うとともに、城下町の建設に着手した。久留米の地は、水陸交通の要衝で、領国支配の拠点として最適の場所であった。秀包は、九州出兵のころ、黒田孝高にすすめられてキリシタンに入信し、以来両者はたいへん親しい関係にあったという。また、秀包は、久留米入城後、熱心なキリシタンとして知られる大友義《よし》鎮《しげ》（宗麟《そうりん》）の娘と結婚するが、かつて激しく争った毛利家と大友家の融和を進める秀吉のはからいによるものといわれている。秀包を筑後に配置したのは、隆景との関係によるものであるが、近隣諸大名との関係も考慮されたものと思われる。

立花宗茂は、大友氏の有力な武将で筑前支配の拠点として重要な岩屋《いわや》城（太宰府《だざいふ》市）・宝満《ほうまん》城（太宰府市・筑紫野《ちくしの》市・糟屋郡宇美《うみ》町）をあずけられた高橋鎮種《しげたね》（紹運《じょううん》）の子息である。宗茂は、大友義鎮の側近で博多支配の拠点立花城をあずかっていた戸次《べっき》鑑連《あきつら》（道雪《どうせつ》）の娘誾千代《ぎんちょ》と結婚して戸次家をつぎ、立花の姓を称するようになった。宗茂は、天正十四年の島津氏北上にさいしては、実父鎮種のまもる岩屋城、弟高橋直次のまもる宝満城と連携して立花城に立てこもり、岩屋・宝満両城が落城したあとも立花城をまもりとおした。この功績により、弟直次とともに筑後国三潴《みずま》郡・下妻《しもつま》郡・山門《やまと》郡・三池郡に領地をあたえられた。筑紫広門は、天正六年龍造寺隆信《りゅうぞうじたかのぶ》らと結んで大友氏に反旗を翻し、いくどとなく岩屋城の高橋鎮種とたたかった。しかし、天正十四年には大友氏が豊臣秀吉に接近したことを察知したことから、高橋氏と和睦し、鎮種の子息直次と娘の結婚を実現させた。島津氏の北上にさいしては、居城勝尾《かつお》城(佐賀県鳥栖《とす》市)に立てこもったがやぶれてとらえられた。豊臣軍の九州侵攻によって島津軍が退却すると、筑後に逃亡して軍勢を集め、五箇山《ごかやま》城(筑紫《ちくし》郡那珂《なか》川《がわ》町)を奪回した。この功績が認められ筑後国上妻《かみつま》郡に領地をあたえられた。

黒田氏は、備前国邑久《おく》郡福岡(岡山県瀬戸内市)にゆかりをもち、孝高の祖父重隆《しげたか》の代に播磨《はりま》国に移り、目薬を売って財をなし、家来を集めて力をつけたと伝えられる。つぎの職高《もとたか》の代に、播磨国の守護赤松氏の一族である小寺《こでら》氏に仕え、小寺の姓を名乗るようになった。孝高は、天正三年ころから織田信長と結び、子息長政《ながまさ》を人質として安土《あづち》に送った。秀吉の播磨攻めにさいしては、進んで居城の姫路城を提供し、その後は秀吉の軍師として活躍するようになった。九州遠征には軍奉行として九州にはいり、平定後豊前国六郡をあたえられた。毛利勝信は、黄母衣《きほろ》七騎のひとりに数えられる秀吉の側近で信任が厚く、平定後九州の抑えとして豊前国二郡をあたえられ小倉城にはいった。

### 博多復興●

博多《はかた》は、戦国期のたび重なる戦乱によって荒れはて、東アジアの国際貿易都市として隆盛をきわめたかつての面影はなかった。豊臣政権は、九州平定以前の天正十四（一五八六）年の段階から、博多復興の方針を決定し、同年十二月には、遠征軍の軍奉行として北部九州を転戦していた黒田孝高らによって、第一次の博多町割《まちわり》が実施された。

九州平定後の天正十五年六月十日には、箱崎に滞在していた秀吉が、博多商人神屋宗湛《かみやそうたん》やキリスト教の宣教師などを伴って、南蛮船《なんばんせん》フスタ号にのりこみ、博多に上陸した。荒廃した博多のようすを実際に検分した秀吉は、黒田孝高・石田三成《みつなり》に博多復興を命じ、町割奉行として滝川雄利《かつとし》・長束正家《なつかまさいえ》・山崎片家《かたいえ》・小西行長《ゆきなが》らが任命された。「宗湛日記」には、博多町割奉行は五人と記されており、残るひとりは石田三成であったといわれているが、日記の表現からして神屋宗湛であったとも考えられる。翌十一日に博多の指《さし》図《ず》（設計図）が作成され、十二日から町割が開始された。博多の町は一〇町（一町＝約一〇九メートル）四方と定められ、市小路を基軸に統一的な区画で仕切られ、整然とした近世都市博多が誕生した。これがいわゆる太閤《たいこう》町割である。中世の博多は、海側の息浜《おきのはま》と陸側の博多浜という二つの異なる地域によって構成された双子都市であったと考えられており、戦国末期には博多東分《ひがしぶん》と博多西分《にしぶん》という二つの行政区画に分割されていた。この二つの都市（地域）が統合され、あらたな近世都市博多として再生されたのである。

町割に使用されたとされる博多町割間杖《けんじょう》（ものさし）は、天正十五年六月十四日の日付があり、長さ六尺五寸五分（約一九八センチ）の松材の棒で、代々神屋家に伝えられ、戦前まで博多の豊国神社におさめられていたが、昭和二十（一九四五）年の空襲で焼失した。

天正十五年六月、復興にさいして秀吉が博多にあたえた定書《さだめがき》は、問・座の排除をはじめ、地子《じし》・諸役の免除、博多廻船の保護などを命じる内容であり、博多の商業活動を保護することによって、博多の復興を強力に後押ししようとするものであった。秀吉の箱崎滞在は約一カ月におよび、この間連日のように茶会・連歌会などがもよおされた。これらの文化的交流をとおして、秀吉および石田三成・長束正家・小西行長などの側近大名や、千利休《せんのりきゅう》・細川幽斎《ゆうさい》（藤孝《ふじたか》）・小寺休夢《きゅうむ》（黒田孝高の叔父）など豊臣政権の中枢部に位置する人びとと、神屋宗湛・嶋井宗室《しまいそうしつ》などの博多町衆は結びつきを深めていった。「宗湛日記」によると、六月二十六日の箱崎における連歌会で、小寺休夢が「たてならべたる　門《かど》のにぎわい」とよんだのに対して、秀吉が「博多町　幾千代《いくちよ》までや　つのるらん」と応じ、その場にいた宗湛らは、この句を必ずや博多のものたちに申し聞かせましょうとのべ、秀吉も上機嫌であったことが記されている。

## 朝鮮出兵●

豊臣秀吉は、関白就任直後から大陸侵攻の意志を表明しており、九州出兵の軍奉行黒田孝高に対して、九州平定のつぎは明《みん》を征服すると伝えたことからもわかるように、九州出兵自体が大陸への侵攻を念頭においたものであった。九州平定後の国割において、秀吉の信任厚い小早川隆景を筑前にいれたことや、荒廃した大陸貿易の拠点博多をいちはやく復興させたこと、さらには博多町衆との関係強化をはかったことなど、いずれも大陸侵攻の拠点、あるいは兵站《へいたん》基地として、豊臣政権がこの地域を重視していたことの現れであった。秀吉は、九州平定後の天正十六（一五八八）年以降、琉球・インド・フィリピンなどの周辺諸国に服属を求めるとともに、対馬《つしま》の宗《そう》氏をとおして、朝鮮に服属と対明侵攻の先導を要求した。天正十九年には、肥前名護屋《なごや》に広大な城をきずかせ、関白職を甥の豊臣秀次《ひでつぐ》にゆずって、大陸侵攻の体制をととのえた。

天正二十年西国の大名を中心とする一五万余の大軍を名護屋城に集結させ、四月には、順次朝鮮へ派遣した。これが、第一次朝鮮侵略戦争、いわゆる文禄《ぶんろく》の役《えき》のはじまりである。遠征軍は九軍に分けられ、黒田長政は大友義統《よしむね》と第三軍、毛利勝信は島津義弘《よしひろ》などと第四軍、小早川隆景は小早川秀包・立花宗茂・高橋直次・筑紫広門とともに第六軍に編成された。日本軍は、緒戦に勝利をおさめ、一カ月もたたないうちに、朝鮮の都漢城をおとした。しかし、やがて朝鮮民衆の激しい抵抗が全土に広がり、亀甲船《きっこうせん》を駆使した朝鮮水軍のために補給路の確保もむずかしくなり、さらに明の援軍も到着したことから、日本軍はきびしい状況に追い込まれた。

小早川隆景の出陣後、筑前では領国の支配における博多町衆の役割が増大した。また、豊臣政権も、軍事物資の調達など、博多に対してさまざまな要求を行うようになり、筑前および博多は、しだいに侵略体制のなかに組みこまれていった。ある意味では、天下の豪商としての博多商人の特権的地位は、豊臣政権が侵略戦争遂行のために筑前および博多を必要とするという状況のなかで、はじめて保証されていたといえよう。

朝鮮では、日・明双方に講和をのぞむ声が強く、文禄二（一五九三）年に日明間で停戦協定が結ばれ、講和交渉が進められた。しかし、講和交渉は、秀吉の求めるものとはかけはなれていたため決裂し、慶長二（一五九七）年秀吉はふたたび朝鮮への出兵を命じ、第二次朝鮮侵略戦争、いわゆる慶長《けいちょう》の役がはじまった。この間、小早川隆景は、幼少より秀吉の養子として育てられた秀秋《ひであき》（秀俊《ひでとし》）を養子に迎え、文禄四年十一月本国備後三原に引退した。秀秋には、秀吉から補佐役として山口宗永《むねなが》（玄蕃《げんば》）がつけられ、実質的には宗永が主導権をもって領国支配が進められた。宗永は、「玄蕃縄」の名を残していることからも知

❖コラム

## 鉄砲「墨縄」

朝鮮出兵の陣中において、立花宗茂と黒田長政とのあいだで、弓矢と鉄砲の優劣をめぐって論争がおこった。実際にためして、勝ったほうが相手の武器を取りあげることになり、結果は弓矢を支持した宗茂の勝ちとなった。長政が所持していた火縄銃の名品「墨縄《すみなわ》」は、宗茂の手に渡ることになったが、のちの災いを心配して仲介する人があり、宗茂の弓矢を長政に贈ってことをおさめたと伝えられている。

写真は立花家に伝えられたその火縄銃で、「行やらで《で》　山ち暮《じ》しつ　時鳥《ほととぎす》　今一こゑの　きかまほしさに」という歌と銃の銘「墨縄」の文字が彫り込まれている。銘の由来は、大工が直線を引くときに使う墨縄のように、まっすぐに玉がとぶことによるという。

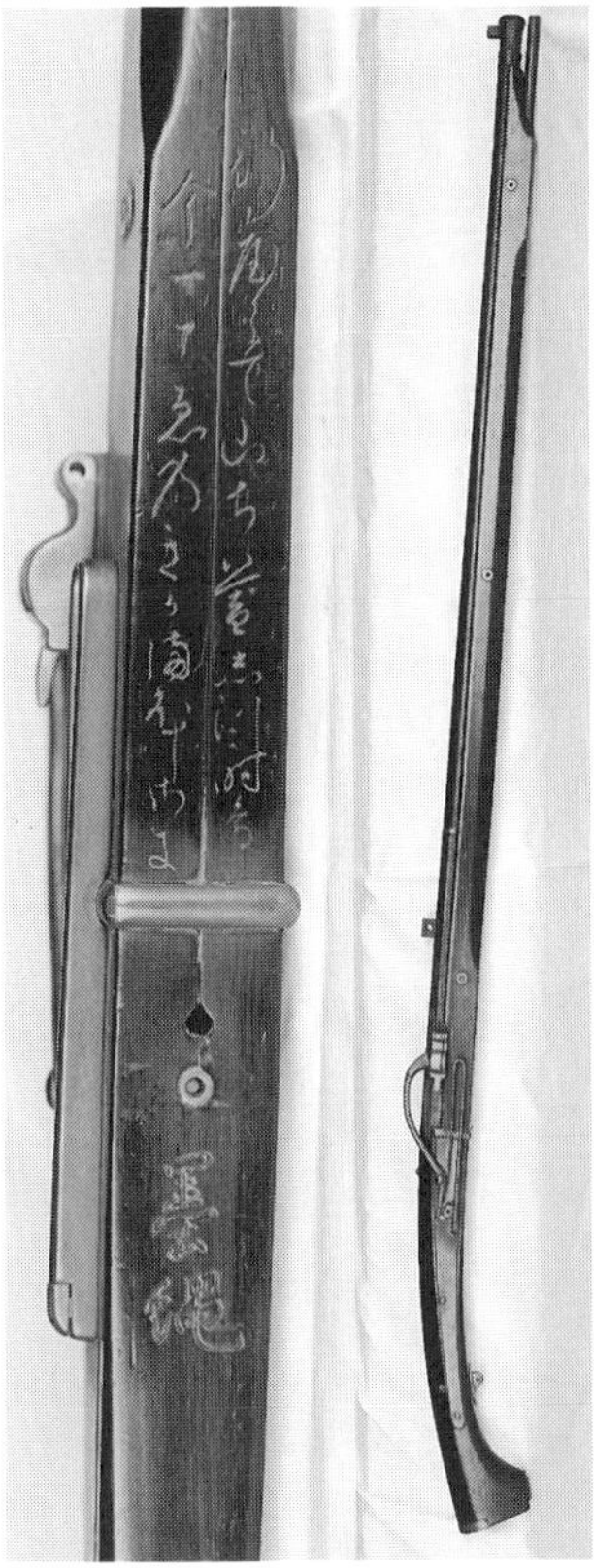
墨縄

られるように検地の名人といわれ、文禄四年はじめて小早川領に太閤《たいこう》検地を実施した。これによって、村々を石高と面積の両面から直接掌握する強力な支配体制がきずかれ、豊臣政権の侵略戦争体制にさらに強く組みこまれることになった。

慶長二年、秀秋は一万余の兵を率いて朝鮮に渡ったが、同年十二月に帰国を命じられ、翌慶長三年四月には越前国北ノ庄《きたのしょう》（福井県福井市）へ転封《てんぽう》された。この結果、旧小早川領は豊臣政権の直轄領（太閤蔵入《くらいり》地《ち》）となり、石田三成と浅野長政が代官に任命された。この両人は、博多町衆とも親密な関係にあったことが知られ、侵略戦争遂行の後方支援基地として重要な意味をもつ、筑前および博多の支配をより強固なものとするための措置であった。泥沼化した戦争は、同年八月の秀吉の死によって終わりを告げ、十二月には全軍の撤退が完了した。翌慶長四年一月には、小早川秀秋の筑前復帰が決定されており、先の転封が侵略戦争体制の強化を目的としていたことを裏付けている。

## 2　藩の成立

### 関ヶ原後の大名配置●

豊臣秀吉の死は、後継者をめぐる激しい権力闘争をまきおこし、慶長五（一六〇〇）年九月の関ヶ原の戦いに発展した。この戦いにおいて、筑前国名島《なじま》の小早川秀秋《ひであき》は、当初西軍石田三成方に加わったが、途中で東軍に寝返り、徳川家康方勝利のきっかけをつくった。戦後の論功行賞ではこれが評価され、加増をうけて備前国岡山（岡山県岡山市）に移された。秀秋の旧領筑前には、豊前国中津（大分県中津市）の黒田長《なが》政《まさ》が大きく加増され転封《てんぽう》された。黒田氏は、秀吉死去後いちはやく徳川家康に接近し、長政は、慶長五年の上杉氏討伐では先陣をつとめ、これに続く関ヶ原の戦いでは秀秋を寝返らせて徳川方を勝利に導いた。一方父の孝高《よしたか》は、九州にとどまって大友義統《よしむね》の軍とたたかってこれを破り、小倉の毛利勝信《かつのぶ》を降伏させ、さらに久留米城や柳川城を攻略するなど、父子ともに徳川方の勝利に貢献した。

豊前では、毛利勝信が改易となり、黒田氏の旧領とあわせた豊前一国が、関ヶ原直前に加増されていた豊後国杵築《きつき》（大分県杵築市）六万石とともに、丹後国宮《みや》津《づ》（京都府宮津市）の細川忠興《ただおき》にあたえられた。細川氏は、室町幕府の管領《かんれい》をつとめる名族であったが、戦国期には嫡流・庶流ともに衰退し、ほとんど滅亡状

大名配置図（慶長5〈1600〉年）

態にあった。庶流からでた細川藤孝《ふじたか》（幽斎《ゆうさい》）は、息子の忠興とともに織田信長につかえ、丹後国《たんご》に一二万石をあたえられた。信長没後は秀吉につかえ、関ヶ原の戦いでは徳川方についてたたかった。忠興は、岐阜城攻めで大きな戦功をあげるなど徳川方の勝利に貢献し、丹後国田辺城《たなべ》（京都府舞鶴市）に籠城した藤孝は六〇日にわたって一万五〇〇〇余の西軍を足止めにした。忠興は、関ヶ原の直前に諸大名にさきんじて江戸に人質を送ったことから豊後国杵築を加増されていたが、杵築城をまもった家老の松井康之《やすゆき》は、黒田孝高の軍に加わって大友義統とたたかい、義統をとらえる功績をあげた。これら、藤孝・忠興父子および家老松井康之の働きが高く評価され、徳川氏の信頼を得て九州の要地をまかされることになった。

筑後では、石田方西軍に呼応した毛利（小早川）秀包《ひでかね》・立花宗茂《むねしげ》・高橋直次《なおつぐ》・筑紫広門《つくしひろかど》が改易となり、三河国岡崎（愛知県岡崎市）の田中吉政《よしまさ》に筑後一国があたえられた。吉政は、織田信長の足軽から身をおこし、秀吉につかえるようになってからは、秀吉の甥秀次《ひでつぐ》の後見役を命じられた。関白となった秀次の大老のひとりとして功績があり、三河岡崎に五万七四〇〇石をあたえられた。秀次が謀反のかどで切腹させられたときにも、つねに秀次を諌《いさ》め、秀吉への連絡をおこたらなかったことから、秀吉の直参《じきさん》に取りたてられ、四万石余を加増されて一〇万石をあたえられた。関ヶ原の戦いでは徳川方につき、石田三成の居城佐和山《さわやま》城攻めなどで活躍した。三成が敗走すると、家康にその捕縛を命じられ、三成を生け捕りにする功績をあげた。

**福岡藩の成立●**

筑前国をあたえられた黒田長政は、慶長五（一六〇〇）年十二月小早川氏の居城であった名島城にはいった。年が明けると、とりあえず領内の指出《さしだし》検地を実施して、家臣への知行割《ちぎょうわり》を行った。翌慶長七年から本格的な総検地を実施し、その結果に基づいて家臣に対する知行地の再配分を行った。総検地の結果は、五六万六四二二石余（内証高《ないしょうだか》）であり、小早川氏から引きついだ石高三〇万八四六一石余とくらべると二六万石余を打出したことになる。しかし、慶長十年に幕府にとどけでて、元和二（一六一六）年の知行判物《はんもつ》によって公認された石高（表高）は五〇万二四一六石余となっており、これは検地完了前に前年の物《もの》成《なり》から逆算した石高であるといわれている。

福岡藩の家臣団は、黒田氏一門のほか、播磨以来の家臣を大譜代《だいふだい》、豊前時代に仕官した家臣を古譜代《こふだい》、筑前入国後につかえるようになった家臣を新参《しんざん》とよんでいたが、慶長期には、大譜代を中心に一〇〇〇石以上の大身家臣が七二人を数え、そのうち一万石を超える家臣が九人もいた。黒田二十四騎に代表されるこれらの有力家臣は、播磨以来黒田氏の発展につくしてきた功臣であった。なかでも、井上之房《ゆきふさ》・栗山利《とし》安《やす》・母里友信《ぼりとものぶ》・後藤基次《もとつぐ》は、豊前国境沿いにきずかれた六端城《ろくはじょう》のうち、それぞれ黒崎城・左右良《までら》城・鷹取《たかとり》

福岡・小倉藩主略系図（‖は養子）

福岡藩
黒田氏
1長政《ながまさ》―2忠之《ただゆき》―3光之《みつゆき》―4綱政《つなまさ》―5宣政《のぶまさ》‖6継高《つぐたか》‖7治之《はるゆき》‖8治高《はるたか》‖9斉隆《なりたか》―10斉清《なりきよ》‖11長溥《ながひろ》‖12長知《ながとも》

小倉藩
細川氏
1忠興《ただおき》―2忠利《ただとし》

小笠原氏
1忠真《ただざね》―2忠雄《ただたか》―3忠基《ただもと》―4忠総《ただふさ》‖5忠苗《ただみつ》‖6忠固《ただかた》―7忠徴《ただあきら》―8忠嘉《ただひろ》‖9忠幹《ただよし》―10忠忱《ただのぶ》

城・大隈《おおくま》城をあずけられており、おのおの独自の家臣（陪臣《ばいしん》）団をかかえて黒田軍団の一翼をになう盟友ともよぶべき家臣であった。黒田氏が、近世大名として藩主権力を強化していくなかで、このような戦国期以来の臨戦的家臣団構成は克服されなければならない運命にあった。長政は、これら大身家臣の取りつぶしや知行地の削減を進めて勢力をそぎ、藩主権の確立につとめた。福岡藩では、一般に上・中級の家臣は知行地があたえられる知行取《ちぎょうど》りで、下級の家臣は藩から蔵米《くらまい》を支給される切扶《きりふ》取《ど》りであった。知行取りの家臣は、当初知行地から独自に年貢を徴収し、知行地の農民に夫役《ぶやく》（労働課役）を課すことも自由であったが、しだいに藩の制限が強くなった。

元和九年長政が死去すると、福岡藩二代藩主となった黒田忠之《ただゆき》は、長政の遺言に基づいて、三男黒田長《なが》興《おき》に秋月《あきづき》五万石、四男黒田高政《たかまさ》に東蓮寺《とうれんじ》四万石を分与し、秋月・東蓮寺の両支藩が成立した。秋月には、黒田氏の筑前入国後、長政の叔父にあたる黒田直之《なおゆき》が一万二〇〇〇石をあたえられて配置されたが、慶長十四年に直之が死亡したあとはしばらく番士がおかれ、秋月藩の成立によってその城下町となった。寛永二（一六二五）年、長興は将軍に拝謁して承認をうけるため江戸にむかったが、長興を家臣の地位にとどめておきたい忠之の妨害をうけ、豊前小倉の細川氏をたよって江戸にのぼったといわれている。寛永十一年には、将軍徳川家光より朱印状があたえられ、名実ともに藩として認められた。このような成立時の事情に基づく福岡本藩との険悪な関係は、忠之の死後福岡藩三代藩主となった黒田光之《みつゆき》とのあいだに和睦《わぼく》が成立するまで続き、その後も、秋月藩は幕府から直接朱印状を発給される独立支藩として独自の藩政を展開した。東蓮寺藩では、高政に跡継ぎがなく、忠之の二男黒田之勝《ゆきかつ》が相続し、之勝もまた跡継ぎがなかったため、光之の三男黒田長寛《ながひろ》が相続した。このような事情から、東蓮寺藩と福岡本藩との関係は親密であ

## 黒田氏と細川氏

黒田氏と細川氏は、ともに豊臣秀吉の恩顧をうけた大名で、慶長五（一六〇〇）年の関ヶ原の戦いにおいては徳川家康方について活躍し、徳川方の勝利に大きく貢献した。このため、黒田長政と細川忠興は、ともに徳川家康によって国持《くにもち》大名に取りたてられ、筑前国と豊前国という九州の重要な拠点に領地をあたえられた。両者は、たがいに相手を意識するライバル関係にあったが、新領地への移動に伴って、その後の両家の関係を決定づける重大な事件が発生した。

黒田氏は、筑前への転封にさいして、旧領豊前の年貢米を徴収したうえで筑前にもっていってしまった。武家の作法にしたがって、旧領丹後の年貢米を残して豊前にはいってきた細川氏は困惑し、徳川家康の了解を得て、黒田氏とのあいだで年貢米返還のための交渉を開始した。しかし、黒田氏は容易に年貢米の返還に同意せず、これに怒った細川氏は、門司に番船を配置して、筑前から上方《かみがた》への廻米を差し押さえようとした。

一触即発の事態を心配して、黒田・細川両氏と親しい片桐且元《かたぎりかつもと》（大和国竜田《たつた》藩主）や山内一豊《やまうちかずとよ》（土佐国高知藩主）らが仲裁にはいり、黒田氏に返還の年月を決めさせてことをおさめた。しかし、先納年貢米の返還は、慶長七年五月までかかっており、この事件以後、両者の関係はたいへん険悪なものとなった。

った。

**小倉藩の成立●**

豊後国杵築六万石に加えて、あらたに豊前一国をあたえられた細川忠興《ただおき》は、慶長五（一六〇〇）年十二月豊前にはいり、黒田氏がきずいた中津城を居城とし、領内の要衝に位置する端城には、一族・重臣を配置して領国支配の拠点とした。同六年に、小倉城をあずけていた弟の興元《おきもと》が出奔すると、翌年早々小倉城の大改修を開始した。十一月にはほぼ完成したことから、中津城を三男の忠利にあずけ、小倉城に居城を移した。

忠興は、慶長六年に領内の指出検地を実施し、その結果は三九万九〇〇〇石であった。このうち、一〇万石を蔵入地として確保し、残りを家臣団の知行地などにあてた。家臣団の筆頭は杵築城をあずけられていた松井康之で、知行高は二万五〇〇〇石余におよび、筆頭家老として藩政を執行するとともに、幕府からは、豊後国速見《はやみ》郡の幕府領をあずけられ、独立した大名なみの待遇をうけた。元和元（一六一五）年の一国一城令をうけて、門司《もじ》城以下領内の端城は破壊されたが、嫡男忠利の中津城は幕府に願って存続を許された。元和六年末に忠興は隠居して三斎宗立《さんさいそうりゅう》と号し、翌七年早々忠利は将軍徳川秀忠に拝謁して、正式に家督相続を許された。家督をついだ忠利が小倉城にはいり、隠居した忠興は中津城に移った。中津城周辺には、三万七〇〇〇石の忠興隠居領が設定され、一三〇人の忠興直属の家臣が配された。

寛永九（一六三二）年、肥後熊本の加藤忠広《ただひろ》が改易され、幕府の信頼厚い忠利が加増されて肥後国に転封となった。忠利の旧領は分割され、譜代大名の小笠原《おがさわら》一族が集中的に配置された。小倉には、播磨国明石（兵庫県明石市）の小笠原忠真《ただざね》（忠政《ただまさ》）がはいり、豊前国企救《きく》・田川・京都《みやこ》・中津・築城《ついき》・上毛《こうげ》郡に一

細川氏の端城

| 城　名 | 郡　　名 | 城主名 |
|---|---|---|
| 門司城 | 豊前国企救郡 | 長岡延元 |
| 香春城 | 豊前国田川郡 | 弟孝之 |
| 岩石城 | 豊前国田川郡 | 長岡忠直 |
| 竜王城 | 豊前国宇佐郡 | 弟幸隆 |
| 一戸城 | 豊前国下毛郡 | 荒川輝宗 |
| 高田城 | 豊後国国東郡 | 長岡立行 |
| 杵築城 | 豊後国速見郡 | 松井康之 |

『北九州市史　近世』による。

五万石をあたえられた。中津八万石には、播磨国竜野《たつの》(兵庫県たつの市)の小笠原長次《ながつぐ》(忠真甥)が、宇佐竜王(大分県宇佐市)三万七〇〇〇石には、摂津国三田《さんだ》(兵庫県三田市)の松平重直《しげなお》(忠真弟)が、豊後国杵築四万石には、あらたに大名に取りたてられた小笠原忠知《ただとも》(忠真弟)が配置された。これは、三代将軍徳川家光の強力な大名統制策の一環として行われたもので、幕府が外様《とざま》大藩の盤踞《ばんきょ》する九州に本格的統制の手を伸ばし、その強力な統制拠点をきずいたことを意味する。そのさい、小笠原忠真の妹が、細川忠利の正室という、両家の親しい関係が考慮されたものといわれる。小笠原氏は、細川氏の領国支配の組織や帳簿類を引きついで支配体制をかため、九州押さえの大任をになうことになった。

## 柳川藩の成立●

筑後国をあたえられた田中吉政《よしまさ》は、慶長六(一六〇一)年三月末ころ筑後にはいり、四月十日には三カ条の入国法度《にゅうこくはっと》を発した。吉政は、立花宗茂の居城であった柳川《やながわ》城を本拠に定め、堀を広げ城壁を高くするなどの改修を加えて、五層の天守閣をもつ壮麗・強固な城につくりかえた。そのほか領内に残る古城のう

田中氏八端城

| 城名 | 郡名 | 城主名 | 由来 |
|---|---|---|---|
| 久留米城 | 三潴郡 | 二男則政 | 毛利(小早川)氏居城 |
| 城島城 | 三潴郡 | 宮川讃岐 | 立花氏支城 |
| 榎津城 | 三潴郡 | 榎津加賀右衛門 | 立花氏支城 |
| 赤司城 | 御井郡 | 弟清政 | 秋月氏支城 |
| 福島城 | 上妻郡 | 三男康政 | 筑紫氏居城 |
| 黒木城 | 上妻郡 | 辻勘兵衛 | 黒木氏築造 |
| 松延城 | 山門郡 | 松野主馬 | 立花氏支城 |
| 江浦城 | 三池郡 | 田中主水 | 高橋氏居城 |

『久留米市史　第2巻』による。

ち、要衝に位置する八端城《はちはじょう》には一族・重臣を配置し、領国支配および防衛の拠点とした。これらの城の修築には、女山《ぞやま》神籠石《こうごいし》や岩戸山《いわとやま》の石人《せきじん》・石馬《せきば》など遺跡の石材が利用されたといわれる。

吉政は、入国直後から検地を実施し、知行地の配分を行った。検地の結果は、総高七五万石にもおよんだといわれ、文禄検地に基づく筑後一国の領地高が三〇万石余であったと考えられることから、慶長六年検地によって過大な打出しが行われたことになる。この検地の目的は、家臣知行地の名目的加増や寺社領の実質的削減をはかるための、知行表示基準としての田中高《たなかだか》の確立にあったといわれ、その一方で、年貢の収納は、在地の実態にあった玄蕃高《げんばだか》を基準として行われ、玄蕃高と田中高のあいだには大きな開きがあった。なお、玄蕃高が、文禄検地の結果を示すものであるのか、田中氏によってあらたに設定された年貢賦課基準であるのかは議論が分かれている。

田中氏の家臣団は、三河以来の譜代の家臣に加え、領地高の増加に対応してあらたに召しかかえられた在地土豪《ざいちどごう》系の家臣によって構成されていた。その人数は、二代忠政《ただまさ》の時代には二三八〇人を数え、知行高は二九万石余におよんでいる。

吉政は、柳川城からほぼ直線に久留米城に至る柳川往還をはじめとして、柳川城から各端城へつうじる道路を整備した。さらに、筑後川・矢部《やべ》川などの改修工事を進め、治水と利水をはかるとともに水上交通路を整備した。また、有明《ありあけ》海沿岸の干潟に本土居《ほんどい》とよばれる大規模な干拓用の堤防をきずき、その内側で干拓による新田開発を進めた。

慶長十四（一六〇九）年病死した吉政の跡をついだのは、四男忠政であった。忠政の兄康政《やすまさ》は藩主となれなかった不満から忠政と対立し、元和元（一六一五）年大坂夏の陣への出陣のさいには、康政と親しい重臣の宮川大炊《おおい》が忠政に討たれるなど藩内が混乱した。忠政は、このために出陣が遅れ、到着したときには大坂城はすでに落城後という大きな失態を演じることになった。康政は、この機会をとらえて忠政が大坂方に内通していた疑いがあるという訴状を幕府に提出した。釈明のため江戸にのぼった忠政は、そのまま江戸にとどめられ、元和六年八月江戸で病死した。忠政には嗣子がなかったため、田中氏は改易となった。

田中氏の改易後、柳川には幕府の上使衆が派遣され、柳川城の受取りと領内の管理にあたった。同年末には、幕府によって筑後国の朱印高が三二万九〇〇〇石余と確定され、そのうち二一万石を有馬豊氏《とようじ》に、一〇万九〇〇〇石を立花宗茂に、一万石を立花種次《たねつぐ》にあたえ、その他一九八六石が寺社領とされた。筑後国は分割され、久留米・柳川・三池の各藩が成立した。

立花宗茂は、関ヶ原後改易されて柳川を去ったが、本多正信《まさのぶ》の推挙で将軍徳川秀忠に拝謁し、慶長九年旗本に取りたてられ、同十一年には陸奥《むつ》国棚倉《たなぐら》（福島県棚倉町）に一万石をあたえられ、のちに加増されて三万石の大名となった。立花種次の父高橋直次は、兄宗茂とともに関ヶ原後改易されて三池を去ったが、将軍秀忠に拝謁して名字を立花に改め、慶長十九年常陸《ひたち》国筑波《つくば》郡（茨城県）に五〇〇〇石をあたえられ、

柳川・久留米藩主略系図（‖は養子）

柳川藩

田中氏

1吉政《よしまさ》―2忠政《ただまさ》

立花氏

1宗茂《むねしげ》‖2忠茂《ただしげ》―3鑑虎《あきとら》―4鑑任《あきとう》―5貞俶《さだよし》―6貞則《さだのり》―7鑑通《あきなお》―8鑑寿《あきひさ》―9鑑賢《あきかた》―10鑑広《あきひろ》―11鑑備《あきのぶ》―12鑑寛《あきひろ》

久留米藩

有馬氏

1豊氏《とようじ》―2忠頼《ただより》―3頼利《よりとし》‖4頼元《よりもと》―5頼旨《よりむね》‖6則維《のりふさ》―7頼徸《よりゆき》―8頼貴《よりたか》‖9頼徳《よりのり》―10頼永《よりとう》‖11頼咸《よりしげ》

旗本に取りたてられた。元和三年に直次が死去したあと、息子の種次が相続した。一度改易された大名がふたたび大名に取りたてられ、しかも旧領に復帰するという例はほかにはみられない。

元和七年柳川にはいった宗茂は、翌八年にかけて領地高の改訂作業を進め（元和七年十一月に検地を行ったとする説もある）、一四万石余の内検高《ないけんだか》を決定した。家臣団は、棚倉でもつかえていた譜代の家臣とともに、関ヶ原後の改易にさいして熊本の加藤清正にあずけた家臣や浪人となっていた家臣によって編成され、あらたに召しかかえられた家臣はわずかであった。

### 久留米藩の成立●

有馬氏は、播磨国の守護赤松氏の出といわれ、有馬則頼《のりより》の代に豊臣秀吉につかえるようになった。豊氏《とようじ》も父則頼とともに秀吉につかえ、遠江《とおとうみ》国横須賀《よこすか》（静岡県掛川市）に三万石をあたえられた。秀吉の死後は、父子ともに徳川家康と結び、慶長五（一六〇〇）年、関ヶ原の戦功によって三万石を加増され、丹波国福《ふく》知山《ちやま》（京都府福知山市）に転封された。同七年には、父の遺領二万石を加増され、元和六（一六二〇）年久留米に転封となった。豊氏は、家康の養女連姫《れんひめ》を正室に迎えており、家康の信任が厚かったといわれる。

豊氏は、元和七年三月に久留米にはいったが、元和元年の一国一城令のため、田中氏によって久留米城は廃城となっており、竹屋新左衛門宅を宿所にしたという。入部直後に発した入国法度は七カ条からなり、城下町の振興をはかるとともに、農民や町人を保護し、逃散《ちょうさん》した農民の還住を進める内容であった。その一方で、農民の逃散を防ぐため細心の注意をはらっており、農民や町人の定着を藩政の重要な課題としていたことが知られる。また、豊氏は入部後あらたな検地は実施せず、田中時代の石高を調査して耕地面積の把握につとめ、朱印高二一万石に五割をました三二万石を内検高とした。しかし、これによって農村の荒廃が進んだため、元和九年には四万石を減らして内検高を二八万石に改訂した。

有馬氏は大きく加増をうけて久留米にはいってきたため、あらたに多くの家臣を召しかかえた。豊氏の代には、前領主田中氏の旧臣とともに、改易された福島正則の家臣や黒田騒動で盛岡に流された福岡藩家老栗山大膳《たいぜん》の家来などが取りたてられた。つぎの忠頼《ただより》の代には家中からの取りたてが多くなり、藩外からの召しかかえは減少した。万治元（一六五八）年の「分限帳《ぶげんちょう》」によると、軽輩をのぞく知行取り家臣の数は四一七人となっており、その知行高は一五万九〇〇〇石余におよんでいる。寛永初年（一六三〇年ころ）の、知行取り家臣二八〇人余、知行高一一万九〇〇〇石余とくらべると大きく増加したことがわかる。その内訳をみると、一〇〇〇石以上の家臣が三〇人を数え、その多くが譜代の重臣で藩政および軍事力の中核となっていたが、量的には一〇〇石〜四〇〇石の家臣が三三〇人余と大半を占めていた。

## 城下町の建設●

黒田長政が居城とした名島城は、小早川隆景がきずいた海城で、三方を海と川に囲まれた要害であった。しかし、新しい時代の城は、政治・経済・交通などあらゆる面で領国支配の中核としての役割をになうことが要請された。この意味で、名島城は後背地がせまく、新しい時代にふさわしい城下町として発展していくには限界があった。このため、長政はあらたな城の築造を決意し、父孝高と相談のうえ、慶長六（一六〇一）年いくつかの候補地のなかから那珂《なか》郡警固《けご》村福崎《ふくざき》の地を選び、築城を開始した。

築城工事は、城内の本丸・二の丸・三の丸から周囲の堀へと、中心から外にむかって進められたと考えられている。西には、草ヶ江《くさがえ》の入江を掘りさらえて大堀《おおほり》（大濠・天下堀）とよばれる巨大な外堀をつくり、南に連なる丘陵地帯は開削されて堀と下級家臣屋敷地がつくられた。北に広がっていた博多湾の干潟は埋め立てられ、城前面の堀をはさんで、荒戸山の下から那珂川河口に至る、上・中級家臣の屋敷地と商工業者の居住地が造成された。城を取りまく堀と那珂川を結ぶ堀は、佐賀藩の鍋島直茂《なべしまなおしげ》が手伝いとして掘ったもので肥前堀とよばれている。福岡城と豊前国境沿いに配された六端城を含めて七年の歳月を要し、築城資材は、名島城の建物や石垣などすべてを解体して利用し、元寇防塁《げんこうぼうるい》の石や古墳の石室の石なども転用されたという。この新しい城および城下町は、黒田家にゆかりの深い備前国邑久《おく》郡福岡にちなんで福岡と命名された。

築城の名手として知られる孝高が手がけた福岡城は、四七の櫓《やぐら》をもつ堅牢《けんろう》な城であった。天守閣は幕府に対する遠慮からきずかれなかったともいわれているが、情報通として知られた小倉藩主細川忠利の書状に、元和六（一六二〇）年長政が天守閣の破却を命じたことが記されていることなどから、築城当時は四

黒田氏六端城

| 城　名 | 郡　名 | 城　主　名 |
|---|---|---|
| 若松城 | 遠賀郡 | 三宅家義(若狭) |
| 黒崎城 | 遠賀郡 | 井上之房(周防) |
| 高取城 | 鞍手郡 | 母里友信(太兵衛) |
| 大隈城 | 嘉麻郡 | 後藤基次(又兵衛) |
| 小石原城 | 上座郡 | 黒田統種(六郎右衛門) |
| 左右良城 | 上座郡 | 栗山利安(備後) |

『黒田家譜』『筑前国続風土記』による。

小倉城絵図(享保13〈1728〉年)

層ないし五層の天守閣が存在したとする説もある。また、福岡城は、城内を基点に左右に広がる形から、舞鶴《まいづる》城ともよばれた（口絵参照）。

小倉城は、史料によって確認されているところでは、永禄十二（一五六九）年毛利元就《もとなり》の軍勢が九州に侵攻したさい、小倉に城をきずいたことにはじまるという。小倉城を居城とした毛利勝信《かつのぶ》の時代に、城の拡張が進められたと考えられるが、くわしいことはわかっていない。関ヶ原の戦い後、豊前国にはいった細川忠興が、当初中津城を居城にしたことを考えると、小倉城および城下町の整備はあまり進んでいなかったのかもしれない。

忠興は、慶長七年一月から小倉城の本格的な拡張工事を開始した。城の規模は、本丸が北側で東西一〇〇間（一間＝約一・八メートル）、南側八〇間、天守閣の高さ一〇間、石垣の高さ四間となっており、これを取りまくように、周囲一三町（一町＝約一〇九メートル）の二の丸、さらに周囲一六町の三の丸が配された。北は響灘《ひびきなだ》、西は板櫃《いたびつ》川、東は紫《むらさき》川と神獄《かんたけ》川の途中から響灘にむけ開削された砂津《すなつ》川、南は堀という配置で、海と川、溜《ため》池と堀により幾重にも囲まれた堅牢な城であった。城下町は、中央を流れる紫川をはさんで、東の曲輪《くるわ》と西の曲輪に分かれ、常磐橋《ときわばし》と豊後橋という二本の橋で結ばれていた。城下町全体では、東西二キロ、南北一・三キロにおよぶ大規模な築城工事であった。

忠興が小倉を居城とし、大規模な城下町を建設した理由は、この地が関門海峡を間近にのぞむ九州の玄関口にあたり、水陸交通の要衝であったこと、細川氏にとっては、領国支配の点からも、東の毛利氏、西の黒田氏に対する備えの意味からも、最適の地であったこと、また、みずからも貿易船を派遣し、中国船との貿易にも熱心であった細川氏の海外貿易に対する欲求などが考えられる。

久留米城は、水陸交通の要衝に位置し、天正十五（一五八七）年の小早川秀包入城以降、その居城として整備された。田中時代には、領内支配の拠点として端城がおかれたが、元和元年の一国一城令によって廃城となっていた。有馬豊氏《とようじ》は、元和七年の入国直後から城および城下町の建設に取りかかったが、寛永期（一六二四〜四四）の天候不順や大坂城・江戸城の手伝普請《てつだいぶしん》、島原の乱への出兵などが重なったことから、家臣・領民の疲弊に配慮して建設工事を急がせなかった。寛永四（一六二七）年の幕府隠密による「探索書」には、堀はできたが、本丸以外には塀もなく、二の丸・三の丸の土手は雨でくずれていることが報告されており、城下町が一応の完成をみるのは寛永末年と考えられている。一方、南筑後に返り咲いた立花宗茂は、田中氏の居城であった柳川城および城下町を引きついだため、大規模な改修工事は行わなかった。

**柳川城**（明治5〈1872〉年1月18日焼失以前の姿）

## 3 藩政の展開

### 黒田騒動●

福岡藩初代藩主黒田長政《ながまさ》は、元和九（一六二三）年八月、京都において死去した。長政の跡をついで二代藩主の座についた黒田忠之《ただゆき》は、長政と継室大涼院《けいしつだいりょういん》（徳川家康の養女）のあいだに生まれた長男で、幼いころからわがままな振る舞いが多かった。将来を案じた長政は、弟の長興《ながおき》を跡継ぎにと考えるほどであったが、忠之の後見役となる栗山大膳《くりやまたいぜん》（利章《としあき》）の反対によって思いとどまったといわれる。

福岡藩の領国支配は、蔵入地は代官、知行地は給人がそれぞれ独自に支配しており、そのうえに、各郡内に多くの知行地をあたえられている大身家臣のうちひとりを郡奉行に任命して、郡内全体を統括支配させる体制がとられていた。このような独自の領主権を保持する大身家臣を統制し、藩主を中心とする一元的領国支配体制を確立することが、近世大名として生き残る不可欠の条件であった。また、幕府から賦課される、過重な手伝普請《てつだいぶしん》や参勤交代などの軍役をとどこおりなく果たすことが求められ、そのための藩財政確立という観点から、経済基盤となる蔵入地の拡大が急務となった。慶長段階で、一万石以上の知行をあたえられた九人の重臣をはじめ数多くの大身家臣をかかえていた福岡藩は、これをいかにして整理し、再編成できるかが藩政確立の大きな課題となった。

長政は、播磨以来の大身家臣の取りつぶしや知行の削減を積極的に行い、強力な藩主権力の確立をめざした。跡をついだ忠之も、譜代の大身家臣の権限をおさえて、新参の倉八十太夫《くらはちじゅうだゆう》や郡正太夫《こおりしょうだゆう》・明石四郎兵衛らを側近として重用した。とくに、倉八は軽輩の児小姓から家老列に取りたてられ、一万石をあたえられた。忠之は、長政の遺言であった支藩の創設を妨害したり、幕府の禁ずる大船鳳凰丸《ほうおうまる》の建造や足軽の増員で幕府の嫌疑をうけるなど、藩主となってからも不行跡が多く、栗山大膳・黒田美作《みまさか》・小河内蔵允《おごうくらのじょう》の三家老に、藩内取締りが悪いと幕府に訴えられる始末であった。元和三年父備後《びんご》（利安《としやす》）の跡をついで筆頭家老となった栗山大膳は、上座《じょうざ》郡を中心に知行二万石をあたえられるとともに、同郡全体をあずけられており、名実ともに譜代の家臣を代表する人物であった。大膳は、長政の遺言によって忠之を補佐し、たびたび諫言《かんげん》を行ったが聞きいれられず、両者はしだいに対立するようになった。寛永八（一六三一）年大膳の父備後が死去すると、忠之は幕府より大膳討伐の了解を取りつけ、翌寛永九年帰国した。大膳は病と称して引きこもり、さらに剃髪《ていはつ》し妻子を人質として差しだしたが、栗山家の取りつぶしはさけられないと判断し、ついに幕府と豊後目付《めつけ》竹中重義《しげよし》に忠之謀反の訴状を提出した。訴状をうけて幕府の取調べが開始され、寛永十年三月十五日、江戸城に外様・譜代大名が集められ、将軍徳川家光みずから裁定の結果を告知したうえで、翌日忠之は江戸城に召しだされ、家光より裁定をいい渡された。その内容は、忠之が幕府に対して謀反を企てた事実はないが、藩主と家臣が争い御家騒動に発展したことは罪がないとはいえない、したがって一旦領地を没収し、そのうえで父祖の功績に免じて再度領地を安堵《あんど》するというものであった。一方、大膳は主君を訴えた罪で盛岡藩（岩手県）に流されたが、盛岡藩から一五〇人扶持《ぶち》をあたえられ、五里四方の自由な行動が許された。事件後幕府は、忠之の独断的藩政運営に制限を加えるとともに、大膳の縁者を処罰することを禁じたが、大膳の娘婿にあたる家老の井上主馬《しゅめ》（一万八〇〇〇石）をはじめ譜代の重臣が福岡藩を退去した。忠之は、結果的に譜代の重臣たちの力をおさえ、藩主権力の強化を大きく前進させることに成功した。

　黒田騒動が発生した寛永九年は、大御所徳川秀忠の死去により、徳川家光による将軍政治が本格化し、強力な九州大名統制策がはじまった年にあたる。同年五月には、藩内における家臣団の争いから熊本藩加藤氏が改易され、小倉の細川忠利が加増されて熊本にはいった。豊前には、あらたに譜代大名の小笠原一族が集中的に配置され、幕府による九州統制の拠点となった。加藤氏の例からも、黒田忠之が改易される可能性は大きかったが、幕府としても統制策を強化しつつある九州において、立て続けに大藩を取りつぶすことには慎重にならざるをえなかった。また、幕府は、あらかじめ諸大名に裁定内容を告知するなど異例の対応をみせており、君臣間の争いにおいては藩主側を支持するという幕府の方針を示すことで、藩政確立過程で多発する御家騒動を未然に防止し、君主絶対のあらたな武家秩序の確立をめざしたものと考えられる（福田千鶴「福岡藩『黒田騒動』の歴史的意義」『日本歴史』五〇八）。

　小倉藩でも、細川忠興《ただおき》による藩主権力確立の過程で、細川一門や有力家臣との確執が表面化した。忠興の長子である細川忠隆《ただたか》は前田利家《としいえ》の娘を内室に迎えていたが、慶長五（一六〇〇）年徳川家康の意向を気にする忠興が、忠隆に内室との縁を切るよう求めたがしたがわず、忠興の怒りを買って忠隆は出奔を余儀なくされた。翌慶長六年には、二万五〇〇〇石の知行をあたえられ、家老職をつとめていた忠興の弟細川興元《おきもと》が、領外へ退去した。これは、兄忠興の藩主権力が強化されていく過程で、家臣として位置づけられることに反発したもので、興元が黒田氏の力を借りて大坂へ脱出したことから、細川・黒田両氏の関係はさらに悪化したといわれる。のちに、徳川家康のはからいで兄弟の和睦がなり、興元は徳川秀忠につかえて下野国《しもつけのくに》茂木《もてぎ》（栃木県茂木町）に一万石余をあたえられた。その後も、慶長十年に忠興の次子細川興秋《おきあき》、同十二年には長岡興季《ながおかおきすえ》が出奔するなど、藩主細川忠興と一門・重臣との対立があいついだ。

**島原の乱と長崎警備●**

寛永十四(一六三七)年十月、キリシタンを中心とする肥前国島原半島南部の農民たちが、過酷な年貢の取りたてにたえかねて蜂起した。一揆《いっき》はたちまちのうちに島原藩領全域に広がり、城下を焼きはらって島原城(長崎県島原市)にせまった。海をへだてた唐津《からつ》藩領肥後国天草《あまくさ》でも、これに呼応して農民が立ちあがり、島原勢と合流して富岡《とみおか》城(熊本県苓北《れいほく》町)を包囲した。いわゆる島原の乱の勃発《ぼっぱつ》である。島原・唐津両藩は、参府中の藩主をとおして一揆の発生を幕府に報告し、近隣諸藩にも使者を送って救援を求めた。幕府は、両藩主を帰国させるとともに、上使として板倉重昌《いたくらしげまさ》を派遣し、近隣の久留米・柳川・佐賀・熊本の四藩に救援を命じた。原《はら》城(長崎県南島原市)に立てこもった、二万七〇〇〇人余ともいわれる一揆勢の抵抗は激しく、同年十二月の攻撃は失敗し、柳川・佐賀藩などに多くの死傷者をだした。翌十五年元旦の総攻撃でも、上使の板倉が一揆勢の銃弾によって戦死するなど、鎮圧軍は苦戦を強いられた。本来、戦後処理の上使として派遣されていた松平信綱《のぶつな》が後をつぎ、戦術を持久戦に変更した。西国大名に出陣が命じられ、十数万といわれる大軍が原城を厳重に包囲した。原城の前面には九〇五間(一間＝約一・八メートル)におよぶ柵を設け、城にむかって右手から、福岡藩三〇〇間、唐津藩四〇間、佐賀藩一九三間、久留米藩三九間、島原藩八間、柳川藩一九間、熊本藩二七六間と諸藩の持場が定められた。幕府の上使や小倉・中津藩などは、その後方に配置された。そのほか、原城を取り囲む海上は、福岡・久留米・柳川・熊本藩などの船一七〇〇艘《そう》余によって封鎖された。三カ月近い包囲ののち、城内の食料・弾薬の欠乏を待って、二月二十七日に総攻撃が行われ、一揆勢は一部の投降者をのぞいてほぼ全員が殺害され、完全に鎮圧された。

本丸攻めを担当した福岡藩（秋月・東蓮寺両支藩を含む）は、出陣した二万人余の軍勢のうち、戦死者三〇〇人余、負傷者二二〇〇人余という甚大な犠牲をはらうことになった。黒田騒動の汚名をそそぐため、抜駆けの功名をあせったことが原因といわれる。久留米藩でも、出陣した七〇〇〇人余のうち、戦死者一四〇人、負傷者九五〇人をだし、柳川藩も多くの死傷者をだした。そのほか、諸藩ともに扶持米など諸々の物資を必要とし、経済的にも多大な影響をうけることになった。

島原の乱を描いた絵として著名な、秋月博物館所蔵の「島原陣図屏風」（六曲一双）は、島原の乱二〇〇年を記念して、秋月藩主黒田長元《ながもと》が御用絵師斎藤《さいとう》秋圃《しゅうほ》らに描かせたものである。

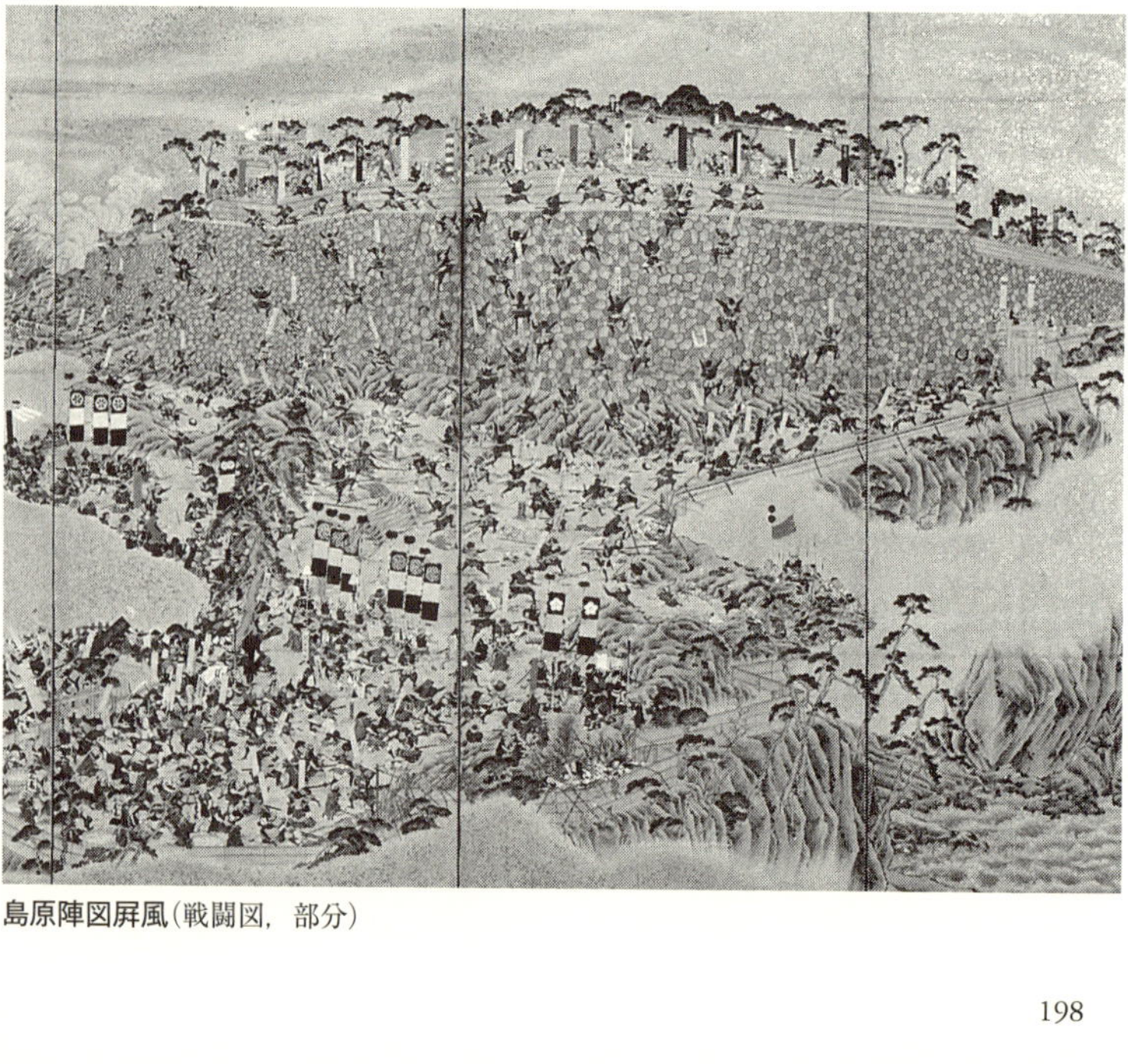
島原陣図屏風（戦闘図，部分）

島原の乱終結後、キリシタンに対する警戒を強めた幕府は、寛永十六年七月ポルトガル船の来航を禁止した。これに対して、翌十七年には通商継続を求める使節が長崎に来航したが、幕府は前年の宣告どおり、一部の下級船員を残して大使以下六一人を斬首し、乗船は焼き沈めた。このため、ポルトガルの報復にそなえて長崎の警備が必要となり、寛永十八年二月、幕府は福岡藩に長崎の警備を命じた。翌十九年には、福岡藩にかわって佐賀藩に警備が命じられ、以後両藩が隔年で長崎の警備を担当することになった。両藩ともに当番年には、長崎港入口の両岸に位置する西泊《にしどまり》と戸町《とまち》（ともに長崎市）の両番所に一〇〇〇人余の要員を派遣し警備にあたった。いわゆる長崎警備体制のはじまりである。同じ寛永十八年には、平戸《ひらど》のオランダ商館が長崎の出島《でじま》に移され、長崎奉行の直接掌握下におかれた。この対中国・オランダ貿易の長崎集中と軍事的警備体制の開始から、寛永十八年を鎖国体制の完成とみるのが有力な見解である（中村質「鎖国の形成と福岡藩」『西南地域史研究』九）。その後、寛永二十年五月に筑前大島（宗像《むなかた》市大島）にキリシタンが上陸して逮捕される事件がおこったが、警備開始後しばらくは長崎にポルトガル船はあらわれず、番所の設備も貧弱で台場《だいば》（砲台）も設けられていなかった。警備体制が整備されるのは、正保四（一六四七）年六月のポルトガル船来航事件以降のことである。

近世初期の西国大名は総じて対外貿易に熱心で、政治・経済・軍事の面で必要とする輸入品の調達に腐心した。島津・松浦・有馬・鍋島氏などとならんで、細川氏は直接朱印船《しゅいんせん》を派遣したことで知られている。黒田氏は、直接朱印船を派遣することはなかったが、博多出身ないしはその系譜に属する、長崎代官の末《すえ》次平蔵《つぐへいぞう》や西村隼人《はやと》・大賀九郎左衛門・伊藤小左衛門《こざえもん》などの貿易商人をとおして貿易活動を行っていた。とくに博多商人は、朱印船や唐船・ポルトガル船に資金を貸しつける投銀《なげがね》（高利貸・委託貿易）とよばれた貿易投資活動の中心にあって、積極的に対外貿易にかかわっていた。しかし、鎖国体制の確立に伴って博多商人の貿易活動も困難となった。

**密貿易事件●**

鎖国体制がしかれてからも、西国地域では密貿易事件が跡を絶たず、幕府や諸藩を悩ませた。なかでも、かつて対外貿易によって繁栄をほこった博多商人たちの貿易志向は強く、鎖国体制がしかれたからといって容易にあきらめることはできなかった。たとえば、寛文七（一六六七）年に発覚した伊藤小左衛門密貿易事件は、その代表的な例であろう。伊藤小左衛門は、福岡藩の長崎御用をもつとめる御用商人で、博多と長崎に店をかまえ、出雲《いずも》産の鉄取引や武器の生産にかかわり、対外貿易によって巨富をたくわえた豪商であったが、朝鮮への武器密輸が発覚して磔《はりつけ》に処せられた。この事件に連座した商人は、博多にとどまらず九州一円さらには上方《かみがた》にまでおよび、福岡藩自身も事件にかかわっていたのではないかともいわれる。また、博多出身の貿易商人末次興善《こうぜん》に系譜をもつ長崎代官の末次平蔵茂朝《しげとも》が、密貿易に関与したとして家財没収のうえ流罪となった延宝四（一六七六）年の末次平蔵闕所《けっしょ》事件なども、博多商人が鎖国体制確立後も対外貿易に対する強い志向性をもち続けていたことを示すものであろう。近松門左衛門《ちかまつもんざえもん》作の浄瑠璃『博多《はか》小女郎浪枕《たこじょろうなみまくら》』は、これらの密貿易事件に題材をとったものといわれている。

また、大陸・朝鮮半島に近く、福岡・小倉・萩《はぎ》・長府《ちょうふ》藩の境界領域に位置して統制がおよびにくい響《ひびき》灘《なだ》は、藍島《あいのしま》・馬島《うましま》（ともに北九州市小倉北区）など大小の島々が点在するとともに、西廻航路など海上交通の大動脈にも接し、密貿易にはうってつけの場所であった。このため、漂流・漂着と称する密貿易事件が跡を絶たず、寛文八年以降、福岡藩などとともに異国船漂着警固役を命じられていた小倉藩は、門司や藍島などに遠見《とおみ》番所を設置して取締りを強化したが、密貿易船は減るどころかかえってふえていった。このため幕府は、享保二（一七一七）年五月、小倉・福岡・萩・長府の四藩に密貿易船の打払いを命じ、小倉藩の指揮のもと小倉藩一〇〇艘、福岡藩二〇〇艘、萩藩八〇艘、長府藩一八〇艘の計五六〇艘の番船をだして、響灘海域の密貿易船に対する打払いが実行され、同時に国内の密貿易商人に対する摘発も進められた。

## 小倉藩延宝の改革●

小倉藩では、寛文四（一六六四）年に小笠原忠真《ただざね》が隠居し、忠真の三男忠雄《ただたか》が小笠原流武家故実《こじつ》の伝授をうけて、二代藩主の座についた。小笠原小倉藩は、表高一五万石であるが、実高は古田高二〇万石余と新田高二万石余をあわせて二二万石余に達していた。忠雄は、寛文十一年に弟の真方《さねかた》に新田一万石を分与して支藩の小倉新田藩を創設した。小倉新田藩は、小倉城下の篠崎《しのざき》口に屋敷があたえられたことから篠崎小笠原家と称し、独自の家臣団をかかえていたが、藩政は小倉藩にまかされ、家老一人が小倉藩から派遣された。明治二（一八六九）年の版籍奉還後、千束《ちづか》藩と称するようになった。

新藩主忠雄のもとで、藩体制の整備が進められ、延宝期（一六七三〜八一）には勝手方引請家老の渋田《しぶた》見盛治《みもりはる》（勘解由《かげゆ》）が主導する藩政改革が実施された。寛文九年に幕府が京枡《きょうます》を公定し、各地域独自の枡の製造を禁止して枡の全国統一を進めたことから、小倉藩も寛文十一年には従来の小倉枡から京枡に改めた。しかし、京枡は小倉枡より容量が大きいことから、たんに枡をかえただけでは年貢の増徴となり、農民の反発は必定である。このため、小倉枡による年貢と同量の年貢を京枡で徴収することとし、京枡物成《ものなり》と称する操作が行われた。

延宝六（一六七八）年、小倉藩は幕府の許可を得て藩札《はんさつ》を発行した。その種類は、二分・三分・四分・七分・一匁・五匁・一〇匁という七種類の銀札《ぎんさつ》で、二分以上の取引では藩札の使用が強制され、二分未満の少額取引には銭が使用された。この藩札は、宝永四（一七〇七）年に幕府の命によって発行が停止されるまで続けられた。そのほか、延宝五年以降大里で銅山の開発が進められたというが、くわしいことはわからない。小倉藩の家臣団は、延宝五年の「地方知行帳」によると、四〇〇〇石の宮本伊織《いおり》を筆頭に知行取り家臣が八一人を数え、知行高は三万九一五〇石であった。忠雄は家臣団の家格を整備するとともに、延宝六年には家臣団の地方《じかた》知行制を廃止して蔵米《くらまい》知行制を採用し、農村支配の一元化をはかった。

また、忠雄の襲封前のことであるが、農民の実態にあわせた役《やく》負担体系を整備するため、万治元（一六五八）年に四ツ高《よっだか》制が導入された。四ツ高とは、四公六民（一〇分の四）を年貢負担の原則として、実際の年貢高から逆算して得られる高（年貢高×四分の一〇）のことをさし、四ツ高を基準にすることで、夫《ぶ》役《やく》など諸役の負担を公平にすることをめざしたものであった。

### 久留米藩正徳の改革●

宝永二（一七〇五）年久留米藩四代藩主となった有馬頼旨《よりむね》が継嗣のないまま翌宝永三年に病死したため、下級旗本石野則員《のりかず》の次男で有馬則故《のりふる》（有馬豊氏の弟で旗本となっていた有馬豊長の子息）の養子となっていた有馬則維《のりふさ》が跡をつぎ、五代藩主の座についた。当時の久留米藩は、士風の頽廃《たいはい》と藩財政の窮乏に苦しんでいたが、家老をはじめとする藩政担当者が、これに対して有効な対策を講じることのできない状況をみて、則維は正徳元（一七一一）年に藩主親政を宣言し、藩政改革断行のため人事を一新した。藩政機構は簡素化され、藩主のもと家老の有馬織部《おりべ》が勝手方全般を担当する惣裁判《そうさいばん》に任命され、ほかの家老の介入を許さない強力な権限があたえられ、その下に三人の惣奉行以下の諸役を配した体制がきずかれた。

改革は藩財政を再建するために、農村の現状を把握し、年貢（物成）の収納量をふやすことからはじめられた。まず、地方巧者《じかたこうしゃ》として知られた草野又六を抜擢《ばってき》し、年貢負担の公平化を大義名分として、正徳二年から翌三年にかけて領内の畝《せ》数《かず》改（耕地面積調査）が実施された。これにより、従来の畝数二万町余の二割にあたる四〇〇〇町余をあらたに打出したという。続いて年貢徴収方法をそれまでの土免法《どめんほう》から春法《ついほう》とよばれる検見取法《けみどりほう》に改め、年貢率を大きく引きあげたうえで、さらに正徳四年には春免法《はるめんほう》とよばれる定《じょう》免法《めんほう》が採用された。この結果、正徳四年の年貢は四四万六四〇〇俵という久留米藩では空前絶後の年貢量を記録し、大幅な年貢増徴を実現した。また、夫役に関しても物成を基準に徴収する方法に改められ、この面からも農民は重い負担に苦しむことになった。久留米藩正徳の改革における藩財政の再建は、農民の過重な犠牲のうえに達成されたものであった。

つぎに家臣団に対する政策をみてみると、宝永七年に地方知行制の廃止が決定されていたが、正徳四年には給知《きゅうち》平均免物成渡《へいきんめんものなりわたし》が実施され、蔵米知行制に移行した。そのほか、貸付銀の破棄など家臣団の借財整理を進めるとともに、あらたに在国の家臣に賦課した江戸役銀を江戸詰めの家臣にあたえて負担の公平化をはかり、さらに苦労銀制度を改定して領外勤務の家臣に対する貸付銀を拝領銀に改めるなど、江戸・大坂・長崎など領外につめる家臣の負担軽減につとめた。また、藩財政の基盤となる年貢の増徴を実現させ、藩政改革を軌道にのせた則維は、正徳三年から翌四年にかけて、家臣団・寺社・町方・農村に対する一連の掟書《おきてがき》を発布し、その後の久留米藩の基本となる法制を整備した。

# 7章

# 産業と文化

久留米絣(重ね枡)

## 1 産業の発達

### 治水と利水●

筑後《ちくご》川は、阿蘇《あそ》外輪山を源流とする大山《おおやま》川と九重《くじゅう》山に源を発する玖珠《くす》川が合流して筑紫《つくし》平野に至り、いくつかの支流をあわせながら筑後と筑前《ちくぜん》および肥前《ひぜん》の境をぬうように流れて有明海にそそぐ。全長は一四〇キロを超え、筑紫次郎の異名をもつ九州一の河川であり、数年に一度は洪水をもたらす暴れ川でもあった。このため、久留米《くるめ》藩をはじめとする流域諸藩にとって、筑後川の治水はもっとも重要な藩政課題の一つであった。

久留米藩では、寛永（一六二四〜四四）初期に佐賀藩と協議のうえ、久留米藩側の三潴《みずま》郡安武《やすたけ》村（久留米市）に約四キロにわたる安武堤防を設け、佐賀藩側では全長一二キロにおよぶ千栗《ちりく》堤防（佐賀県みやき町）が築かれた。そのほか、普請《ふしん》（土木工事）の名人と称された丹羽頼母《にわたのも》を中心として、久留米城下町の水害防止工事や竹野郡早田《そうだ》村（久留米市）の堤防工事などが行われ、三潴郡草場村（同市）などには荒籠《あらこ》（水《みず》刎《ばね》）が設けられた。荒籠は、岸から下流にむけて突きだした石組みなどの工作物によって水の流れを対岸にむけるもので、しばしば対岸との紛争が発生した。安永・天明期（一七七二〜八九）には、対岸に位置する佐賀藩との対立が激しくなり、日田《ひた》代官所や対馬《つしま》藩の調停によって協定が結ばれた。享保十（一七二五）年には、新川を開削して筑後川を直流化する工事が山本郡鯰久保《なまずくぼ》付近（久留米市）で実施されたが、後期にはいると大規模な治水工事は少なくなった。

筑後川の利水事業は、正保四（一六四七）年丹羽頼母らによって支流の宝満《ほうまん》川に築造された稲吉堰《いなよしぜき》（小郡《おごおり》市）にはじまるといわれる。稲吉堰は、六九〇町歩（約六九〇ヘクタール）余の水田に農業用水を供給し成功をおさめたことから、筑後川本流からの灌漑《かんがい》事業が計画されるようになった。生葉《いくは》・竹野両郡のうち、筑後川と巨瀬《こせ》川にはさまれた地域は、水利にめぐまれず水田の少ない地域であった。生葉郡のうち夏梅《なつうめ》・清宗《きよむね》・高田《たかだ》・今竹《いまたけ》・菅《すげ》の五カ村の庄屋が発起人となって、生葉郡大石村（うきは市）に取水口を設けて用水路を引く大石・長野水道の計画を立てた。洪水を心配する上流の村々には反対の声もあったが、寛文三（一六六三）年正式に藩の事業に採択され、翌寛文四年一月から工事に取りかかった。工事内容は、大石村長瀬の入江に取水口を設け、ここから西に幅二間（一間＝約一・八メートル）・全長一六五〇間の用水路を開削し、長野村（同市）で支流の柳野《やなぎの》川に合流させるもので、延べ一万五〇〇〇人余の人夫を動員して、わずか六〇日という短期間で完成した。翌年以降の二

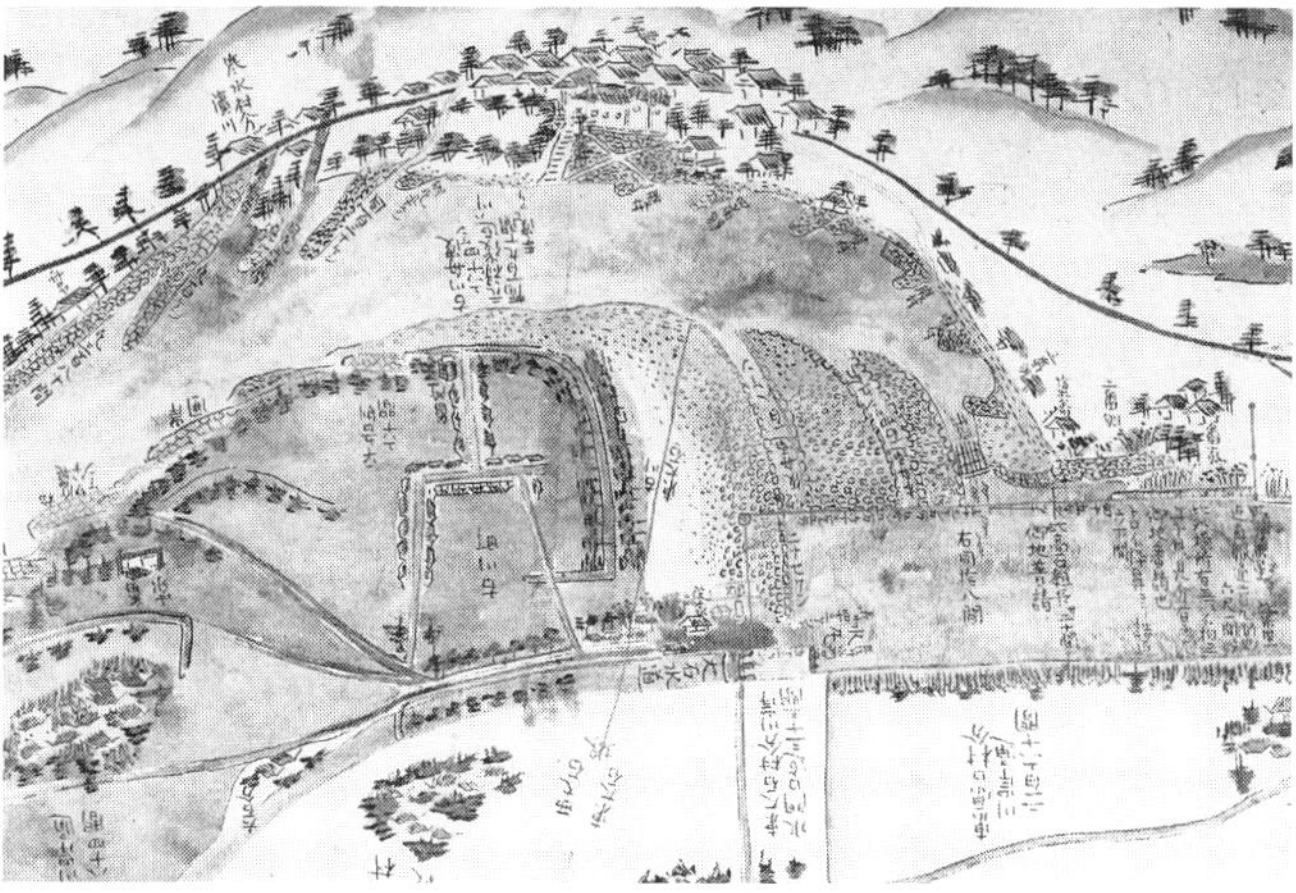

筑後川絵図（大石堰付近）

期・三期工事によって、取水口増設と水道の拡幅・延長が進められ、灌漑面積は五〇〇町歩以上におよんだ。これによって、それまでの畑が水田にかわり、生産力があがって農民の生活は安定したが、年貢もふえ水道の維持・管理のための負担も加わった。

その後、延宝元（一六七三）年には上流の原口村（うきは市）に袋野《ふくろの》水道が完成し七〇町歩が灌漑された。また、正徳二（一七一二）年に築造された床島《とこしま》用水は一四〇〇町歩余の灌漑を実現したが、対岸に位置する福岡藩では湿田化を心配して強硬な反対運動がおこった。実際に、床島用水の築造によって福岡藩領内を流れる長田川・佐田川の流れが停滞して湿田となり、その回復工事は文政八（一八二五）年になってようやく遂行された。

筑後南部を貫流する矢部《やべ》川は、上流から中流にかけて久留米・柳川両藩の藩境となったことから、水利をめぐる両藩の激しい争いの場となった。上流に久留米藩が花巡《はなめぐり》堰を設けて回水路を引くと、柳川藩はすぐ下流に三《さん》ヶ名《がみょう》堰と回水路を築造して対抗し、より多くの流水を自藩側に取りこむために、以下黒《くろ》木《ぎ》・込野《こみの》・惣河内《そうかわち》・唐ノ瀬《からのせ》・花宗《はなむね》と両藩の堰と回水路が交互に築造された。また、筑前第一の大河である遠賀《おんが》川では、黒田氏の入国以降本格的な治水工事が行われるようになった。元和・寛永期（一六一五〜四四）には、東岸は中間《なかま》村（中間市）から古賀村（遠賀郡水巻町）、西岸は垣生《はぶ》村（中間市）から広渡《ひろわたり》村（遠賀郡遠賀町）にかけて全長五〇町（約五・五キロ）におよぶ堤防が築造され、直流化がはかられた。鞍手《くらて》郡の下大隈《しもおおくま》村（中間市）には東西二つの堰が設けられ、一四〇〇町歩余の水田に農業用水が供給された。

**新田の開発●**

有明海の干拓事業は、田中氏の時代に大規模な堤防が築造されて以降本格化した。この堤防は本土居《ほんどい》とよばれ、全長は三〇キロにおよんだ。田中氏断絶後に成立した立花柳川藩も干拓に積極的で、本土居の外側に汐土居《しおどい》とよばれる堤防を築造して干潟の干拓を進めた。延宝元（一六七三）年には、汐土居の総延長は八五キロにおよんだという。初期には、朱印船貿易や藩の貨幣方として活躍した豪商の紅粉屋《べにや》（後藤）成保によって開発された紅粉屋開《ひらき》（大川市）などが知られ、延宝五年以降は藩の事業として開発が進められた黒崎開（みやま市）は二〇〇町歩におよぶ大規模なものであった。黒崎開の堤防は、正徳三（一七一三）年の高潮によって決壊したため、翌年、田尻総馬《たじりそうま》によって修築工事が行われた。総馬は、父の総助とともに柳川藩の名普請役《ふしんやく》として知られ、佐賀藩の成富兵庫《なりどみひょうご》、熊本藩の堤平左衛門とともに九州土木の三傑と称された人物であるが、この修築工事以降、干拓の堤防は土塁から石塁へと転換されたという。干拓事業は江戸中期に最盛期を迎え、明治初年には二五四〇町歩に達した。柳川藩の干拓地（開地《ひらきち》）は、開発主体によっていくつかに分類できるが、藩営や町人請負・百姓請負のほか、藩主や家老以下の家臣による

黒崎開干拓記念碑（みやま市）

開発（御手元《おてもと》開・給人《きゅうにん》開）が多いという特徴をもっていた。また、干拓前の干潟に葭《あし》などを植えて利益を得ていたものを野主《のぬし》、干拓の開発権を獲得し開発資金を提供したものを地頭《じとう》、労働力を提供して実際の開発にあたったものを鍬先《くわさき》とよび、野主と地頭は干拓地から余米《よまい》（小作料）を徴収する権利をもち、鍬先には干拓地を実際に耕作する権利（小作権）があった。干拓地は夫役《ぶやく》が免除され、年貢も最初の一〇年間免除されたのち、五年から一〇年かけて段階的に引きあげられた。弘化二（一八四五）年の七ツ家《ななつえ》開（柳川市）を例にとると、収穫の分割割合は、年貢二、鍬先得分四、地頭得分三、野主得分〇・五、諸経費〇・五であった（胡光「地租改正と干拓地所有権」『西南諸藩と廃藩置県』九州大学出版会）。

小倉藩では、大里《だいり》村（北九州市門司《もじ》区）の庄屋を引退した石原宗祐《そうゆう》を中心として、大規模な新田開発が行われた。宗祐は、遠浅の入江であった企救《きく》郡の猿喰《さるはみ》湾（北九州市門司区）に着目し、宝暦七（一七五七）年から干拓工事をはじめ、同九年に三三町歩余の新田を造成することに成功した。銀一八八貫余におよんだ開発費は、宗祐の私財を投じたものという。さらに、寛政の改革を進める犬甘知寛《いぬかいともひろ》（兵庫）は、企救郡曽根《そね》新田（北九州市小倉南区）の開発を宗祐に命じ、寛政六（一七九四）年から着工して享和三（一八〇三）年に完成した。曽根新田は八四町歩におよぶ広大なもので、開発費は藩と宗祐で折半することになっていたが、宗祐の負担は銀四三四貫余におよび石原家を衰退させた。

福岡藩では、寛文十一（一六七一）年に宗像《むなかた》郡勝浦《かつうら》（福津市）の干潟を干拓して八六町歩の新田と二六町歩の塩田が開発されたほか、貞享元（一六八四）年には宗像郡津屋崎（同市）の干拓によって九四町歩の新田が造成された。元禄期（一六八八〜一七〇四）以降、洞海《どうかい》湾（北九州市）沿岸で新田開発が進み、多くの新田が造成された。

福岡県を代表する陶器である高取焼《たかとりやき》は、朝鮮出兵のさいに黒田氏によって連れ帰られた朝鮮人陶工八山《やさん》(日本名高取《たかとり》八蔵《はちぞう》)にはじまるという。黒田氏は、筑前入国とともに八山に命じて、鷹取《たかとり》山麓の永満寺《えいまんじ》宅間《たくま》(直方《のおがた》市)に窯を開き、陶器を焼かせた。宅間窯が廃されると、窯は内ケ磯《うちがそ》(同市)を経て白旗山《しらはた》(飯塚市)に移され、大名茶人として知られる小堀遠州《こぼりえんしゅう》の影響をうけて茶碗《ちゃわん》や水指《みずさし》などすぐれた茶器がつくられ、遠州高取という独自の作風をうみだして高い評価をうけた。その後、窯は鼓《つづみ》村・小石原《こいしわら》村(ともに朝倉郡東峰村)に移り、小石原高取とよばれる茶器が焼かれた。宝永五(一七〇八)年、福岡藩は鼓の窯を城下に近い麁原《そはら》村(福岡市早良《さわら》区)に移して御用窯(東皿山《ひがしさらやま》)を開き、幕府・諸大名などへの献上品や贈答品として上質の茶器を焼かせた。さらに、享保三(一七一八)年には同じ麁原村に西皿山が設けられ、日用生活雑器が焼かれるようになった。

小倉藩でも、細川氏の入国とともに上野焼《あがのやき》が生産される

高取焼(左, 肩衝茶入)と上野焼(右, 茶碗)

ようになった。豊前にはいった細川忠興《ただおき》が朝鮮人陶工の尊楷《そんかい》（日本名上野喜蔵《あがのきぞう》）を招き、福知山麓の上野（田川郡福智町）に窯を開かせたことにはじまるという。おもに茶器や花器などが焼かれ、寛永九（一六三二）年細川氏が熊本に転封されると上野喜蔵も熊本に移り、一部が小笠原氏の御用窯として残った。細川氏転出までの製品を古上野《こあがの》とよび、小堀遠州七窯の一つに数えられている。

博多織《はかたおり》は、鎌倉時代に宋《そう》に渡って技術を学んだ満田弥三右衛門《みつたやそうえもん》にはじまるともいわれるが、黒田氏の筑前入国とともに藩の保護をうけ、将軍家などへの献上品として独占がはかられた（口絵参照）。初期には中国産の生糸《きいと》が用いられたが、中期以降は国産の生糸を使うようになった。十七世紀末に七〇軒の織屋《おりや》があったというが、十八世紀の中ごろには一二軒の織元《おりもと》が指定され、織屋株が創設された。幕末期には、株仲間以外の野織屋《のおりや》があらわれて品質の低下が問題となった。また、久留米絣《くるめがすり》の創始者井上伝《でん》は、久留米城下のはずれ通外町《とおりほかまち》に米穀商の娘として生まれ、寛政十一（一七九九）年ごろ霰織《あられおり》（雪降《ゆきふり》）とよばれる新しい絣を考案し、近郷の子女にその技術を伝授した。その後、近くに住む田中儀右衛門《ぎえもん》（からくり儀右衛門）の協力によって織機を改良し、絵模様の柄織物（久留米絣）を織りだすことに成功した。やがて、久留米絣の名声が広まり、幕末には藩の専売品に指定されて生産が奨励された。小倉織《こくらおり》は、生地が丈夫なうえに紺と白の縞《しま》模様が美しく、武士の袴地《はかまじ》や帯地として重宝された。その起源は、小倉藩五代・六代の両藩主がともに木綿織の先進地である播磨国安志《あんじ》（兵庫県姫路市）小笠原家からの養子であったことから、この時代に木綿織の先進技術が導入されたともいわれる。幕末期には生産が進み、嘉永五（一八五二）年城下の呉服商肥後屋（大塚）才兵衛を問屋に指定して藩外に売りだし好評を博したという。

十八世紀には、農村における商品作物の生産が盛んになり、農村のなかからこれをあつかう在郷《ざいごう》商人が登場し、しだいに力をつけて城下町の特権商人と対抗するようになった。福岡藩では、十八世紀中ごろから櫨《はぜ》の栽培がはじまるが、享保飢饉《ききん》後の藩政改革によって積極的な栽培奨励が行われた。寛保三（一七四三）年の櫨仕組では、領内の街道筋や川の土手さらには空地や原野にも櫨を植えさせ、近隣の農民に手入れを命じて収穫の三分の一をあたえ、残りを藩に上納させる方法と、櫨苗を無償で農民に配付して栽培させ、収穫した櫨の実を買いあげるという二通りの方法があった。また、櫨栽培の研究を進めていた那珂《なか》郡山田村（筑紫《ちくし》郡那珂川町）の高橋善蔵は、延享四（一七四七）年わが国初の櫨栽培技術書である『窮民夜光之珠《きゅうみんやこうのたま》』をあらわしたが、藩はこれを筆写して大庄屋四〇人に配付した。櫨の実からとれる蠟《ろう》は蠟燭《ろうそく》や鬢付油《びんつけあぶら》の原料として商品価値が高く、福岡藩最大の特産物に発展し、寛政八年からは専売制が実施された。久留米藩でも、収穫の三分の一を農民にあたえる方法で積極的に櫨の栽培を奨励し、街道筋や川の土手などに多くの櫨が植えられた。竹野郡亀王組《かめおうぐみ》（久留米市田主丸）の大庄屋竹下周《ちか》直《なお》は、上質の実がとれる松山櫨を発見して普及につとめ、寛

小倉織（袴）

延三（一七五〇）年には『農人錦之嚢《のうにんにしきのふくろ》』という櫨の栽培技術書をあらわした。

筑後地域では、十八世紀中ごろから菜種（辛子《からし》）の生産が盛んになった。菜種は、しぼった油が良質の灯油となり、また絞りかすは肥料となることから利用価値が高く、農民にとって重要な作物であった。久留米藩では、正徳四（一七一四）年に夏物成《なつものなり》（年貢）として大麦・小麦と菜種を指定し、生産高の一割にあたる麦一万二〇〇〇石と菜種一六〇〇石を銀に換算して銀二五〇貫目を上納させた。享保十三年には、大幅な引上げを試みたが、享保の一揆によって挫折《ざせつ》した。生産量は拡大を続け、幕末期には六万~七万石におよんだという。柳川藩でも菜種の栽培が盛んで、宝暦四（一七五四）年から一反につき五升を徴収する御借《おかり》辛子の制度が導入されたが、返済されることはなく、のちには進上辛子と名称が改められた。さらに、御《お》買《かい》辛子という名称で一反につき四升の上納が命じ

曽根の櫨並木

❖コラム

## からくり儀右衛門

寛政十一（一七九九）年、久留米城下のべっこう細工師の長男として生まれた儀右衛門《ぎえもん》（田中久《ひさ》重《しげ》）は、幼いころから発明の才能にめぐまれ、一五歳にして近くに住む井上伝《でん》（久留米絣の創始者）の求めに応じて織機に改良を加え、絵模様の柄織物（久留米絣）を成功に導いた。また、五穀神社の祭礼に水仕掛けのからくり人形を出品するなど、種々のからくり仕掛けを試みたことから「からくり儀右衛門」とよばれるようになった。

その後、家業を弟にゆずり、佐賀・熊本・大坂・京都など各地を転々として技術の修業を続け、無尽灯《むじんとう》（灯火器）・雲竜水《うんりゅうすい》（消火ポンプ）・万年時計など多くの発明品をうみだした。嘉永五（一八五二）年には汽船の模型を製作し、ときの関白鷹司政通《たかつかさまさみち》から「日本一細工師」と称され、翌嘉永六年西洋近代科学の導入を進める佐賀藩に招かれた。佐賀藩では精煉方《せいれんかた》（西洋近代科学の研究機関）に身をおいて、大砲や電信機などの製造にあたったほか日本初の国産蒸気船の研究・開発にも従事した。元治元（一八六四）年からは、郷里である久留米藩にも招かれ、佐賀藩とかけもちで、軍事力の近代化を急ぐ久留米藩の技術指導にあたり、機械類や大砲などの武器を製造した。

明治維新以後は、東京にでて田中工場を設立し、電信機械などの製造を行った。弟子の金子大吉が養子となって二代目久重を襲名すると、田中工場は田中製作所と改められ、民間最大の機械工場に発展した。これが芝浦製作所に引きつがれ、今日の東芝へと発展した。

られたが、代金が支払われることはなかった。一反につき九升の上納は、ほぼ生産高の一割に相当し、両藩ともに収穫の九割は農民の手元に残った。

そのほか、十九世紀にはいると製塩の燃料として需要が増大したことから、筑豊地域や筑後三池の石炭が注目されるようになった。福岡藩では、石炭需要の増大とともに十八世紀末から石炭統制がはじまるが、田地の荒廃を心配して石炭の採掘を制限することが基本となり、貧窮農民の救済や農村の復興を目的として、限定的な石炭の採掘・販売が許可された。小倉藩でも、十八世紀末から瀬戸内製塩業地域への出荷がふえ、石炭の採掘が増大した。しかし、同時に採掘に従事する農民がふえて農村の荒廃が進んだため、領外からの移入者に採掘を許可するように方針を改めた。三池郡でも、十八世紀後半に柳川藩領の平野山（大牟田《おおむた》市）や三池藩領の稲荷山（同市）などで本格的な石炭の開発が進められた。開国後は、蒸気船の燃料としても需要が高まり、斜坑《しゃこう》という新しい採掘方式が導入された。

**街道と水運●**

江戸時代には、九州第一の幹線道路である長崎街道が小倉・福岡藩領をとおっていたほか、日田街道・唐津街道・中津街道・田川街道・柳川街道など福岡・小倉・久留米・柳川の各城下町を起点とする中小の街道が整備された。長崎街道は、豊前の大里《だいり》（北九州市門司区）から小倉を経て福岡藩領にはいり、黒崎・木屋瀬《こやのせ》（ともに北九州市八幡《やはた》西区）・飯塚《いいづか》・内野（ともに飯塚市）・山家《やまえ》・原田《はるだ》（ともに筑紫野市）の筑前六宿《むしゅく》をとおって肥前の田代（佐賀県鳥栖《とす》市）にぬけ長崎に至る重要な街道で、山家宿で薩摩からの街道とも合流することから、福岡・小倉藩領内の交通量は九州一であった。宿場には、御茶屋《おちゃや》（本陣）・町茶屋《まちちゃや》（脇本陣）・旅籠《はたご》などの宿泊施設や、荷物の輸送をあつかう人馬継所《つぎしょ》（問屋場《といやば》）などがあった。宿場には、幕府役人の往来や諸大名の参勤交代など公用通行のために一定の人馬が常備されていたが、不足を補うため周辺の村々は助郷役《すけごうやく》を割りあてられ、とくに交通量の多い筑前六宿をかかえる村々は重い負担に苦しんだ。

年貢米などの物資輸送には川船が盛んに利用された。筑後川の流域は、米をはじめ麦・菜種・櫨《はぜ》など農

堀川と寿命《じめ》の唐戸

近世街道図(『福岡県の歴史』〈光文館〉所収の「街道図」をもとに作成)

産物の一大生産地であったことから、輸送のために舟運が発達した。寛政期の記録によると、久留米藩領の上三郡《かみさんぐん》（生葉《いくは》・竹野・山本郡）だけで商船の数は五一七艘《そう》におよんでいた。また、遠賀川も、流域の遠賀・鞍手《くらて》・嘉麻《かま》・穂波《ほなみ》郡（筑前国）や田川郡（豊前国）という、福岡・秋月・小倉藩領の年貢米や石炭などを輸送するため、川艜《かわひらた》とよばれる底の浅い川船が活躍した。遠賀川中流の中間《なかま》村（中間市）から洞海湾にぬける堀川は、宝暦十二（一七六二）年に完成し、川船の通行と農業用水の供給がはじまった。堀川の通行は有料で、一艘三〇文の通船料が徴収されたが、福岡藩の蔵屋敷がおかれた若松への便がよくなり、盛んに利用されるようになった。

## 2 民衆の生活

### 農村と浦の生活●

江戸時代の農村は、藩の主要な財源である年貢収納の場と位置づけられ、藩のきびしい統制のもとにおかれていた。ふつう村には一人ずつ庄屋がおかれ、年貢や夫役《ぶやく》の徴収にあたった。また、庄屋の下には組《くみ》頭《がしら》などの諸役がおり、庄屋を補佐した。さらに、十数カ村から四十数カ村ごとに大庄屋《おおじょうや》（小倉藩は惣《そう》庄屋）がおかれ、その管轄する区域は、福岡藩は触《ふれ》、小倉藩では手永《てなが》、久留米・柳川藩の場合は組とよばれた。田では二毛作《にもうさく》が一般化し、秋作の米以外に麦・菜種などの夏作が行われ、畑では麦・粟《あわ》・大豆《だいず》などの雑穀類や大根・さつまいもといった野菜類が栽培された。農民は、年貢以外に口米《くちまい》・延米《のべまい》と称する付加税や夫米《ぶまい》（夫役代米）、さらには切立《きりたて》・割米《わりまい》とよばれる村入用《むらにゅうよう》（村落行政費）などを負担した。年貢の上納は、一般に藩の蔵におさめるまでが農民の負担とされ、福岡藩は城下の永蔵《ながくら》のほか若松（北九州市若松区）と横浜（福岡市西区）の三カ所、小倉藩では城下のほか各郡に蔵がおかれていた。

農民は農作業に追われ、毎年旧暦の二月に稲作の準備をはじめて、五月に麦の収穫をおえるとすぐに田植えを行い、九月の稲刈り後はまた麦の種を蒔《ま》かなければならなかった。久留米藩の場合、農民の労働時間は午前六時から午後六時まで、年間の休日は七日と定められ、農閑期には機織《はたお》りや草鞋《わらじ》作りなどの余業が義務づけられていた。さらに、家の造りや食事・衣類に至るまでこまかい規制をうけたが、農民はさまざまな方法で抵抗を試み、生活を楽しむ工夫を忘れなかった。農民の娯楽は、藩のきびしい統制によって著しく制限されたが、社寺の祭礼などでは芸能の興行が許され、農民の数少ない楽しみとなっていた。久留米藩では、中世の念仏踊りの系譜を引くといわれる、御原《みはら》郡下岩田《しもいわた》村（小郡市）の歌八座《うたはちざ》という芸能集団が芝居などの芸能興行を取りしきり、福岡藩

大分八幡宮農耕絵馬(田植え部分)

でも遠賀郡芦屋《あしや》（芦屋町）や鞍手郡植木《くらて》（直方市《のおがた》）の芸能集団が農村をまわって興行を行った。

玄界灘《げんかいなだ》・響灘《ひびき》・周防灘《すおう》に面する福岡藩や小倉藩では、漁業や海運など海によって生計をいとなむ地域を浦《うら》とよんで農村と区別し、浦役所や浦奉行をおいて支配した。この海域では、鎖国後も漂流・漂着と称する密貿易が跡を絶たず、また福岡藩は長崎警備を担当していたことから、多数の船と水夫《かこ》（漕ぎ手《こ》）を必要としたことなどがその理由であろう。福岡藩の場合、水夫役《かこやく》・御菜銀《ごさい》という浦特有の負担があり、水夫役は長崎警備や海上監視などのために船と水夫を徴用するもので、水夫の定数は六〇〇人余であったが、これを超えることも多かった。御菜銀とは、領主に献上する魚介類が代銀納化されたもので、農村の年貢にあたる。福岡藩には四〇余の浦があり、漁業中心の浦と海運中心の浦に大別できる。漁業の浦は網漁が中心であったが、宗像郡の鐘崎《かねざき》（宗像市）は蜑《あま》の浦として知られ、能登《のと》の輪島《わじま》（石川県輪島市）や対馬《つしま》の曲《まがり》（長崎県対馬市《つしま》）などに進出し定住したと伝えられる。海運の浦としては、筑前五ヶ浦《ごかうら》廻船とよばれた残《のこの》島《しま》・今津・浜崎・宮浦・唐泊《からどまり》（以上福岡市西区）があり、最盛期には千数百石積の大型廻船を五〇艘以上保有して福岡藩の蔵米輸送や東北・北陸地方の幕領米の江戸廻送に活躍したが、中期以降は衰退した。小倉藩でも、水夫役をつとめる浦が二〇を超え、御菜米の上納が義務づけられていた。

## 都市と祭礼

福岡・博多は両市中《りょうしちゅう》とよばれ、二人の町奉行が月番で支配した。町政組織は、数人の年行事《ねんぎょうじ》のもと各町に年寄《としより》がおり、年寄のなかから流《ながれ》ごとに一人の月行事《つきぎょうじ》が選ばれた。年行事の人数は、黒田氏入国当初は一二人であったが、時代とともに削減され、宝暦期（一七五一～六四）には両市中ともに二人となった。博多では、市小路《いちのしょうじ》を基準に東西もしくは南北に走る各町筋（町組）を流とよび、古くは七流であったものがしだいにふえて、幕末には一〇流となった。福岡藩における町人の格式は、黒田氏にしたがって筑前にはいった大賀氏を筆頭に定められ、永代（大賀本家と分家）・大賀次《つぎ》・福岡年行事・博多年行事・年行事次・年行事格・御用聞町人格などの格式があった。博多の祭礼行事としては、松囃子《まつばやし》と祇園山笠《ぎおんやまがさ》がよく知られ、ともに流をもとに運営された。松囃子は、新年を祝う行事で二代藩主黒田忠之《ただゆき》によって再興され、毎年正月十五日に行われた。福神・恵比寿《えびす》・大黒《だいこく》の三福神が馬にのり、稚児《ちご》をさじきにのせて城内にはいり、退城後祝いうたをはやしながら博多の町を練り歩いた。祇園山笠は、六月十五日に行われる櫛田《くしだ》神社の祭礼で、六流がおのおの壮麗な山笠をつくり、残りの一流が能の興行を行った。当時は、今日のような飾《かざりやま》山と舁山《かきやま》の区別はなく、一二メートル余の山が博多の男衆によってかつがれていた。

小倉の町は、町奉行の統制をうけ、その町政組織は東西両曲輪《くるわ》を統括する惣年寄《そうとしより》のもと、両曲輪に一人ずつの大年寄と町ごとに小年寄がおり、町人は間口《まぐち》の広さに応じた棟別銭《むなべつせん》をおさめなければならなかった。現在にうけつがれる小倉祇園《ぎおん》は、八坂《やさか》神社（祇園社）の祭礼で六月に開催されていた。祭りの中心は御神幸《ごしんこう》で、神霊を奉じた神輿《みこし》が、人形などで飾られた山車《だし》と踊り子に太鼓や鉦《かね》などの囃子《はやし》を加えた行列をしたがえて三本松の御旅所《おたびしょ》へむかい、一泊したのち八坂神社に還御《かんぎょ》した。祭りの期間中、小倉の町は太鼓の音につつまれ、太鼓祇園とよばれるようになった。

久留米藩では、祇園社の祭礼である祇園会《え》が六月に開催された。運営は、久留米城下八掛《はちがかり》の町別当が中心となって担当し、通物《とおしもの》とよばれる挽山《ひきやま》や笠鉾《かさぼこ》が神輿を導く御神幸が盛大に行われた（口絵参照）。そのほか、水天宮《すいてんぐう》の川祭や五穀《ごこく》神社の御繁昌《ごはんじょう》が久留米の三大祭礼に数えられるが、幕末期には活気を失ったという。

## 3　学問と文化

### 元禄文化●

福岡藩では、承応三（一六五四）年に二代藩主黒田忠之が死亡し、黒田光之《みつゆき》が三代藩主の座についた。光之は、財政に明るい新参の立花重種《しげたね》や鎌田《かまた》昌勝らを抜擢《ばってき》して藩政にあたらせるとともに、立花重根《しげもと》（実山《じつざん》、重種の次男）や貝原益軒《かいばらえきけん》らを側近に登用し、文治《ぶんち》政治とよばれる側近政治を展開した。まず、家臣団や領民の救済策から手をつけ、しだいに、忠之時代の末期から窮乏がめだちはじめた藩財政を立てなおすための施策を実行に移していった。明暦元（一六五五）年以降は倹約令をたびたび発して財政支出をおさえるとともに、延宝元（一六七三）年には地方知行《じかたちぎょう》制《せい》を廃止して蔵米《くらまい》化を進め、領国支配の一元化と藩財政収入の実質的増加をはかろうとした。

文治主義を志向する光之の時代には、光之の信任を集めた立花重種をはじめとして、新参の立花一門が藩政の要職を占めるようになり、立花氏の時代が現出された。なかでも、立花実山は福岡藩きっての文化人といわれ、その才能は多方面におよび博学多識をもって知られた。学問は貝原益軒や木下順庵《きのしたじゅんあん》に学び、詩文や和歌をよくし、書は定家流をきわめた。また、茶人としては南坊流《なんぼうりゅう》の奥義をきわめ、千利休の侘《わび》茶《ちゃ》の精神や実技を伝える唯一の著作とされる『南方録《なんぼうろく》』を編纂《へんさん》したことで茶道史上不朽の業績を残したことが特筆される。

実山は、光之の側近として寵愛をうけ、同じく立花一門の後ろ楯を得て光之の側近に登用された貝原益軒とともに福岡藩元禄文化の体現者となった。しかし、元禄元（一六八八）年に四代藩主となった黒田綱《つな》政《まさ》は、宝永四（一七〇七）年の光之の死を契機に光之側近層に対して徹底した粛清を加え、その対象となった実山は悲劇的な運命をたどることになる。実山の回想をまじえた獄中日記『梵字艸《ぼんじそう》』は、筆墨をも許されない苛酷《かこく》な幽閉生活のなかで、楊枝《ようじ》のさきをかみくだきみずからの血をしぼってあらわしたもので、光之没後の悲惨な状況を伝える貴重な史料であり、文学作品としても高い評価をうけている。

**貝原益軒と宮崎安貞●**

貝原益軒は、福岡藩士貝原利貞（寛斎《かんさい》）の末男として、寛永七（一六三〇）年福岡城内東邸に生まれた。慶安元（一六四八）年一九歳で出仕するが、同三年藩主忠之の怒りにふれて浪人となり、以後七年間浪人生活を送った。この間、長崎で医学を学ぶとともに父の手伝いとして江戸にのぼり儒学を学んだといわれる。明暦二（一六五六）年文治主義をとる藩主光之の命でふたたび出仕し、以後七年間におよぶ藩費の京都留学を許された。京都では、松永尺五《せきご》・山崎闇斎《あんさい》・木下順庵ら当代一流の儒学者とまじわり、また向井元升《げんしょう》・黒川道祐《どうゆう》ら本草《ほんぞう》学者とも交流を深めた。この京都留学時代に、益軒の学者としての基礎がきずかれた。寛文四（一六六四）年三五歳で帰国し、儒者として正式の藩士となり知行一五〇石と屋敷があたえられた。元禄十三（一七〇〇）年七一歳で職をしりぞくまで、藩主・重臣に対する儒学の講義をはじめとして、建白書の提出などをとおした藩政への参与、『黒田家譜《くろだかふ》』や『筑前国続風土記《ちくぜんのくにぞくふどき》』などの編纂、そのほか朝鮮通信使の応接など多忙をきわめる毎日であった。

益軒の学問的業績は、儒学者という枠組みを超えて多方面におよび、また、つねに人びとの生活の役に立つ民生日用の学問であることを心がけ、平明な和文で執筆された。なかでも、益軒のライフワークとなった『大和本草《やまとほんぞう》』は、独創性にとむわが国初の体系的本草学（博物学）の書物といわれ、江戸時代の科学的業績としては最高の書という評価をうけている。また、みずからの経験に基づく医学・薬学研究を集大成した『養生訓《ようじょうくん》』や幼児に対する教育論を展開した『和俗童子訓《わぞくどうじくん》』をはじめとする、いわゆる「益軒十訓」はあいついで刊行され、広く一般に読まれて益軒の名を不動のものにした。さらに、生来の旅行好きであった益軒は、刊行されたものだけでも一八編の紀行文をあらわし、その平明かつ情緒豊かで写実的な独特の文体から近世紀行文学の創始者とも称される。このように、益軒は人文科学・自然科学の両面にわたる先駆的業績を数多く残し、しかもその多くが刊行されて一般の人びとにうけいれられ、社会に大きな影響をあたえた。

元禄期（一六八八〜一七〇四）の福岡藩には、貝原益軒の幅広い学風にささえられて多くのすぐれた学

貝原益軒肖像

者や文化人がつどい、さまざまの分野で質の高い文化の花が咲きほこった。

宮崎安貞《みやざきやすさだ》は、広島藩士の家に生まれ、二五歳のときに福岡藩主黒田忠之につかえるようになるが、のちに故《ゆえ》あって暇《いとま》を乞《こ》い、当時農業の先進地であった近畿《きんき》地方を視察してまわった。福岡に戻ってからは志摩《しま》郡女原《みょうばる》村（福岡市西区）に居を定め、四〇年にわたってみずから農業を実践しながら農業技術の改良や農民の指導に精をだした。さらに、貝原益軒との交流によって本草学や中国の農書『農政全書』に関する知識を深め、益軒とその兄楽軒《らくけん》の協力を得て、元禄九年わが国初の体系的農書『農業全書』を完成させ、翌十年刊行された。

『農業全書』には、約一五〇種におよぶ作物や家畜類の栽培・飼育技術がくわしく記され、当時の主要作物・家畜類を網羅していたと考えられており、全国に通用するはじめての農書であった。これを読んだ水戸の徳川光圀《みつくに》が、「これ人の世に一日もこれ無かるべからざるの書なり」と、絶賛したことからもわかるように、刊行当初から高い評価をうけ、八代将軍徳川吉宗《よしむね》も座右の書に加えたほどであった。また、農書

**宮崎安貞の書斎**（福岡市西区女原）

としてはじめて刊行されたことから、広く一般に読まれて普及し、その有用性から明治期に至るまで多くの人びとに読み続けられた。本書の序文を益軒、跋文《ばつぶん》を貝原好古《よしふる》（益軒の甥）が記し、全体の校閲と付録の執筆を楽軒が担当していることからもわかるように、『農業全書』の成立・刊行には貝原一族が深くかかわっていた。

そのほかにも、益軒の門弟では、儒者として福岡藩につかえるとともに、天文学・和算《わさん》・和歌・連歌などにもつうじ多くの著作を残した竹田春庵《しゅんあん》（定直）があり、医学の分野では後生派《ごせいは》医学の代表者とされる香月牛山《かつきぎゅうざん》や人体解剖図で知られる蘭方医の原三信《はらさんしん》（元弘）、筑前算学の祖といわれ元禄国絵図の作成にあたった星野実宣《ほしのさねのぶ》、軍学の分野には『関ヶ原軍記大成』で知られる若狭（福井県）出身の長沼流軍学者宮《みや》川忍斎《がわにんさい》や『南海治乱記』などをあらわした讃岐《さぬき》（香川県）出身の武田流軍学者香西成資《こうざいなるすけ》など多くのすぐれた学者が福岡に集まった。

元禄期は、一般に近世社会の大きな転換期であるといわれる。戦国時代から近世初期にかけて新田開発が盛んに行われて耕地面積が飛躍的に増大し、それに伴って人口も急激に増大した。しかし、元禄期には新田開発も限界に達し、かぎられた耕地のなかでいかに効率のよい農業を行うかが、社会の大きな課題となった。この課題にこたえるものが農書であり、元禄期は農書の時代ともよばれるように多くの農書がうみだされた。なかでも宮崎安貞の『農業全書』は、その有用性から他の追随を許さず多くの人びとに支持された。また、江戸時代初期には、世界有数の産出量をほこった金銀にささえられて、生糸・薬種《やくしゅ》・砂糖などを一方的に輸入して国内の需要をまかなっていた。しかし、しだいに金銀の産出量が減少して、元禄期には金銀の不足がめだつようになり、それまで輸入にたよっていたものも国産化をせまられるようになった。そのよりどころとなったのが本草学という学問であり、貝原益軒の『大和本草』の価値もまたこの点にあった。このように、元禄という時代の転換点にあって、社会がもっとも必要としている分野でそれぞれ最高の業績をうみだしたところに、福岡藩元禄文化の高い水準と歴史的価値をみいだすことができる。

福岡藩以外では、柳川藩に儒者としてつかえた安東省庵《あんどうせいあん》（親善、のち守約）がある。省庵は、柳川藩士安東親清の次男として生まれ、少年時代はもっぱら武芸にはげんだという。慶安二（一六四九）年京都に留学し、松永尺五について朱子学を学び、ついで江戸や京都で学問をおさめた。万治二（一六五九）年柳川に帰ると、藩主立花忠茂の侍講《じこう》に登用され、知行二〇〇石をあたえられた。また、明《みん》人の朱舜水《しゅしゅんすい》が長崎に亡命すると、その学徳をしたって弟子となり、寛文五（一六六五）年舜水が水戸の徳川光圀《みつくに》に迎えられるまでの数年間、俸禄の半分を割いて舜水に贈りその苦境を助けたことはよく知られている。舜水は江戸へむかう途中柳川に立ち寄り、省庵の厚誼《こうぎ》を謝した。のちに藩校伝習館《でんしゅうかん》にまつられた孔子《こうし》像は、この

朱舜水がもたらしたと伝える孔子像

ときに舜水が省庵に贈ったものという。省庵は「柳川藩学問の祖」と称され、その子孫は代々家学をつぎ、儒者として柳川藩につかえた。省庵は、朱子学（京学）の伝統のうえにたちながら、舜水の実学を学び、伊藤仁斎《じんさい》の古学にも強い影響をうけ、「関西の巨儒」とよばれた。学問的業績は、『省庵先生遺集』『三忠伝』『理学抄要』『心喪集語《しんそうしゅうご》』『立花戦功録』など多数にのぼる。

**藩校と私塾●**

福岡藩七代藩主の黒田治之《はるゆき》は、一橋家から養子にはいった好学の藩主で、はやくから藩校設立の構想をもっていたといわれ、安永七（一七七八）年には町医者のかたわら儒学（徂徠学《そらいがく》）を講じていた亀井南冥《かめいなんめい》を藩儒に抜擢《ばってき》した。治之は、天明元（一七八一）年三一歳にしてなくなるが、その遺命によって、天明四年東西二つの学問所が開設された。東学問所修猷館《しゅうゆうかん》は、城の正面上ノ橋《かみのはし》前に敷地があたえられ、貝原益軒《かいばらえきけん》の学統を引く藩儒竹田定良《たけださだよし》が総請持《そううけもち》を命じられたほか、島村宇兵衛ら六人の藩儒が学生の教導にあたった。一方、西学問所甘棠館《かんとうかん》は、唐人町にある南冥の居宅・家塾のとなりに敷地があたえられたが、教導にあたるのは総請持の南冥ひとりであった。同じ藩のなかに、朱子学と徂徠学という異なる学派の藩校を同時に設立した例はほかにはみられない。藩校設立のうえで南冥の働きの大きかったことが、修猷館にとどまらず甘棠館の設立にもつながったものであろう。ところが、寛政二（一七九〇）年に南冥の後援者であった家老の久野外記《ひさのげき》（一親《かずちか》）がなくなると、寛政四年藩政批判を理由に南冥は職をとかれ蟄居《ちっきょ》を命じられた。甘棠館自体は、高弟の江上苓州《えがみれいしゅう》が跡をつぎ、嫡子昭陽《しょうよう》も家督相続を許されたが、寛政十年の唐人町の火災で焼失したのちは再建されず廃校となった。南冥の個人的力量におうところの大きかった甘棠館は、南冥の罷免によって存在意義をなくしたというべきであろう。

❖コラム

## 福聚寺と黄檗美術

黄檗宗《おうばくしゅう》は、中国福建省の黄檗山を中心とする臨済宗の一派で、長崎を拠点に貿易活動に従事する中国人たちによってわが国に伝えられた。承応三（一六五四）年に隠元《いんげん》が来日すると、続いて木《もく》庵《あん》や即非《そくひ》などがあいついで来日し、宇治《うじ》（京都府宇治市）の万福寺《まんぷくじ》を拠点に、幕府や諸藩の援助をうけて全国に広がった。小倉藩では、初代藩主小笠原忠真《ただざね》が、寛文三（一六六三）年と翌年の二度にわたって小倉城下の開善寺《かいぜんじ》に止宿した即非に面会し、一寺を建立して開山となるよう懇請し、寛文五年広寿山福聚寺《こうじゅさんふくじゅじ》が創建された。二代藩主小笠原忠雄《ただたか》は寺領三〇〇石を寄進し、寺域も拡張された。即非によって、建築・絵画・彫刻など中国風の黄檗文化がもちこまれ、今日まで福聚寺に伝えられている。なかでも、即非と行動をともにした、黄檗肖像画家の喜多元規《きたげんき》の描いた隠元・木庵・即非・法雲《ほううん》の頂相《ちんぞう》は、精緻《せいち》な描写による写実的な作品で黄檗美術を代表する傑作とされる。

即非頂相（喜多元規筆）

久留米藩でも、数学者として知られる好学の藩主有馬頼徸《よりゆき》のもとで、天明三年に学問所が設けられ、一時中断したものの天明五年講談所として再開され、のちに城内に移されて修道館と改称された。天明八年には、肥後の朱子学者左右田《そうだ》鹿門《ろくもん》（尉九郎《じょうくろう》）が招かれて教授となり、寛政七年樺島石梁《かばしませきりょう》とともに修道館焼失後の藩校設立を命じられた。翌八年、新しく完成した学問所は明善堂《めいぜんどう》と命名され、鹿門が初代教授となり、鹿門没後は折衷学《せっちゅうがく》を奉じる石梁が教授となってあらたな学風がきずかれた。幕末期には、水戸学や国学の影響が強くなり、激しい政争のなかで明善堂の教育も混乱した。

柳川藩では、藩儒安東《あんどう》家の家塾が藩校の前身として子弟教育をになっていたが、文政七（一八二四）年九代藩主立花鑑賢《あきかた》は藩儒安東節庵《せつあん》（守礼）に命じて藩校伝習館《でんしゅうかん》を開かせ

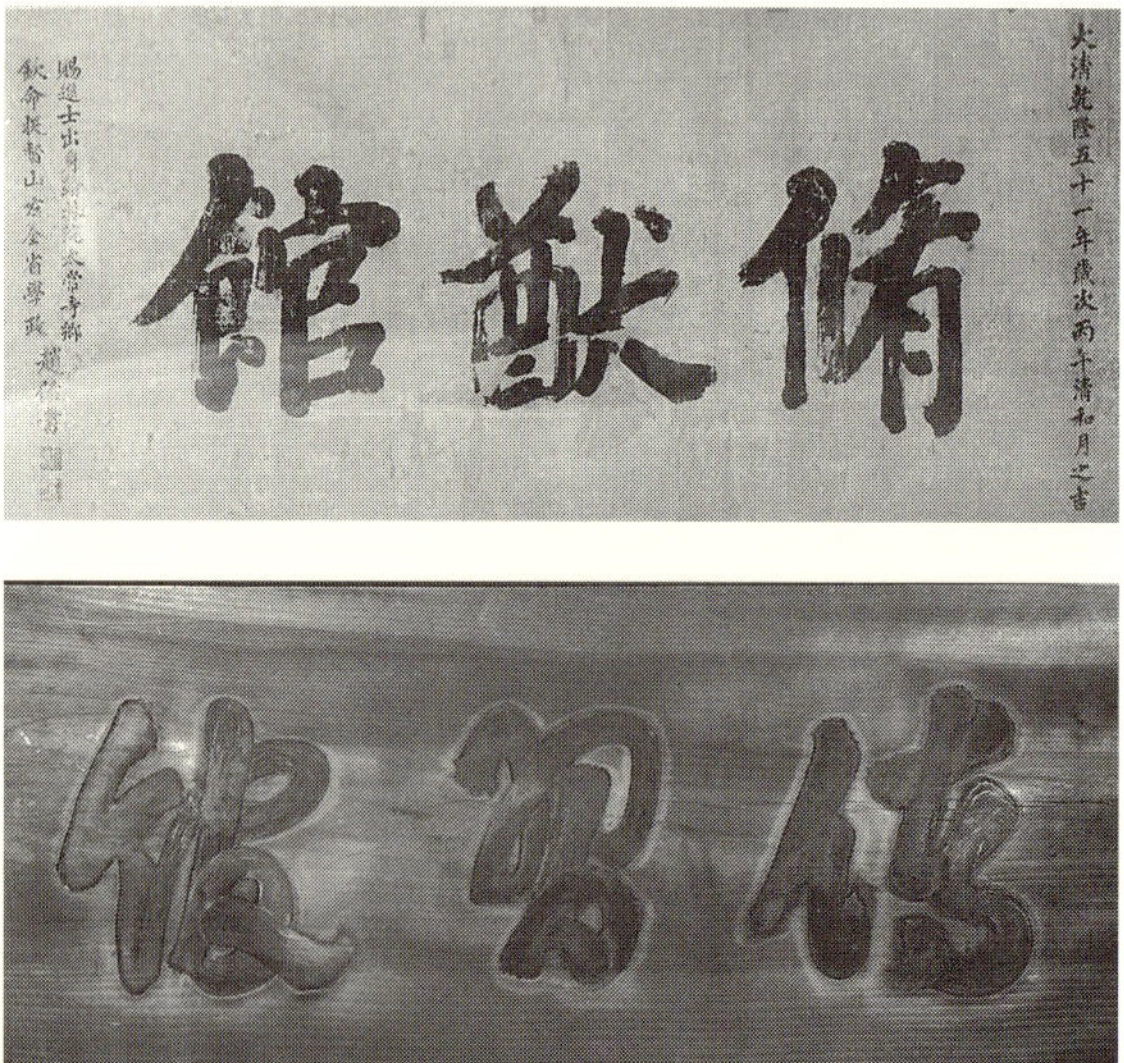

修猷館の額（上）と伝習館の額（下）

た。初代の学監に横地春斎《よこちしゅんさい》（信之）、教授には節庵が任命され、助教には亀井南冥の門に学んだ牧園茅山《まきぞのぼうざん》が起用された。教科は朱子学と小笠原流礼法のほか武芸の修行が行われたが、概して武芸尊重の気風が強かった。

小倉藩四代藩主小笠原忠総《ただふさ》は、宝暦八（一七五八）年藩儒（朱子学）石川麟洲《りんしゅう》（正恒）の屋敷に学問所思永斎《しえいさい》を設け、麟洲を学頭に任命した。天明八年、思永斎は拡張されて、武芸稽古場を併設する思永館に改められ、麟洲の次男石川彦岳《げんがく》（剛）が学頭となって藩校の体制がととのえられた。

小倉藩ではまた、上毛《こうげ》郡薬師寺《やくしじ》村（豊前市）の蔵春園《ぞうしゅんえん》と京都《みやこ》郡稗田《ひえだ》村（行橋《ゆくはし》市）の水哉園《すいさいえん》という二つの私塾が多くの門弟を集めて活況を呈した。蔵春園は、広瀬淡窓《ひろせたんそう》に学んだ恒遠醒窓《つねとおせいそう》が文政七年に開いた朱子学を中心とする塾で、月ごとの成績を掲示して門弟の奮起をうながす学級制を取りいれ、西日本各地から多くの門弟が集まった。水哉園は、筑前の原古処《はらこしょ》や亀井昭陽らに学び、詩作をもって知られた村上仏山《むらかみぶつざん》が開いた塾で、各地から多くの門弟が集まり、末松謙澄《すえまつけんちょう》をはじめとする学者や政治家を輩出した。

### 国学と蘭学

江戸時代後期には、国学・蘭学という新しい学問が盛んになり、社会にも影響をあたえるようになった。福岡藩の国学は貝原益軒にはじまるともいわれるが、寛政期（一七八九〜一八〇一）に青柳種信《あおやぎたねのぶ》（柳園《りゅうえん》）がでて学問的基礎がかためられた。種信は、明和三（一七六六）年福岡藩足軽の次男として城下に生まれ、寛政元（一七八九）年江戸出張の途中松坂（三重県松阪市）に立ち寄って本居宣長《もとおりのりなが》への入門を果たし、江戸では賀茂真淵《かものまぶち》門下の国学者らと交流をもった。入門後は、毎月数度の文通によって宣長の指導をうけ、国学者として実力をつけるようになった。宣長が国学者の登用について松平定信《まつだいらさだのぶ》の相談をうけたさいには、種信を推薦したという。寛政九年には、鷹取周成《たかとりしゅうせい》の依頼をうけて『筑前国続風土記附録《ちくぜんのくにぞくふどきふろく》』の編纂《へんさん》を助け、文化九（一八一二）年と翌年の幕府測量方伊能忠敬《いのうただたか》らによる筑前測量のさいには、随行して案内役をつとめた。このとき、忠敬に認められて幕府へ推挙の提案があったといわれ、しだいに国学者としての実力が認められるようになった。さらに、文化十一年には『筑前国続風土記拾遺《しゅうい》』の編纂を命じられ、以後関係資料の収集と実地調査による編纂作業に専念し、一方で『日本書紀講説』『太宰府考《だざいふ》』『柳園古器略考《りゅうえんこきりゃくこう》』など数多くの著作をあらわすとともに門人の指導にも力をつくした。

鞍手郡古門村《ふるもん》（鞍手郡鞍手町）古物神社《ふるもの》の神職伊藤常足《いとうつねたり》（魚沖《なおき》）は、寛政十一年種信に入門して文通で国学の指導をうけ、『太宰管内志《だざいかんだいし》』編纂を決意した。同書は、大宰府管内の九国二島（九州）を国・郡ごとに記した地誌で、八二巻におよぶ大著であった。完成には三八年もの歳月を要し、天保十二（一八四二）年『太宰府徴』などとともに藩に献上された。この間、筑前国神職惣司であった桜井大宮司浦毎保《うらつねやす》の求めに応じて『日本書紀』などを講じ、文化十三年には、神道

青柳種信肖像

関係の書籍を集めた桜井文庫と、神道・国学を教える仰古館《おうこ》が桜井神社（糸島《いとしま》市志摩《しま》桜井）に設けられた。これは、常足の献策に基づくものといわれ、教授には常足が任命された。そのほか、久留米藩では本居宣長門下の尾関正義や和歌で知られた宮崎信敦《のぶあつ》、さらには船曳大滋《ふなびきだいじ》などがでて国学が盛んになり、小倉藩でも賀茂真淵門下の村田春海《はるみ》に和歌を学んだ秋山光彪《こうひょう》を中心に歌学が盛んになった。

福岡藩は、長崎警備を担当していたことから海外事情に対する関心が高く、十九世紀にはいりヨーロッパの国々が東アジア地域に進出するようになると、その事情をさぐる目的で世界の地理や歴史を研究する蘭《らん》学者が亀井南冥門下のなかからあらわれた。亀井塾の塾頭をつとめた青木興勝《あおきおきかつ》は、甘棠館の廃校後長崎で蘭学を学び、ヨーロッパ人の南方侵略を説いてロシア南下への警戒を喚起した『南海紀聞《なんかいきぶん》』や、オランダへの銅輸出を停止して大砲を鋳造しロシアにそなえることを説いた『答問十策《とうもんじっさく》』などをあらわした。興勝や長崎の志筑忠雄《しづきただお》に学んだ安部龍平《あべりゅうへい》は、志筑とともに『二国会盟録《にこくかいめいろく》』をあらわし、ロシアと清《しん》国のあいだに結ばれたネルチンスク条約の内容を詳細に紹介した。また、蘭学に関心の深い一〇代藩主黒田斉清《なりきよ》がシーボルトを訪問したさいの記録『下問雑載《かもんざっさい》』は、随行した龍平によってまとめられたものである。さらに、斉清および一一代藩主黒田長溥《ながひろ》につかえ、勝海舟《かつかいしゅう》の蘭学の師としても知られる永井青崖《ながいせいがい》は、弘化三（一八四六）年『銅版万国輿地方図《どうばんばんこくよちほうず》』を刊行するが、これは当時日本で刊行された円筒図法による世界地図のなかで最良のものとされる。

医学の分野では、福岡藩に、シーボルトに入門した武谷元立《たけやげんりゅう》・百武万里《ひゃくたけばんり》などをはじめ、種痘《しゅとう》法の普及につとめた武谷祐之《ゆうし》やポンペに学んだ塚本道甫《どうほ》・原田水山などがあり、慶応二（一八六六）年には医学校賛生館《さんせいかん》が設置された。久留米藩でも、シーボルト門下の工藤謙同《けんどう》や種痘を導入した熊谷文叔《くまがいぶんしゅく》などが知られ、文久三（一八六三）年には医学館が設立され、適塾《てきじゅく》出身の牛島元芳《げんぽう》や中島康民《こうみん》が教官に任命された。

蘭学以外では、数学者として著名な久留米藩七代藩主有馬頼徸《よりゆき》がいる。頼徸は関流和算家《せきりゅうわさんか》の藤田貞資《さだすけ》（定資）を算学師範に招き、みずからも多くの和算書をあらわした。明和三（一七六六）年にあらわされた『方円奇巧《ほうえんきこう》』は円の研究ですぐれた内容をもち、『拾璣算法《しゅうきさんぽう》』は明和六年に刊行されて秘伝とされていた関流和算の公開につながった。また、頼徸に登用された入江平馬《いりえへいま》（脩）のあらわした『天経或問註解《てんけいわくもんちゅうかい》』には、ヨーロッパで作成された最新の世界地図が収録され、寛延三（一七五〇）年に刊行された。

8章

# 動揺する藩政と幕末の動乱

久留米藩蒸気船千歳丸

## 1 飢饉と一揆

### 享保の飢饉●

享保期（一七一六〜三六）は天候不順が続き、毎年のように自然災害が発生した。福岡藩では、享保五（一七二〇）年六月の洪水、同九年八月の風水害、同十四年六月の旱魃《かんばつ》、八月の洪水と立て続けに自然災害に見舞われ大きな被害をだした。小倉藩や久留米藩でも、享保期には水害が多発するが、なかでも久留米藩享保五年の洪水は、山崩れ七七三七カ所、田畑の被害九四五八町歩、倒壊家屋二一八〇戸、死者六一人など、耳納《みのう》山系を中心に大きな被害をもたらした。このような享保期の自然災害のなかでも、とくに享保十七年の飢饉《ききん》は深刻で、西日本一帯に甚大な被害をあたえ、江戸時代の三大飢饉の一つに数えられている。

福岡藩では、享保十七年の春さきから雨が多く、六月下旬ごろからはウンカが大量に発生して稲がくさりはじめた。農民たちは田に鯨油《げいゆ》をまくなどして駆除につとめたが、ほとんどの稲がくさってしまった。七月には多くの農民たちが食料を求めて福岡城下にはいりこみ、十一月には餓死するものがふえてきた。藩では、上方や江戸の商人や領内の町人・富農たちから米や銀を借りて救済にあたり、博多《はかた》の有志数十人が西町浜で粥《かゆ》をほどこし、十二月にはいって幕府からの米がとどいてからは、魚町浜でも粥がほどこされた。しかし、寒さがきびしくなるとともに餓死者は急増し、城下では言語に絶する惨状であったという。規定どおりの年貢をおさめられた村は、領内七七三カ村のうち二六カ村にすぎず、死者は福岡藩全体で七万人とも一〇万人ともいわれる。享保十一年の人口が三二万人余であったことから考えると、この飢饉の被害がいかに深刻であったかが理解できる。福岡藩で多くの死者をだした背景として、土地の扶養力の限界まで達した人口の増大が指摘されており、近世前期の急激な経済発展が享保の飢饉の前提であったと考えられている。

小倉藩でも、ウンカによって享保十七年七月の下旬にはほとんどの稲がくさってしまった。藩では、領民に米や大豆などを配給し、城下の中津口門外に小屋をたてて粥をほどこしたが追いつかず、餓死者はふえる一方であった。藩命により、領内の村々をまわって餓死者の供養を行った開善寺《かいぜんじ》（北九州市小倉南区）の大宙《だいちゅう》禅師が作成した過去帳によると、小倉藩全体で死者は四万人を超えており、四人に一人がこの飢饉で死亡したことになる。

久留米藩でも、六月にはいってウンカが大量に発生し、村々では毎日五〇人あるいは一〇〇人ずつでて虫を追い、田一反につき三〜四斗もの虫をすくいとったことが、『石原家記』に記録されている。藩側は、

享保飢饉の死者（小倉藩）

| 地　域 | 人 数 |
|---|---|
| | 人 |
| 小倉城下 | 2,481 |
| 企 救 郡 | 5,906 |
| 京 都 郡 | 6,097 |
| 仲 津 郡 | 7,776 |
| 築 城 郡 | 6,025 |
| 上 毛 郡 | 6,175 |
| 田 川 郡 | 6,735 |
| 計 | 41,195 |

『福岡県史料叢書10』による。

中洲飢人地蔵尊（福岡市博多区）

倹約と酒造停止を命じたほかには具体的な対策を示さず、郡奉行を派遣して年貢徴収を強行し、八万三七五二俵の年貢を確保したが、例年の二割程度にすぎなかった。十月には餓死者がではじめ、翌十八年にはいると餓死者が急増した。同年秋の収穫時までの死者は一万一一九八人を数え、城下には物乞《ものご》いのものがあふれ、盗人が横行したという。柳川藩でも状況は同様であった。

飢饉でなくなった人びとを供養するための供養塔や地蔵尊が各地に残っており、現在も供養が続けられている。

**飢饉後の福岡藩●**

享保の飢饉によって壊滅的な打撃をうけた福岡藩は、享保十八(一七三三)年二月、財用方当職《とうしょく》として藩財政の再建にあたっていた吉田栄年《まさとし》を郡方の責任者に任命し、飢饉後の藩政再建を委任した。翌享保十九年一月には、春に年貢率を定める春免極《はるめんぎめ》の実施が決定され、二月には年貢率を引きさげて、農民が増作した分の年貢を免除している。さらに、十二月には荒仕子《あらしこ》とよばれる農業奉公人の給銀を相応に定めて、領外へ奉公にでることを禁止し、元文元(一七三六)年二月には、荒れた田地の耕作を希望する入植者には家作料を援助するなど、労働力の確保につとめている。また、享保十九年には、今回の飢饉を教訓としてあらたな飢饉にそなえるため用心除《ようじんよけ》制度が設けられた。これは、家中・寺社が高一〇〇石につき米五升、郡は田一反につき米三合、町・浦は間口一間につきそれぞれ銀一分三厘・銀二分を毎年拠出してたくわえ、飢饉などにそなえるものであった。

これらの対策によって、飢饉から八年たった元文五年には、飢饉による藩政の危機的状況は回避されたという判断がくだされ、農村に対する救済策はうちきられ、藩政再建のためのあらたな政策が実施されていくことになる。元文四年には、享保十七年以来関係を絶っていた大坂の鴻池善右衛門《こうのいけぜんえもん》が蔵元《くらもと》に就任し、大坂市場との関係が正常化された。具体的には、大坂の鴻池が福岡藩が必要とする江戸・国元への送金を担当するかわりに、遠賀《おんが》川流域の東四郡（遠賀・鞍手《くらて》・嘉麻《かま》・穂波《ほなみ》郡）の年貢米は、蔵入地《くらいりち》・知行地《ちぎょうち》にかかわらずすべて大坂に直送するというもので、大坂を代表する両替商鴻池の豊富な資金力に依存することによって藩財政を運営し、飢饉後のきびしい財政危機を克服しようとするものであった。元文四年から五年にかけて、家臣団の知行制が改められ、給知《きゅうち》・切扶《きりふ》三ツ《みつ》三歩拼《さんぶならし》とよばれる実質的蔵米知行制が確立され、同時に実施された三段除《さんだんよけ》（勤休の別による三段階の上米《あげまい》制）とともにその後の福岡藩知行制度の基本となった。寛保元（一七四一）年からは、藩財政の予算書である御積帳《おつもりちょう》が作成されるようになり、藩財政の運営に予算制度が導入された。福岡藩は、蔵米知行制の確立によって領内経済を一元的に把握し、予算案に基づく計画的財政運営が可能になった。また、飢饉後の対策として櫨《はぜ》や楮《こうぞ》など商品作物の栽培が積極的に奨励された。なかでも櫨は土手や荒れた畠に数多く植えられ、櫨の実からとれる蠟《ろう》は宝暦年間（一七五一〜六四）には福岡藩最大の特産物となった。元文五年閏《うるう》七月には、従来の運上銀《うんじょうぎん》体系を再編成して店《たな》運上銀が制定された。これは、福岡・博多両市中を中心に賦課されていた運上銀を農村にも拡大し、酒屋・米屋・鍛冶《かじ》屋・質屋などの職種ごとに、上・中・下の営業規模に応じて運上銀を徴収するもので、寛保三年には、櫨・玉子・蜂蜜《はちみつ》などの専売制も行われた。

このように、飢饉後の福岡藩は吉田栄年を中心に抜本的な藩政改革を実施し、藩政の危機的状況を克服するとともに、中後期の藩政の基本的な枠組みをつくりあげることに成功した。この功績に対して、吉田栄年は、元文二年に二〇〇〇石を加増されて七〇〇〇石余となり、さらに同五年には黒田の姓と藩主黒田継高《つぐたか》の「高」の一字があたえられて黒田高成と称することが許された。

**福岡藩宝暦・明和の改革●**

吉田栄年の息子保年《やすとし》は、延享二（一七四五）年の家督相続と同時に家老に任命され、寛延三（一七五〇）年には実質的な筆頭家老である財用方当職に任命されて藩政の主導権を掌握した。しかし、二年後の宝暦二（一七五二）年には、六代藩主黒田継高の意向にそわないという理由で突然隠居を命じられ、続いて具体的な罪状も示されないまま吉田家はお取りつぶしとなった。一説には、吉田保年の失脚は大老の黒田一誠や家老の郡《こおり》英成らの讒言《ざんげん》によるものという。保年失脚後は、藩財政の窮乏が深刻な状況におちいって藩政も混乱をきたしたため、宝暦十二年、保年はふたたび財用方当職に任命され、藩政改革に着手した。改革の基本方針は、徹底した支出の削減によって藩財政を立て直す緊縮財政政策であったが、商品作物の栽培奨励や郡方運上銀の改正など収入増加につながる対策にも積極的であった。同年十月に郡方支配をもかねるようになると、あらたな農村政策をつぎつぎと打ちだしていった。まず、農村支配機構の簡素化と人員の大幅な削減が行われ、五郡奉行《ごぐんぶぎょうせい》制とよばれる五人の郡奉行が直接農村を支配する体制に改められた。それまで郡方の下級役人が行っていた年貢収納などに関する実務は、支配機構の末端に組みこまれた大庄屋や庄屋などの村役人が担当することになった。明和七（一七七〇）年には、領内全農村で年貢徴収の基本台帳となる軸帳《じくちょう》が作成された。これは、村ごとの田畑の面積・石高や年貢量、さらには農民ごとの年貢量を算出するための数値などを記した帳簿で、年貢徴収を合理的かつ効率的に行い、不正を防止するために作成されたものであった。また、同年には、農村の疲弊をふせいで確実に年貢を徴収するため、毎年銀一〇〇貫目を積み立てて無利息五カ年賦で農民に貸しつける村救銀《むらすくいぎん》仕組《しくみ》が創設された。翌明和八

## ❖コラム

### 黒田長政遺言書

福岡藩初代藩主黒田長政《ながまさ》の遺言書は、江戸時代初期における藩財政の状況を知ることのできる史料としてよく知られている。その内容は、藩主として心得を示した掟《おきて》書《がき》十カ条と、慶長・元和期（一五九六〜一六二四）の藩財政収支を記した財用《ざいよう》定則《じょうそく》などからなり、掟をまもり藩財政を健全に運営することを後代の藩主と家臣に命じるものであった。さらに、遺言書の末尾には、後世に至り掟をまもらず藩財政を健全に運営することのできない藩主がでた場合には、家老たちが相談して新しい藩主を立てることをも認めていた。しかし、不思議なことにこの遺言書は江戸時代の初期にはその存在すら知られていなかった。ところが、江戸時代の中ごろになって家臣の桐山家や梶原家などで発見され、宝暦十一（一七六一）年七月になって桐山家などから福岡藩六代藩主黒田継高《つぐたか》に献上された。この時期は、宝暦二年に失脚した吉田保年を藩政に復帰させるための活動がはじまった時期にあたる。

遺言書をめぐる近年の研究は、記載されている米価などの検討から、遺言書が後世の偽作であることを明らかにした。さらに、偽作の背景として、藩主継高およびその寵愛《ちょうあい》をうけて多大な経費を必要とする継高の官位昇進運動に奔走する郡《こおり》輝成と、財用方当職に復帰して財政再建に取りくむ吉田保年との対立の構造をも解明した。つまり、遺言書は、藩祖黒田長政の権威によって藩主継高の恣《し》意《い》的な藩政運営を牽《けん》制《せい》し、藩財政の再建を達成するために、吉田保年もしくはその一派によって偽作されたものであった（柴多一雄「宝暦・明和期における福岡藩政の展開」『西南地域史研究』9）。

年には、飢饉後採用されていた年貢徴収法の春免極が停止され、年貢率を引きあげたうえで永年季の定《じょう》免制《めんせい》が採用され、年貢率が高水準に固定されることになった。

福岡藩は、この改革の成功によって藩財政の再建と農村支配体制の再編強化を実現させた。吉田保年はこの功績によって黒田の姓があたえられ、安永元（一七七二）年には保年にかわって息子の直年《なおとし》が財用方当職に任命された。しかし、半年後には辞職に追い込まれ、続いて直年に隠居が命じられ、保年も処分された。今回も処分の具体的理由は示されず、以後は吉田家のものを家老としないという決定がくだされた。

### 久留米藩享保・宝暦一揆●

久留米藩では、正徳の改革によって年貢の増徴が行われて以降、農民は過重な負担に苦しみ、さらに、これに追打ちをかけるように享保期（一七一六～三六）には自然災害が多発した。そのような状況のなかで、享保十三（一七二八）年二月に夏物成《なつものなり》（麦と菜種）の大幅な引上げが決定されたことから農民の不満が爆発し、上三郡《かみさんぐん》（生葉《いくは》・竹野・山本郡）の農民五七〇〇人余が城下にせまるという大規模な一揆に発展した。この一揆では、「百姓寄合極書《ひゃくしょうよりあいきめがき》」にみられるように、一揆に立ちあがった農民たちは組織化され団結がはかられていた。また、六代藩主有馬則維《のりふさ》の跡継ぎをめぐる、則維および側近層と譜代の家老層とのあいだの対立も一揆側に有利に働き、藩側の対応の不手際もあって、一揆側の農民にはひとりの犠牲者をだすこともなく、要求のほとんどがかなえられた。正徳改革以前の状態へ復帰することは実現できなかったものの、夏物成の大幅な引上げは全面撤回され、春免物成高一〇石につき一石一斗の減免や検見《けみ》の改正など、農民は多くの成果を手にいれた。一揆鎮静後、夏物成の引上げを計画した則維側近の本庄主計《ほんじょうかずえ》と久米《くめ》新蔵は一揆の責任を追及されて断罪され、一揆勢の要求をのむことを決断した家老の稲次因幡《いなつぐいなば》（正誠《まさざね》）も則維の不興を買い、のちに知行三〇〇〇石を召しあげられて蟄居《ちっきょ》を命じられた。

しかし、実際には享保一揆の約束はまもられず、年貢上納のさいの撰米《せんまい》や俵拵《たわらこしら》えの規定を厳密にするなどの方法で（上納米の不足にきびしい罰則を課し、一俵三斗三升の規定を実際には一俵四斗で上納させる）、実質的な年貢増徴がはかられた。さらに、享保の飢饉によって農村が荒廃し、農村内部での階層分化の進行や商品生産の発展によって、地主として成長した大庄屋・庄屋などの村役人と小作人などの下層農民との対立が激化した。このような状況を背景に、宝暦四（一七五四）年閏《うるう》二月、家臣は高一〇〇俵につき銀札一〇匁、その他の領民は八歳以上の男女すべてひとりにつき銀札六匁を上納させるという人別銀《にんべつぎん》の賦課が決定されたことから、三月にはいり、藩領全域をまきこみ総勢五万人とも一〇万人ともいわれる大一揆が勃発《ぼっぱつ》した。一揆側の要求は、人別銀の撤回をはじめとして年貢・運上銀・村入用などの減免や囲米・撰米などの撤廃、商品流通の規制廃止、さらには村役人の不正追及や藩財政の監査要求にまでおよんだ。指導者はほとんどが小作人などの下層農民であったが、一揆勢は今回も組織化され団結がはかられていた。闘争形態も、大群衆による示威行動から村役人や商人宅に対する激しい打ちこわしに発展し、まさしく江戸時代中期の全藩一揆を代表するものであった。三月末に藩側の回答が示され、一揆側は人別銀の撤回や運上銀の一部と囲米・撰米の廃止など、藩側から一定の譲歩を引きだしたものの、年貢の減免や商品流通の自由化など主要な要求は拒否された。その後も、四月から五月にかけて、村役人の不正追及や小作料減免などをめぐって、地域ごとに闘いが続けられたが、しだいに収束していった。六月以降、一揆指導者の検挙がはじまり、八月には死罪一八人を含む一四九人が処罰され、十月にも一九人が死罪となった。このように、全藩一揆という強力な闘争を行い、大きな犠牲をはらったものの、農民たちの主要な要求を貫徹することはできなかった。この年の年貢収納量が、四二万五〇一六俵という同年以降幕末に至る最高の数値を記録したことは、このことを象徴するものである。宝暦一揆後の久留米藩では、さらに農村の疲弊と農民層分化が進行し、在方商業と地主制が発展していくことになる。

## 2　藩政の改革

**柳川藩宝暦の改革●**

享保期（一七一六〜三六）以降のたび重なる自然災害と商品経済の発展は、農村の荒廃と内部での階層分化をもたらし、諸藩の財政を危機的状況におとしいれた。福岡県地域の諸藩は、このような藩政の危機をのりこえるために、たびたび藩政の改革を行った。

柳川藩では、七代藩主立花鑑通《たちばなあきなお》のもと、宝暦元（一七五一）年に四ヶ所通久《しかしょみちひさ》が奉行に抜擢され、宝暦の改革がはじまった。宝暦三年には、困窮する家臣や在町のものを救済するという名目で藩札《はんさつ》八〇〇貫目を発行し、これを貸し付けて八カ年賦で返済させることにした。しかし、発行された藩札はすぐにその価値が下落して流通せず、三年後には使用されなくなった。また、踏車《ふみぐるま》とよばれる水車の普及につとめて畑を水田にかえ、開地《ひらきち》や家臣の手作り地に対する課税を強化するなどして年貢収入の拡大をはかった。さらに、夏作の商品作物として領内で広く栽培されるようになっていた辛子《からし》（菜種）を財源に取りこむため、田一反につき五升の辛子を農民から借りあげて大坂で販売する御借《おかり》辛子が宝暦四年から実施された。農民への返済は、秋の年貢で精算することになっていたが実行されれず、のちには進上《しんじょう》辛子という名称に改められた。改革は、一定の成果をあげたといわれるが詳細は明らかではない。

天明三（一七八三）年にも藩政改革の動きがあったが実現に至らず、寛政元（一七八九）年肥後国の儒学者本田四明《ほんだしめい》が招かれて改革の気運が高まると、豪傑組《ごうけつぐみ》とよばれる改革派の動きが活発となり、寛政四年には立花種輔《たねすけ》（寿賰《じゅしゅん》）が家老に任命された。この間、あらたな産業を奨励するとともに倹約につとめ、あらたに文武方《ぶんぶかた》を設置して武芸を奨励するなどの改革が進められた。しかし、寛政十年に藩主の鑑通が隠居して立花鑑寿《あきひさ》が八代藩主に就任すると、改革派に対する反発が表面化して藩内に対立が生じ、改革派は失脚した（豪傑崩れ）。

文政三（一八二〇）年六月、家督を相続して九代藩主となった立花鑑賢《あきかた》は、同七年から農政の改革に力をそそいだ。まず、庄屋が所持する農村支配のための帳簿類をいっせいに引きあげてつくりなおし、農村の実態を把握することにつとめた。続いて、大庄屋・庄屋をはじめとする村役人の不正を排除するため、年貢の割付けや御救米《おすくいまい》の割振りなどを直接農民とのあいだで行うようにし、村入用《むらにゅうよう》の割付けも田一反につき米二升という基準を立てて行うように改めた。さらに、過去の年貢未納分は無利息三〇カ年賦として整理を進め、今後の確実な年貢収納をはかるため、年貢の未納者に対する罰則を設けるとともに、大庄屋などの監督責任を強化し、年貢納入のための借銀には低利で貸し付けるように指導した。そのほか、検見《けみ》法の改正や農書《のうしょ》の配布による農事改良、有明海沿岸の干拓事業などが行われた。また、文政七年には藩校伝習館《でんしゅうかん》を創設して人材の育成につとめ、同十一年の大風による災害からの復興にも力をいれた。

**小倉藩寛政の改革**●

小倉藩では、五代藩主小笠原忠苗《ただみつ》のもと、安永八（一七七九）年に犬甘知寛《いぬかいともひろ》（兵庫）が勝手方家老に就任し、享和三（一八〇三）年に失脚するまでおよそ二〇年あまり実権を掌握して、藩政の立て直しに力をつくした。まず、伝法寺屋《でんぽうじや》など大坂の商人から数万両の資金を借用し、天明元（一七八一）年以降、城下を流れる紫《むらさき》川に面した中島新地や日明《ひあがり》新地（ともに北九州市小倉北区）の開発など積極的な新田開発が進められた。なかでも、寛政四（一七九二）年に石原宗祐《そうゆう》に命じて開発させた曽根《そね》新田（北九州市小倉南区）は八四町歩におよぶ広大なものであった。また、きびしい倹約令を発して財政を引きしめるとともに、酒・醤油・呉服の製造や販売などに運上銀を課してあらたな財源を確保した。さらに、夫役《ぶやく》の賦課方法を建替《たてかえ》仕法《しほう》とよばれる方法に改めた。これは、従来高持《たかもち》の農民に集中していた夫役負担を、高持農民以外にも拡大することによって負担の軽減をはかるもので、このため領外にでている奉公人には帰村が命じられ、毎年郡中の人数調査が実施されることになった。

これらの改革によって、寛政十年には藩の宝蔵《ほうぞう》に銀八〇〇〇貫目余がたくわえられたといわれる。このため、家臣をはじめ領民に御救《おすくい》銀《ぎん》が渡され、窮民を救うため撫育《ぶいく》所がたてられた。しかし、享和三年に犬甘は蟄居《ちっきょ》を命じられ、彼をささえていたものたちも処罰された（寛政の変）。犬甘失脚の原因としては、藩政の主導権をめぐる争いがあったといわれるが、この年には二〇〇〇人あまりの農民が小倉城下に押しよせて年貢の減免を要求する一揆が発生していることから、きびしい収奪に対する領民の反発が失脚の背景にあったと考えられる。この事件は、のちに『濃紅葉小倉色紙《こいもみじおぐらしきし》』という芝居の題材に取りあげられるが、芝居のなかで犬甘は悪人として描かれており、改革に対する庶民の評価の一端を知ることができる。

文化元（一八〇四）年に忠苗は隠居し、養子の小笠原忠固《ただかた》が六代藩主の座についた。忠固は、同八年に来日した朝鮮通信使《ちょうせんつうしんし》応接の正使として活躍するが、このころから幕府老中の地位をのぞむようになり、幕府有力者への金品贈答を繰りかえすなど、老中就任のための運動を展開した。しかし、これによって藩財政が急速に悪化したため、同十年には、老中就任運動を進める江戸家老小笠原出雲《いずも》らの推進派に対して、儒者の上原与市や国家老らによる激しい反対運動がおこった。両者の対立は、推進派に対する暗殺事件とこれに続く反対派四家老の解職事件へと拡大し、ついに反対派の四家老をはじめとして総勢三五八人が福岡藩領の黒崎（北九州市八幡西区）まで退去するという事件に発展した。小倉に残った家臣の多くも、藩主忠固に出雲の処分を求めたため、推進派の多くが職をとかれた。やがてこの事件は幕府の耳にはいり、同十二年に藩主忠固に逼塞《ひっそく》が命じられ、四家老以下退去した反対派のものたちにもそれぞれ処罰がくだされた（文化の変）。

**久留米藩文化の改革●**

久留米藩では、寛政三（一七九一）年、大坂の米仲買人《なかがいにん》から米切手《こめきって》を現米に交換するよう要求され、藩側のまずい対応によって大坂町奉行所に出訴される事件が発生した。結局は、蔵元である和泉屋《いずみや》などの協力によって、八万俵余の米切手を買い戻すことになり示談が成立したが、米切手の買戻し価格は相場よりもかなり高いものとなって藩財政を圧迫した。さらに、大坂市場における久留米藩の信用は失墜し、蔵米の販売価格が低迷する原因となった。

翌寛政四年には、藩財政の運営は困難な状況におちいり、非常の倹約を命ずるとともに、借銀《しゃくぎん》の返済停止や家臣知行の半額支給など応急の対策が立てられた。そのうえで、財政運営機構の勘定所《かんじょうしょ》への一元化と人員の整理による財政再建が進められ、農村に賦課する公役《くやく》（諸掛物《かかりもの》）の制度が改められた。これは、年間の公役の総額を銀三八〇〇貫目と見積もり、これを郡単位以上の土木工事費にあてる直納《じきのう》一五〇

○貫目と組・村財政の費用にあてる規格《きかく》一四○○貫目に分割し、直納は米になおして約五万俵を上納させ、規格は大庄屋会議以下各村々の運用にまかせ、残りの九○○貫目は農民の負担を軽減するために免除するというものであった。しかし、別段割《べつだんわり》とよばれる臨時の賦課がしだいにふえるようになり、農村の負担は以前にもまして重いものとなった。

文化六（一八○九）年には、藩の財政危機を克服するため、ふたたび藩政改革が開始された。寛政期に続いて借銀の返済が停止され、行政機構の統廃合と人員整理がより徹底して行われた。そのうえで、領内の有力商人である手津《てつ》屋《や》（林田）正助の進言に基づき、大坂で大量に振りだされ流通していた米切手の価格を維持するため、手津屋に米切手の買いささえを委任した。さらに、手津屋は年貢米の徴収から大坂への廻送に至るいっさいの業務を請け負うことを求め、藩側からまず二万石の請負が認められた。当初は手津屋の本店がおかれた竹野郡からはじまったが、しだいに生葉《いくは》・御井《みい》・御原《みはら》郡に拡大された。手津屋は、領内の田《た》主丸《ぬしまる》（久留米市田主丸）に拠点をおく在郷商人であったが、

手津屋（林田）正助肖像画

寛政期に藩米の大坂廻送を請け負うなど勢力を伸ばし、享和三（一八〇三）年には菜種の集荷および大坂廻送を命じられ、文化元年以降はこれを独占して事業を拡大した。当初藩から依頼された米切手の買いさえは一年に五万石であったが、文化九年には一四万石に増加し、米切手の回収どころか発行高は逆に増加して、文化十年には四二万石に達した。久留米藩の年貢収入が一三万石余であることを考えると、実に三倍以上の米切手が発行されたことになり、大半が交換すべき現米の存在しない空米《からまい》切手となっていたおりから、文化十年は北国筋の凶作によって大坂市場の米不足が心配され、米仲買人は西国筋の廻米に期待して、久留米藩にも米切手を現米と交換するように要求し、空米切手の実状が明らかとなって大坂町奉行所に訴えられる事件に発展した。結局、翌文化十一年の末に二〇カ年という長期の年賦返済で米仲買人との示談が成立したが、利息を含めると四二万石の米切手償還に二九年の長期にわたって、総額五六万石余の返済が必要となり、その後の藩財政を大きく圧迫する結果となった。

## 福岡藩天保の改革●

福岡藩では、六代藩主継高《つぐたか》を最後に黒田の血統がとだえ、御三卿《ごさんきょう》の一つ一橋《ひとつばし》家から養子に迎えられた黒田治之《はるゆき》が七代藩主となった。治之が三〇歳の若さでなくなって以降は、養子でしかも幼少の藩主が続き、藩政は譜代の家老層による合議によって運営されることが多かった。とくに、寛政五（一七九三）年十月、生まれて一年もたたないうちに一〇代藩主となった黒田斉清《なりきよ》は、成長するまで江戸で生活し、藩主としてはじめて帰国したのは文化八（一八一一）年のことであった。

この年は、穂波《ほなみ》郡平恒触《ひらつねぶれ》（飯塚市穂波）で大庄屋に対する打ちこわしが発生したが、これは福岡藩でははじめての実力行使を伴った本格的な農民一揆であった。この事件以降、文化期には一揆や村方騒動が集中的に発生するようになるが、その原因はいずれも大庄屋をはじめとする村役人に対する不満であった。宝暦・明和の改革によって農村支配の末端に組みこまれ、しだいに力をつけ地主化していった村役人層と、改革後の過重な年貢負担などによって没落した下層農民との対立が背景にあり、とくに年貢米大坂直送体制によって藩財政再建の基盤に位置づけられた東四郡では激しい衝突に発展した。このため、文化十二年には定免制《じょうめんせい》を廃止して年貢の軽減をはかるなど、農村政策の変更を余儀なくされた。この間、文化五年のフェートン号事件をさかいに藩財政は急速に悪化し、文化十四年には大坂での借銀高が銀三万貫目を突破した。これに追打ちをかけるように、文政十一（一八二八）年八月には二度の大型台風が北部九州を直撃し（子年《ねどし》の大風）、福岡藩でも倒壊家屋三万軒余・損耗高九万五〇〇〇俵余など享保の飢饉につぐ大災害となり、藩政の立て直しは待ったなしの状況に追い込まれた。

隠居を決意した藩主斉清の意志に基づき、天保四（一八三三）年十二月、困窮する家臣や領民の救済を名目に、御救仕組《おすくいしくみ》とよばれる藩政改革が開始された。これは、もと城代組眼医の白水養禎《しろうずようてい》より提出された建白書に基づくもので、家老の久野一鎮《ひさのかずしげ》（外記《げき》）を中心に進められた。具体的には、大量の藩札《はんさつ》を発行し、借銀に苦しむ家臣や領民に貸し付けて借銀を返済させようとするもので、返済は借用した藩札一貫目につき毎年米七俵を数年間にわたって上納させることになっていた。上納米は、領内での入札販売によって藩札の回収をはかるとともに、領外に販売して正貨（幕府発行の金貨・銀貨）を取りこむ計画であった。また、藩札の流通量をふやすため、連日のように芝居や相撲などの興行が行われ、博多中島町（福岡市博多区中洲）一帯は歓楽街としてたいへんなにぎわいをみせるようになった。そのほか、鴻池など大坂の蔵元に対する借銀の返済を一方的に凍結して関係を断ち切り、生蠟《きろう》や石炭など国産品の専売制を強化して財政収入の拡大をはかった。しかし、藩札の発行高は天保五年だけでも銀三万八四七九貫余という膨大な額にのぼり、藩札の価値は発行後三カ月あまりで半分以下に下落した。このため、領内の富裕者に藩札による永納銀《えいのうぎん》（献金）を命じて藩札の回収につとめたが、価値の下落をくいとめることはできず、領民の不満が高まっていった。また、余裕をうむはずであった藩財政も、斉清隠居のための江戸屋敷建設など支出がかさんで大幅な赤字となり、天保七年八月、久野は隠居を命じられ改革は失敗におわった。斉清にかわって一一代藩主となった黒田長溥《ながひろ》（斉溥《なりひろ》）は、参勤途上の大坂で鴻池らかつての蔵元に謝罪し、改めて福岡藩の蔵元に就任するよう要請した（柴多一雄「福岡藩の天保改革」『九州文化史研究所紀要』二七）。

## 3 幕末の動向

### 外圧と海防●

十八世紀の後半になると、日本近海に外国船があらわれるようになり、文化元（一八〇四）年のロシア使節レザノフの長崎来航や同五年のフェートン号事件など対外関係が緊迫した。やがてイギリスやアメリカの捕鯨船を中心とする多数の外国船が出没するようになり、幕府は、文政八（一八二五）年異国船打払《いこくせんうちはらい》令《れい》を発して、外国船の来航を阻止することにつとめた。しかし、天保十一（一八四〇）年に勃発したアヘン戦争によって、中国がイギリスにやぶれたことが伝えられると、国内に大きな衝撃が走り、同十三年打払令を薪水給与《しんすいきゅうよ》令《れい》に改めて外国との衝突を回避し、海防《かいぼう》（海岸防備）体制を整備する方針に転換した。さらに、弘化元（一八四四）年には、三月にフランス船が琉球に渡来して開国を求め、七月には、日本の開国・通商を勧告するオランダ国王の親書をたずさえた特使が、長崎に来航した。

翌弘化二年にオランダ使節が帰国すると、長崎警備を担当する福岡藩と佐賀藩は、幕府より長崎警備増強に関する諮問をうけ、両藩のあいだで警備体制の強化をめぐる交渉がはじまった（佐賀示談）。この交渉において、福岡藩が、フェートン号事件後の長崎警備増強によって藩財政が破綻《はたん》に瀕《ひん》した苦い経験から、砲台の小規模な手直しにとどめることを求めたのに対し、佐賀藩は、長崎港外に点在する佐賀藩領の島々を含めた、大規模な増強を主張した。交渉は難航したが、全国的海防体制の構築をめざす水戸の徳川斉昭《なりあき》や宇和島の伊達宗城《だてむねなり》ら有志大名が、海防体制の拠点として長崎警備の抜本的改革を支持したことなどから、大規模な増強で合意が成立し、弘化三年と四年の二度にわたって幕府への建白書が提出された。

その内容は、これまでの砲台を改造するとともに、あらたに長崎港外の伊王島《いおうじま》（長崎県長崎市）や神島《かみのしま》（長崎市）などを中心に砲台を建設し、大口径の大砲一〇〇門を配備するというもので、二〇万両近い経費がみこまれる大規模な増強計画であった。しかし、嘉永元（一八四八）年の末になって、江戸湾防備に忙しい幕府は、警備増強に伴う福岡・佐賀両藩の疲弊を名目に、この増強計画の実施をみおくった。結局、当初より消極的であった福岡藩は、幕府の方針にしたがう姿勢をくずさず、積極的姿勢をみせ続けた佐賀藩が、単独で警備体制の増強を進めることになり、その進行とともに洋式軍事力の蓄積がはかられた。このことが、同じ長崎警備を担当していながら、洋式軍事技術導入による軍事力の近代化という点において、両藩の違いを決定づけた。

福岡藩主の黒田長溥《ながひろ》は蘭癖《らんぺき》大名（オランダの文物に強い関心を示した大名）として著名であるが、嘉永五年には幕府から示されたペリー来航予告情報にこたえて、ペリー来航の確実性と十分な対策の必要性を説いた建白書を提出した（岩下哲典「開国前夜・情報・九州」『異国と九州』）。また、ペリー来航後幕府の求めに応じて提出した建白書では、積極的な開国論を展開した数少ない大名のひとりであった。このため、洋式軍事技術に対する関心も深く、安政二（一八五五）年からはじまった幕府の長崎海軍伝習には二八人を参加させるなど洋式軍事力の導入をはかったが、家老層の反対などにより十分な成果をあげることはできなかった。

久留米藩でも、対外的危機を契機として、若き新藩主有馬頼永《よりとう》のもとに、天保学連《てんぽうがくれん》とよばれる水戸学に傾倒した村上守太郎《もりたろう》や真木和泉《まきいずみ》（保臣《やすおみ》）らを中心とする少壮の家臣たちが結集し、弘化元年から藩政改革がはじまった。改革は、藩主みずから率先して倹約を実践し財政再建に取りくんだほか、綱紀を粛正して有能な人材の登用をはかり、洋式砲術の導入による軍制の改革や長崎における対外情報の収集など多岐にわたった。しかし、弘化三年藩主頼永が急死したことによって改革は挫折《ざせつ》した。

小倉藩では、天保期（一八三〇〜四四）の自然災害や美濃《みの》・伊勢における手伝普請《てつだいぶしん》、さらには天保八年の小倉城焼失などによって藩財政は極度の窮乏状態にあり、これに加えて弘化期（一八四四〜四八）以降は海防体制の構築と軍事改革の必要性が高まったことから、藩政の再建は待ったなしの状況となった。嘉永五年二〇歳の若さで家老に抜擢された島村志津摩《しづま》は、安政元年勝手方引請に任命され、藩政改革が開始された。まず、膨れあがった借銀を整理するため、大坂・京都の銀主《ぎんしゅ》と交渉して二五〇年賦返済を承諾させた。そのうえで、村役人の所持する帳簿類を提出させて実態を把握し、不正を行った村役人を罷免《ひめん》した。また、武士の袴地《はかまじ》として好まれた小倉織の増産と技術向上に力をいれ、制産方《せいさんかた》を設けて、輸出品として注目されるようになった茶や蠟《ろう》の生産を奨励するとともに、石炭の増産や金山・銅山の開発につとめ、薬の製造なども行った。しかし、いずれも十分な成果をあげるには至らず、領民に名誉や身分格式をあたえて献金を命ずる以外に有効な対策はみいだせなかった。他方、高島流洋式砲術を学んで帰国した門田栄《かどたさかえ》を砲術指南《しなん》に登用し、軍備の強化につとめたことから藩財政は好転せず、安政六年には藩政の主導権をめぐる争いによって島村は失脚し、改革は挫折した。

**真木和泉と平野国臣●**

開国後、国内では攘夷論《じょうい》が高まっていたが、安政五（一八五八）年朝廷の許可を得ずに通商条約に調印した幕府は、尊攘派の激しい反発をうけ、将軍継嗣《けいし》問題もからんで政局は混乱した。大老井伊直弼《いいなおすけ》は、反対派をきびしく弾圧することで政治の主導権を幕府に取りもどしたが（安政の大獄《たいごく》）、万延元（一八六〇）年には桜田門外《さくらだもんがい》で暗殺された。この知らせをうけた、福岡藩尊攘派の指導者月形洗蔵《つきがたせんぞう》は、同年五月藩主黒田長溥の参勤を中止して尊王攘夷の藩論を明確にすることなどを求める建白書を提出した。しかし、月形らは藩政批判を理由にとらえられ、洗蔵をはじめとする三〇人余のものたちが流罪などの処罰をうけた（辛《しん》酉《ゆう》の獄《ごく》）。

井伊大老が暗殺されて幕府の力が後退すると、公武合体の名のもとに長州・薩摩といった雄藩が、朝廷を利用して政治的進出をはかった。文久元（一八六一）年、まず長州藩が公武周旋《こうぶしゅうせん》（朝廷と幕府のあいだを仲介すること）にのりだし、薩摩藩がこれに続いた。天皇の命を奉じて幕府に改革をせまり、公武合体の実をあげることをめざした島津久光《ひさみつ》（薩摩藩主島津忠義《ただよし》の実父）は、文久二年四月に一〇〇〇人余の藩兵を率いて上京した。これが、各地の尊攘派に決起の好機ととらえられ、尊攘派組織化の活動を進めていた平《ひら》野国臣《のくにおみ》や真木和泉らを中心として、九州の尊攘派は活発な動きをみせるようになった。

真木和泉は、久留米城下水天宮《すいてんぐう》（久留米市）の宮司であったが、弘化元（一八四四）年水戸の会沢正志《あいざわせいし》斎《さい》に教えをうけて帰国すると、村上守太郎や木村三郎らとともに天保学連を結成し、藩主有馬頼永をささえて弘化改革の実現につとめた。しかし、藩主頼永の死後、天保学連は上士層を中心とする内同志《うちどうし》と下士層を中心とする外同志《そとどうし》に分裂し、藩政の主導権をめぐる抗争の末、嘉永五（一八五二）年に至って外同志は弾圧・幽閉された。真木は、水田《みずた》天満宮（筑後市）の神職をつとめる弟大鳥居利兵衛《おおとりいりへえ》宅に蟄居《ちっきょ》を命じられ、翌年にはそのかたわらに山梔窩《くちなしのや》をたてて移り住んだ。近隣の青年をはじめ、真木に従学を希望するものがしだいにふえ、のちに真木とともに討幕運動に参加する淵上郁太郎《ふちがみいくたろう》・謙三《けんぞう》兄弟をはじめ人材を輩出した。真木の蟄居は一〇年におよんだが、安政五（一八五八）年にあらわした『大夢記《たいむき》』にみられるように、この間に討幕・王政復古という政治目標が明確な形で示されるようになった。やがて、平野国臣らによって薩摩藩をはじめとする政治動向が伝えられ決起をうながされると、文久二年二月、政治目標実現の好機と判断して水田を脱出した。薩摩を経て京都にはいった真木は、寺田屋の変によって身柄を拘束され、久留米藩に引き渡されてふたたび幽閉された。しかし、三条実美《さんじょうさねとみ》らを擁して朝廷における勢力を拡大した尊攘派の圧力によって、翌文久三年には同志とともに釈放された。その後上京した真木は、長州を中心とする尊攘派と行動をともにし討幕の実現をめざしたが、公武合体派《こうぶがったいは》による文久三年八月十八日の政変によって七卿《しちきょう》（三条実美以下、三条西季知《さんじょうにしすえとも》・東久世通禧《ひがしくぜみちとみ》・壬生基修《みぶもとなが》・四条隆謌《しじょうたかうた》・錦小路頼徳《にしきのこうじよりのり》・沢宣嘉《さわのぶよし》という七人の尊攘派公卿）とともに京都を追われ、長州藩兵とともに朝廷の奪回をめざした元治元（一八六四）年の禁《きん》門《もん》の変《へん》にやぶれて、諸藩の浪士とともに天王山で自刃した。

平野国臣は、福岡藩足軽の家に生まれたが、嘉永五年に会沢正志斎の『新論《しんろん》』を読んで強い影響をうけ、安政五年脱藩して西郷隆盛とまじわるなど各地を転々とした。万延元年以降、真木和泉を訪ねて決起をうながすなど尊攘派の組織化に力をつくしていたが、文久二年の島津久光上京を好機ととらえ、真木らと挙兵を企て上京した。この間、福岡藩主黒田長溥の参勤をとどめようとしてとらえられ、福岡の獄につながれた。しかし、翌文久三年、尊攘派の画策による朝廷の命によって釈放され、上京して朝廷内で尊攘派結集の場となっていた学習院《がくしゅういん》に出仕するようになった。文久三年八月十八日の政変後、七卿のひとり沢宣嘉を擁して生野《いくの》の変《へん》をおこしたが、近隣諸藩の兵にやぶれてとらえられた。翌元治元年京都六角の獄に移され、同年七月の禁門の変にさいし新撰組《しんせんぐみ》の手で処刑された。

**長州出兵と五卿**●

文久二(一八六二)年七月、長州藩が藩論を公武合体から尊王攘夷にきりかえると、尊攘派の勢いが強くなり、三条実美ら尊攘派の公家と結びついて朝廷を動かすようになった。とくに幕府が文久三年五月十日を期して攘夷の実行を朝廷に約束すると、諸藩に対して攘夷を督促する朝廷からの命と、武力衝突の回避を求める幕府の命があいついで発せられ、政局は大きく揺れ動いた。対応に窮した諸藩は、朝廷と幕府の意思統一を求めて公武周旋活動にのりだした。この混乱は、公武合体派による文久三年八月十八日の政変によって打開され、長州藩を中心とする尊攘派は、三条ら七卿とともに京都を追われ長州に退去した(七卿落ち)。

福岡藩では、文久二年の藩主黒田長溥による公武周旋活動に続いて、翌三年にも周旋活動にのりだすことが表明されたが、八月十八日の政変以前には動きだすことができず、政変後になって世嗣黒田長知《ながとも》(慶《よし》賛《すけ》)を上京させ、周旋活動を開始した。しかし、長州藩尊攘派と連携することによって勢力を拡大した福岡藩尊攘派の活発な動きに規定されて、その活動は尊攘派や長州藩に同情的なものとなり、公武合体派が政局の主導権を掌握した京都で福岡藩は孤立し、十分な成果をあげることはできなかった。

京都での勢力回復をめざす長州藩尊攘派は、元治元（一八六四）年七月大挙して上京し禁門の変をおこしたが、朝廷をまもる薩摩・会津藩などの兵とたたかって大敗した。朝廷・幕府は、長州追討令を発して西国諸藩に長州出兵を命じ、総督徳川慶勝《よしかつ》（尾張名古屋藩前藩主）・副総督松平茂昭《もちあき》（越前福井藩主）のもと一五万余の大軍が長州藩を包囲した。同時に、長州藩は関門海峡における攘夷実行の報復として英・仏・米・蘭四カ国連合艦隊に下関を砲撃・占拠され、講和を結ぶことになった。ここに、長州藩は勢力拡大の根源であった尊王と攘夷という二つの大義名分を失うことになり、存亡の危機に立たされた。

禁門の変後、福岡藩では尊攘派に同情的な黒田播磨《はりま》・大音因幡《おおといなば》・矢野相模《さがみ》ら正義派とよばれる家老たちが発言力をまし、長州救援をめざす尊攘派の動きが活発になった。このような条件のもとで、同年九月以降、長州藩に謝罪恭順を求めて国内戦争を回避するための長州周旋活動を、福岡藩は諸藩に先駆け単独で開始した。福岡藩の喜多岡勇平《きたおかゆうへい》は、西郷隆盛ら薩摩藩の協力を取りつけて周旋活動に尽力したが、朝廷・幕府・諸藩から長州藩に内通しているのではないかとの嫌疑をうけて福岡藩は活動を中止し、周旋活動の主導権は薩摩藩に移った。禁門の変敗北後尊攘派の勢力が衰えた長州藩は周旋の受入れを決定し、謝罪恭順の証《あかし》として禁門の変を指揮した三家老に自刃を命じて首級《しるし》を提出した。これにより、長州に対する総攻撃は中止され、続いて、追討軍解兵の条件として藩主自筆伏罪書の提出と山口城の破却、および三条実美ら五卿（七卿のうち沢は脱出し、錦小路は病死した）の領外移転が命じられた。

しかし、福岡藩尊攘派の導きによって筑前に亡命していた高杉晋作《しんさく》が帰国すると、長州藩内部では謝罪恭順に反対する尊攘派諸隊が五卿を擁して挙兵した。このため、追討軍の解散を目前にひかえて、解兵の条件であった五卿の移転は困難な状況になった。周旋活動を再開した福岡藩は、五卿に対する説得交渉を一任され、長州藩尊攘派と親密な関係にある月形洗蔵《つきがたせんぞう》ら福岡藩尊攘派を投入して、五卿および長州藩尊攘派の説得にあたらせた。月形ら福岡藩尊攘派は、薩摩藩の西郷らと相談のうえ説得にあたり、五卿を福岡・薩摩・熊本・佐賀・久留米の五藩がひとりずつ預かるという形で、五人一緒に大《だ》宰府《ざいふ》へ移転させることで説得に成功した。これにより、同年十二月総督は長州出兵の諸藩に解兵を命じ、翌慶応元（一八六五）年一月五卿は長州をはなれ、赤間（宗像市）を経て二月には大宰府延寿王院《えんじゅおういん》（太宰府市）にはいった。五卿は、福岡・薩摩・熊本・佐賀・久留米の五藩による警備のなか、慶応三年十二月王政復古によって帰京するまで大宰府にとどまった。

　長州周旋活動の成功によって福岡藩尊攘派はいちだんと発言力を強め、慶応元年二月には加藤司書《ししょ》が家老に就

延寿王院（太宰府天満宮境内）

❖コラム

## 英彦山事件

修験道の霊場として知られる英彦山《ひこさん》神宮（権現《ごんげん》）は、座主《ざす》を中心として山内に約二五〇の坊をかかえ、九州全域に広がる四二万戸の檀方《だんかた》（檀那）と約七〇カ所の末山を有した。代々の座主は朝廷との関係が深く、幕末の座主高千穂教有《たかちほきょうゆう》は鷹司《たかつかさ》家の出で、尊攘派公卿を代表する三条実美《さんじょうさねとみ》とも姻戚関係にあった。また、信仰圏内の長州藩とは以前から往来があり、文久三（一八六三）年三月には朝廷から攘夷祈願を命じられたことから、小倉藩内にありながら長州藩尊攘派と深い関係を取り結ぶようになった。とくに、八月十八日の政変後は、長州藩をはじめとする尊攘派の活動拠点となり、長州に滞在中の三条実美を警護するため祐玉坊《ゆうぎょくぼう》（柏木民部《みんぶ》）や教観坊《きょうかんぼう》（藤山衛門《えもん》）など七人が長州に渡り尊攘派諸隊に加わった。山内では、攘夷を実行しない小倉藩を攻略するための謀議が行われ、政所坊《まんどころぼう》（政所有緜《ゆうめん》）を中心とした尊攘派は小倉城攻撃を主張し、これに反対する耀寛坊《ようかんぼう》（小倉藩寺社奉行と姻戚関係にあった）ら小倉藩と関係の深い慎重派とのあいだで対立が激しくなった。小倉藩でも英彦山の動向に不審をいだき警戒を強めていたが、文久三年十一月山内の慎重派から情報を得て英彦山を急襲し、政所坊をはじめ座主教有の家来城島公茂《じょうじまきんしげ》らを逮捕した。その場を脱した成円坊《せいえんぼう》（宇都宮有允《うつのみやゆういん》）らも追っ手にとらえられ、座主教有は小倉城下の英彦山屋敷に拘束された。いちはやく長州へ脱出した七人のうち、教観坊ら二人は英彦山使僧と称して上京し政情探索にあたったが、小倉藩士にとらえられて京都六角の獄につながれ、禁門の変にさいして処刑された。残る祐玉坊ら五人は長州藩尊攘派とともに上京し、禁門の変に参戦した。

任した。しかし、五卿の大宰府移転は、藩主黒田長溥の承認を得ない福岡藩尊攘派の独断によるものであったため、移転後は藩主長溥と尊攘派および正義派の家老たちとのあいだに対立をうみ、さらに尊攘派が薩摩藩や長州藩と連携する動きを強めたため、あくまで公武合体にこだわる藩主長溥との仲は険悪となった。このような状況のなかで、第一次長州出兵の結果に不満をいだく幕府が、同年四月再度長州藩を討つ方針を示したことは、長州周旋の成果を否定したことを意味し、周旋に深くかかわった福岡藩の立場を危うくした。このため、五月以降尊攘派に対する弾圧がはじまり、加藤司書ら七人が切腹、月形洗蔵ら一四人が斬首となるなど多くのものたちが処罰され、福岡藩尊攘派は一掃された(乙丑《いっちゅう》の獄《ごく》)。このことは、福岡藩が薩摩藩や長州藩などとの雄藩連合路線から脱落して幕府追従を決意したことを意味し、政局の表舞台から姿を消すことであった。

**小倉城炎上●**

長州藩では、元治元(一八六四)年十二月の決起以降尊攘派が勢力をもりかえし、藩論を謝罪恭順から武備恭順にきりかえて幕府との対決姿勢を強めていった。しかし、長州処分をめぐって幕府と薩摩藩の対立が激しくなり、藩主毛利敬親《たかちか》の隠居や領地高のうち一〇万石削除などの長州処分案を決定のうえ、諸藩に出兵を命じた幕府に対し、慶応二(一八六六)年一月長州藩と同盟を結んだ薩摩藩は公然と出兵に反対し、その他の諸藩も出兵には消極的であった。幕府は、圧倒的軍事力を背景とする交渉によって長州藩を屈服させることができると考え、老中小笠原長行《ながみち》(肥前唐津藩世嗣)を広島に派遣したが、時間をかせいで武備の充実を進める長州藩との交渉は決裂し、長州藩に対する総攻撃が命じられた(第二次長州出兵、幕長戦争)。総督徳川茂承《もちつぐ》(紀伊和歌山藩主)が安芸《あき》・石見《いわみ》方面の指揮をとり、小笠原長行は九州諸藩を指揮するため小倉にはいった。

小倉藩では、慶応元年九月九代藩主小笠原忠幹《ただよし》が病気でなくなり、嗣子千代丸はいまだ幼少であったため忠幹の死は伏せられ、支藩である小倉新田藩主の小笠原貞正《さだまさ》が藩政を代行した。長州藩追討のためあらたにおのおの一七〇人余からなる六つの部隊が編成され、農兵隊も増員された。小倉藩の農兵隊は、文久三（一八六三）年富農層を中心に一四〇〇人規模で組織され、無給のうえ鉄砲などの武器は自弁であったが、藩士なみの苗字帯刀と三ツ割羽織《はおり》小袴《こばかま》が許された。当初は、番所勤務や通行人改めなどを担当したが、しだいに負担が重くなり人数もふえていった。

小倉口の戦闘は、慶応二年六月十七日の長州藩（奇兵隊・報国隊など）による田野浦《たのうら》（北九州市門司区）奇襲攻撃によってはじまったため、小倉藩領の企救《きく》郡がおもな戦場となった。当初は、小倉以外の諸藩は傍観して戦闘に加わらず、人数こそ少ないものの洋式の銃で武装した長州側が優勢であったが、熊本藩が戦闘に加わってからは長州藩側に多くの犠牲者がでて撤退を余儀なくされた（口絵参照）。ところが、将軍徳川家茂《いえもち》死去の報が伝わると、小笠原長行は軍艦にのって小倉を脱出し、熊本藩も撤兵を開始した。あとに残された小倉藩は家臣を集めて軍議を開き、後方に引いてたたかい続けることを決定した。このため、八月一日にみずから火をかけて小倉城を焼き、藩庁を田川郡の香春《かわら》（香春町）に移した。その後、慶応三年一月に長州藩との和議が成立したが、企救郡は長州藩の統治下におかれることとなった。

小倉城に火をかけた八月一日、京都《みやこ》郡で発生した農民一揆は、またたくまに田川・仲津・築城《ついき》・上毛《こうげ》の各郡に広がって総勢は五〇〇〇人余に達し、村役人や豪農・豪商の家を打ちこわして家財および年貢や貸借関係の帳簿などを焼きはらった。この一揆は、過酷な夫役と異常な物価高騰を背景に、小倉藩の敗退をきっかけとして農民の不満が爆発したものであったが、小倉城の炎上と農民一揆のなかで田川にむけて退却する侍たちの姿は藩権力の崩壊を予感させるに十分な光景であった。

9章

# 近代社会の成立

官営八幡製鉄所(明治33年)

## 1　福岡県の成立

### 廃藩置県●

慶応三（一八六七）年十月、第十五代将軍徳川慶喜《よしのぶ》は、大政奉還《たいせいほうかん》を朝廷に申しでた。これに対して薩摩《さつま》、長州《ちょうしゅう》などの討幕派は、同年十二月、王政復古のクーデタをおこし、ここに明治新政府が成立した。大宰府《だざいふ》にいた三条実美《さねとみ》らの五卿《ごきょう》も、十二月中には博多《はかた》から海路大坂にむかい、年末には京都の土をふんだ。明けて慶応四（明治元＝一八六八）年一月、旧幕府軍は、京都近郊の鳥羽《とば》・伏見《ふしみ》で新政府軍と衝突した。いわゆる戊辰《ぼしん》戦争のはじまりである。しかし、旧幕府軍は緒戦にやぶれ、一方新政府側は、徳川慶喜追討令を発して、有栖川宮熾仁親王《ありすがわのみやたるひとしんのう》を東征大総督に任命した。戊辰戦争は政府軍有利のうちに、江戸、東北、箱館《はこだて》へと展開したが、政府側の遠征軍には、福岡、久留米、小倉、柳川《やながわ》各藩の藩兵たちも参加していた。

倒幕後においても諸藩はそのまま残っていたので、中央集権化を進める新政府は、明治二年一月、薩長土肥の四藩主に版籍《はんせき》奉還を願いださせた。ほかの藩主たちもこれにならい、筑前、筑後、豊前の各藩でも版籍奉還が行われた。しかし、旧藩主は知藩事《ちはんじ》として在任しており、政治の実態が完全に改まったわけではなかった。「御一新」に失望して各地に一揆がおこり、また戊辰戦争への出兵によって、藩財政の逼迫《ひっぱく》と藩政の変動が大きな問題となっていた。

小倉藩では、明治二年十一月、長州藩占領下にあった企救《きく》郡の農民たちが一揆をおこした。企救郡は長州藩の版籍奉還により日田《ひた》県の管地となっていたが、長州藩は依然占領を続けていたのである。長州藩が撤兵したのは、一揆後の明治三年二月のことであった。小倉（香春《かわら》）藩自体は、明治二年末、藩庁を田川郡香春から仲津《なかつ》郡錦原《にしきばる》に移し、錦原を豊津《とよつ》と改称して、藩名も豊津藩と改称した。明治四年四月、政府は小倉に西海道鎮台《さいかいどうちんだい》を設け、その分営を博多と日田においた。

久留米藩では、戊辰戦争中に尊攘派が台頭した。同藩では、明治三年三月ころから、長州藩諸隊脱隊兵の大楽源太郎《だいらくげんたろう》らが潜入し、それを久留米藩関係者がかくまうなど、反政府的な動きがみられた。そこで政府は、同四年三月、久留米藩尊攘派への弾圧を行い、十二月には藩主有馬頼咸《よりしげ》の謹慎《きんしん》をはじめ、死刑一人を含む数十人に処分がなされた。

幕末以来、財政窮乏に苦しんでいた福岡藩では、戊辰戦争による出費でさらに財政難に拍車がかかっていた。福岡藩はその打開策として太政官札《だじょうかんさつ》の贋造《がんぞう》を行うことにし、城内の空《から》屋敷で贋札の製造をはじめた。当時このような方策はほかの諸藩でも行われていたが、福岡藩の場合、政府の察知するところとなり、最終的には明治四年七月二日、関係者に断罪がくだされた。その処分は藩首脳五人の斬刑、藩知事黒田長知《ながとも》の罷免《ひめん》・閉門というきびしいもので、同日、有栖川宮熾仁親王が新しい知事に任命された。以下にみるように、全国的な廃藩置県はこの処分後のことであり、福岡藩だけが一足先に廃藩させられたのである。

明治四年七月十四日、政府は廃藩置県を断行した。その結果、藩は廃止され全国に政府直轄の三府三〇二県がおかれた。明治四年七月当時、現在の福岡県域には、筑前に福岡、秋月《あきづき》の二藩、筑後に久留米、柳川、三池の三藩、豊前に豊津、千束《ちづか》、中津の三藩と、怡土《いと》郡に対馬《つしま》（厳原《いずはら》）藩、中津藩の飛地などがあったので、結局は福岡から中津までの八県と、怡土郡内に厳原、中津両県の管地があらたにおかれることになった。同年十一月には、筑前地域が福岡県に、筑後地域が三潴《みずま》県に、豊前地域が小倉県に統合されたが、明治九年四月には、小倉県が福岡県に併合され、さらに同年八月には、三潴県のうちの筑後一円が福岡県にはいり、福岡県から豊前の下毛《しもげ》、宇佐の両郡が大分県に割譲されて、今日の福岡県域が確定した。

## 筑前竹槍一揆と士族反乱●

廃藩置県を行った明治政府は、つぎつぎとあらたな政策を打ちだした。しかし、それらは農民の生活を圧迫するものだったので、各地で新政反対の一揆がおこった。福岡県域でも、明治五(一八七二)年五月に三潴県で、明治六年四月には怡土郡で一揆がおこったが、同年六月に勃発したいわゆる筑前竹槍《たけやり》一揆は、参加者一〇万人とも三〇万人ともいわれる、全国最大規模の農民一揆であった。

この竹槍一揆は、明治六年六月十三日、筑前嘉麻《かま》郡高倉《たかくら》村(飯塚市庄内)の農民と、隣接する豊前田川郡猪膝《いのひざ》村(田川市)の米相場関係者との紛争からはじまった。一揆の背景には干害と米価高騰があったが、またたくまに筑前全域に広がり、一部は筑後地方にもおよんだ。農民たちは各地で打ちこわしを行いながら福岡をめざし、粕屋《かすや》郡、箱崎松原《はこざきまつばら》を経た東部勢は、二十一日、福岡にはいって電信局を打ちこわすとともに、県庁(福岡城)をおそって火を放った。しかし、県の組織した士族隊の反撃にあって退散、秋月を中心とした上座《じょうざ》、下座《げざ》、夜須《やす》、御笠《みかさ》各郡の一群と、怡土、志摩《しま》、早良《さわら》各郡の一群も、士族隊の応戦や説得によって退散させられたので、さしもの大一揆も六月末には鎮静化した。

一揆の要求事項は、明確な訴状がなく必ずしもはっきりとしないが、(1)年貢の三年間免除、(2)旧藩の復活、(3)学校・徴兵・地券発行の廃止、(4)藩札《はんさつ》の復活、(5)「解放令」の廃止、(6)旧暦の復活、などであったといわれている。これらの事項から、農民たちの批判が、学制、徴兵令、地租改正、新貨条例、「解放令」など、明治新政全般につうじる批判であったことがわかる。だがこの筑前竹槍一揆には、大きな問題があった。それは農民たちが、一揆の当初から明治四年八月の「解放令」に強い不満をいだき、一揆の最中に被差別部落をおそって多くの家屋に放火したことである。一揆の被害は、被災家屋四五九〇軒、うち焼失は二二四七軒で、そのほとんどが被差別部落の被害であった。

一方、農民の一揆とほぼ時を同じくして、士族の反乱も続発した。佐幕《さばく》色が強く、維新の波にのりおくれた福岡県地域の士族たちには、新政府に対する反発があった。なかでも他藩にさきだち廃藩させられた福岡藩士族の反政府感情には根強いものがあり、武部《たけべ》小四郎、越智《おち》彦四郎、平岡浩太郎《こうたろう》、箱田六輔《はこだろくすけ》、頭山《とうやま》満《みつる》らは、廃藩にさいして諸隊が解散させられたあとも、高場乱《たかばおさむ》の人参畑塾《にんじんばたけじゅく》に集まって結束を維持していた。

明治七年二月、江藤新平《えとうしんぺい》が佐賀の乱をおこすと、越智、箱田らはこれに呼応すべく隊を編成した。しかし、乱鎮圧のために来福中の大久保利通《としみち》らによって、逆に政府軍に組織された。ついで明治九年十月、熊本の敬神党《けいしんとう》が廃刀令に反対して熊本鎮台を襲撃すると、福岡県の秋月と山口県の萩《はぎ》に反乱がおきた。磯《いそ》淳《じゅん》、宮崎車之助《みやざきくるまのすけ》、今村百八郎《ひゃくはちろう》らの旧秋月藩士二百数十人は、萩の前原一誠《いっせい》に合流しようとまず豊前の豊津に至り、ここで豊津藩士族に挙兵をうながしたが成功せず、小倉鎮台兵の攻撃をうけて敗走した。これらの反乱に対し、福岡の武部、越智は薩摩の西郷隆盛《さいごうたかもり》とともに挙兵すべきとの考えから動かなかったが、箱田、頭山らは萩の前原に呼応するため準備を進めた。だがその動きはすぐに官憲の知るところとなり、箱田、頭山らは逮捕、武部、越智は、一時薩摩の西郷のもとに逃れた。

明治十年二月、西郷が薩摩に挙兵した（西南戦争）。政府は有栖川宮熾仁親王を征討総督に任じ、福岡に一時本営をおいた。福岡は西南戦争鎮圧の基地となり、旧福岡藩士族たちは政府軍によるきびしい監視下におかれることになった。このような状況のなかで、挙兵計画を立てていた武部、越智らは、三月二十七日、ついに蜂起し福岡城などをおそった。しかし、政府側の厳戒体制のなか、実際に参加できたものはわずか一六〇余人にすぎず、あえなく失敗におわった。この事件を福岡の変というが、この結果、武部、越智らの首脳陣五人に死刑、その他四四四人に懲役などの処罰がくだされた。

**自由民権運動の高揚●**

福岡県域での自由民権運動は、次頁図のように旧藩領単位で展開され、とくに西南戦争後に活発化した。筑前地域では明治十（一八七七）年十一月、獄中にあって福岡の変に参加できなかった頭山満らを中心に、開墾社《かいこんしゃ》が設立された。この開墾社は、翌十一年秋、成美義塾《せいびぎじゅく》と合併して向陽社《こうようしゃ》となり、ここに本格的な民権運動がはじまった。向陽社の初代社長は箱田六輔で、同社には教育機関の向陽義塾も付属していた。社員は一〇〇〇余人、このうち約四〇〇〇人が福岡の変に関係した士族たちであり、ほかに県吏や豪商の参加もあった。土佐の民権家植木枝盛《えもり》は、明治十二年一月、頭山らの招きにより向陽義塾開校式に出席したが、同年三月までは九州にあって、福岡、甘木《あまぎ》で演説会を行ったり、向陽社で『泰西国法論《たいせいこくほうろん》』を講義したりした。『民権自由論』を執筆したのも福岡滞在中のことであり、同書は明治十二年四月、福岡で刊行された。

明治十二年十二月、郡利《こおりとし》、中村耕介《こうすけ》らを中心に、向陽社などの民権政社は、「筑前国州会」としての筑前共愛公衆会（翌年四月、共愛会と改称）を組織し、以後、明治十四年九月までのあいだに、九回の会議を開いた。同会は、下からの積みあげによって、筑前のみならず福岡県、そして九州での連合をめざすもので、筑前各地で演説会・法律研究会の開催、節倹法《せっけんほう》の普及などの活動を行った。明治十三年一月には、国会開設・条約改正の建白を全国にさきがけて行い、憲法草案も作成した。この後、共愛会の中村耕介らは、

福岡県の民権結社(明治８～18年)

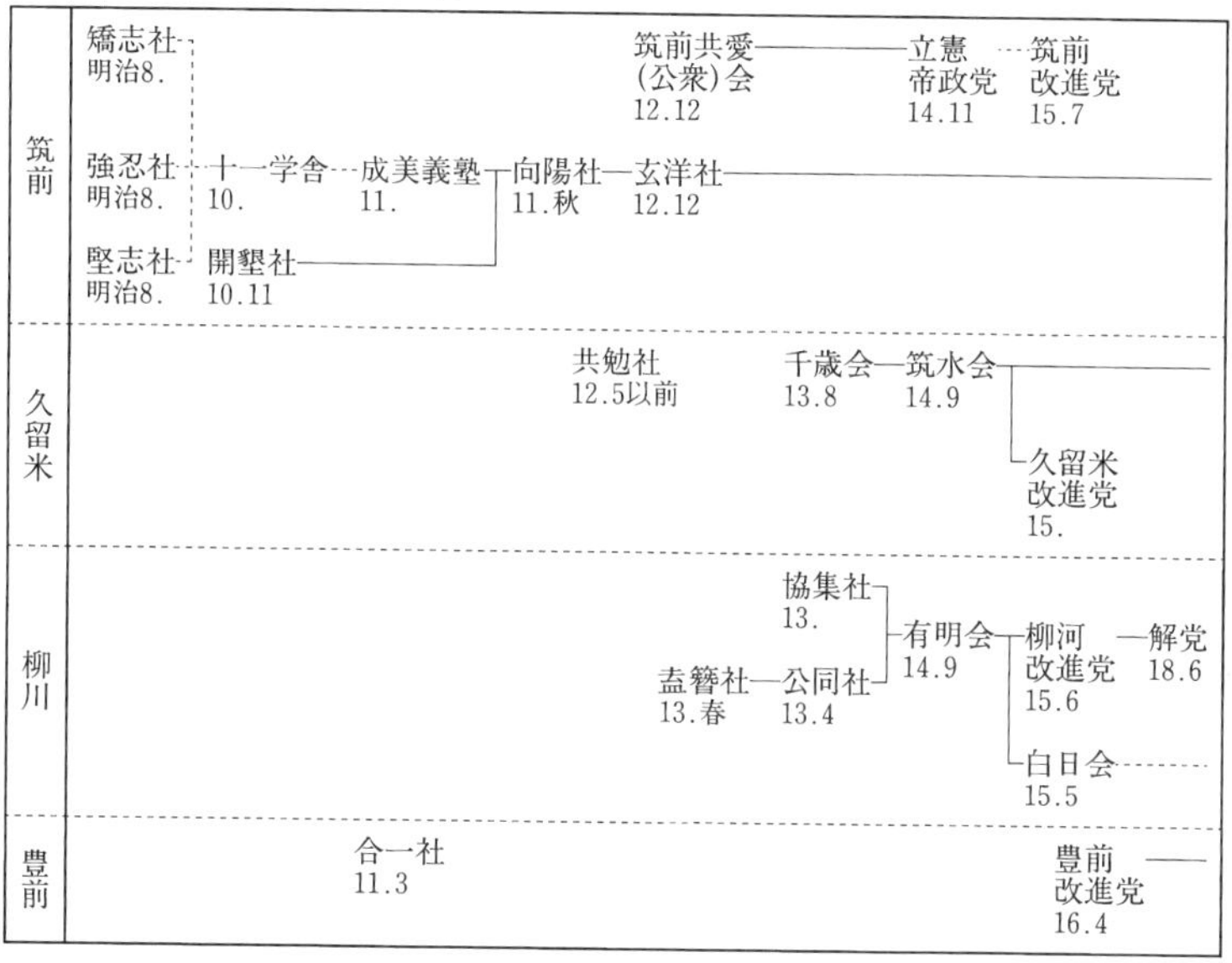


1) 数字は成立年月,または存在が確認できる年月を示した。
2) ―はつながりが明確な場合を,…は推定の場合を示した。
3) 参考文献　石瀧豊美『玄洋社発掘』(西日本新聞社　1981年),堤啓次郎「向陽社の成立」(『九州史学』94,1989年), 福井純子 「筑前民権運動についての一考察」(『立命館史学』1,1980年),上田俊美「筑前地方の自由民権運動について」(『九州史学』78,1983年),『福岡県史　近代史料編　自由民権運動』(1995年)。
4) 江島香氏作成。

明治十四年十月の国会開設の勅諭をうけて立憲帝政党を結成し、翌十五年三月には、熊本で開かれた九州改進党結成大会に代表を送った。

筑後久留米地方では、植木枝盛とも交流があった川島澄之助《すみのすけ》らによって、運動の先鞭《せんべん》がつけられた。川島は明治十一年九月、大阪の愛国社再興大会に参加し、翌年には久留米共勉社《きょうべんしゃ》の一員として活動している。その後同地方では、明治十三年八月に千歳会《ちとせかい》が結成されたが、翌年十月の国会開設の勅諭に対応して改編がなされ、あらたに筑水会《ちくすいかい》が組織された。しかし筑水会は明治十五年三月、九州の民権勢力結集のために創設された九州改進党への参加をめぐって分裂し、三谷有信《みたにゆうしん》らの参加派は筑水会から脱退して久留米改進党を結成した。

筑後柳川地方では、明治十三年、三池郡に盍簪社《こうしんしゃ》が設立された。盍簪社は、同年四月、公同社《こうどうしゃ》に改組され、公同社は教育・殖産の論議研究と地域の啓蒙活動を行った。またこのころ、旧柳川城下に協集社《きょうしゅうしゃ》があり、国会開設の建言や憲法研究などの活動を行っていた。そして明治十四年九月、協集社と公同社が合流して有明会《ゆうめいかい》が結成された。熊本紫溟会《しめいかい》の働きかけによって成立したもので、柳川の士族だけではなく三池地方の永江純一《じゅんいち》、野田卯太郎《うたろう》らもメンバーとして参加していた。地域内で親睦会を開催したほか、他地域との連携にも積極的な組織であった。有明会自体ではないが、旧柳川藩士の会員である岡田孤鹿《ころく》、十時《とと》一郎らが、殖産団体の興産義社《こうさんぎしゃ》を設立し、缶詰生産を行ったことも知られている。しかしこのような有明会にも、筑水会同様九州改進党への参加をめぐって対立がおこり、参加反対派は脱会して渡辺村男《むらお》らの白日会《はくじつかい》と合流、一方岡田らの賛成派は柳河改進党を結成した。

豊前地域における自由民権運動については、史料の関係上ほかの地域ほど詳細にしえないが、豊津に合一社を結成した友松醇一郎《ともまつじゅんいちろう》、杉生《すぎお》十郎や、のちに自由党系政治家として活躍する征矢野半弥《そやのはんや》らの活動が知られている。

なお、民権運動が高揚した明治十年代には、被差別部落民による結社も誕生した。明治十四年十一月、島津覚念《かくねん》ら福岡県人三人を総代に、福岡・熊本・大分県人二三人を発起人として、復権同盟が結成された。

### 安場県政と玄洋社●

明治十一（一八七八）年七月、政府は自由民権運動の高まりのなかで、府県会規則、地方税規則とともに郡区町村編制法を制定した。この結果、明治五年以来行われてきた大区・小区制は廃止になり、福岡県は福岡区と三一の郡に編成された。明治二十一年四月には、市制・町村制が公布され、翌年四月に施行された。この施行に伴い、県下に福岡と久留米の二市が誕生した。また施行に先立って町村合併が行われ、福岡県下の町村は一九五八町村（明治二十一年末）から三八四町村（同二十二年末）と約五分の一に減少した。

明治十二年三月、県令渡辺清のもとで、第一回福岡県会が開かれた。議長は怡土・志摩・早良《さわら》郡選出の中村耕介、副議長は山門《やまと》郡選出の十時一郎で、ともに民権運動の活動家であった。福岡県会は当初から民権派（民党）の議員が多く、県会は基本的には県・吏党と民党との対抗関係、それに県内各地の地域利害がからみあうかたちで推移した。愛知県令、元老院議官などを経て、明治十九年二月、福岡県令となった安場《やすば》保和《やすかず》（七月より知事）は、国権派の熊本紫溟会《しめいかい》を結成して民権派と対抗した人物で、福岡県会でも旧九州改進党系の議員たちが設立した政談社《せいだんしゃ》と徹底的に対立した。安場は、従来民党側が行ってきた九州鉄道の建設計画に対し、県主導による官民合同の鉄道事業計画を立ててこれを推進した。また、明治二十年八月、民党系の『福岡日日新聞』に対抗して玄洋社《げんようしゃ》系の『福陵《ふくりょう》新報』が発刊されたが、その創刊にも援助明治五（一八七二）年六月、当時はまだ三潴《みずま》県下にあった久留米において、植木園二《そのじ》らの手により『三潴県新聞誌』が創刊された。ここでは明治七年二月にも、三潴県の公報誌『三潴新聞』が発行されており、久留米は福岡県における新聞発祥の地となった。一方、福岡地方での新聞の発行は、明治十年三月に創刊された『筑紫《ちくし》新聞』が最初のものである。三潴県官吏として『三潴新聞』に関係していた森泰《やすし》を中心に、前述の植木と博多の薬種商藤井孫次郎《まごじろう》が協力して創刊したもので、福岡の弘聞社《こうぶんしゃ》から発行された。三潴県の福岡県への併合により、久留米の新聞人が福岡地方に移り、以後福岡が新聞発行の中心となった。続いて同年八月には、吉田利行《としゆき》らが福岡の成美社《せいびしゃ》から『福岡新聞』を発行した。吉田は秋月の出身で、成美義塾の塾頭でもあった。この『福岡新聞』にはのちに植木や藤井も参加するが、やがて藤井は『福岡新聞』をはなれ、明治十一年十二月、『めさまし新聞』を創刊した。同紙は翌年八月、『筑紫新報』と改称、さらに明治十三年四月には『福岡日日新聞』となって、今日の『西日本新聞』の源流となる。明治十二年八月には、松田敏足《としたる》により『博多新聞』が創刊された。ところで、右の『福岡日日新聞』は、『筑紫新報』の藤井と印刷会社の観《かん》文社《ぶんしゃ》（社長諏訪《すわ》楯本《たてもと》）が共同で設立したものであったが、初代社長に諏訪が就任したことからもわかるように、実質的には観文社による『筑紫新報』の吸収・合併でうまれた新聞であった。『筑紫新報』の号数と読者を引きついだこの県下初の日刊新聞は、おりからの民権運動を支持し、明治十年代なかばには九州改進党系の最有力紙として論陣を張った。しかし、明治十九年二月、安場県政がはじまり、また翌年八月に玄洋社系の『福陵新報』（日刊）が創刊されると、同紙の経営は苦境におちいり、政談社有志の出資を得てようやく経営難を脱することができた。岡田孤鹿が第四代目社長に就任したのは、明治二十一年十月のことである。『福陵新報』が創刊されると、両紙はそれぞれの主張を掲げて激しい論戦を展開した。なお、明治二十五年五月には、門司の津田維寧《つだこれやす》が、政党に直接関わりがなく経済情報の多い『門司新報』（日刊）を創刊した。同紙は『福岡日日新聞』『福陵新報』とならぶ有力紙となり、県下の新聞はまた、あらたな段階を迎えるのである（木村秀明「明治前期の福岡県の新聞」一〜四『福岡地方史談話会会報』八〜十一など）。

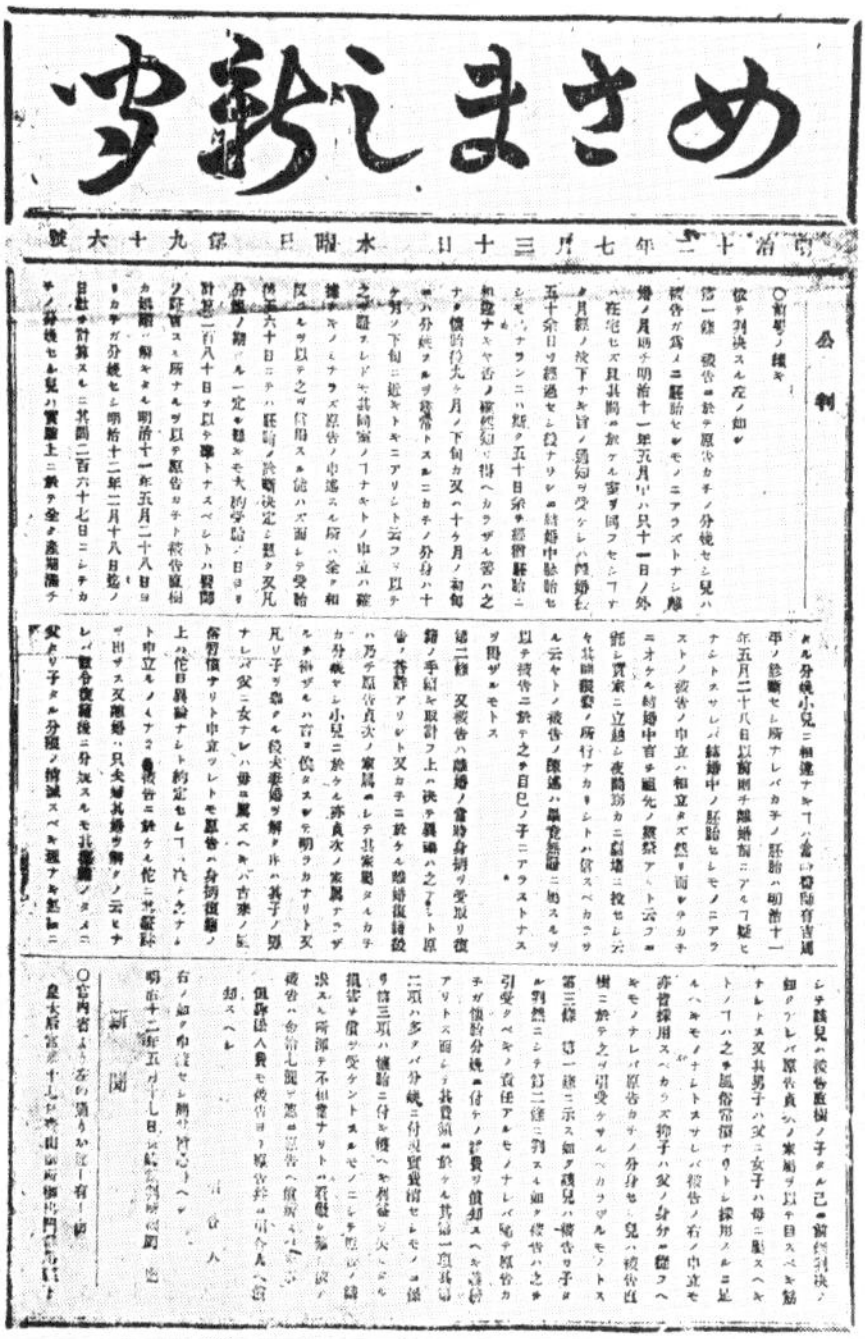
めさまし新聞

明治十二年七月三十日　水曜日　第九十六號

『めさまし新聞』（第96号　明治12〈1879〉年７月30日）

をあたえた。明治二十年代にはいっても、安場は玄洋社や玄洋社が主流を占めた筑前協会などと手を組んだので、県会における対立関係には変化がみられなかった。そしてこのような状況のなかで、明治二十五年、安場と玄洋社などによるいわゆる選挙大干渉が行われた。

そもそも玄洋社は、福岡での民権運動をリードしていた向陽社内の政治活動推進グループが、向陽社から分離・独立してはじまった。平岡浩太郎、箱田六輔、頭山満、進藤喜平太など、士族反乱を経験した旧福岡藩士たちが結成したもので、明治十三年五月、「福岡県警察本署」に結社の届出を行い、同年八月、正式に設置の認可をうけた。憲則に「皇室の敬戴、本国の愛重、人民権利の固守」を掲げたことからもわかるように、成立当初は民権論と国家主義の主張を行っていたが、しだいに対外強硬策、国権主義の色彩を強め、二十二年十月には、社員の来島恒喜《くるしまつねき》が条約改正に反対して外相大隈重信を襲撃し、その場で自決するという事件をおこした。この後玄洋社は、朝鮮の志士や中国の孫文を保護するなど、大陸との関係をいっそう深め、大アジア主義の路線を突き進んでいく。

**玄洋社員**　前列左から3人目頭山満，同5人目進藤喜平太。

明治二十五年二月、第二回総選挙が実施された。政府は内相品川弥二郎《やじろう》を中心に全国的な選挙干渉を行い、福岡県でも安場の指揮による激しい弾圧が行われた。このとき安場は、新設なった九州鉄道を利用して玄洋社員らを動かし、自由党の多田作兵衛が出馬した朝倉《あさくら》・甘木地方と、岡田孤鹿が出馬した筑後地方では、武力抗争もおこった。民党側の県会議員永江純一が大牟田町で足を切られたのもこのときのことで、福岡県からは自由党総理板垣退助の地元高知県、立憲改進党大隈重信の地元佐賀県につぐ、多くの死傷者がでた（死者三、負傷者六五）。そのため福岡県で当選した民党の議員は、自由党の岡田孤鹿だけであったが、全国的には民党側の勝利におわり、品川内相は引責辞任し、安場も七月には知事を更迭《こうてつ》された。

## 2　日清・日露戦争と資本主義の成立

### 最大の石炭供給県●

日清・日露戦争はわが国の産業界に大きな変化をもたらした。日清戦争後に産業革命が進展し、日露戦争前には資本主義が成立した。このような近代化の過程において、福岡県から産出される石炭は、もっとも重要な役割を果たした。福岡県地域における石炭の利用は、すでに近世においてみられ、幕末における石炭の生産と流通は、福岡、小倉、三池、柳川各藩の統制と支配のもとに行われていた。

三池藩の鉱山であった三池炭鉱は、明治二（一八六九）年二月のいわゆる鉱山開放の布告により、藩の直営から藩士らによる経営となった。しかし、日本坑法（明治六年七月）を公布した明治政府により官収され、工部省鉱山寮の管理するところとなった。同鉱山の主要な労働力は、官営化の直後から採用された囚人労働であり、明治十六年四月には、内務省所管の三池集治監《しゅうちかん》が設立されて、囚人による地下労働が本格化していった。官営三池鉱山は技術革新も進み、また、わが国の炭鉱のなかでは最良の品質をほこる炭田であったが、やがて民間に払い下げられることになり、明治二十一年八月、三井、三菱による激しい競争の結果、三井が落札した。三池炭鉱は、これ以後中央資本三井の経営するところとなり、同時に三井家は同炭鉱を基盤にして財閥としての地位を確立していった。三井三池炭鉱の労働力も、初期には官営時代同様、囚人労働に依存するものであり、明治二十九年には、その比率が七五%に達した。

一方、筑豊地方では、前述の鉱山開放の布告や日本坑法の公布により、いわゆる「自由掘り」の時代がはじまり、多数の中小炭鉱主がうまれた。これは三池炭鉱が官収され、のちに大手資本三井の手により経営されたのとは対照的である。しかし、このような筑豊の状況は、小鉱区の乱立、乱掘の弊害をうみだし、政府も明治二十一年から翌年にかけて、いわゆる撰定坑区《せんていこうく》制を実施して鉱区の集中化をはかった。これは、

三井田川鉱（大正12〈1923〉年）

数坪から一五万坪に細分化されていた鉱区の規模を、二〇万坪から二五〇万坪の大鉱区に統合したもので、多くの弱小鉱業主が淘汰《とうた》される一方、筑豊御三家といわれる麻生《あそう》、貝島《かいじま》、安川《やすかわ》や、蔵内《くらうち》、伊藤の地元資本、三井、三菱、古河、住友などの中央資本は、鉱区の獲得・拡大を行った。中央資本で最初に筑豊にはいったのは、明治二十二年、新入《しんにゅう》炭鉱を入手した三菱で、以後明治二十年代後半にかけて、古河（下山田《しもやまだ》炭鉱など）、住友（忠隈《ただくま》炭鉱）、三井（山野《やまの》炭鉱など）と、中央資本の進出が続いた。明治三十年代にはいると、全国の出炭量の半分以上を筑豊地方で産出するようになるが、その中心は大手資本によるものであった。同時に筑豊・三池などの炭田を有する福岡県の出炭量も増加し（明治末期には全国の三分の二を産出）、わが国最大の石炭供給県としての福岡県の地位は確固たるものとなった。

なお、筑豊における炭鉱労働者の管理は、納屋《なや》制度のもとで行われるのが一般的であった。納屋頭《がしら》は坑夫を集めて納屋に収容し、監禁同様にして採炭作業に従事させた。産業近代化のエネルギー源としての石炭生産は、納屋制度や囚人労働あるいは続発する炭鉱事故など、劣悪な環境下にあった労働者たちによってささえられていたのである。

## 鉄道の敷設●

福岡県における鉄道敷設構想は、はやくは明治十三（一八八〇）年の筑前共愛会の議論にまでさかのぼることができる。しかし、より本格的な構想としては、当時県会副議長をつとめていた岡田孤鹿《ころく》の構想が、最初のものであったと思われる。それは、明治十五年初頭にだされた上申書に、「人智《じんち》ヲ進メ物産ヲ興《おこ》サント欲《ほっ》セハ鉄道敷設セサル可《べか》ラサル」とあることからもわかるように、富国論の系譜につながるもので、同十五年七月、岡田は通常県会において鉄道敷設の建議を行った。この建議は、県会に賛否両論をまきおこしたが、結局は賛成多数を得、翌年七月には、県令岸良《きしら》俊介《しゅんすけ》が鉄道敷設のための調査員派遣を政府に申請した。しかしこの申請は、幹線鉄道の敷設は国の手で行うという政府の方針により、具体化しなかった。

九州鉄道の構想がふたたび活性化してくるのは、明治十八年末から翌年にかけてのことであり、福岡、熊本の各新聞は、連日鉄道関係の記事を載せて実現を訴えた。実際の建設計画にもっとも積極的に動いたのは、明治十九年二月、元老院議官から福岡県令に赴任した安場保和で、元老院議官時代から鉄道の殖産興業的な意義に注目し、その建設に強い関心をもっていた。安場は明治十九年六月、門司（福岡県）から三角《みすみ》（熊本県）に至る「九州鉄道布設之義上申」を政府に提出し、翌月には幹線鉄道官設を方針としていた政府から、民間企業による九州鉄道建設の許可をとりつけることに成功した。以後福岡県は、熊本・佐賀両県への働きかけをはじめると同時に、同年九月には県下各郡の有力者を集めて第一回鉄道敷設示談会を開催した。福岡における鉄道建設計画は、安場の県令就任とともに、県が主導するようになったのである。

開業当初の門司駅

明治二十一年六月、九州鉄道会社が正式に成立した。社長には安場らの要請もあって、農商務省商務局長の高橋新吉が就任した。九州鉄道会社の株は、福岡県を筆頭に佐賀・熊本・長崎県が株主、株数ともに多数を占めたが、しだいに三菱など中央資本の比率が高くなっていった。九州鉄道は、明治二十一年九月、博多・久留米間から工事をはじめ、翌年十二月、博多・千歳川《ちとせがわ》仮停車場（佐賀県鳥栖《とす》市）間で開業した。明治二十四年四月には門司・高瀬《たかせ》（熊本県玉名市）間が開通、七月にはこれが熊本までのび、翌月には鳥栖・佐賀間も開通した。九州鉄道会社は、明治三十年十月の筑豊《ちくほう》鉄道を皮切りに、伊万里《いまり》、豊州《ほうしゅう》、唐津《からつ》の鉄道会社を合併し、明治四十年六月、国有化によって解散となるまでのあいだ、西日本最大の鉄道会社として存続した。

九州鉄道会社の敷設運動とその成功は、筑豊での鉄道建設にも影響をあたえた。筑豊興業鉄道会社は、九州鉄道会社が成立した明治二十一年六月、鞍手《くらて》、嘉麻《かま》、穂波《ほなみ》、田川、遠賀《おんが》の五郡が共同して創立願書を提出し、翌七月に設立許可を得たことからはじまった（正式発足は翌年七月）。同会社の工事は、明治二十二年十月、若松・飯塚間などを計画路線として開始されたが、自然災害や資金不足により大幅に遅延し、三菱などの出資を得て、二十四年八月、ようやく若松・直方《のおがた》間が開業した。しかしこのような筑豊興業鉄道会社も、日清戦争後になると筑豊の石炭産出量が急増し、運炭鉄道としての地位を確立するに至る。従来石炭運送に利用されていた遠賀川の舟運と鉄道との比率が逆転し、鉄道輸送のほうが多くなったのも丁度このころのことであった。この筑豊鉄道株式会社（筑豊興業鉄道会社が筑豊興業鉄道株式会社を経て、明治二十七年改称）は、明治三十年四月、前述の九州鉄道会社と合併し、以後、北部九州の鉄道は九州鉄道会社の鉄道網で結ばれることになった。

## 官営八幡製鉄所の設置●

明治三十四（一九〇一）年二月、官営八《や》幡《はた》製鉄所が操業を開始した。これにより福岡県は、エネルギー供給源としての石炭業に続き、鉄鋼生産でも近代産業の発展に大きな役割を果たすことになった。わが国の近代製鉄業は、技術的な面などからなかなか軌道にのらなかったが、政府は帝国大学教授・農商務省技師の野《の》呂《ろ》景義《かげよし》に命じて製鉄所設立計画案を作成させ、明治二十四年の第二回帝国議会に提出した。この設置案は民党の反対で否決されたが、明治二十七年七月に勃発した日清戦争が議会の意見を製鉄所設置論にかえ、翌二十八年二月には製鉄所設置建議案が賛成多数で可決された。同年三月、金子堅《けん》太郎《たろう》、野呂景義らを委員とする製鉄事業調査会が設置され、翌年三月には、四カ年継続費として四〇九万五七〇〇余円の製鉄所設立予算が成立した。同月には製鉄所官制が公布され、五月には初代長官に山内《やまのうち》堤雲《ていうん》が任命された。

　製鉄事業調査会は、製鉄所建設予定地として、東京・横浜地方、大阪・神戸地方、尾道《おのみち》・三原《みはら》海峡、広島・呉《くれ》海峡、門司・下関海峡をあげ、さらにこれらのなかから福岡県遠賀郡

八幡小学校より望む八幡製鉄所全景（明治43年）

八幡村、同企救郡柳ヶ浦《やなぎがうら》、広島県安芸《あき》郡坂《さか》村（安芸郡坂町）の三カ所を選んで候補地とした。最終的には、背後に産炭地をひかえ、水陸ともに運送の便がよい八幡が選ばれたが（明治三十年二月）、その決定までには各地で誘致合戦が展開された。北九州内でも八幡のほか、小倉（板櫃《いたびつ》）、大里《だいり》、戸畑《とばた》などで誘致運動が行われたことが知られている。八幡誘致に積極的に動いたのは安川敬一郎《けいいちろう》、平岡浩太郎などの地元事業家や、筑豊・北九州への進出を進めていた三菱であり、旧福岡藩士で製鉄事業調査会の委員長であった農商務次官金子堅太郎や、当時の八幡村長で用地買収に苦労した芳賀種義《はがたねよし》の存在も大きかった。

明治三十（一八九七）年六月、八幡村枝光《えだみつ》に製鉄所が開庁された。製鉄所では当初、小規模生産からはじめ、熟練とともに生産高をふやしていく方針であったが、第二代長官和田維四郎《つなしろう》はこれを改め、設計計画などもドイツの技術者に依存することにした。こうして顧問技師グスタフ＝トッペをはじめとするドイツ人技術者の指導のもと、製鉄所の建設がはじまった。石炭は主として筑豊二瀬《ふたせ》炭鉱産を、鉄鉱石も国内産を利用することになっていたが、明治三十二年四月、中国の大冶《たいや》鉄山の鉱石が輸入されることになり、原料基盤がととのった。明治三十四年二月には第一溶鉱炉の火入れが行われ、製鋼・圧延などの工場も稼働しはじめた。しかし高炉操業で故障が続出し、明治三十五年七月には、ついに溶鉱炉の操業を中止するに至った。操業を本格的に再開できたのは、日露戦争中の明治三十七年七月のことで、以後、銑鋼一貫をめざす製鉄所の生産高は順調にのびていった。明治三十九年度からは四カ年計画で第一期拡張工事がはじまり、また四十三年度にははじめての黒字を計上した。

製鉄所の発展に伴い、明治三十年、人口二六〇〇人あまりであった八幡村は、三十三年二月には町制をしき、明治末年には人口三万人を数えるまでになった。このような都市的発展は、ほかの北九州地域にもみられるところで、すでに明治二十二年三月、中央資本の導入も得て築港会社が設立され、同二十四年四月以来九州鉄道の本社がおかれていた門司は、三十二年四月には市制をしき、門司港周辺には中央資本の銀行、商社が続々と進出した。また門司同様、明治二十二年十月に築港会社が設立され、同二十四年八月、筑豊興業鉄道が開通した若松では、わが国最大の石炭積出港として、石炭商、運輸業者の活躍がみられた。

**九州帝国大学の創設**●

福岡県の義務教育就学率は、明治三十三（一九〇〇）年に九〇％を超えた。このような拡充は中等教育の場合にもみられ、その結果、必然的に高等教育の拡充を促した。明治三十年代になると、全国的に高等教育機関増設の要求が強くなる。明治三十六年四月、福岡市郊外の筑紫《ちくし》郡堅粕《かたかす》村（福岡市東区）に設置された京都帝国大学福岡医科大学（現九州大学医学部）は、このような状況下に創設されたもので、本県初の本格的な高等教育機関であった。

九州に帝国大学設置の可能性があることがわかると、例にもれない誘致運動がはじまった。口火を切ったのは、明治三十二年一月、高等教育会議のために上京し、文部省から大学設置の情報を入手した修猷《しゅうゆう》館《かん》長隈本有尚《くまもとありたか》であった。彼は帰福直後、『福岡日日新聞』紙上に「九州大学と高等学校」を発表して県民の奮起を促した。同年十一月、福岡県会は大学設置に関する建議を行い、以後、県立病院の国庫献納や寄付金を内容とする建議を採択する。福岡市も明治三十四年十月、大学設置期成会を組織した。これに対し、熊本・長崎両県でも誘致運動が行われ、とくに旧制第五高等学校や陸軍第六師団を有した熊本では、県会や地元新聞紙上を中心に積極的な運動が展開された。しかし政府は、財政問題などから医科大学のみを京都大学の分科として福岡におくことにし、明治三十五年二月、第十六帝国議会において福岡医科大学の必要経費が可決された。

福岡に大学が誘致されるについては、地元の運動はもちろん、県選出の衆議院議員藤金作《とうきんさく》などの尽力があったが、医科大学という点に注目をすれば県立福岡病院の存在が大きかったものと思われる。福岡病院は明治十二（一八七九）年七月に創立された県立の福岡医学校を、同二十一年四月に病院として改組したもので、その名声は全国に鳴り響いていた。福岡医科大学は、福岡県から国に寄付されたこの県立病院を母胎に創設されたのである。同大学は、官制上は京都帝国大学の一分科大学であったが、所在地からしても実質的には独立の大学であり、地元でも東京帝国大学、京都帝国大学につぐ第三の帝国大学とみられていた。

明治四十四年一月、粕屋《かすや》郡箱崎《はこざき》町（福岡市東区）に工科大学が設置され、同年四月に工科大学と先発の福岡医科大学が合併して、九州帝国大学（現九州大学）がはじまった（法令上の創設は同年一月）。当初工科大学の設置は財政難から難航していたが、足尾鉱毒事件で世論のきびしい批判をうけていた古河家が、世論緩和のために教育事業への寄付を行うことになり、また福

九州帝国大学工科大学

岡県会も金二五万円と土地六万坪の寄付を決めたので、はからずもその設置が実現することになった。九州帝国大学の初代総長は、元東京帝国大学総長の山川健次郎《けんじろう》。医工二科とはいえ独立した帝国大学が福岡に創設されたことは、文教都市福岡の発展に大きく寄与することになる。

九州帝国大学の創設より早い明治四十年七月には、北九州地域の工業発展を象徴するかのように、遠賀郡戸畑町（北九州市戸畑区）に私立明治専門学校（現九州工業大学）が創設された（開校は四十二年四月）。同校は戸畑に事業拠点をおく地場資本の安川敬一郎・松本健次郎父子が、約七万八七〇〇坪の土地と資金三三〇万円とを提供して創設したもので、当時としては珍しい四年制の工業専門学校であった。創設準備にはのちに九州帝国大学総長となる前述の山川健次郎があたり、山川は総裁にも就任した。

## 3　転換期の大正

**米騒動と八幡製鉄所争議●**

大正時代にはいると、政治、経済、社会、文化など、さまざまな分野であらたな動きがおこってきた。第一次世界大戦中の大正七（一九一八）年七月、富山県に発生し、またたくまに全国に広がった米騒動は、このような時代を象徴する事件であった。街頭参加者七〇万人以上、二六府県一二二カ所・一〇万人におよぶ軍隊の出動は、日本近代史上ほかに類例がない。大戦中のインフレや、シベリア出兵をあてこんだ買占めに怒った民衆は、米の廉売や寄付の強要を求めて、つぎつぎに米穀商などをおそった。

福岡県での米騒動は、八月十四日から翌日にかけて門司市ではじまり、約三〇〇人の検挙者がでた。このような動きはすぐに小倉、戸畑に広がり、警察や消防だけでなく、小倉第十二師団の軍隊が出動して鎮圧にあたった。筑豊へは十七日の峰地《みねち》炭鉱（田川郡）を口火に、鞍手《くらて》・嘉穂《かほ》郡へと広がったが、ここでの米騒動は、賃上げ、待遇改善要求など、労働運動としての性格をもって展開され、また激烈なものが多かった。峰地炭鉱では、坑夫がダイナマイトを投じ、出動した十二師団麾下《きか》の軍隊が発砲して死者がでるなど、激しい対立があった。さらに大牟田でも三池炭鉱などで騒動がおこり、万田《まんだ》坑には久留米師団一個大隊が出動した。一カ月におよんだ県内の米騒動で起訴されたものは五八〇余人、福岡県は全国一の起訴者をだし、軍隊の出動でも、北九州、筑豊を中心に一万数千の出動がなされた。米騒動は自然発生的な暴動であったが、結果として当時の寺内正毅《まさたけ》内閣を総辞職に追込み、労働運動・農民運動・水平社運動など、以後の社会運動に大きな影響をあたえた。

　多くの炭鉱労働者や港湾労働者などをかかえていた福岡県の労働争議は、散発的には明治末年からおこっていた。しかし、本格的な労働運動が勃興するのは大正期にはいってから

峰地炭鉱の米騒動（山本作兵衛画）

である。大正六（一九一七）年六月、友愛会八幡支部が、翌年十二月には光吉悦心《みつよしえっしん》らによって友愛会後藤寺《ごとうじ》支部が結成された。第一次大戦中の異常な物価高のなか、労働者の不満は高まっていた。このような状況は日本最大の工場、官営八幡製鉄所でも例外ではなく、大正九年二月には、全国の注目を集めた八幡製鉄所争議が勃発した。当時の製鉄所内には、友愛会、日本労友会、製鉄所職工同志会が組織されていたが、争議は浅原健三《あさはらけんぞう》、西田健太郎らの指導のもと、日本労友会を中心におこされた。参加者数一万八〇〇〇人とも二万数千人ともいわれる大争議であった。

指導者の一人浅原は、鞍手郡宮田町《みやた》（現宮若市）出身で日大専門部に学びながら、加藤勘十《かんじゅう》らと知りあい、サンジカリスムにも共鳴していた。浅原は、大正八年十月、待遇改善を訴えて製鉄所を解雇されていた西田とともに、日本労友会を結成した。大正九年二月四日、労友会は賃上げを中心とする五項目の嘆願書を製鉄所側に提出したが、製鉄所当局はこれを拒絶、翌五日、ついに「大鎔鉱炉の火は悉《ことごと》く消え五百の煙突煙を吐《は》かず」といわれた争議がはじまった。これに対して操業再開を急ぐ当局は、すぐに警察・憲兵隊を導入し、労友会幹部のほとんどが検挙された。その後、労友会側に光吉悦心らの友愛会や加藤勘十らの支援がなされ、二月二十四日には再度の争議に突入した。しかし、前回以上の弾圧が行われ、多数の検挙者・解雇者とともに第二次争議も終息した。こうして二度にわたった八幡製鉄所争議は労働者側の敗北におわったが、しかしそのかわりに、製鉄所では従来の一二時間昼夜交代制が八時間三交代制となり、また賃金の増給が行われるなど、待遇の改善がなされるに至った。

なお、大正十三年六月には、大牟田でも三井三池製作所を中心に大規模な争議がおこった。一カ月あまりにおよんだこの争議は、三池地方でおきた戦前最大の争議であり、争議団の結成、行商隊の組織、争議報告会など、地域社会と結びついて展開された。

**農民運動と水平社運動●**

福岡県の農民運動は、大正初期に「産米検査反対」を掲げていくつかの郡に組織された農民団の活動によってはじまった。産米検査とは、明治四十四（一九一一）年に県が制定した米穀検査規則によって行われた検査で、県産米の市場評価を高めるために品質の向上や容量などの統一が要求されたが、実際には農民側の負担増になるため、小作・地主双方から強い反発をよんでいたものであった。とくに反対運動が激しかったのは、大正三（一九一四）年から実施が予定されていた糸島《いとしま》郡と遠賀《おんが》郡で、糸島では同年十一月、糸島郡騒擾《そうじょう》事件がおきた。産米検査反対運動は、この後も浮羽《うきは》郡や山門《やまと》郡などで展開されるが、このような農民運動は、米騒動以後になると地主に対して小作料の減額を要求する、いわゆる小作争議の形をとることが多くなった。その主体となったのは県内各地の小作人組合であり、たとえば宗像《むなかた》郡の阿部乙吉《おときち》は、大正八年、郡内の産米検査反対の小作人らを集めて、宗像郡小作人会を発足させた。

このような動きのなかで、大正十一年四月、神戸で日本農民組合（日農）が結成されると、結成大会に出席していた粕屋郡農会の技手高崎正戸《まさと》は、翌年には宗像郡の阿部らとともに日農に連携する運動をおこした。彼らは「小作料永久三割減額」をスローガンに運動を展開し、大正十二年中には粕屋・筑紫郡に、翌年には鞍手・早良・糸島・浮羽各郡にも農民組合や連合会が結成された。それに伴い小作争議も増加し、大正九年に一四件であった県内の争議は、十二年一一五件、十三年八二件、十四年には二〇七件と激増した。そして大正十三年三月には、福岡市で日農九州同盟会が、また十二月には同じく福岡市で日農福岡県連合会が、ともに高崎を会長として結成された。

福岡県の農民運動は、水平社運動と結びついて展開された。水平社運動は、被差別部落の人びとが差別と貧困からの解放を求めて行った部落解放運動で、大正十一年三月、京都での全国水平社の結成が運動の大きな画期となった。しかし、福岡県における運動はこれよりはやく、すでに大正五年六月の博多毎日新聞社差別糾弾事件や、大正十年七月の筑前叫革団《きょうかくだん》の闘争で大きな盛りあがりをみせていた。博多毎日新聞社事件は、同新聞社が福岡の被差別部落を興味本位に取りあげて記事にしたのに対し、怒った部落の人びとが新聞社に押しかけ、検挙者三五〇余人をだした事件であった。同事件は福岡県における解放運動の胎動ともいうべき事件であり、多くの検挙者をだした苦い経験はその後の運動にいかされていく。のちに解放の父とよばれる松本治一郎《じいちろう》も、この事件を契機として本格的な運動を開始した。大正十年の筑前叫革団の闘争は、翌年に福岡県が挙行しようとしていた藩祖黒田長政《ながまさ》公三百年祭の強制的な寄付割当に反発した松本が、筑前叫革団を組織して募金反対運動をおこしたもので、その結果、福岡県もついに寄付は任意

第５回全国水平社大会ポスターとバッジ　大正15(1926)年５月福岡市東町大博劇場にて開催。

であるとの方針を打ちださざるをえなくなった。

ところで、福岡地方の運動とは別に、筑豊でも水平社系の運動が展開されていた。嘉穂郡出身で松山高等学校生であった柴田啓蔵《けいぞう》や同郡の僧侶花山清《はなやまきよし》らは、全国水平社の創立を知って運動を開始した。大正十二年五月、福岡市外博多座で結成された全九州水平社は、このような筑豊での運動と松本らによる福岡での運動が結びつくことによってうまれたものである。委員長には松本が、副委員長には花山が選出された。この全九州水平社の成立によって福岡の部落解放運動は本格化し、差別事件の摘発や小作争議に水平社員が活躍した。大正十五年一月、福岡歩兵第二十四連隊内でおきた差別事件に対して、水平社員の井元《いもと》麟之《りんし》らが糾弾を行った福岡連隊差別糾弾事件は、警察などのでっちあげによって大弾圧をこうむったが、軍を相手にした闘争は水平社の力をあらためて全国に示すこととなった。

### 第一次世界大戦と産業の発展●

大正三（一九一四）年七月に勃発した第一次世界大戦は、わが国の産業界に大きな影響をあたえた。開戦とともに工業製品の輸入がとだえ、輸出も大幅な減少を示した。しかし、翌年になると景気は回復し、軍需産業、海運業、造船業などから大戦ブームがおこり、鉄鋼業や重化学工業が発展した。大正五年に第二期拡張工事をほぼ終了した八幡製鉄所は、翌年から第三期の拡張工事を計画し、その生産能力を高めていった。この時期にはまた、東海鋼業（若松）、九州製鋼（八幡）、東洋製鉄（戸畑）、浅野小倉製鋼所（小倉）などの民間製鉄会社が北九州に創設され、鉄鋼業界はいわば官民並立の時代を迎えることになった。このほか大正期の北九州地域では、炭鉱開発、鉄道、港湾などの基盤整備が進み、八幡製鉄所を中心に新しい産業が勃興した。鋳物・鉄鋼関連の工場が立地しはじめ、硝子《ガラス》、陶器、ソーダといった化学工業や、建設機械、電気機械などの工場も建設された。大正十年ころになると、北九州は、京浜、阪神、中京とならぶ四大工業地帯の一つに数えられるようになる。同工業地帯は、消費市場に遠く、また中央資本の経営による大工場が多いという点に特徴があったが、立地条件からくる原料獲得上の優位性を背景に、素材型中心の産業を発展させていった。それに伴い同地域の人口も急増し、大正三年四月に若松、同六年三月に八幡、同十三年九月には戸畑が市制を施行した。こうして北九州には、明治三十二(一八九九)年の門司市から、大正十三年の戸畑市まで、二五年のあいだに五つの近代都市がつぎつぎに成立した。

三井資本による産業化が進展していた大牟田《おおむた》地方でも、明治末期から大正期にかけて、急速に工業化が進んだ。三井鉱山や三池紡績を前身とする鐘淵《かねがふち》紡績が主であった同地方の工業は、第一次大戦期に、石炭化学コンビナートが形成され、薬品、肥料、化学染料などの生産が行われるようになった。三井鉱山を中心としたコンビナート形成の画期となったのは、大正五年、三井系資本による電気化学工業株式会社大牟田工場の創設であったといわれるが、同社ではその年からカーバイドと石灰窒素

大正末期の三池染料工業所

の製造をはじめ、翌年以降、硫安、セメントの生産も開始した。大正七年には、三池染料工業所、三池製煉所、三池製作所など、三井鉱山関係の各工場が独立し、大牟田は三井の企業城下町の性格をますます強めていった。コンビナートの形成に伴って人口も急増し、大正六年三月には市制の施行がなされた。

大正期には在来産業のあり方にも変化がみられるようになった。久留米絣《がすり》や久留米縞《じま》で知られる久留米地方の産業は、絣の製造が大正にはいって一時衰退したものの、大戦による好況で引きつづき生産を続け、大戦後には足袋《たび》メーカーの生産高が急増した。これは、つちやたび合名会社や日本足袋株式会社が、地下《じか》足袋とゴム靴の生産をはじめたことによるもので、とくに地下足袋は炭鉱地帯や全国の農村で爆発的に売れ、昭和初期には海外にも販路を広げた。そしてこのような発展を基礎に、日本足袋会社は、昭和四（一九二九）年、自動車タイヤの製造を開始し、同六年三月にはブリヂストン・タイヤ株式会社が設立された。久留米はこれ以後、わが国ゴム工業の中心として発展することになる。

なお明治初期、いわゆる福岡農法により農業先進県の一角を占めた福岡県は、県内での鉱工業が発展した明治後期にはその地位を後退させていた。しかし大正期になると、商業的農業がはじまり、農業面でもあらたな展開がみられるようになった。福岡市や北九州近辺では、都市近郊型の農業が行われ、蔬菜《そさい》や園芸作物が栽培された。

### 教育の普及と大衆文化●

第一次大戦後における人材需要の拡大は、高等教育機関の不足を浮き彫りにした。政府は大正六（一九一七）年九月、学制改革について審議する臨時教育会議を設置し、また教育の振興を掲げた原敬《たかし》内閣は、大正七年十二月、大学令を公布すると同時に、高等諸学校増設計画を実行に移した。明治末年以来、東の長野県とともに教育県「西の福岡」とよばれ、大正中期、中学校レベルにおいて東京につぐ規模をもっていた福岡県でも、急速な高等教育機関の拡充が行われた。たとえば九州帝国大学は、従来の医科、工科に加え、大正八年二月に農学部、同十三年九月には法文学部を設置し、名実ともに総合大学となった。農学部は官民にわたる誘致運動で設置され、法文学部は大正デモクラシーの風潮のなか、「法と文を結ぶ」学部として創設された。この両学部は、高校出身者だけではなく、専門学校出身者もうけいれ、とくに法文学部では女子の入学も許可した。また大正十二年四月には、九大に第八臨時教員養成所が付設された。臨時的な施設とはいえ、県内では初の中等学校教員養成機関であった。

　政府は、高等諸学校増設計画などに基づき、高等学校についても大幅な拡張を行った。大正十年十一月、福岡市におかれた福岡高等学校は、このような経緯のなかで創設されたもので、それまで五高《ごこう》（熊本）や七高《しちこう》（鹿児島）など、他県に進学していた本県中学出身者は、以後必ずしも地元をはなれる必要がなくなった。福岡高校の創設にあたっては、福岡県から四〇万円、福岡市から一〇万五〇〇〇円の寄付がなされている。また、大正十一年六月には、福岡市に福岡県立女子専門学校が創設された。同校は女子中等教育の拡大と、当時盛んに行われた女子の高等教育論議を背景として創設されたもので、全国で初の公立女子専門学校であった。県知事安河内《やすこうち》麻吉《あさきち》が、女子高等学校などの構想をもっており、このような知事の教育政策が県立女子専門学校創設の原動力になったものと思われる。

　このほか、大正期から昭和初期にかけては、専門学校令に基づくいくつかの高等教育機関が創設された。大正十（一九二一）年二月、キリスト教系の西南学院高等学部（現西南学院大学）が早良郡西新町《にしじん》（福岡市早良区）に設立され、同年七月には九州歯科医学専門学校（現九州歯科大学）が福岡市に、また昭和三（一九二八）年二月には、九州医学専門学校（現久留米大学医学部）が久留米市に設立された。九州医専は全国でも唯一の地方医師会（福岡県医師会）の構想からうまれた学校で、設置場所をめぐっては、久留米、福岡を中心に激しい誘致合戦が行われたが、久留米市による市立病院の寄付や、日本足袋株式会社を経営する石橋家の敷地・校舎の寄付申し出により決着が着いた。また大正十年三月、戸畑の明治専門学校が、戦後不況による財政難などから国に寄付されることになり、同年四月、官立の実業専門学校となった。

第一次大戦後になると、人びとの生活様式の面にも大きな変化があらわれてきた。衣食住においては洋風化が進み、洋服が一般的となった。このような傾向は、福岡市や北九州地域の都市化に伴い進展していったが、とりわけ娯楽や芸術面での変化には大きなものがあった。デパートが出現し、ミルクホールやカフェーが開店した。なかでも人気の高かったのが映画で、県内主要都市のほとんどに常設映画館が開館した。また大正末年、九州第

福岡高等学校開校一周年記念式典（大正11〈1922〉年11月）

一の都会となった福岡市には、急行電車（福岡・久留米間）などの郊外線が敷設され、大正十四年四月には、日本航空会社による福岡・大阪間の定期飛行郵便がはじまった。そして昭和三年九月には、福岡市内に日本放送協会熊本放送局（ラジオ局）の福岡演奏所が設置され、同五年十二月には、福岡放送局が開局する。

10章

# 現代への胎動

博多駅前広場で列車を待つ復員兵(昭和20〈1945〉年10月)

## 1　昭和恐慌と十五年戦争

**普通選挙と政党●**

大正十四（一九二五）年三月、加藤高明《たかあき》内閣のもとで普通選挙法が成立し、昭和初年に同法による選挙が行われたことは、大正末期から昭和初期の県下の政治状況に変化をあたえた。そのもっとも大きなものは、これまでの選挙にあった納税額などによる選挙資格の制限が撤廃されて、二五歳以上の男子に選挙権が認められたことである。昭和三（一九二八）年、普選法による最初の総選挙が実施されたが、県下の有権者は四六万五〇〇〇人あまりとなり、県人口に占める割合も従来の五・五％から一九・五％に増加した。また、同選挙ではじめて無産政党員の当選者がでたことからもわかるように、大正末期から昭和初期は無産政党の結成がみられた時期であり、このことは政友会を軸に展開されてきた県下の政界に、一定の再編をもたらすことになった。

無産政党の結成は、大正十二年十月の山本権兵衛《ごんべえ》内閣による普通選挙実施声明が契機となってはじまった。当時の福岡県には、前章でのべたように労働組合、農民組合、水平社などの無産団体が存在しており、そのため一大無産政党の結成が期待されていた。しかし、中央での左右両派の対立は福岡県の無産運動にも影響をおよぼし、結局は一つの政治勢力に結集できないまま昭和初年を迎えていた。このような状況下で注目すべき動向をみせたのが、大正十四年四月、八幡《やはた》市で結成された九州民憲党《みんけんとう》であった（同十五年二月、民憲党と改称）。同党は大正九年二月の八幡製鉄所争議をリードした浅原健三の率いる総同盟九州連合会、八幡製鉄所の労組であった官業労働総同盟同志会、それに市民組織の帝国民声会が合同してできた地方無産政党であり、浅原が合同の中心人物であった。政綱に無産階級の立場からの政治経済制度の改善などを掲げたが、同党の特徴はその組織論にあったといえる。当時、無産政党の組織については、全国的単一政党論が主流であったが、浅原はその前提としての地方政党の結成をめざしていた。また同党の構成員もユニークで、労働組合や農民組合を基盤とするほかの無産政党とは異なり、多くの未組織大衆、たとえば小商店経営者などを傘下にかかえていた。同党は結成翌月の八幡市会議員選挙に四人を当選させ、また事実上最初の普選となった昭和二年九月の県会議員選挙でも一人を当選させた。

　昭和三年二月、普選による最初の総選挙が行われた。与野党の対立と無産政党の進出が注目されたが、結果は政友会二一七、民政党二一六、無産政党八、その他二五となり、与党政友会の事実上の敗北と無産政党の惨敗におわった。定員一八の福岡県では政友九に対して民政六、その他三となったが、ここで全国的な注目を集めたのが、若松・八幡・戸畑市と遠《おん》

浅原健三普選第１回総選挙当選記念

賀《が》・鞍手《くらて》・嘉穂《かほ》郡を選挙区とする福岡二区で、無産政党の立候補者二人が、一位、二位の高位で当選を果たした。一人は民憲党の浅原、もう一人は社会民衆党の亀井貫一郎《かめいかんいちろう》で、全国の無産政党当選者八人のうちの二人が福岡二区からでた。彼らは八幡製鉄所をはじめとする北九州工業地帯や筑豊炭鉱地帯の労働者の支持を集め、以後の総選挙でも当選を果たす。

ところで、この総選挙にあたって日本共産党は労働農民党から党員を立候補させ、公然とした活動を行った。これに対して田中義一《ぎいち》内閣は、普選法と同時に成立した治安維持法を適用して、選挙後の三月十五日に全国的な共産党員や支持者の一斉検挙を行い、福岡県でも労働運動、農民運動、水平社運動などの活動家二〇〇余人が取調べをうけた（三・一五事件）。さらに政府は、翌四年の四月十六日にもふたたび一斉検挙を行い、この二度にわたる弾圧事件により、県下の無産運動は大きな打撃をうけた。

**昭和恐慌●**

第一次世界大戦がおわると、戦争景気によって膨張したわが国の経済は急速に萎縮《いしゅく》し、大正九（一九二〇）年には戦後恐慌《きょうこう》がはじまった。そのうえ大正十二年に関東大震災がおこり、昭和二（一九二七）年には金融恐慌、さらに同五年には前年秋にはじまった世界恐慌の影響が国内に波及し、日本経済はかつてない不況に見舞われることになった（昭和恐慌）。昭和恐慌は工業部門に多大な打撃をあたえたが、その影響がより深刻で長期化したのは農業部門においてであった。生糸《きいと》の輸出相手国であったアメリカの不況で繭《まゆ》の価格が暴落し、続いて米価、さらには野菜などの農産物の価格も暴落した。福岡県では、昭和四年に大旱魃《かんばつ》がおき、糸島《いとしま》・宗像《むなかた》・遠賀・鞍手・築上《ちくじょう》・京都《みやこ》郡などで大きな被害がでていたが、翌五年は一転して大豊作となり、大幅な供給過剰により米価はまたもや下落した。こうして農家の経営は破綻に追い込まれ、ほとんどの農家が負債をかかえるようになった。福岡県の場合、昭和五年末の段階で、九割の農家が負債をかかえ、その総額は一億七〇〇〇万円余、一戸平均一一五三円の負債があったといわれている。

　こうした状況のなか、減少傾向にあった小作争議も昭和五、六年になるとふたたび激発するようになった。大正後期に展開された小作争議は県内各地で大きな成果をあげたが、しかし、このころになると地主側も裁判所に訴えるなど、反撃にでるようになった。恐慌による米価の暴落は、米を売って生活をしていた地主にも大幅な収入減をもたらしたからである。また中小地主のなかには、収入をふやすために小作地を自作地に転換するものもでてきたので、中小地主の多かった福岡県ではたがいの生活をかけた激烈な争議が続発した。福岡県の農民運動は大正十一年の日本農民組合の結成で一つの転機を迎えたが、大正十五年にははやくも左右の分裂がおき、昭和初期の段階では左派系の日農福佐連合会と右派系の全日本農民組合同盟九州同盟会が活動を行っていた。福佐連合会は、昭和三年の三・一五事件後に、福岡県と佐賀県の

全農福佐連合会第５回大会議案書表紙
（昭和７〈1932〉年10月26日）

運動が連合して成立したもので、一貫して左派の路線を堅持し県下の農民運動をリードした。

このような農業恐慌と小作争議の頻発に対して、政府は農村に土木事業をおこして現金収入の途を開くとともに、昭和七年度からは、農山漁村経済更生計画に基づく事業を開始したが、福岡県ではこれらの事業よりもはやく県独自の対応をとっていた。昭和五年七月の糸島郡福吉村《ふくよし》（糸島市）を皮切りに、全県に広がった全村学校運動がそれである。同運動は県知事松本学《まなぶ》の提唱によってはじまったもので、「全村教育化」「経済と教育との結合」などを目標にした農村統合強化策であった。

打ち続く不況は、農村だけでなく金融・産業界にも打撃をあたえた。金融恐慌のさいには、筑豊の田川銀行などが解散に、また鞍手銀行が臨時休業に追い込まれた。金融機関は大きな影響をうけ、合同が進んだ結果、県下の銀行数は昭和二年末の六一行から同七年末には三三行と半減した。この不況は景気に左右されやすい製鉄業界も直撃し、官営の八幡製鉄所でも昭和五年には大幅な赤字を計上するに至った。そしてこのような状況のなか、鉄鋼業界の基盤強化と合理化のため官民合同が必要との声が強まり、昭和九年一月、旧八幡製鉄所を中心とした国策会社の日本製鉄株式会社（日鉄）が成立する。なお、産業合理化による企業の整理・統合は、大量の失業者をうみだした。失業の増大と労働条件の悪化は労働運動を激化させ、昭和六年、県下の労働争議数は頂点に達した。同年四月に勃発した筑豊炭田争議は、坑夫が坑内に立てこもるいわゆる「モグラ戦術」を用いた大争議であったが、労働側の敗北におわった。

**満州事変と日中戦争●**

昭和六（一九三一）年九月、満州事変がはじまり、翌年一月には上海《シャンハイ》事変がおきた。上海事変には、福岡県から久留米の混成第二十四旅団工兵第十八大隊などの部隊が出動したが、同隊の三兵士が廟巷鎮《びょうこうちん》の戦いで爆死すると、新聞がこれを「爆弾三勇士」の勇戦として報道し、全国的な三勇士ブームがおきた。満州事変を契機とするこのようなナショナリズムの高揚は、社会運動にも衝撃をあたえ、県内の社会運動の右傾化が進んだ。昭和七年二月の衆議院選挙は、満州事変を支持した社会民衆党の亀井貫一郎が当選し、反対した浅原健三は落選している。そしてこのようななか、同年五月には海軍青年将校らの一団が、政友会の犬養毅《いぬかいつよし》首相を暗殺する事件がおきた。この五・一五事件は、結果的には戦前における政党内閣制度を崩壊させた事件であったが、このとき『福岡日日新聞』の主筆であった菊竹六鼓《きくたけろっこ》は、全国の新聞が同事件を批判しないなか、「首相兇手《きょうしゅ》に斃《たお》る」「敢《あえ》て国民の覚悟を促す」をのせて、軍部の行動をきびしく批判した。

昭和六年十二月に成立した犬養内閣は、成立と同時に金輸出再禁止を断行した。この結果、不況下で合理化を進めていた県内の産業界は復調し、とくに重化学工業や大合同で日鉄がうまれた鉄鋼業は活況を呈するようになった。しかし、昭和十二年七月、日中戦争が勃発すると、戦時体制の確立が急がれるようになり、国民はしだいに不自由な生活を強いられるようになる。

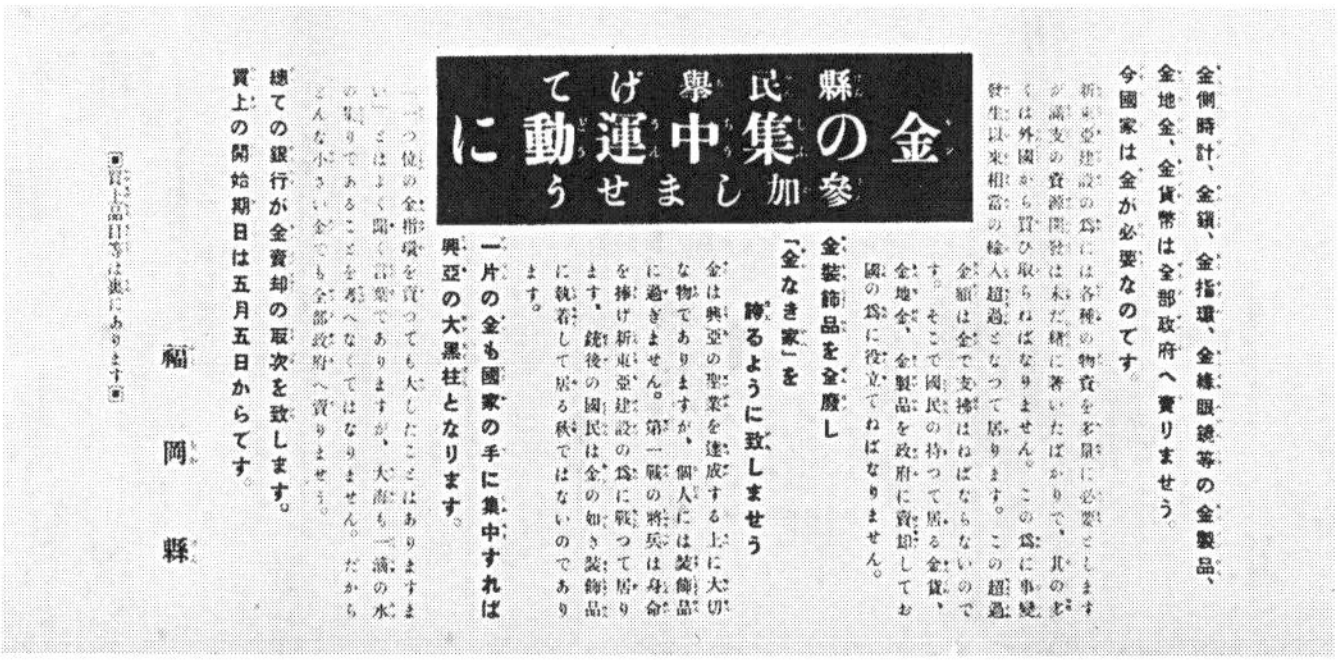
縣民擧げて金の集中運動に參加しませう

金側時計、金鎖、金指環、金緣眼鏡等の金製品、金地金、金貨幣は全部政府へ賣りませう。

今國家は金が必要なのです。

新東亞建設の爲には各種の物資を多量に必要とします。が滿支の資源開發は未だ緒に着いたばかりで、其の多くは外國から買ひ取らねばなりません。この爲に事變發生以來相當の輸入超過となつて居ります。この超過金額は金で支拂はねばならないのです。そこで國民の持つて居る金貨、金地金、金製品を政府に賣却してお國の爲に役立てねばなりません。

金裝飾品を全廢し

「金なき家」を誇るように致しませう

金は興亞の聖業を達成する上に大切な物でありますが、個人には裝飾品に過ぎません。第一線の將兵は身命を捧げ新東亞建設の爲に戰つて居ります。銃後の國民は金の如き裝飾品に執着して居る秋ではないのであります。

一片の金も國家の手に集中すれば興亞の大黑柱となります。

一つ位の金指環を賣つても大したことはありますまい――とはよく聞く言葉でありますが、大海も一滴の水の集りであることを考へなくてはなりません。だからどんな小さい金でも全部政府へ賣りませう。

總ての銀行が金賣却の取次を致します。

買上の開始期日は五月五日からです。

福岡縣

■買上品目等は裏にあります■

「県民挙げて金の集中運動に参加しませう」(昭和14〈1939〉年ころ)　「国民精神総動員新展開要項　福岡市」(昭和14年)のなかにも金の売却勧奨運動が記されている。

昭和十二年八月、近衛文麿《このえふみまろ》内閣は国民精神総動員実施要綱を決定して、国民精神総動員運動を開始したが、これは日中戦争に国民を動員するための銃後における官製の国民運動であった。中央の国民精神総動員中央連盟を頂点に、各道府県には知事を長とする地方実行委員会がおかれ、神社への参拝、出征兵士の歓送迎、勤労奉仕などが奨励されるとともに、生活の簡素化、物資の節約などがよびかけられた。

さらに昭和十三年五月、近衛内閣が国家総動員法を施行すると、日本経済は全面的な統制経済にはいった。これにより軍需産業などの基幹産業は、国家の保護と同時に直接的な統制をうけることになった。福岡県の主要産業であった鉄と石炭は、戦時体制をささえる産業としてもっとも重視され、すでに昭和十二年八月には製鉄事業法が、また昭和十五年四月には石炭配給統制法が公布されて、増産体制の強化がはかられた。日鉄の中核であった八幡製鉄所の生産高は、合同のなされた昭和九年には、銑鉄一二一万トン、鋼塊一七四万トン、鋼材一四三万トンであったが、昭和十七年にはそれぞれ一七六万トン、二三八万トン、二〇三万トンの生産高を記録している。また県下の石炭産出高も、昭和十五年の二五五六万トンを最高に、昭和十九年の二二一三万トンまで二〇〇〇万トン台を維持した。そしてこのような統制経済は、当然のことながら当時の労働界にも大きな影響をあたえた。昭和十三年七月、中央に産業報国連盟が結成され、「産業報国」「労資一体」をスローガンとした産業報国会が各企業や地域単位に組織されるようになったのである。とくに翌十四年には労働組合の自主的解散や産報類似団体の統合が進み、福岡県でも福岡産業報国協会をはじめとして、久留米産業報国会、鉱業界の福岡地方鉱業報国連合会や八幡製鉄所の八幡製鉄所産業報国会などが結成された。

日中戦争の長期化に伴い経済危機が深化してくると、一元的戦争指導体制の樹立が求められ、昭和十五年、近衛文麿らによるいわゆる新体制運動がおこされた。この運動は、同年十月の大政翼賛会《たいせいよくさんかい》に結実するが、この過程で既成政党は雪崩《なだれ》をうって解散し、福岡県でも同年七月、政友会福岡県支部と社会大衆党福岡県支部連合会が、九月には民政党福岡県支部が解散して、十一月には県知事本《ほん》間精《まきよし》を会長とする翼賛会福岡県支部が成立した。

### 太平洋戦争と敗戦●

昭和十六（一九四一）年十月、第三次近衛内閣にかわって対米強硬派の東条英機《とうじょうひでき》が内閣を組織した。東条内閣は開戦の準備をととのえながら日米交渉を続けたが決裂し、ついに同年十二月八日、太平洋戦争がはじまった。翌十七年四月、東条内閣は翼賛選挙を実施した。これは衆議院選挙に推薦制を導入して、戦争遂行体制の強化をはかろうとしたもので、この結果政府の推薦候補者が絶対多数を獲得し、翌五月には翼賛政治会が結成された。福岡県でも定員一八人中、推薦候補者が一五人を占め、非推薦の当選者は中野正剛《せいごう》などの三人にすぎなかった。中野は福岡出身の政治家で、昭和十一年、東方会《とうほうかい》を結成して独自の政治活動を行っていた。彼は選挙後反東条の立場を強め、十八年八月には内閣打倒の工作を行うが失敗し、同年十月に検挙、憲兵隊の取調べののち、東京の自宅で割腹自殺する。

先制攻撃により緒戦こそ優勢であった日本軍であったが、昭和十七年六月のミッドウェー海戦の敗北を転機として、日本軍は全戦線で後退しはじめた。このような情勢のなか、応召などによる労働力の不足が深刻な問題となった。国民の動員に関しては、すでに昭和十四年七月、国民徴用令が制定されていたが、十八年六月には学徒勤労動員が閣議決定され、北九州や大牟田など多くの軍需工場が存在していた福岡県には、県外からも多数の学徒が動員された。同年十月には学徒出陣も実施されることになり、同年十二月には九州帝国大学などから学生が出征していった。こうした勤労動員のほか、県内には筑豊・三池の炭鉱地帯を中心に、大量に動員された朝鮮人・中国人労働者がいた。一説によれば、昭和十七年以来集団連行された朝鮮人は、全国で約七〇万人といわれているが、そのなかには強制的に徴用・連行された多くの人びとがいた。

しかし、こうした強制的な動員にもかかわらず、戦況の悪化に伴う労働力や資源の不足は解決されず、戦争末期には石炭、鉄の生産高が激減した。米の生産高もいよいよ減少し、民需産業の縮小から生活物資が不足するようになって、県民の生活は極度に窮迫した。米は昭和十六年六月から配給制となっていたが、翌年からはこうりゃん、とうもろこしなどが混入されるようになり、十七年二月には衣料も切符制となった。切符は一人当り一年間に都市部で一〇〇点、郡部で八〇点で、背広一着五〇点、靴下二点などと決められていた。また、戦争末期になって本土空襲が時間の問題となると、昭和十八年末、都市疎開実施要綱が閣議決定され、翌年には製鉄所のあ

久留米市の空襲

る八幡や造兵廠《ぞうへいしょう》のある小倉など、北九州地域から建物の疎開がはじまった。学童の縁故疎開も北九州から開始され、二十年には疎開地区は福岡、久留米、大牟田などに広がった。

昭和十九年六月、北九州に本県初の空襲があった。さらに同年七月、サイパン島が陥落すると同島から飛来する米軍機により、県内の主要都市は度重なる空襲をうけることになった。とくに昭和二十年は、六月十九日福岡市、同二十九日門司市、七月二十六日大牟田市、八月八日八幡・若松・戸畑市、同十一日久留米市と大規模な空襲が行われ、県内の各都市は焦土と化した。こうして福岡県では、初空襲から敗戦までに五七〇〇余人の市民がアメリカ軍の空襲により殺された。なお、福岡県出身の兵は、太平洋戦争前から第十八師団（菊《きく》兵団）、第五十六師団（竜《りゅう》兵団）に編成されていたが、これらの部隊は南方のガダルカナル島やビルマ方面の作戦に投入され、ガダルカナルで玉砕《ぎょくさい》するなど、多くの戦死者をだした。

昭和二十年八月九日、アメリカ軍は広島に続き長崎に原爆を投下した。この原爆は、本来ならば福岡県の小倉市に投下される予定のものであった。同月十四日、わが国はポツダム宣言の受諾を連合国側に通告、翌日、天皇の詔書をもって三年八カ月におよんだ太平洋戦争は終結した。

## 2　戦後復興と地域社会の変貌

### 占領と戦後改革●

敗戦により福岡県にも連合軍の進駐がはじまった。昭和二十（一九四五）年九月、福岡市にアメリカ軍の第一陣が進駐したのを皮切りに、翌月からはあらたな兵力が門司、小倉、久留米、大牟田などに進駐し、その数は十二月までに約二万八〇〇〇〇人に達した。終戦とともに、外地にあった日本人の引揚げがはじまり、大陸・朝鮮半島への窓口に位置した福岡県の博多港などには、引揚者や旧日本軍の復員兵が殺到した。博多港には厚生省の博多引揚援護局がおかれ、一三九万二〇〇〇人あまりの邦人がここに上陸した。また博多港は、帰国する在日朝鮮人・中国人の送り出し港ともなり、朝鮮人四九万余、中国人一万余の人びとが同港から故国に帰還していった。

連合国軍最高司令官総司令部（ＧＨＱ）は占領後ただちに指令を発し、民主化の徹底と軍国主義の除去をはかった。まず軍隊が解散され、戦犯容疑者の逮捕や超国家主義者の公職追放などが行われた。昭和二十年十月には、男女同権や労組結成の促進などを内容とするいわゆる五大改革が指令された。このころになると多くの政党が結成されるようになり、同年十一月には戦前の無産政党が大同団結して日本社会党が成立、同月には同党福岡県支部連合会も設置された。昭和二十

博多港から帰国する全羅北道女子挺身隊員（昭和20〈1945〉年10月）

一年四月、婦人参政権を認めた新選挙法に基づいて、戦後最初の総選挙が実施されたが、福岡県では定員一八のうちの八人を社会党が占め、また進歩党の森山ヨネは最高点で当選して県内初の婦人代議士となった。さらに翌年四月には、県知事選挙、県議会議員選挙、衆参両院議員選挙が行われた。初代の公選知事には社会党の杉本勝次《かつじ》が選ばれ、同党は県議会議員選挙でも一八人を獲得して第一党となった。また、昭和二十年十二月には労働組合法が制定された。戦前に無産運動が盛んだった福岡県では、労働組合の結成が急速に進み、昭和二十一年末の段階で六七六組合、三七万八〇〇〇余人の組織は、二十三年六月末には一二二六組合、四七万人あまりとなった。

教育の面では、昭和二十二年三月に教育基本法と学校教育法が公布されて、六・三・三・四制の学校制度が発足し、翌月から新制の小学校と中学校が設置された。昭和二十三年四月からは県内の旧制中学校が新制高等学校に切り替えられ、さらに翌年五月には新制大学制度がはじまって、九州大学のほか、福岡学芸大学(現福岡教育大学)、九州工業大学、福岡女子大学などの新制大学が発足した。経済の面では、三井、三菱などの財閥解体や独占的な企業の分割が行われた。その結果、県内では大牟田のコンビナートを形成する三井鉱山や北九州の日本製鉄などが解体・分割の対象となり、日本製鉄は昭和二十五年四月、八幡製鉄株式会社と富士製鉄株式会社などに分離した。

一方農村では、二次にわたる農地改革が行われた。昭和二十一年十月、自作農創設特別措置法・農地調整法改正案が成立したが、これは不在地主の農地所有を認めず、在村地主の農地保有も小作地一町歩に制限するとともに、それ以外の農地は政府が買いあげて従来の小作人に売却することなどを内容とするものであった。これにより福岡県の小作地は、改革前の五万二〇四三町歩(小作率約四五%)が、改革後の昭和二十五年八月には一万四八二二町歩（約一二%）に減少し、農家戸数の比率も改革前の自作三一・八%、自作兼小作一九・五%、小作兼自作一九・三%、小作二九・九%が、改革後には自作六一・八%、自作兼小作二四・七%、小作兼自作六・九%、小作五・三%の割合となった。この結果、寄生地主制は解体し、小作争議を中心とした農民運動のあり方にも大きな変化がみられるようになった。

**戦後復興と朝鮮戦争●**

戦後の日本は国土が荒廃し、生産力は著しく低下した。インフレが進み、復員軍人や引揚者、軍需産業の閉鎖などによって大量の失業者が生じた。そこで政府は、昭和二十二（一九四七）年、資材と資金を石炭・鉄鋼などの重要産業部門に集中させる傾斜生産方式を推進し、基礎産業の復興をはかった。福岡県の産業は、この政策によりようやく活気を取り戻すことになる。産炭地には食糧などの特別配給があり、昭和二十一年、八八〇万トンに落ち込んでいた県内の出炭高は、二十四年には一五〇二万トンまで回復した。燃料・原料不足のため細々と操業を続けていた八幡製鉄所や大牟田での化学工業の生産が軌道にのったのも、傾斜生産方式による成果であった。ところが、このような政策にもかかわらずインフレの進行はやまず、昭和二十四年、政府はいわゆるドッジ＝ラインに基づく財政・金融引締め策を行った。この結果、インフレの進行はくいとめられたものの、合理化や中小企業の倒産によって失業者がふたたび増加し、福岡県でも鉄鋼の受注が減少するなど、景気の後退がみられた。

そしてこのようなとき、朝鮮半島で北朝鮮と韓国のあいだに戦争が勃発した。昭和二十五年六月にはじまった朝鮮戦争で、わが国の産業界は大量の軍需品の発注をうけ、そのため不況にあえいでいた日本経済は一気に息をふきかえした（特需景気）。八幡製鉄株式会社は、昭和二十五年十一月に「近代化三カ年計画」を開始し、また県内出炭高も昭和二十七年には一六四五万トンに達した。昭和二十六年には、わが国の鉱工業生産は戦前の水準を回復するまでに復興したといわれる。

朝鮮戦争は経済面だけではなく、わが国の政治・外交面にも影響をあたえた。同戦争で日本は国連軍の補給基地となり、とくに朝鮮半島に近かった福岡県には多大な影響があった。福岡県からは小倉駐留のアメリカ陸軍第二十四歩兵師団が出動すると同時に、県内の板付《いたづけ》、芦屋《あしや》、築城《ついき》などのアメリカ軍基地は戦場への直接の発進基地となり、一方、激戦に伴うアメリカ軍の戦死者は、北九州の門司港や小倉砂津《すなつ》港などに送還されてきた。戦争初期には、板付や北九州各市に警戒警報がだされ、灯火管制が実施された。昭和二十五年七月には小倉の黒人兵集団脱走事件が、翌年五月には板付基地のジェット戦闘機が福岡市内に墜落炎上《ついらくえんじょう》し、住民一一人が焼死する事件もおきた。また、日本に駐留していたアメリカ軍が朝鮮半島に出動すると、連合国軍総司令部の指令により、のちに保安隊、自衛隊となる警察予備隊が新設され（昭和二十五年八月）、久留米市にその九州本部がおかれた。それとともに、

福岡市役所前を行進する警察予備隊（昭和27〈1952〉年）

戦争直前からはじまっていた、政府機関や主要企業から共産主義者やその同調者を追放するレッド゠パージがいっそう強化され、県内でも昭和二十五年十二月までに一五三五人が解雇された。解雇の対象となった職種は、鉄鋼、化学、電力、私鉄、新聞など多岐にわたったが、解雇者が一番多かったのは炭鉱労働者であり、その数は七一五人にのぼった。

昭和二十八年十月、政府は市町村の運営を合理的かつ能率的に行うために、町村合併促進法を施行した。福岡県は同法に基づいて合併事業を推進し、その結果、町村合併促進法施行当初、十二市六八町一八二村であった県下の市町村は、昭和三十一年九月末には十九市六九町三二村となった。なおこの間、昭和二十九年四月には甘木《あまぎ》、大川《おおかわ》、山田、筑後《ちくご》、八女《やめ》、同年十月には行橋《ゆくはし》、同三十年四月には豊前《ぶぜん》が、あらたに市制を施行した。

## エネルギー革命と三池争議●

昭和三十年代にはいると、神武《じんむ》景気、岩戸《いわと》景気とよばれる好景気が続き、日本経済は急速に成長していった。昭和三十五（一九六〇）年七月に成立した池田勇人《はやと》内閣は、高度経済成長政策を進め、鉄鋼、機械、石油化学などの工業部門は、アメリカなどから新しい技術を導入して生産性を高めた。たとえば、八幡製鉄所では、昭和二十年代後半の第一次合理化に続いて、昭和三十一年には第二次合理化を開始し、戸畑地区に銑鋼一貫体制の戸畑製造所を完成させた。

一方、このような鉄鋼、石油化学部門などの発展をよそに、これまでわが国の産業をささえてきた石炭業界は、特需《とくじゅ》景気の反動による炭価下落によって、昭和二十年代末には不況を迎えていた。そこで政府は、昭和三十年八月、石炭鉱業合理化臨時措置法を公布して、非能率炭鉱の閉山と優良炭鉱の立て直しを行うスクラップ＝アンド＝ビルド政策を推進することにした。しかしこの政策は、とくに中小炭鉱の多かった筑豊に深刻な影響をあたえ、閉山に追い込まれる炭鉱があいついだ。さらに、昭和三十年代初頭から顕在化してきたいわゆる「エネルギー革命」は、石炭業界自体を長期的、かつ構造的な不況におちいらせた。昭和三十年、石炭七、石油三の割合であった供給エネルギーの比率は、一〇年後には三対七に逆転する。エネルギー革命は、昭和三十年代を通じて確実に進行した。それまで化学工業をリードしてきた福岡県内のコンビナート群が、その地位を低下させたのも、化学工業の石炭化学から石油化学への転換が大きな原因であった。エネルギー革命は、福岡県の産業構造に決定的な影響をあたえたのである。

昭和三十四年にはじまった三池争議は、このような状況を象徴する出来事であった。同年一月、三井鉱山は三池などの傘下六山に対して、六〇〇〇人の希望退職者を募集した。しかし希望者は予定に達せず、会社側は再度同年八月に、四五八〇人の人員整理案を立て、このうちの二二一〇人を三池に割りあててきた。これに対して三池労組は徹底した阻止行動で応じたが、会社側は十二月に組合活動家ら一二七八人の指名解雇を通告し、翌年一月にはロックアウトを実施、組合側もただちに無期限ストにはいった。この争議に対し、炭鉱労働組合・日本労働組合総評議会（総評）は三池労組を全面的に支援し、一方、会社側には財界全体からの支援がなされたので、同争議は「総資本対総労働」の様相を呈するに至った。昭和三十五年は日米安全保障条約改定の年であり、三池争議は安保闘争とも関連しあいながら展開された。

三月、三池労組内の批判派が三池炭鉱新労働組合（新労組）を結成した。会社側と新労組が生産再開を行おうとしたため、これを阻止しようとする三池労組と新労組のあいだでしばしば衝突がおき、さらにはピケ中の三池労組員が暴力団員に刺殺されるという事件も発生した。しかし、会社側はあくまでも生産再開をめざし、新労組の就労で一部の生産をはじめたが、三池労組側にホッパー（貯炭槽《ちょたんそう》）を占拠されて、石炭の積出しは不可能となっていた。こうしてホッパーをめぐる攻防が争議後半の焦点となり、会社側はホッパー周辺の立ち入り禁止を求める仮処分申請を行った。一度目の仮処分は三池労組側の阻止行動で実施されなかったが、七月七日に第二次の仮処分がだされると、その本格的な執行のために九州各県などから警察官約一万人の動員が決定された。これに対して労組側も労働者など二万人を動員、同月二十日の仮処分執行には両者の激突が避けられない状況となった。こうしたなか、前日の十九日に成立した池田内閣は激突回避に取り組み、中央労働委員会の職権斡旋《あっせん》を要請、ついに衝突は回避された。中労委の斡旋案は、結局約一二〇〇人の指名解雇を認めるものであったが、議論の末三池労組側もこれを受諾し、十一月一日、全面スト突入以来二八二日におよんだ大争議も終結した。

**三池争議**（昭和35〈1960〉年）　ホッパー前でピケをはる三池労組員。

同争議から三年後の昭和三十八年十一月九日、三池炭鉱三川《みかわ》坑で死者四五八人と八三九人の一酸化炭素中毒患者をだす、戦後最大の炭鉱事故がおこった。続いて昭和四十年六月一日には、筑豊の山野《やまの》炭鉱でも死者二三七人をだすガス爆発がおこっている。

### 高度経済成長と産業構造の変化●

一九六〇年代の高度経済成長は、わが国の地域社会に大きな変貌をもたらした。重化学工業を中心とする臨海工業地帯が、太平洋ベルト地帯に急速に発展していった。こうした展開のなかで、北九州や大牟田など、産業構造・立地条件に問題をかかえていた福岡県の工業界は、高度経済成長の波にのりきれないまま、戦前から戦後の一時期にかけて占めていた地位をしだいに低下させていった。これまで福岡県の産業・経済は、北九州の鉄と筑豊の石炭に大きく依存してきた。ところが、エネルギー革命による石炭業の没落は、炭鉱の閉山・失業・離職者の流出・鉱害など、労働条件・地域環境の悪化をうみだし、それまでの筑豊の地域社会を大きく変化させた。平成九（一九九七）年三月には三池炭鉱が閉山して、県内から炭鉱が姿を消した。

昭和三十八（一九六三）年二月、門司、小倉、若松、八幡、戸畑の五市合併により北九州市が誕生したが（同年四月、政令指定都市）、同市の場合も素材供給型中心の産業構造の歪み、後背地筑豊の沈滞、「死の海」洞海湾《どうかいわん》に象徴される公害問題などで、市勢の停滞を余儀なくされた。昭和四十四年三月、富士製鉄との合併に調印し、翌年三月、新日本製鉄株式会社の一事業所となった八幡製鉄所は、本社機能の東京移転や従業員の他工場への配置転換などにより、新会社内での地位を大きく後退させた。最盛期には一二基が稼働した八幡製鉄所の溶鉱炉は、現在では一基を残すだけとなっている。

しかし、このように低迷を続けた福岡県の産業・経済も、昭和四十年代になると上昇傾向を示すようになった。交通網の整備は、昭和四十年代後半以降、急速に進んだ。昭和四十八年には、関門《かんもん》鉄道トンネル（昭和十七年）・関門国道トンネル（昭和三十三年）についで、本州と九州を結ぶ三本目の動脈である関門橋が完成した。さらに昭和五十年には、国鉄山陽新幹線が福岡にのりいれた。高速自動車道も整備が進み、昭和五十年には九州縦貫自動車道古賀《こが》・鳥栖《とす》間が開通した。また同五十六年には福岡市地下鉄（市営地下鉄）が、同六十年には北九州都市モノレールが開業した。

こうしてインフラ整備が進められるなか、昭和四十二年からは、産炭地を中心とする県内への企業誘致も本格化した。同四十八年には、苅田臨海工業用地に日産自動車が進出し、同五十年から自動車用エンジンの生産を開始した。また平成三年には、鞍手郡宮田町にトヨタ自動車九州が設立され、福岡県の基幹産業は自動車産業へと変化していった。

このような県勢の復調と経済・産業構造の変化を象徴するのが、昭和四十七年四月に政令指定都市となった、県都

国際都市福岡（平成 9〈1997〉年）

福岡市の発展であろう。一方の北九州市が「鉄冷《てつび》え」に苦しみ、下請け企業の倒産があいついだのに対し、商業・流通などの第三次産業が中心の福岡市には、とくに新幹線の博多開業を契機として、国の出先機関、民間企業の支社・支店などが集中してきた。交通網の要《かなめ》にもなっており、外国貿易の窓口としても大きな役割を果たしている。福岡市はアジアに開かれた国際都市として、多数の留学生をうけいれ、平成七年には第一八回ユニバーシアード福岡大会を、同九年には第三〇回アジア開発銀行年次総会を開催した。

## 「アジアのなかの福岡」●

交通網の整備は二十一世紀に入るとますます進んだ。平成十八年、新しい北九州空港が、九州初の二四時間運用空港として開港した。同二十三年、九州新幹線（鹿児島ルート）が全線開業し、県南部も新幹線の沿線となった。「福岡市一極集中」が指摘されるなか、こうした交通網の整備により他地域を活性化することが期待されている。

近年、アジア諸国はめざましい経済発展を遂げているが、その影響は福岡県にも及んでいる。県内各港からの輸出額は、平成十七年まではアメリカが第一位であったが、同十八年からは中国が最多となった。アジア全体で見ると、平成十二年に輸出額の五〇％を超え、その割合は年々高まっている。また、多くの観光客が韓国・中国を中心とするアジア諸国から来県するようになった。平成元年には福岡市でアジア太平洋博覧会が開かれ、同七年に太宰府市に開館した九州国立博物館が、「日本文化の形成をアジア史の視点から見る」というコンセプトを掲げているように、古代から続くアジアとの文化交流もさらに深まりつつある。「国際化」がますます進展するなかで、福岡県は、「アジアのなかの福岡」という自意識を強めつつ、新しい時代への対応を進めている。

# あとがき

福岡県では戦前に伊東尾四郎氏編の『福岡県史資料』が刊行され、戦後それを受けて玉泉大梁氏の執筆になる『福岡県史』（先史～廃藩置県）が刊行された。現在、近世～近代を中心とする県史編纂《へんさん》の事業が進められており、公刊された分は本書でも大いに利用させていただいた。

啓発的な福岡県の通史は、すぐれた内容のものが幾つかでている。ことに山川出版社の旧版『福岡県の歴史』は充実した内容で、普及度は広く、研究レベルでの利用にも堪えている。旧版編集のときは、執筆者の依頼など、陰の仕事を少しばかり手伝った程度であった。今回はこのシリーズの企画に参加させていただく光栄に浴し、新版『福岡県の歴史』の編集に加わった。

企画の趣旨にそい、一人一時代ということで次のように分担・執筆した。総説の「風土と人間」は川添、先史時代の1章は武末純一氏、古代の2・3章は岡藤良敬氏、中世の4・5章は西谷正浩氏、近世の6・7・8章は梶原良則氏、近・現代の9・10章は折田悦郎氏。付録はすべて梶嶋政司氏の作成にかかる。

各執筆者は福岡県の歴史探求に情熱をもち、互いに長い間研究を共にしてきた仲である。筆者が編集進行の連絡がしやすい、ありていにいえば日常執筆の催促がしやすいということもあって、たまたま福岡大学関係者が主になった。編集にあたっては、章・項目立て、原稿枚数、口絵・本文の写真その他本文執筆者全員で討議を重ね、執筆を進めた。もとより本書全体の文責は全執筆者にある。

福岡県の歴史に関するこれまでの蓄積は決して少ないものではない。旧版以後の研究の進展は著しい。史料も県史をはじめかなり公刊されている。しかし一歩内部に入ると、研究の欠落した部分は多く、近世、近・現代など意外なほどに研究の空隙が大きい。全体の校正に協力して、本文執筆者が、それぞれ通史として平易にまとめられるのに大きな苦心を払われたことを痛感した。努力がどの程度むくわれているか読者の判断にまつしかないが、福岡県の歴史の独自性、日本の歴史に占める福岡県の意義を、できる限り深く叙述するようつとめられていることは確かである。本書が、長く、そして広く利用されることを願ってやまない。

本書が成るにあたっては、多くの研究者の研究成果を利用させていただいた。概説書の性格上、いちいちそのすべてを注することはできなかった。関係者には御海容を乞う次第である。終わりになったが、写真・図版の掲載について関係各機関や多くの方々にお世話になり、1章で小田富士雄氏に、9・10章で山本華子さんに教示・協力をいただき、第二版第二刷にあたって、藤岡健太郎氏に10章最後の部分の補筆をお願いした。山川出版社編集部には、とかく遅れがちな我々を、寛厳よろしく温かくゴールへ導いていただいた。あわせて厚く御礼を申し上げる。

二〇一二年二月

川添　昭二

男島
藍島
下関市
しんしものせき
山陽小野田市
山陽自動車道
宇部市
宇部Jct
190
山口宇部空港
しものせき
彦島
もじこう
わかまつ
戸畑区
若松区
199
小倉北区
門司区
もじ
山口県
おりお
3
こくら
じょうの
八幡西区
八幡東区
くろさき
北九州空港
中間市
10
北九州市
北九州Jct
尺岳
608
小倉南区
直方市
京都郡
苅田町
周防灘
のおがた
ゆくはし
行橋市
鞍手郡
小竹町
福智町
322
201
200
たがわいた
香春町
平成筑豊鉄道
椎田道路
うのしま
吉富町
塚市
糸田町
田川市
たがわ
ごとうじ
赤村
築上郡
築上町
京都郡
みやこ町
なかつ
日豊本線
213
後藤寺線
大任町
田川郡
福岡県
豊前市
322
川崎町
築上郡
上毛町
豊後高田市
嘉穂郡
桂川町
日田彦山線
求菩提山
782
212
10
496
うさ
嘉麻市
211
宇佐市
10
古処山
860
添田町
中津市
500
1200
英彦山
釈迦ヶ岳
844
杵築市
387
朝倉郡
東峰村
山国川
500
宇佐別府道路
朝倉市
500
筑後川
尺八寸山
707
日出Jct
387
玖珠町
鷹取山
802
うきは市
大分自動車道
よあけ
由布岳
1583
212
210
大山川
玖珠川
ゆふいん
別府市
日田市
八女市
九重町
釈迦ヶ岳
1231
387
210
442
涌蓋山
由布市
国見山
1018
小国町
442
3
212
九重山
1787
大分県
442
南小国町
山鹿市
豊後大野市
387
熊本県
産山村
竹田市
菊池市
阿蘇市
502
57
387
325

# 福岡県《ふくおかけん》の歴史《れきし》

県史　40

1997年12月20日　第1版1刷発行　　2022年7月25日　第2版3刷発行

著　者　川添《かわぞえ》 昭二《しょうじ》・武末《たけすえ》 純一《じゅんいち》・岡藤《おかふじ》良敬《よしたか》・西谷《にしたに》正浩《まさひろ》・梶原《かじわら》良則《よしのり》・折田《おりた》悦郎《えつろう》

発行者　野澤武史

発行所　株式会社　山川出版社　　〒101-0047　東京都千代田区内神田1-13-13

電話　03(3293)8131(営業)　03(3293)8135(編集)

https://www.yamakawa.co.jp/　　振替　00120-9-43993

印刷所　明和印刷株式会社　　製本所　株式会社ブロケード

装　幀　菊地信義



ISBN978-4-634-32401-5

川添　昭二　かわぞえしょうじ

1927年，佐賀県に生まれる
1952年，九州大学文学部卒業
元九州大学教授
主要著書　『対外関係の史的展開』（文献出版，1996年），『中世九州地域史料の研究』（法政大学出版局，1996年）

武末　純一　たけすえじゅんいち

1950年，福岡県に生まれる
1974年，九州大学大学院文学研究科修士課程修了
現在　福岡大学研究特任教授
主要著書　『土器から見た日韓交渉』（学生社，1991年），『日本史リブレット３　弥生の村』（山川出版社，2002年）

岡藤　良敬　おかふじよしたか

1935年，福岡県に生まれる
1963年，九州大学大学院文学研究科修士課程修了
元福岡大学人文学部教授
主要著書・論文　『日本古代造営史料の復原研究―造石山寺所関係文書―』（法政大学出版局，1985年），「天平宝字六年，鋳鏡関係史料の検討」（『正倉院文書研究』第５号，吉川弘文館，1997年）

西谷　正浩　にしたにまさひろ

1962年，愛媛県に生まれる
1992年，九州大学大学院文学研究科博士後期課程単位修得退学
現在　福岡大学人文学部教授
主要論文　「摂関家にみる中世的『家』の展開　上・下」（『九州史学』99・101号，1991年），「中世東寺の散在所領の集積をめぐって」（『福岡大学人文論叢』28-2，1996年）

梶原　良則　かじわらよしのり

1959年，佐賀県に生まれる
1990年，九州大学大学院文学研究科博士後期課程単位修得退学
現在　福岡大学人文学部教授
主要著書・論文　『太宰府市史　近世史料編』（共編，太宰府市，1996年），「長崎警備と弘化・嘉永期の政局」（『開国と近代化』吉川弘文館，1997年）

折田　悦郎　おりたえつろう

1954年，鹿児島県に生まれる
1985年，九州大学大学院文学研究科博士後期課程単位修得退学
現在　九州大学名誉教授
主要著書・論文　『九州大学七十五年史』全５巻（共著，九州大学出版会，1986-92年），『九州大学における学徒出陣・学徒動員』（平成18～19年度科学研究費補助金（基盤研究(c)）研究成果報告書，2008年）

# 付　　録

## ■ 索　　引

## ●さ 行

● た　行

● な　行



● は　行

## ● ま　行



## ● や　行



## ● ら・わ行

# ■ 年　　表

| 年　代 | 時　代 | 事　　　項 |
|---|---|---|
| 紀元前 4万～3万年 | 旧石器中期 | 北九州市辻田遺跡。 |
| | 後期 | 福岡市諸岡遺跡・筑紫野市峠山遺跡・北九州市椎木山遺跡など。 |
| 紀元前1万年 | 縄文 草創期～早期 | 福岡市大原遺跡・福岡市柏原遺跡・春日市門田遺跡など。 |
| | 前期～中期 | 北九州市永犬丸遺跡・糸島郡天神山遺跡・久留米市野口遺跡など。 |
| | 後期 | 宗像市鐘崎遺跡・遠賀郡山鹿貝塚・福岡市四箇遺跡など。 |
| | 晩期 | 糸島郡広田遺跡・山門郡権現塚北遺跡・北九州市貫川遺跡など。 |
| 紀元前450年 | 弥生　早期 | 糸島郡曲り田遺跡・福岡市板付遺跡・粕屋郡江辻遺跡。 |
| | 前期 | 小郡市三国丘陵遺跡群・行橋市下稗田遺跡・福岡市吉武遺跡群・朝倉郡東小田峯1号墓など。 |
| | 中期 | 春日市須玖遺跡群・飯塚市立岩遺跡・小郡市一ノ口遺跡・前原市三雲遺跡群・福岡市今山遺跡・福岡市比恵・那珂遺跡群・筑紫野市隈西小田遺跡群など。 |
| 57 | 後期 | 倭の奴国王，後漢に朝貢して金印をうける。 |
| 107 | | 倭面土国王師升，後漢に使を送る。 |
| 2～3世紀 | | 福岡市野方中原遺跡・前原市平原1号墓・甘木市平塚川添遺跡など。倭国大乱，のち卑弥呼共立され邪馬台国女王となる。 |
| 3～4世紀 | 古墳　前期 | 京都郡石塚山古墳・福岡市那珂八幡古墳・糸島郡一貴山銚子塚古墳・八女市深田遺跡・宗像市沖ノ島16号遺跡など。 |
| 5世紀 | 中期 | 筑後市石人山古墳・うきは市月の岡古墳・福岡市鋤崎古墳・福岡市老司古墳・甘木市池の上・古寺墳墓群。 |
| 6世紀 | 後期 | 八女市岩戸山古墳・宮若市竹原古墳・嘉穂郡王塚古墳。 |

| 西暦 | 年　号 | 事　　　項 |
|---|---|---|
| | 継体朝 | 筑紫国造磐井，反乱をおこす。磐井斬られ，その子葛子，贖罪のため糟屋屯倉(みやけ)などを献ずる。 |
| | 安閑朝 | 穂波，鎌などの屯倉をおく。 |
| | 宣化朝 | 那の津に官家をつくり，諸国屯倉の穀を運び，非常にそなえる。 |
| 603 | (推古11) | *2-4* 征新羅将軍来目皇子，嶋郡で病死。 |
| 608 | (　16) | *4-* 遣隋使小野妹子，裴世清とともに筑紫に至る。 |
| 609 | (　17) | *4-4*『日本書紀』に筑紫大宰の名はじめてみえる。 |
| 649 | 大化　5 | *3-* 蘇我日向，筑紫大宰帥に任ぜられる。 |
| 661 | (斉明7) | *3-25* 斉明天皇・中大兄皇子ら，新羅出兵のため娜(な)大津に至り，磐洩行宮を経て，*5-9* 朝倉宮をいとなむ。*7-24* 天皇，朝倉宮に崩ずる。 |
| 664 | (天智3) | *4-* 白村江戦後，唐使郭務悰ら対馬にきて，筑紫大宰から牒をうける。この年，対馬・壱岐・筑紫に防人と烽をおき，筑紫に水城をきずく。 |

| | | |
|---|---|---|
| 665 | (天智4) | *8-* 百済亡命者に大野城・椽(きい)城をきずかせる。*9-20* 唐使劉徳高ら，筑紫に至る。 |
| 668 | (　7) | *9-12* 新羅使金東厳，白村江戦後はじめて来たる。以後しばしば新羅の使者くる。 |
| 672 | (天武1) | *6-* 壬申の乱に，近江朝廷から興兵使を筑紫につかわし，大宰帥栗隈王に軍を発することを求めるが，王は拒否。 |
| 685 | (　13) | *12-4* 筑紫につかわす防人はじめてみえる。 |
| 690 | (持統4) | *7-6* 大宰・国司みな選任。*9-23* 白村江戦でとらわれた軍丁筑紫国上陽咩(かみつやめ)郡大伴部博麻(おおともべのはかま)，帰還。 |
| 698 | (文武2) | *3-9* 筑前国の名はじめてみえる。 |
| 700 | (　4) | *6-3* 竺志惣領の名みえる。*10-15* 大弐の名はじめてみえる。 |
| 701 | 大宝　1 | *3-21* 新令(大宝令)を施行し，大宰府・諸国の官制完備。 |
| 702 | 2 | この年，戸籍をつくる。筑前嶋郡川辺里・豊前仲津郡丁里・上三毛郡塔里・加自久也里などの戸籍，正倉院に現存。 |
| 703 | 3 | *9-25* 豊前国の名はじめてみえる。 |
| 705 | 慶雲　2 | *4-22* 大宰府に飛駅鈴8口，伝符10枚を給う。 |
| 706 | 3 | *2-16* 大宰府所部はみな庸を免ぜられる。 |
| 707 | 4 | *5-26* 筑後国の名はじめてみえる。 |
| 710 | 和銅　3 | *1-2* 大宰府，銅銭を献ず。 |
| 718 | 養老　2 | *6-4* 大宰府所部の庸を旧に復し，諸国と同じにする。 |
| 720 | 4 | *2-29* 大宰府から隼人の反乱を奏上し，中納言大伴旅人を征隼人持節大将軍に任ずる。こののち，旅人は大宰帥に任じられる。 |
| 723 | 7 | *2-2* 勅により僧満誓を筑紫につかわし，観世音寺をつくらせる。 |
| 727 | 神亀　4 | *7-* 筑紫諸国の庚午籍770巻に官印を印す。 |
| 728 | 5 | *6-23* 大宰帥大伴旅人の妻大伴郎女卒する。このとき筑前国守は山上憶良。 |
| 729 | 天平　1 | *9-3* 大宰府に仰せて調綿10万屯を貢進させる。 |
| 734 | 6 | この年，入唐留学生吉備真備帰朝し，大宰府学業院に将来の孔子像などを安置。 |
| 738 | 10 | この年の「筑後国正税帳」あり，正倉院に現存。 |
| 740 | 12 | 大宰少弐藤原広嗣，反乱をおこす。 |
| 742 | 14 | *1-5* 大宰府を廃す。 |
| 743 | 15 | *12-26* はじめて筑紫鎮西府をおく。 |
| 745 | 17 | *6-5* ふたたび大宰府をおく。*11-2* 僧玄昉をつかわし，観世音寺をつくらせる。 |
| 746 | 18 | *4-5* 左大臣橘諸兄に，大宰帥をかねさせる。*6-18* 僧玄昉死す。このとき観世音寺供養の日とあり，寺の完成を示す。 |
| 757 | 天平宝字1 | 閏 *8-27* 大宰府防人に坂東の兵士をあてるのをやめ，西海道兵士1000人をあてる。 |
| 761 | 5 | *1-21* 観世音寺を，西海道諸国の戒壇院とする。 |
| 767 | 神護景雲1 | *8-4* 筑前国宗像郡大領宗形深津，僧寿応とともに金埼船瀬をつくる。 |
| 768 | 2 | *2-28* 怡土(いと)城完成。 |
| 769 | 3 | *3-24* 大宰府貢綿の期限を定め，27日から毎年20万屯を京に送る。*10-10* 大宰府は人物殷繁で天下の一都会だが，府庫は未だ三史の正 |

| | | | |
|---|---|---|---|
| | | | 本がないため，史記以下を賜う。 |
| 771 | 宝亀 | 2 | *12-7* 筑前国の官員をやめ，大宰府に隷ずる。 |
| 773 | | 4 | *1-9* 大宰府，府使をつかわし，宇佐八幡の神託の実否を調べる。すでに道鏡事件により和気清麻呂，宇佐の神託を奏上するが，このころみずから豊前守として赴任し，宇佐宮の神官を粛正する。 |
| 774 | | 5 | *3-3* 大宰府，大野城に四天王寺をたてる。*5-17* 大宰府，漂着の新羅人はみな放還する。この前後，新羅使は礼に違うとして大宰府より放還し，上京しないことが多い。 |
| 779 | | 10 | *11-3* 勅使を大宰府につかわし，新羅使金蘭孫の入朝の由を問わせる。 |
| 783 | 延暦 | 2 | *3-22* 大宰府貢綿の数を減じ，10万屯とする。 |
| 785 | | 4 | *12-9* 大宰府管内諸国の浮浪人の調庸を徴収させる。 |
| 793 | | 12 | *8-14* 大宰府管内の郡司・百姓のほしいままに部内の米を運びだすことを禁じ，管内国司・官人の位禄・季禄の春米を京に運ぶことを禁ずる。 |
| 800 | | 19 | *4-12* 大宰府諸国に，崑崙《こんろん》人のもたらした綿種を栽培させる。*12-4* 筑前宗像郡大領の宗像神主をかねることを禁ずる。 |
| 801 | | 20 | *1-20* 大宰府大野山寺の四天王法などをやめ，国分寺に移す。 |
| 803 | | 22 | 閏 *10-23* 最澄入唐の平安を祈るため，竈門《かまど》山寺に仏像をつくる。 |
| 807 | 大同 | 2 | *12-* 朔 大宰府，大野城の四天王院を旧に復する。 |
| 808 | | 3 | *5-16* 筑前国司を復置する。 |
| 809 | | 4 | *1-26* 大宰府管内諸国司・官人の位禄・季禄の春米を旧により京送することを許す。 |
| 813 | 弘仁 | 4 | *4-16* 大宰府の貢綿は年別10万屯を隔年に改める。*8-9* 筑前・筑後・豊前の兵士を半減する。 |
| 815 | | 6 | *3-5* 大宰府，毎年絹3000疋を京進する。 |
| 822 | | 13 | *3-26* 大宰府管内に疫病流行。のちに大弐小野岑守《みねもり》の建議により続命院をたてる。 |
| 823 | | 14 | *2-22* 大宰府管内諸国に公営田《くえいでん》を設置。*9-28* 二品葛原親王を大宰帥に任ずる。これより帥に親王を任ずる慣例うまれる。 |
| 826 | 天長 | 3 | *12-3* 大宰府管内の兵士を廃し，選士・統領・衛卒をおく。 |
| 837 | 承和 | 4 | *3-19* 遣唐大使の記事に，鴻臚館《こうろかん》の名はじめてみえる。 |
| 838 | | 5 | *12-11* 豊前田河郡香春岑神はじめて官社となる。 |
| 840 | | 7 | *4-21* 筑前竈門神，筑後高良玉垂神に従五位上をさずけられる。*12-27* 新羅臣張宝高，使を大宰府につかわすが，追却される。 |
| 842 | | 9 | *1-10* 張宝高の死後，その旧部下李少貞ら40人筑紫大津に来着。*8-29* 前豊後介中井王，私営田をいとなみ，筑後などの百姓を威凌する。 |
| 843 | | 10 | *8-22* 対馬竹敷浦から，新羅の鼓声が聞こえるとの報があり，対馬防人に筑紫人をあてる。 |
| 849 | 嘉祥 | 2 | *8-4* 大唐商人53人来着。以後唐商の渡航ふえる。*12-13* 豊後権守登美直名謀反。 |
| 851 | 仁寿 | 1 | *5-24* 延暦寺僧円珍入唐のため大宰府に至り，四王院に止住。 |
| 853 | | 3 | *7-5* 大宰府から円珍に入唐の公験を賜う。*7-* 円珍四王院をでて入唐のため唐商船で発航する。 |

| | | | |
|---|---|---|---|
| 855 | 斉衡 | 2 | ***2-17*** 大宰府の召に応じない管内国司の罰則を定める。***6-25*** 大宰府，管内の浪人の検括を厳にすべき命をうける。***10-25*** 管内諸国の公営田を旧により4年を限り佃させる。 |
| 857 | 天安 | 1 | ***6-25*** 対馬郡司ら300余人，島守らを射殺。 |
| 858 | | 2 | ***6-22*** 入唐僧円珍，帰国して大宰府鴻臚館にはいる。 |
| 866 | 貞観 | 8 | ***7-15*** 大宰府馳駅に肥前基肄(きい)郡擬大領山春永，藤津郡領葛津貞津ら新羅人と謀をつうじ，対馬に来寇しようとする由を奏上。 |
| 869 | | 11 | ***5-22*** 新羅海賊博多津に侵入し，豊前国年貢の絹綿を奪う。この前後，とくに新羅来寇にそなえ，統領・選士などを増し，沿海の警備を厳重にする。 |
| 870 | | 12 | ***11-13*** 大宰少弐藤原元利万侶，新羅国王とつうじ謀反の企てあり，と密告される。 |
| 873 | | 15 | ***12-17*** 大宰府筑前国にのみ班田を行い，かつ公営田を設け，警固田・府儲田をおく。 |
| 883 | 元慶 | 7 | ***6-6*** 群盗，筑後国守都御酉(みやこのみとり)を殺す。 |
| 894 | 寛平 | 6 | ***9-14*** 遣唐大使菅原道真の奏により，遣唐使を廃止。 |
| 901 | 延喜 | 1 | ***1-25*** 右大臣菅原道真を大宰権帥に左遷。 |
| 903 | | 3 | ***2-25*** 菅原道真，大宰府で没する。 |
| 905 | | 5 | ***8-19*** 味酒安行，菅原道真の廟をつくる。***10-***朔『観世音寺資財帳』なる。 |
| 921 | | 21 | ***6-21*** 大宰少弐ら，八幡神の神託により筥崎宮を造立。 |
| 941 | 天慶 | 4 | ***5-19*** 藤原純友ら，大宰府を侵す。征南海賊使小野好古ら，博多津においてこれを破る。純友，伊予にのがれ誅せられる。 |
| 959 | 天徳 | 3 | この年，はじめて官符によって鎮延を安楽寺別当に補する。 |
| 969 | 安和 | 2 | ***3-26*** 安和の変により左大臣源高明，大宰権帥に左遷される。 |
| 972 | 天禄 | 3 | ***9-23*** 大宰府，高麗国南原府使の対馬来着を報ずる。***10-20*** 大宰府，高麗国に牒状を送る。 |
| 979 | 天元 | 2 | ***2-14*** 大宰府，宗像宮に大宮司をおく。 |
| 986 | 寛和 | 2 | ***1-15*** 僧源信，博多に至り，宋商にたくし自著の『往生要集』などを宋に送る。***7-9*** 入宋僧奝然，宋商船にのり大宰府に至る。***10-15*** 大宰府，奝然を入京せしむるべき宣旨をうける。やがて奝然，入京のため大宰府を発する。 |
| 993 | 正暦 | 4 | ***6-26*** 故菅原道真に左大臣一位を贈る。勅使安楽寺に下向。閏***10-20*** さらに道真に太政大臣を贈る。 |
| 994 | | 5 | ***10-23*** 大宰大弐藤原佐理，宇佐宮神人と闘乱。 |
| 1001 | 長保 | 3 | ***6-22*** 大宰帥平惟仲赴任。 |
| 1004 | 寛弘 | 1 | ***3-24*** 宇佐八幡宮神人数百人，内裏に参入して帥平惟仲を訴える。 |
| 1007 | | 4 | ***7-***朔 大蔵種材(おおくらたねき)，大宰府で大隈守を射殺。 |
| 1019 | 寛仁 | 3 | ***4-8*** 刀伊賊，対馬・壱岐より筑前国を侵す。***9-4*** 高麗国使，刀伊のためとらわれしもの270人を送ってくる。 |
| 1033 | 長元 | 6 | ***9-*** 大宰府政所の名はじめてみえる。 |
| 1036 | | 9 | ***2-28*** 大宰府権検非違使の名みえる。***5-10*** 大宰府公文所の名はじめてみえる。 |
| 1047 | 永承 | 2 | ***12-24*** これよりさき筑前国人清原守武，ひそかに入宋。このため大 |

| | | | |
|---|---|---|---|
| | | | 宰府は守武をとらえ，佐渡国に流す。 |
| 1069 | 延久 | 1 | *4-16* 大宰府，太政官符により，寛徳 2 (1045)年以後の新立荘園を停止し，現存する隠田，荘園の領主と坪数を注進させる。 |
| 1092 | 寛治 | 6 | *9-13* 僧明範，前大宰帥の使となり契丹国に渡る。 |
| 1094 | 嘉保 | 1 | *6-5* 安楽寺，弥勒寺，彦山寺闘乱。 |
| 1097 | 承徳 | 1 | *6-25* 観世音寺領に安楽寺神人乱入。 |
| 1098 | | 2 | *8-23* 大宰権帥大江匡房赴任。 |
| 1099 | 康和 | 1 | *9-22* 大江匡房，観世音寺五重塔を造営。 |
| 1102 | | 4 | *7-27* 大風により，観世音寺の金堂・戒壇院以下，筥崎宮の浜殿・宝殿などことごとく倒壊。 |
| 1106 | 嘉承 | 1 | *3-11* 権中納言大江匡房を重ねて大宰権帥に任ずる。*5-25* 大宰府，観世音寺を復興すべき官符をうける。 |
| 1120 | 保安 | 1 | *6-28* 観世音寺，東大寺の末寺となる。 |
| 1140 | 保延 | 6 | 閏 *5-5* 大山寺・香椎宮・筥崎宮の僧徒・神人ら，大宰府を襲撃。 |
| 1158 | 保元 | 3 | *8-10* 大宰大弐に平清盛任じられる。 |
| 1159 | 平治 | 1 | *9-* 宇佐公通，豊前守に任ずる。 |
| 1166 | 仁安 | 1 | *7-15* 平頼盛，大宰大弐を兼任。*10-2* 大宰府へ下向。*12-* 宇佐公通，大宰権少弐に任ずる。 |
| 1175 | 安元 | 1 | 春，筑前香月荘《かつきのしょう》の人弁長(聖光上人)，観世音寺で受戒。 |
| 1176 | | 2 | この年，栄西，宋より帰国し今津誓願寺に住む。 |
| 1181 | 養和 | 1 | *4-* 府官原田種直を大宰権少弐に任ずる。 |
| 1183 | 寿永 | 2 | *8-* 平宗盛，安徳天皇を奉じて大宰府に至る。*10-* 豊後の緒方惟栄ら大宰府を攻め，宗盛など箱崎を経て遠賀郡山鹿城に至る。 |
| 1185 | 文治 | 1 | *2-*朔 原田種直，芦屋浦に源氏の軍とたたかう。*2-16* 平知盛，門司関をかこむ。*3-24* 平氏壇の浦に滅ぶ。*7-28* 後白河院庁，大宰府に命じて源頼朝の使者中原久経・近藤国平に鎮西のことを沙汰させる。*9-* 宇都宮信房，豊前国の地頭職に任じられる。 |
| 1186 | | 2 | *4-3* 安楽寺の別当安能，源頼朝によって糺明される。*12-* 天野遠景，鎮西九国奉行人となる。 |
| 1187 | | 3 | *2-* 源頼朝，宇佐宮神官・御家人などの本領を安堵。 |
| 1192 | 建久 | 3 | 栄西，香椎宮のそばに建久報恩寺を開く。草野永平，栄西を招き千光寺を開く。 |
| 1195 | | 6 | *5-* 源頼朝，天野遠景の鎮西守護人を罷免し，中原親能を任ずる。栄西，博多に聖福寺を開くと伝える。 |
| 1197 | | 8 | *6-* 豊前国，「図田帳」を作成。 |
| 1190～99 | 建久年中 | | 武藤資頼，筑前・豊前・肥前の守護となる。 |
| 1199 | 正治 | 1 | *4-18* 俊芿《しゅんじょう》，入宋のため博多にくる。 |
| 1206 | 建永 | 1 | *5-* 七条院藤原殖子《たねこ》，安楽寺天満宮に新三重塔を建立。 |
| 1220 | 承久 | 2 | *2-12* 宗像宮の阿弥陀経石追銘ができる。*9-* 香椎宮の造営はじまる。 |
| 1221 | | 3 | *5-15* 北条義時追討の宣旨，大宰府にくる。 |
| 1226 | 嘉禄 | 2 | *10-* 武藤資頼，大宰少弐となる。 |
| 1231 | 寛喜 | 3 | *4-* 僧往阿弥陀仏，宗像郡の海岸に難船が多いのをうれい，波止をきずく。この年，宗像興聖寺の色定法師，文治 3 (1187)年発願以来の一 |

| | | |
|---|---|---|
| | | 筆一切経を完成。 |
| 1232 | 貞永　1 | *8-* 鎌倉幕府，武藤資頼の鎮西奉行をやめ子資能を補す。 |
| 1241 | 仁治　2 | *8-* 大宰府の僧湛慧，横岳に崇福寺を創建し，聖一国師(円爾)を開山とする。 |
| 1242 | 3 | *10-* 宋商謝国明，博多に承天寺を建て，円爾を開山とする。 |
| 1243 | 寛元　1 | *10-8* 香春神社造営を豊前国の課役とする。 |
| 1268 | 文永　5 | *1-* 高麗の使者，大宰府にきて，蒙古の書を呈す。 |
| 1271 | 8 | *9-19* 蒙古の使者張良弼，今津にくる。 |
| 1272 | 9 | *2-朔* 幕府，鎮西御家人に筑前・肥前の要害を守護させる。***10-9*** 門司六郷の惣田数を注進する。 |
| 1274 | 11 | *10-19* 元軍，今津にくる。ついで博多にせまる。少弐経資，諸士を率いて奮戦。筥崎宮，博多の町焼亡，元軍退却。 |
| 1275 | 建治　1 | *2-4* 少弐経資，九州御家人の蒙古警固番役の結番を定める。***10-*** 幕府，到津・勾金荘の地頭職を宇佐宮に寄進。 |
| 1276 | 2 | この年，異国警固石築地を博多湾岸にきずく。 |
| 1279 | 弘安　2 | *6-* 元の使者を博多で斬る。 |
| 1281 | 4 | *6-* 元・高麗の軍船，志賀島・能古島に来襲。閏***7-*** 大暴風雨によって元の船多く沈没。 |
| 1282 | 5 | この年，北条時定，肥後守護となる。 |
| 1285 | 8 | *11-* 少弐景資，兄経資と争い，岩門城でやぶれる。 |
| 1286 | 9 | *7-* 鎮西談議所でき，少弐経資，宇都宮通房ら奉行となる。 |
| 1288 | 正応　1 | *10-* 鎮西談議所，蒙古合戦の勲功賞の配分を行う。 |
| 1290 | 3 | *4-25* 幕府の命により，少弐経資，雷山千如寺を造営。 |
| 1293 | 永仁　1 | *3-* 北条兼時，鎮西探題(一説)となって博多へくる。 |
| 1294 | 2 | *3-* 北条兼時，筑前・肥前に異国用心の烽火演習を行う。 |
| 1299 | 正安　1 | *1-* 鎮西探題の機構整備される(評定衆・引付衆設置)。***10-*** 元使一山一寧，博多にくる。 |
| 1300 | 2 | *7-* 有智山と原山寺闘争し，筑前御家人中村弥二郎，安楽寺の宿直をする。 |
| 1301 | 3 | *11-* 探題北条実政出家し，その子政顕探題となる。 |
| 1304 | 嘉元　2 | *5-* 少弐盛経，筑前国御家人に12月まで警固番役勤仕を命ずる。 |
| 1316 | 正和　5 | *2-* 少弐貞経，筑前国地頭に命じて博多前浜石築地を修固させる。 |
| 1317 | 文保　1 | 北条随時(ゆきとき)，探題として来任。 |
| 1321 | 元亨　1 | *6-* 随時没し，北条英時探題として下向。 |
| 1327 | 嘉暦　2 | *12-* 探題英時，謀書の咎によって逐電した粥田荘勝野郷名主義直の探索を命ずる。 |
| 1331 | 元弘　1<br>(元徳3) | *10-* 鎮西の武士，探題の召集によって博多へ参集。 |
| 1333 | 3<br>(正慶2) | *5-25* 少弐貞経，大友貞宗ら鎮西探題北条英時を攻めて敗死させる。<br>*12-13* 助有法親王彦山座主となる。 |
| 1334 | 建武　元 | *7-* 北条氏の党規矩高政・糸田貞義挙兵により，少弐頼尚，大友貞載らこれを攻めて平定。 |
| 1336 | 延元　元<br>(建武3) | *2-29* 菊池武敏，大宰府内山城に少弐貞経を攻め陥落。足利尊氏この日芦屋へ着く。*3-2* 尊氏，菊池武敏らと多々良川口にたたかって |

| | | |
|---|---|---|
| | | これを破り，ついで東上する。足利尊氏，一色範氏を九州探題として博多にとどめる。 |
| 1341 | 興国 2<br>（暦応 4） | 尊氏，筑前景福寺を安国寺とする。天目寺，豊前安国寺となる。東大寺領碓井荘の年貢米船，瀬戸内海で海賊と交戦する。 |
| 1349 | 4<br>（貞和 5） | ***9-*** 足利直冬，九州にくだる。少弐頼尚らこれにしたがう。 |
| 1350 | 正平 5<br>（観応 1） | *6-5* 一色範氏，大宰府天満宮安楽寺和歌所に所領を寄進。 |
| 1351 | 6<br>（ 4） | *3-3* 直冬，鎮西探題となるが，まもなく地位を剝奪される。 |
| 1352 | 7<br>（文和 1） | 秋，直冬，長門豊田城へ移る。 |
| 1353 | 8<br>（ 2） | *2-* 宮方菊池武光，少弐頼尚と連合して筑前針摺原(はりすりばる)で一色範氏を破る。 |
| 1355 | 10<br>（ 4） | ***10-*** 宮方，範氏を討とうとして豊後にはいり，国府から宇佐・城井(きい)を経て博多に侵入。一色範氏父子，宮方に追われ長門へのがれる。 |
| 1359 | 14<br>（延文 4） | *8-6* 懐良親王・菊池武光，少弐頼尚と筑後大保原でたたかう。 |
| 1361 | 16<br>（康安 1） | この年，征西府，大宰府へ移る。 |
| 1362 | 17<br>（貞治 1） | *9-21* 菊池武光，斯波氏経・少弐冬資らを筑前長者原で破る。 |
| 1364 | 19<br>（ 3） | ***10-*** 門司一族，宮方・武家方に分裂して抗争。 |
| 1369 | 24<br>（応安 2） | 明の使節，征西府にきて倭寇の禁圧をこう。 |
| 1371 | 建徳 2<br>（ 4） | *2-19* 今川了俊(貞世)，九州探題として赴任。 |
| 1374 | 文中 3<br>（ 7） | *1-23* 宇都宮守綱，豊前城井(きい)に挙兵し，今川氏兼これを攻める。 |
| 1375 | 天授 1<br>（永和 1） | *8-23* 今川了俊，少弐冬資を肥後水島で誘殺。 |
| 1384 | 元中 1<br>（至徳 1） | ***11-21*** 後征西将軍宮，田川郡今任荘(いまとうのしょう)を阿蘇神社に寄進。 |
| 1395 | 応永 2 | *6-* 足利義満，麻生家庶子山鹿仲中・麻生資家らの所領を没収し，惣領麻生義助にあたえる。*8-* 今川了俊，京都に召還される。 |
| 1397 | 4 | 探題渋川満頼，菊池武朝・少弐貞頼らとたたかう。大内義弘，大友氏と結び少弐氏を破り，大宰府を占領。 |
| 1403 | 10 | *7-* 大内盛見，豊前守護になる。 |
| 1412 | 19 | ***11-*** 探題渋川満頼上京する。 |
| 1420 | 27 | 博多の宗金，朝鮮貿易をはじめる。 |
| 1421 | 28 | *6-27* 彦山大講堂の洪鐘を鋳造。 |
| 1424 | 31 | *8-21* 少弐満貞，使者を朝鮮に派遣。 |
| 1428 | 正長 1 | この年，大内盛見，朝鮮から九州を総領するといわれる。 |

| | | | |
|---|---|---|---|
| 1431 | 永享 | 3 | 5- 九州に土一揆おこり，少弐・大友・菊池ら，一揆と通ずると風聞。6-28 大内盛見，大友持直・少弐満員らとたたかい，筑前萩原で戦死。11-3 大内持世，筑前に出兵し敗退。 |
| 1433 | | 5 | 4-8 大内持世，持盛とたたかい，持盛敗死。8-14 大内・少弐合戦，少弐小法師戦死。 |
| 1435 | | 7 | 8- 大内持世，少弐嘉頼を破る。 |
| 1439 | | 11 | この年，博多の宗金，朝鮮に使を派遣。 |
| 1443 | 嘉吉 | 3 | 10-13 朝鮮通信使，博多へくる。 |
| 1445 | 文安 | 2 | 6- 少弐教頼，筑前守護に還補。8- 大内教弘，筑前立花城をおとす。 |
| 1448 | | 5 | 8-朔 大内教弘，天満宮大鳥居信顕の別当職を安堵する。 |
| 1453 | 享徳 | 2 | この年，少弐教頼，朝鮮に使を派遣。 |
| 1467 | 応仁 | 1 | 5-26 応仁の乱おこる。少弐教頼，東軍に応じ，宗氏とともに筑前に攻め入る。大内勢これを破り，教頼・宗盛直，敗死す。 |
| 1468 | | 2 | この年，筥崎宮油座の奥堂家，勘合貿易に1500貫文を出資する。 |
| 1469 | 文明 | 1 | 4- 少弐氏筑前に攻め入り，大内軍とたたかう。 |
| 1471 | | 3 | 3- 大内教幸，大友氏と結び挙兵，陶弘護にやぶれ，馬ケ岳で敗死する。このころ，少弐・大友両氏博多を分領する。 |
| 1473 | | 5 | 少弐政資ら，朝鮮に使をだす。 |
| 1478 | | 10 | 9-16 大内政弘，豊前にはいり少弐政資とたたかい，豊前・筑前を平定する。 |
| 1480 | | 12 | 7- 宗祇，山口から門司・若松を経て大宰府天満宮に詣で博多に至る。 |
| 1492 | 明応 | 1 | 5-2 大内政弘，少弐政資と筑前箱崎でたたかう。筥崎宮焼亡する。 |
| 1499 | | 8 | 4-29 大多親治，求菩提山にその寺領を安堵する。 |
| 1501 | 文亀 | 1 | 7-23 大内義興，大友・少弐氏の軍を豊前馬ケ岳城に破る。 |
| 1518 | 永正 | 15 | この年，大内義興，領内に撰銭令をだす。 |
| 1520 | | 17 | 12- 大内義興，豊前国内寺社領を安堵する。 |
| 1525 | 大永 | 5 | 筑前に土一揆おこり，徳政を要求する。 |
| 1526 | | 6 | 3-20 大友氏の将立花鑑連，豊前馬ケ岳に陣し大内軍とたたかう。 |
| 1529 | 享禄 | 2 | 7-21 大内義隆，豊前守護代杉重信に命じて周布彦次郎に豊前の地を渡付させる。 |
| 1532 | 天文 | 1 | 3-22 大内氏の将温科盛長ら，立花親貞を筑前立花山に攻めて破る。 |
| 1533 | | 2 | 3- 大内軍の陶興房，少弐資元と筑前でたたかう。 |
| 1535 | | 4 | 12-29 大内義隆，少弐資元・冬尚父子を肥前に追う。 |
| 1536 | | 5 | 5-16 大内義隆，大宰大弐に任じられる。 |
| 1548 | | 17 | この年，ポルトガル船，豊前にきて貿易する。 |
| 1550 | | 19 | フランシスコ＝ザビエル，博多にくる。 |
| 1551 | | 20 | 9-朔 大内義隆，陶隆房に攻められ長門大寧寺で自殺。筑前守護代杉興運も自害。 |
| 1556 | 弘治 | 2 | 7- 秋月文種，大友氏に反す，大友宗麟これを討つ。 |
| 1557 | | 3 | 4-3 大内義長，長門長福寺で自殺，防長2州は毛利氏の領となる。 |
| 1558 | 永禄 | 1 | 3-22 大友宗麟，博多において教会堂建設用地をあたえる。 |
| 1559 | | 2 | 2-25 反大友氏の兵，博多に侵入し市街を破壊。6-26 大友宗麟，豊前・筑前の守護となる。11-9 宗麟，九州探題に任じられる。 |
| 1561 | | 4 | 3-7 対立を続けていた大宰府天満宮留守別当大鳥居氏と小鳥居氏和 |

| | | | |
|---|---|---|---|
| | | | 解。4- 博多の教会堂復興。 |
| 1562 | 永禄 | 5 | 1-27 大友軍，豊前松山城を攻撃，3月ふたたび豊前に出兵。この年，大友氏の軍宇佐宮を焼討，宇佐宮は豊前到津八幡宮に遷座。 |
| 1563 | | 6 | 3-24 毛利元就，将軍足利義輝の命により大友宗麟と和議を認める。 |
| 1566 | | 9 | 11-18 この以前，高橋鑑種，大友氏に反し，この日，問注所鎮連，宗麟に知らせる。 |
| 1567 | | 10 | 7-7 所次鑑連ら宝満山城を攻める。 |
| 1568 | | 11 | 7-23 高橋鑑種，戸次鑑連を宇美河内に攻め敗退。9-24 毛利勢，高橋・秋月に兵糧米を送る。 |
| 1569 | | 12 | 4-15 小早川隆景・吉川元春，立花城を攻める。閏 5-3 立花城落城。 |
| 1570 | 元亀 | 1 | 7-13 大友宗麟，戸次鑑連(立花道雪)を立花城督とする。この年，吉弘鎮理，高橋家をつぎ鎮種(紹運)と名乗る。岩屋・宝満の城主となる。 |
| 1571 | | 2 | 4-2 大友軍，赤間関へ出兵し毛利方に破られる。6-14 元就死去し，毛利軍，豊前より撤兵。宗麟，九州6国の大名となる。 |
| 1573 | 天正 | 1 | この年，博多商人の船，朝鮮へ多数赴く。 |
| 1578 | | 6 | 12-朔 龍造寺隆信筑前へ侵入。 |
| 1579 | | 7 | 1-18 これより前，秋月種実，筑紫惟門の兵を岩屋城に攻める。 |
| 1581 | | 9 | 10-8 大友氏，彦山を焼討する。 |
| 1582 | | 10 | 9-11 田川郡香春城主高橋元種，如法寺に田地30町を寄進。 |
| 1584 | | 12 | 9- 戸次道雪(鑑連)，高橋鎮種(紹運)筑後へ出陣。 |
| 1586 | | 14 | 7- 島津氏の兵，筑後・筑前に侵入，諸城をおとし，27日岩屋城に高橋鎮種を破り戦死させる。8-24 島津勢，薩摩に撤退する。 |
| 1587 | | 15 | 4-2 豊臣秀吉，豊前岩石(がんじゃく)城をおとし，筑前尾熊城に至る。この日，秋月種実くだり，筑前は平定される。6-7 秀吉，博多に戻り，小早川隆景に筑前・筑後などをあたえ，豊前2郡を毛利勝信，6郡を黒田孝高にあたえる。6-11 博多町割を定める。6-19 キリスト教を禁止する。 |
| 1588 | | 16 | 3-1 秀吉，箱崎で茶会を開く。4-20 黒田孝高，宇都宮鎮房を滅ぼす。 |
| 1590 | | 18 | 秀吉の天下統一なる。 |
| 1592 | 文禄 | 1 | 文禄の役。 |
| 1595 | | 4 | 小早川秀秋，隆景の跡をつぎ，筑前1国と筑後・肥前の一部を領す。 |
| 1597 | 慶長 | 2 | 慶長の役。小早川秀秋，越前北ノ庄に転封。 |
| 1599 | | 4 | 2-5 秀秋，ふたたび筑前・筑後を領す。 |
| 1600 | | 5 | 9-15 関ヶ原の戦い。小早川秀秋，備前岡山に転封。毛利秀包(久留米)・筑紫広門(福島)・立花宗茂(柳川)・高橋長次(内山)・毛利勝信(小倉)改易。10- 黒田長政(筑前)・田中吉政(筑後)・細川忠興(豊前および豊後の一部)入部。 |
| 1601 | | 6 | 黒田長政，福岡城をきずく。毛利勝信，土佐に流される。 |
| 1602 | | 7 | 黒田長政，領内検地に着手。名島城から福岡城に移る。細川忠興小倉城築城，中津城から移る。 |
| 1606 | | 11 | 立花宗茂，陸奥棚倉で1万石をあたえられる。 |
| 1607 | | 12 | 6-12 黒田長政，国中の掟を定め，博多に制札を立てる。 |

| | | | |
|---|---|---|---|
| 1609 | 慶長 | 14 | 幕府，西国大名に対し，500石以上の大船建造を禁止する。田中吉政没。忠政襲封。 |
| 1613 | | 18 | ***12-23*** 幕府，キリシタン禁教令を発する。 |
| 1615 | 元和 | 1 | 大坂夏の陣。***5-*** 豊臣氏滅亡。 |
| 1620 | | 6 | ***8-7*** 田中忠政没。世嗣がいないため改易。立花宗茂(柳川)・有馬豊氏(久留米)，そのあとを領する。 |
| 1621 | | 7 | ***1-10*** 立花宗茂，甥種次に三池1万石を分封。 |
| 1622 | | 8 | 紅粉屋の祖後藤成保，安南貿易から帰国。紅粉屋新田を開拓。小倉藩人畜御改帳なる。 |
| 1623 | | 9 | ***8-4*** 黒田長政没。嫡子忠之遺領相続，3男長興5万石(秋月)，4男高政に4万石(東蓮寺)を分封。 |
| 1632 | 寛永 | 9 | ***6-14*** 栗山大膳，幕府に黒田忠之謀反の企てありと訴える。細川氏熊本移封。小笠原忠真明石から小倉に移封。 |
| 1635 | | 12 | ***5-28*** 幕府，日本人の海外渡航を禁止する。参勤交代制確立。 |
| 1637 | | 14 | ***10-25*** 島原の乱，久留米・柳川藩，ついで福岡・小倉藩出兵。 |
| 1639 | | 16 | ***2-21*** 幕府ポルトガル人の来航を禁止する。 |
| 1641 | | 18 | ***5-17*** オランダ商館長崎移転を命じられる。福岡藩長崎警備を命じられる。 |
| 1646 | 正保 | 3 | 久留米藩，国郡絵図を幕府へおさめる。柳川藩，キリスト教藩士83人を追放。 |
| 1647 | | 4 | ***6-24*** 長崎にポルトガル船来航につき，筑前・筑後などの兵出陣。小倉藩，国絵図を幕府に提出。 |
| 1651 | 慶安 | 4 | 由井正雪の乱。***11-*** 久留米藩，大庄屋に給米を支給。 |
| 1658 | 万治 | 1 | 柳川藩地方知行を廃し，蔵米支給とする。小倉藩，四ツ高制導入。 |
| 1664 | 寛文 | 4 | 浮羽郡の大石・長野水道完成。***5-*** 西山宗因，小倉にくる。 |
| 1665 | | 5 | ***4-8*** 黄檗宗広寿山福聚寺建立(小倉)。 |
| 1667 | | 7 | 博多の豪商伊藤小左衛門，柳川の豪商江口吉左衛門，密貿易により死刑となる。 |
| 1671 | | 11 | 小笠原真方に支藩として新田1万石分封(小倉新田藩)。 |
| 1677 | 延宝 | 5 | 東蓮寺藩主黒田長寛，黒田光之の嫡子となり，長寛の領地は光之に返される(東蓮寺藩の消滅)。小倉藩，大里(北九州市門司区)に銅山を開く。 |
| 1678 | | 6 | 小倉藩，地方知行を蔵米支給に改める。また藩札を発行。 |
| 1682 | 天和 | 2 | ***9-21*** 柳川藩，農民の開墾地売買を許す。 |
| 1684 | 貞享 | 1 | ***5-11*** 小倉藩，郡村帳を幕府に提出。 |
| 1686 | | 3 | 久留米藩，踏絵誓詞はじまる。 |
| 1687 | | 4 | ***3-*** 柳川藩検地終了。***7-17*** 福岡藩，給地の撫高制をやめる。 |
| 1689 | 元禄 | 2 | ***9-10*** 福岡藩，財政困難につき上米を命じる。 |
| 1692 | | 5 | ***4-*** 柳川藩，国絵図を幕府に提出。 |
| 1693 | | 6 | 筑後黒崎開完成(柳川藩)。 |
| 1697 | | 10 | 宮崎安貞『農業全書』刊行。 |
| 1698 | | 11 | ***1-*** 筑後総郡絵図なる。久留米藩市中運上銀を定める。 |
| 1700 | | 13 | ***5-12*** 小倉藩，国絵図を幕府に提出。***7-21*** 福岡藩，塩の領内専売を命じる。小倉藩との国境の協定を行う。 |

| | | | |
|---|---|---|---|
| 1701 | 元禄 | 14 | ***5-*** 福岡藩，国絵図を幕府に提出。 |
| 1703 | | 16 | 福岡藩，藩札を発行。 |
| 1704 | 宝永 | 1 | ***8-11*** 福岡藩，塩専売を強化。秋月・久留米・柳川藩，藩札を発行。 |
| 1706 | | 3 | ***8-21*** 福岡藩，田畑10カ年撫免とする。小倉藩，水帳改正。 |
| 1707 | | 4 | ***10-14*** 福岡・久留米・小倉の諸藩，藩札通用を幕令により停止。 |
| 1710 | | 7 | 久留米藩，地方知行を廃し，蔵米支給とする。 |
| 1714 | 正徳 | 4 | ***1-*** 久留米藩，検見制をふたたび定免制に戻す。床島堰完成。 |
| 1717 | 享保 | 2 | この年以降5年のあいだ，小倉・福岡・長州藩，共同して唐船打払いを行う。 |
| 1719 | | 4 | 朝鮮通信使，福岡藩領相島にくる。 |
| 1720 | | 5 | 柳川藩，田尻惣馬を国中一円の普請方とする。 |
| 1721 | | 6 | 柳川藩家老小野若狭，平野炭坑を開く。宗像田島社，流鏑馬を再興。 |
| 1723 | | 8 | ***4-21*** 福岡藩，郡方仕組を改編。 |
| 1726 | | 11 | ***11-12*** 小倉藩各郡に目安箱を設く。 |
| 1727 | | 12 | 久留米藩，武家屋敷において石炭を焚くことを禁止。小倉藩，藍島の番士を定める。 |
| 1728 | | 13 | ***8-18*** 久留米藩，上三郡百姓一揆おこる。柳川藩農民600人逃散。 |
| 1732 | | 17 | 大飢饉各地におこる。 |
| 1736 | 元文 | 1 | ***2-26*** 福岡藩，荒地起返し奨励。***5-23*** 福岡藩，捨子養育を奨励。 |
| 1745 | 延享 | 2 | ***5-4*** 福岡藩，畠年貢をすべて銀納とする。久留米・柳川藩，穀類払底につき酒造禁止。小倉藩郡村帳を幕府に提出。 |
| 1746 | | 3 | ***5-8*** 福岡藩，百姓の田畑売買質入を許す。 |
| 1749 | 寛延 | 2 | 久留米藩，捨子禁止令をだす。久留米狩塚門に直訴箱を設ける。 |
| 1750 | | 3 | 福岡藩，浦方・郡方の人員を減らす。小倉藩領内人別帳を提出。 |
| 1751 | 宝暦 | 1 | 福岡藩，上座郡に櫨(はぜ)を植え櫨畑村をつくる。***6-18*** 久留米藩，絹服を禁止。三潴郡向島村を若津港と改める。 |
| 1752 | | 2 | 小倉藩，藩士に倹約令をくだす。久留米藩，銀札を発行。 |
| 1753 | | 3 | 久留米藩藩札通用はじまる(宝暦11年に停止)。 |
| 1754 | | 4 | ***3-19*** 久留米藩百姓一揆。 |
| 1755 | | 5 | 筑前残島の漁夫，ルソン島に漂着して帰国。 |
| 1757 | | 7 | 石原宗祐，猿喰新地の開作をはじめる。 |
| 1758 | | 8 | ***4-16*** 柳川藩，職制改正。***5-朔*** 小倉藩校思永斎創立。 |
| 1762 | | 12 | 福岡唐人町に亀井塾開設。 |
| 1772 | 安永 | 1 | 洞海湾の漁業，戸畑・若松の入会(いりあい)となる。 |
| 1777 | | 6 | 小倉藩，犬甘知寛(いぬかいともひろ)家老となり，藩政改革をはじめる。 |
| 1781 | 天明 | 1 | ***6-15*** 柳川藩農民，党をなして庄屋をおそう。 |
| 1782 | | 2 | この年前後，小倉藩にて日明新地・中島新地など開作。 |
| 1784 | | 4 | ***2-22*** 志賀村百姓甚兵衛，金印発掘。***2-*** 福岡藩，東(修猷館)・西(甘棠館)学問所なる。 |
| 1789 | 寛政 | 1 | 秋月藩，藩校稽古館を設ける。 |
| 1793 | | 5 | ***6-27*** 高山彦九郎，久留米で自殺。 |
| 1795 | | 7 | 小倉藩，築城郡永野村庄屋以下一村百姓，筑前領に逃散。 |
| 1796 | | 8 | 福岡藩の櫨専売制確立。久留米藩校明善堂なる。小倉藩．石原宗祐に命じ，曽根新田の干拓を行わせる。***9-23*** 大倹約令施行。 |

| | | | |
|---|---|---|---|
| 1798 | 寛政 | 10 | *10*-朔 小倉藩，撫育所を設ける。 |
| 1801 | 享和 | 1 | 久留米藩，在町66人に調達銀680貫を命ず。 |
| 1802 | | 2 | 秋月藩，札遣国産方仕組はじまる。 |
| 1803 | | 3 | 小倉藩，犬甘知寛蟄居を命ぜられついで牢死。 |
| 1809 | 文化 | 6 | 久留米藩，勝手方差支につき改革を行う。伊能忠敬，豊前測量。 |
| 1812 | | 9 | *9*- 秋月藩，家中困難のため銭切手を貸与する。 |
| 1815 | | 12 | *8-13* 小倉藩主小笠原忠固，幕命により100日の逼塞に処せられる。 |
| 1819 | 文政 | 2 | 久留米・佐賀の両藩，有明海漁業権について紛争。 |
| 1824 | | 7 | *7-13* 柳川藩校伝習館なる。 |
| 1826 | | 9 | 福岡藩，国産仕組はじまる(文政11年停止)。樺島石梁の『久留米志』なる。 |
| 1827 | | 10 | 秋月藩，生蝋仕組をはじめ，銀札を発行する。小倉藩，国産方を設け，田川郡赤池に国産会所を設く。 |
| 1832 | 天保 | 3 | *7-28* 久留米藩，亀王組百姓一揆。 |
| 1833 | | 4 | 全国に飢饉おこる。福岡藩生蝋仕組をはじめる。 |
| 1834 | | 5 | 福岡藩天保改革はじまる。 |
| 1835 | | 6 | 村山仏山，築城郡稗田に塾(水哉園)を開く。 |
| 1837 | | 8 | 大塩平八郎の乱。福岡藩，石炭仕組はじまる。小倉大火。 |
| 1838 | | 9 | 久留米藩，捨子を禁止。福岡藩，鶏卵生蝋仕組方を設く。 |
| 1841 | | 12 | 幕府天保改革はじまる。 |
| 1842 | | 13 | 幕府，西国諸藩の専売制を禁止。 |
| 1844 | 弘化 | 1 | 小倉藩，田川郡赤池に赤池石炭会所を開く。 |
| 1846 | | 3 | *3*- 黒田長溥，鍋島直正とともに幕府へ長崎砲台増設の申入れを行う。 |
| 1852 | 嘉永 | 5 | 真木保臣(和泉)，水田村大鳥居氏宅に蟄居を命じられる。田中久重，汽船雛形を製造。小倉藩，肥後屋才兵衛，国産方取締となる。 |
| 1854 | 安政 | 1 | 福岡藩，財政整理。小倉藩，種痘をはじめる。 |
| 1857 | | 4 | 福岡藩，西洋式軍備の導入をはかる。 |
| 1859 | | 6 | *11*- 小倉藩，企救郡曽根に社倉を設ける。高島流砲術調練を行う。 |
| 1860 | 万延 | 1 | *10*- 福岡藩，軍制改革。小倉藩領企救郡楠原村にイギリス人上陸，測量を行う。 |
| 1863 | 文久 | 3 | 下関事件おこる。平野国臣，生野に挙兵。*4-29* 小倉藩，海岸に台場をきずく。農兵徴募。 |
| 1864 | 元治 | 1 | 長州出兵。久留米藩，開成方設置。軍制改革を行う。*7-21* 真木保臣天王山で自殺。門司沖にて長州藩士，会津藩米積船を焼打。 |
| 1805 | 慶応 | 1 | 三条実美ら五卿大宰府に到着。長州再征の達，小倉にくる。 |
| 1866 | | 2 | 長州征討軍指揮のため，小笠原長行小倉にはいる。各藩兵小倉に集結。*6*- パークス，ロッシュ，小倉で小笠原長行と会談。戦闘開始。小倉城焼失。*8*-朔 香春に藩庁を移す。長州藩，企救郡占領。京都郡などで，百姓一揆おこる。 |
| 1867 | | 3 | *10-14* 将軍徳川慶喜，大政奉還上表を提出。*12-9* 王政復古の大号令。*12-27* 三条実美ら帰洛。 |
| 1868 | 明治 | 1 | *1-3* 旧幕府軍，新政府軍と鳥羽・伏見で衝突(戊辰戦争のはじまり)。以後，江戸・東北などへ展開，福岡・久留米・小倉・柳川各藩からも出兵。 |

| | | | |
|---|---|---|---|
| 1869 | 明治 | 2 | *6-17* 諸藩に版籍奉還を許し，知藩事を任命。*12-24* 小倉(香春)藩，豊津藩への改名を許可される。 |
| 1870 | | 3 | *2-* 長州藩，企救郡から撤兵。 |
| 1871 | | 4 | *4-23* 小倉に西海道鎮台がおかれる。*7-2* 福岡藩贋札事件に断罪，有栖川宮熾仁親王藩知事となる。*7-14* 廃藩置県。福岡・秋月・久留米・柳川・三池・豊津・千束・中津県などがおかれる。*11-14* 福岡・三潴・小倉県に再編される。 |
| 1872 | | 5 | *6-*『三潴県新聞誌』創刊。 |
| 1873 | | 6 | *6-13* 筑前竹槍一揆おこる。*9-5* 三池鉱山を官営とし，工部省鉱山寮三池支庁を設置。 |
| 1876 | | 9 | *4-18* 小倉県を福岡県に統合。*8-21* 三潴県のうちの筑後一円を福岡県に統合，また福岡県から下毛・宇佐両郡を大分県に割譲，現在の福岡県域が確定する。*10-27* 秋月の乱おこる。 |
| 1877 | | 10 | *1-30* 西南戦争おこる(*2-15* 西郷隆盛，鹿児島を出発)。*3-27* 福岡の変おこる。 |
| 1878 | | 11 | *7-22* 府県会規則・地方税規則・郡区町村編制法を定める。*10-* 第1回県会議員選挙実施。この年の秋，向陽社設立。 |
| 1879 | | 12 | *3-12* 第1回県会開催。*4-* 植木枝盛，『民権自由論』を福岡で刊行。*12-1* 筑前共愛公衆会成立。 |
| 1880 | | 13 | *1-16* 筑前共愛公衆会，国会開設・条約改正の建白を行う。*4-17*『福岡日日新聞』発刊。*5-13* 玄洋社，福岡県警察本署に設置の届出を提出。*8-* 久留米千歳会結成。 |
| 1881 | | 14 | *9-* 柳川有明会結成。*10-12* 国会開設の勅諭。 |
| 1882 | | 15 | *3-12* 九州改進党結成大会(於熊本)。 |
| 1886 | | 19 | *2-25* 安場保和，福岡県令に就任。 |
| 1887 | | 20 | *3-26* 第5回九州沖縄八県連合共進会開催。*8-11*『福陵新報』創刊。 |
| 1888 | | 21 | *6-27* 九州鉄道会社成立。*8-20* 三井に官営三池鉱山の払下げ許可。この年から翌年にかけて，いわゆる撰定坑区制を実施。 |
| 1889 | | 22 | *2-11* 大日本帝国憲法発布。*4-1* 市制・町村制施行，福岡・久留米，市制をしく。*7-12* 筑豊興業鉄道会社成立。*10-18* 玄洋社員の来島恒喜，外相大隈重信を襲撃し，自殺。 |
| 1892 | | 25 | *2-15* 第2回臨時総選挙(選挙干渉により各地で騒擾)。*5-21*『門司新報』創刊。 |
| 1897 | | 30 | *10-1* 九州鉄道会社，筑豊鉄道株式会社を合併。 |
| 1901 | | 34 | *2-5* 官営八幡製鉄所第1溶鉱炉火入れ。 |
| 1903 | | 36 | *4-1* 京都帝国大学福岡医科大学開設。 |
| 1904 | | 37 | *2-10* 日露戦争勃発。 |
| 1907 | | 40 | *7-1* 九州鉄道会社，前年公布の鉄道国有法により，全線を政府に引き渡す。*7-23* 明治専門学校創設。 |
| 1911 | | 44 | *1-1* 九州帝国大学創設。 |
| 1914 | 大正 | 3 | *7-28* 第一次世界大戦勃発。 |
| 1916 | | 5 | *6-17* 博多毎日新聞社差別糾弾事件おこる。 |
| 1917 | | 6 | *6-8* 友愛会八幡支部結成。 |
| 1918 | | 7 | *5-1* 県立図書館開館。*7-23* 富山県に米騒動おこる。*8-14* 福岡県下 |

| | | | |
|---|---|---|---|
| | | | でも門司市を皮切りに，米騒動おこる。以後，筑豊，久留米地方へと広がる。*12-20* 友愛会後藤寺支部結成。 |
| 1920 | 大正 | 9 | *2-5* 八幡製鉄所争議おこる。 |
| 1921 | | 10 | *11-9* 福岡高等学校創設。 |
| 1922 | | 11 | *3-3* 全国水平社結成(於京都)。*4-9* 日本農民組合結成(於神戸)。*6-7* 福岡県立女子専門学校創設。 |
| 1923 | | 12 | *5-1* 全九州水平社結成。 |
| 1924 | | 13 | *3-19* 日農九州同盟会結成。*4-1* 九州鉄道の福岡・久留米間開業。*6-3* 三井三池製作所争議おこる。 |
| 1925 | | 14 | *4-6* 浅原健三ら九州民憲党結成。*4-20* 日本航空会社による福岡・大阪間の定期飛行郵便はじまる。 |
| 1926 | | 15 | *11-12* 松本治一郎，福岡連隊差別糾弾事件に関連し検挙される。 |
| 1927 | 昭和 | 2 | *3-15* 金融恐慌はじまる。*9-22* 普選による最初の県会議員選挙実施。 |
| 1928 | | 3 | *2-20* 普選による最初の総選挙(第16回総選挙)，福岡２区より無産政党員２人当選。*3-15* 三・一五事件。*8-12* 日農福佐連合会，合同大会開催。 |
| 1929 | | 4 | この年，県下で大旱ばつ。 |
| 1930 | | 5 | *7-1* 糸島郡福吉村で全村学校開校，以後，全県的に全村学校運動が展開される。*12-6* 福岡放送局開局。 |
| 1931 | | 6 | *3-1* ブリヂストン・タイヤ株式会社成立。*4-30* 筑豊炭田争議おこる。*9-18* 満州事変勃発。 |
| 1932 | | 7 | *2-22* 久留米の工兵大隊員，廟巷鎮の戦いで爆死(爆弾三勇士)。*5-15* 五・一五事件。*5-16*『福岡日日新聞』の菊竹六鼓，五・一五事件を批判。 |
| 1934 | | 9 | *1-29* 日本製鉄株式会社成立。 |
| 1937 | | 12 | *7-7* 日中戦争勃発。*8-13* 製鉄事業法公布。*8-24* 国民精神総動員実施要綱閣議決定。 |
| 1938 | | 13 | *4-1* 国家総動員法公布。 |
| 1939 | | 14 | *8-5* 福岡地方鉱業報国連合会発足。 |
| 1940 | | 15 | *4-8* 石炭配給統制法公布。*11-29* 大政翼賛会福岡県支部発足。 |
| 1941 | | 16 | *12-8* 太平洋戦争勃発。 |
| 1942 | | 17 | *4-1* 九州配電株式会社成立。*4-30* 翼賛選挙(第21回総選挙)実施。*8-10* 政府の１県１紙の方針により，『福岡日日新聞』と『九州日報』合併，『西日本新聞』発刊。*9-22* 県内５私鉄が統合され，西日本鉄道株式会社が成立。*11-15* 関門鉄道トンネル開通。 |
| 1943 | | 18 | *6-25* 学徒戦時動員体制確立要綱閣議決定。*10-21* 中野正剛，倒閣容疑で逮捕，10月26日釈放後自殺。*12-21* 都市疎開実施要綱閣議決定(翌年から北九州地域を皮切りに建物疎開はじまる)。 |
| 1944 | | 19 | *6-16* 北九州に初の空襲。*7-9* サイパン島陥落(アメリカ軍，同島の占領を宣言)。 |
| 1945 | | 20 | *6-19* 福岡市大空襲，以後，県内各地で大規模な空襲続く。*8-15* 太平洋戦争終結。*9-22* 福岡市に進駐軍の先遣隊到着。以後，福岡市をはじめとする県内主要都市への進駐がはじまる。*10-11* 五大改革指 |

| | | |
|---|---|---|
| | | 令。*11-24* 厚生省博多引揚援護局設置。*11-24* 日本社会党福岡県支部連合会結成大会。*12-22* 労働組合法公布。 |
| 1946 | 昭和　21 | *4-10* 第22回総選挙，県内初の婦人代議士誕生。*10-21* 自作農創設特別措置法・農地調整法改正案成立，翌年３月から本格的な農地改革はじまる。 |
| 1947 | 22 | *3-31* 教育基本法，学校教育法公布。*4-5* 県知事選挙実施，初代の公選知事に杉本勝次当選。*5-3* 日本国憲法施行。 |
| 1948 | 23 | *4-1* 新制高等学校発足。*10-29* 第３回国民体育大会秋季大会開会式，平和台陸上競技場で挙行。 |
| 1949 | 24 | *5-31* 新制大学制度はじまる。 |
| 1950 | 25 | *4-1* 日本製鉄株式会社，八幡製鉄株式会社と富士製鉄株式会社などに分離。*6-25* 朝鮮戦争勃発。 |
| 1951 | 26 | *5-1* 九州電力株式会社発足。*5-10* 米軍機，福岡市内住宅地に墜落炎上，住民11人焼死。*9-8* 対日平和条約，日米安全保障条約調印。 |
| 1952 | 27 | *1-18* 韓国政府，李承晩ラインを設定。 |
| 1953 | 28 | *6-25* 県下に記録的な豪雨，大水害(〜*-28*)。*9-1* 町村合併促進法公布。 |
| 1955 | 30 | *8-10* 石炭鉱業合理化臨時措置法公布。 |
| 1956 | 31 | *4-1* NHK 福岡放送局，九州初のテレビ放送開始。 |
| 1958 | 33 | *3-9* 関門国道トンネル開通。この年，炭鉱不況深刻化。 |
| 1960 | 35 | *1-25* 三井鉱山，三池炭鉱の全面ロックアウトを実施。労組側は無期限ストに突入，三池争議本格化(*11-1* 終結)。 |
| 1962 | 37 | *9-26* 若戸大橋開通。 |
| 1963 | 38 | *2-10* 五市合併により北九州市発足(*4-1* 政令指定都市)。*11-9* 三池炭鉱三川坑でガス爆発，死者458人。 |
| 1964 | 39 | *11-3* 福岡県文化会館完成。*11-20* 苅田臨海工業用地完成。 |
| 1965 | 40 | *6-1* 山野炭鉱でガス爆発，死者237人。 |
| 1967 | 42 | *4-3* 福岡県，第２次産炭地振興５カ年計画を策定(企業誘致により，雇用確保などをめざす)。 |
| 1969 | 44 | *6-1* 産炭地域開発就労事業開始。 |
| 1970 | 45 | *3-31* 八幡製鉄・富士製鉄の合併により新日本製鉄株式会社発足。<br>*5-* 洞海湾，全国一の汚染度であることが判明。 |
| 1972 | 47 | *4-1* 福岡市，政令指定都市となる。*4-1* 福岡空港，アメリカ軍より返還，26年ぶりに民間空港となる。 |
| 1973 | 48 | *7-17* 日産自動車，苅田臨海工業用地への進出に関する覚書に調印。<br>*11-14* 関門橋開通。 |
| 1975 | 50 | *3-10* 国鉄山陽新幹線岡山・博多間開通。*3-13* 九州縦貫自動車道古賀・鳥栖間開通。 |
| 1978 | 53 | *4-28* 北九州市に産業医科大学開校。 |
| 1981 | 56 | *7-26* 福岡市営地下鉄1号線部分開業。 |
| 1985 | 60 | *1-9* 北九州市都市モノレール開業。*3-31* 県内の国鉄赤字ローカル線５線廃止。 |
| 1987 | 62 | *4-1* 国鉄の分割・民営化により，JR 九州発足。 |
| 1989 | 平成　1 | *3-17* 福岡市でアジア太平洋博覧会開催。 |

| | | | |
|---|---|---|---|
| 1990 | 平成 | 2 | ***10-21*** 第45回国民体育大会秋期大会開催。 |
| 1991 | | 3 | ***2-8*** 宮田町にトヨタ自動車九州設立。 |
| 1992 | | 4 | ***4-13*** 田川市に福岡県立大学開校。 |
| 1994 | | 6 | ***7-11*** 博多湾人工島着工。 |
| 1995 | | 7 | ***8-23*** 第18回ユニバーシアード福岡大会開催。 |
| 1997 | | 9 | ***3-30*** 三池炭鉱閉山。 |
| 1999 | | 11 | ***6-28*** 九州北部に記録的豪雨。 |
| 2000 | | 12 | ***7-8*** 主要国首脳会議(九州・沖縄サミット)の福岡蔵相会合開催。 |
| 2001 | | 13 | ***7-16*** 世界水泳選手権福岡大会開催(〜***7-29***)。 |
| 2004 | | 16 | ***10-30*** 第19回国民文化祭ふくおか2004「とびうめ国文祭」開催(〜***11-14***)。 |
| 2005 | | 17 | ***3-20*** 福岡県西方沖地震発生。***10-15*** 太宰府市に九州国立博物館が開館。 |
| 2006 | | 18 | ***3-16*** 新しい北九州空港が開港。 |
| 2008 | | 20 | ***4-1*** 久留米市が中核市に移行。***12-13*** 第1回日中韓首脳会議が九州国立博物館で開催される。 |
| 2011 | | 23 | ***3-12*** 九州新幹線全線開通。 |

## ■ 沿革表

### 1. 国・郡沿革表

（2010年9月現在）

| 国名 | 延喜式 | 吾妻鏡その他 | 郡名考・天保郷帳 | 郡区編制 | 現在 | |
|---|---|---|---|---|---|---|
| | | | | | 郡 | 市 |
| 筑前 | 志《し》麻《ま》 | 志麻 | 志麻 | 志麻 | （糸島郡） | 福岡市・大野城市・春日市・筑紫野市・太宰府市・糸島市 |
| | 怡《い》土《と》 | 怡土 | 怡土 | 怡土 | | |
| | 早《さは》良《ら》 | 早良 | 早良 | 早良 | 早良郡 | |
| | 那《な》珂《か》 | 那珂<br>那賀 | 那賀<br>那珂 | 那珂 | 筑紫郡 | |
| | 席《むしろ》田《だ》 | 席田 | 席田 | 席田 | | |
| | 御《み》笠《かさ》 | 御笠 | 御笠 | 御笠 | | |
| | 糟《かす》屋《や》 | 糟谷<br>粕屋<br>糟屋 | 糟屋 | 糟屋 | 糟屋郡 | 福岡市の一部・古賀市 |
| | 穂《ほ》波《なみ》 | 穂浪<br>穂波 | 穂波 | 穂波 | 嘉穂郡 | 飯塚市・嘉麻市 |
| | 嘉《か》麻《ま》 | 嘉麻<br>嘉摩 | 嘉麻 | 嘉麻 | | |
| | 夜《や》須《す》 | 夜須 | 夜須 | 夜須 | 朝倉郡 | 朝倉市 |
| | 下《しも》座《つくら》 | 下座 | 下《げ》座《ざ》 | 下座 | | |
| | 上《かみ》座《つくら》 | 上座 | 上《じょう》座《ざ》 | 上座 | | |
| | 宗《むな》像《かた》 | 宗像 | 宗《むね》像《かた》 | 宗像 | （宗像郡） | 宗像市・福津市 |
| | 鞍《くら》手《て》 | 鞍手 | 鞍手 | 鞍手 | 鞍手郡 | 直方市・中間市・北九州市・宮若市 |
| | 遠《お》賀《か》 | 遠賀 | 遠賀 | 遠賀 | 遠賀郡 | |
| | 三《み》潴《むま》 | 三潴 | 三《み》潴《つま》<br>三《み》潴《づま》 | 三潴 | 三潴郡 | 大川市・小郡市・久留米市 |
| | 御《み》井《い》 | 三井<br>御井 | 御井 | 御井 | 三井郡 | |
| | 御《み》原《はら》 | 三原<br>御原 | 御原 | 御原 | | |

| | | | | | | |
|---|---|---|---|---|---|---|
| 筑後 | 山《やま》本《もと》 | 山本<br>山下 | 山本 | 山本 | | |
| | 竹《たか》野《の》 | 竹野 | 竹野 | 竹野 | （浮羽郡） | 筑後市・うきは市 |
| | 生《いく》葉《は》 | 生葉<br>生桑 | 生葉 | 生葉 | | |
| | 上《かみ》妻《つま》 | 上妻 | 上《かふ》妻《つま》<br>上《かふ》妻《づま》 | 上妻 | 八女郡 | 八女市 |
| | 下妻 | 下妻 | 下妻 | 下妻 | | |
| | 山《やま》門《と》 | 山門 | 山門 | 山門 | （山門郡） | 柳川市・みやま市 |
| | 三《み》毛《け》 | 三毛<br>三池 | 三池<br>三《み》池《け》 | 三池 | （三池郡） | 大牟田市・みやま市 |
| 豊前 | 企《き》救《く》 | 企救<br>規矩 | 企救 | 企救 | | 北九州市 |
| | 田《た》河《かは》 | 田河<br>田川 | 田《た》川《かは》<br>田《た》川《がは》 | 田川 | 田川郡 | 田川市 |
| | 京都《みやこ》 | 京都 | 京都 | 京都 | 京都郡 | 行橋市 |
| | 仲《なか》津《つ》 | 仲津<br>中津 | 仲津<br>中津 | 中津 | | |
| | 築《つい》城《き》 | 筑城<br>築城 | 筑城<br>築城 | 築城 | 築上郡 | 豊前市 |
| | 上《かむ》毛《つけ》 | 上毛 | 上《かう》毛《げ》 | 上毛 | | |

## 2. 市・郡沿革表

（2010年９月現在）

### 福《ふく》岡《おか》市

明治22年４月１日　市制施行
大正元年10月１日　那珂《なか》郡警固《けご》村を編入
大正４年４月１日　那珂郡豊平村を編入
大正８年11月１日　早良《さわら》郡鳥飼村の一部を編入
大正11年４月１日　早良郡西新町を編入
大正11年６月１日　那珂郡住吉村を編入
大正15年４月１日　那珂郡八幡村を編入
昭和３年４月１日　堅粕《かたかす》町（大正２年10月１日，町制施行，大正４年４月１日，豊平村の一部を編入）を編入
昭和３年５月１日　那珂郡千代町（大正元年10月１日，町制施行）を編入
昭和４年４月１日　早良郡原村・樋井川《ひいかわ》村を編入

昭和８年４月１日　早良郡姪ノ浜《めいのはま》町(明治26年１月10日，町制施行)・席田《むしろだ》村を編入
昭和８年４月５日　那珂郡三宅村を編入
昭和15年12月26日　粕屋《かすや》郡箱崎町を編入
昭和16年10月15日　早良郡能固《のこ》村(年月不詳，残島村を村名変更)・今宿村・壱岐《いき》村(年月不詳，山門村を村名変更)を編入
昭和17年４月１日　志摩《しま》郡今津村を編入
昭和29年10月１日　那珂郡日佐村・早良郡田隈村を編入
昭和30年２月１日　粕屋郡香椎町(昭和18年２月11日，町制施行)・多々良町(昭和25年４月１日，町制施行)を編入
昭和30年４月５日　那珂郡那珂町(昭和15年４月16日，町制施行)を編入
昭和35年８月27日　粕屋郡和白町(昭和29年11月１日，町制施行)・早良郡金武《かなたけ》村を編入
昭和36年４月１日　怡土《いと》郡周船寺《すせんじ》村・志摩郡元岡村・北崎村(明治29年10月21日，小田村を村名変更)を編入
昭和46年４月５日　粕屋郡志賀町(昭和28年７月５日，志賀島村に町制施行，志賀町となる)を編入
昭和47年４月１日　政令指定都市となる。東区・博多区・中央区・南区・西区設置
昭和57年５月10日　西区を城南区・早良区・西区に分区し７区となる
東　　区　　昭和47年４月１日　福岡市の一部，東区となる
博 多 区　　昭和47年４月１日　福岡市の一部，博多区となる
中 央 区　　昭和47年４月１日　福岡市の一部，中央区となる
南　　区　　昭和47年４月１日　福岡市の一部，南区となる
西　　区　　昭和47年４月１日　福岡市の一部，西区となる
昭和50年３月１日　早良郡早良町(昭和30年１月１日，早良郡入部村・脇山村・内野村合併，早良村となる。昭和31年８月１日，町制施行)を編入
昭和57年５月10日　区域の一部を分離し，城南区・早良区へ
城 南 区　　昭和57年５月10日　西区の一部，城南区となる
早 良 区　　昭和57年５月10日　西区の一部，早良区となる

## 北九州《きたきゅうしゅう》市

昭和38年２月10日　門司市，八幡市，戸畑市，若松市，小倉市の合体合併により北九州市(政令指定都市)となる(５市はそれぞれ区となる)
昭和49年４月１日　小倉区を小倉北区・小倉南区に，八幡区を八幡東区・八幡西区に分区し，７区画となる
門司《もじ》区　　明治27年８月１日　企救《きく》郡文字ヶ関村に町制施行，門司町となる
明治32年４月１日　市制施行
大正12年２月１日　企救郡大里町(明治41年12月１日，柳ヶ浦に町制施行，大里町となる)を編入
昭和４年10月１日　企救郡東郷村を編入
昭和17年５月15日　企救郡松ヶ江村を編入
昭和38年２月10日　門司市，門司区となる

八幡東区《やはたひがし》　大正6年3月1日　遠賀《おんが》郡八幡町(明治32年2月15日，町制施行)に市制施行
大正14年4月28日　企救郡板櫃《いたびつ》町(明治41年4月1日，企救郡板櫃村と西紫村のうち小熊野・篠崎村を分割合併，板櫃村となる。大正11年10月1日，町制施行)の一部を編入
昭和16年4月1日　企救郡西谷村の一部を編入
昭和38年2月10日　八幡市，八幡区となる
昭和49年4月1日　八幡区の一部と小倉区小熊野の一部，若松区若松の一部，戸畑区弘文町及び金比羅町の一部を編入し，八幡東区となる

八幡西区《やはたにし》　大正6年3月1日　遠賀郡八幡町(明治32年2月15日，町制施行)に市制施行
大正15年11月2日　遠賀郡黒崎町(明治30年4月23日，町制施行)を編入
昭和12年5月5日　遠賀郡上津役《こうじやく》村を編入
昭和19年12月8日　遠賀郡折尾町(明治37年7月，遠賀郡洞南村を村名変更，折尾村となる。大正7年12月15日，町制施行)を編入
昭和30年4月1日　遠賀郡香月町(昭和6年4月1日，町制施行)・鞍手《くらて》郡木屋瀬町(明治31年9月2日，町制施行)を編入
昭和38年2月10日　八幡市，八幡区となる
昭和49年4月1日　八幡区の一部と若松区浅川及び小敷の一部を編入し，八幡西区となる

戸《と》畑《ばた》区　明治32年6月10日　町制施行
大正13年9月1日　市制施行
昭和38年2月10日　戸畑市，戸畑区となる
昭和49年4月1日　八幡区枝光の一部を戸畑区へ編入

若《わか》松《まつ》区　明治39年10月1日　遠賀郡若松町・石峯村合併，若松町となる
大正3年4月1日　市制施行
昭和6年8月1日　遠賀郡島郷村(明治41年2月15日，遠賀郡洞北村・江川村合併，島郷村となる)を編入
昭和38年2月10日　若松市，若松区となる

小倉北区《こくらきた》　明治33年4月1日　小倉市，市制施行
大正14年4月28日　企救郡板櫃町(明治41年4月1日，企救郡板櫃村と西紫村のうち小熊野・篠崎村を分割合併，板櫃村となる。大正11年10月1日，町制施行)の一部を編入
昭和2年4月1日　企救郡足立村を編入
昭和12年9月1日　企救郡企救町(明治40年6月1日，企救郡城野村・東紫村合併，企救村となる。明治41年4月1日，西紫村のうち蒲生今村を分割合併，大正6年10月1日，町制施行)の一部を編入
昭和38年2月10日　小倉市，小倉区となる
昭和49年4月1日　小倉区の一部と八幡区槻田《つきだ》の一部を編入し，小倉北区となる

小倉南区《こくらみなみ》　明治33年4月1日　小倉市，市制施行
昭和12年9月1日，企救郡企救町(明治40年6月1日，企救郡城野村・東紫村合併，企救村となる。明治41年4月1日，西紫村のうち蒲生今村

を分割合併，大正６年10月１日，町制施行)の一部を編入
昭和16年４月１日　企救郡中谷村・西谷村の一部を編入
昭和17年５月15日　企救郡曽根町(明治40年６月１日，企救郡曽根村・朽網《くさみ》村・芝津村・霧岳村合併，曽根村となる。昭和９年４月１日，町制施行)を編入
昭和23年９月10日　企救郡東谷村を編入
昭和38年２月10日　小倉市，小倉区となる
昭和49年４月１日　小倉区の一部，小倉南区となる

## 久留米《くるめ》市

明治22年４月１日　市制施行
大正６年10月１日　三井《みい》郡鳥飼村の一部を編入
大正12年８月１日　三井郡櫛原《くしはら》村を編入
大正13年11月１日　三井郡国分町(大正11年８月１日，町制施行)を編入
昭和18年10月１日　三井郡御井町を編入
昭和26年４月１日　三井郡山川村・合川村・上津荒木村を編入
昭和26年６月１日　三井郡高良内村を編入
昭和33年９月１日　三井郡宮ノ陣村・山本郡山本村を編入
昭和35年７月１日　山本郡草野町(明治27年７月21日，町制施行)を編入
昭和42年２月１日　三潴《みずま》郡筑邦《ちくほう》町(昭和30年１月１日，三潴郡荒木町〈昭和24年９月１日，町制施行〉・安武村合併，筑邦町となる。昭和30年12月１日，下広川村の一部を編入。昭和31年９月30日，三潴郡大善寺町〈昭和14年２月11日，町制施行〉を編入)を編入
昭和42年４月１日　山本郡善導寺町(昭和15年２月11日，町制施行，昭和34年４月１日，山本郡大橋村と合併，善導寺町となる。昭和34年11月５日，山本郡草野町の一部を編入)を編入
平成17年２月５日　浮羽《うきは》郡田主丸《たぬしまる》町(昭和29年12月１日，竹野郡田主丸町・水分村・竹野村・筑陽村〈昭和26年４月１日，竹野郡川会村・柴刈村合併，筑陽村となる〉・水縄村・生葉郡船越村の一部合併，田主丸町となる)・三井郡北野《きたの》町(明治34年４月９日，町制施行，昭和30年３月１日，御井郡北野町・弓削村・大城村・金島村合併，北野町となる)・三潴郡城島《じょうじま》町(明治33年５月31日，町制施行，昭和30年２月１日，三潴郡城島町・江上村・青木村合併，城島町となる)・三潴町(昭和30年７月20日，三潴郡犬塚村・三潴村合併，三潴町となる，昭和32年11月１日，筑後市西牟田地区の一部を境界変更により編入)を編入

## 大牟田《おおむた》市

大正６年３月１日　市制施行
昭和４年４月１日　三池《みいけ》郡三川町(大正元年10月１日，町制施行)を編入
昭和16年４月１日　三池郡銀水村(明治40年５月１日，三池郡銀水村・上内村・手鎌村・倉永村合併，銀水村となる)・三池町・玉川村・駛馬《はやめ》町(昭和13年４月17日，町制施行)を編入

## 直《のお》方《がた》市

大正15年11月1日　鞍手郡直方町・新入村・福地村・頓野村・下境村合併，直方町となる

昭和6年1月1日　市制施行

昭和30年3月1日　鞍手郡植木町(明治33年3月14日，町制施行)を編入

## 飯《いい》塚《づか》市

明治42年6月1日　穂波《ほなみ》郡飯塚町・嘉麻《かま》郡笠松村合併，飯塚町となる

昭和7年1月20日　市制施行

昭和38年4月1日　飯塚市・穂波郡二瀬町(昭和7年9月1日，町制施行)・幸袋《こうぶくろ》町(大正7年1月1日，町制施行)・鎮西村合併，飯塚市となる

平成18年3月26日　嘉穂《かほ》郡筑穂《ちくほ》町(昭和30年3月31日，穂波郡上穂波村・内野村・大分《だいぶ》村の一部合併，筑穂町となる)・穂波《ほなみ》町(昭和30年3月31日，穂波郡穂波村・大分村の一部合併，穂波村となる，昭和32年11月3日，町制施行)・庄内《しょうない》町(昭和33年11月1日，町制施行)・頴田《かいた》町(昭和34年1月1日，町制施行)と合体

## 田《た》川《がわ》市

昭和18年11月3日　田川郡伊田町(昭和8年5月1日，田川郡金川村を編入，大正3年1月1日，町制施行)・後藤寺町(明治40年4月1日，田川郡弓削田《ゆげた》村に町制施行，後藤寺町となる)合併，市制施行，田川市となる

昭和30年4月5日　田川郡猪位金《いいかね》村の一部を編入

## 柳《やな》川《がわ》市

昭和26年4月1日　山門《やまと》郡柳河町・東宮永村・西宮永村・城内村・沖端村・西開村合併，柳川町となる

昭和27年4月1日　市制施行

昭和30年1月1日　三瀦郡昭代《しょうだい》村(昭和12年1月1日，三瀦郡浜武村・久間田村合併，昭代村となる)・蒲池《かまち》村を編入

平成17年3月21日　山門《やまと》郡大和《やまと》町(明治40年3月20日，山門郡塩塚村・鷹尾村・有明村合併，大和村となる，昭和27年9月1日，町制施行)・三橋《みつはし》町(明治40年3月20日，山門郡川北村・川辺村・宮ノ内村・垂見村合併，三橋村となる，昭和27年6月1日，町制施行)と合体

## 大《おお》川《かわ》市

昭和29年4月1日　三瀦郡大川町・三又村・田口村・木室村・川口村・大野島村合併，市制施行，大川市となる

## 筑《ちく》後《ご》市

昭和29年4月1日　上妻郡羽犬塚《はいぬづか》町(大正4年1月1日，町制施行)・下妻《しもつま》郡水田村(明治41年1月15日，下妻郡水田村・下妻村・上妻郡二川村合併，水田村となる)・上妻郡古川村・岡山村の一部を合併，市制施行，筑後市となる

昭和30年3月10日　三瀦郡西牟田町(昭和28年4月1日，町制施行)を編入

昭和30年12月１日　上妻郡下広川村の一部を編入

## 八《や》女《め》市

昭和26年４月１日　上妻郡福島町・長峰村・上妻村・三河村・八幡村合併，八女郡福島町となる

昭和29年４月１日　上妻郡川崎村・忠見村・岡山村の一部を編入，八女郡福島町となり，市制施行により福島市，名称変更により八女市となる

平成18年10月１日　八女郡上陽《じょうよう》町(昭和33年３月31日，八女郡北川内町〈昭和28年10月１日，町制施行〉・横山村合併，上陽町となる)を編入

平成22年２月１日　八女郡黒木《くろぎ》町(昭和29年４月１日，八女郡黒木町・豊岡村・串毛村・木屋村・笠原村合併，黒木町となる，昭和32年３月31日，八女郡大淵村を編入)・立花《たちばな》町(昭和30年４月１日，八女郡光友村・北山村・白木村・辺春《へばる》村合併，立花町となる)・星野《ほしの》村(明治22年４月１日，村制施行)・矢部《やべ》村(明治22年４月１日，村制施行)を編入

## 行《ゆく》橋《はし》市

昭和29年10月10日　京都《みやこ》郡行橋町・仲津郡蓑島《みのしま》村・今元村・仲津村・泉村・今川村・京都郡稗田《ひえだ》村・延永《のぶなが》村・椿市《つばきいち》村合併，市制施行，行橋市となる

昭和30年３月１日　仲津郡祓郷《はらいごう》村の一部を編入

## 豊《ぶ》前《ぜん》市

昭和30年４月10日　上毛《こうげ》郡八屋《はちや》町(昭和10年４月１日，上尾郡八屋町・宇島町合併，八屋町となる)・山田村・千束《ちづか》村・三毛門《みけかど》村・黒土村・横武村・合河村・岩屋村・築《ちく》城《じょう》郡角田村合併，市制施行，宇島市となる

昭和30年４月14日　市名変更，豊前市となる

## 中《なか》間《ま》市

大正11年11月１日　町制施行，遠賀郡長津町となる

大正13年９月１日　町名変更，遠賀郡中間町となる

昭和７年３月１日　遠賀郡底井野村を編入

昭和33年11月１日　市制施行

## 大《おお》野《の》城《じょう》市

昭和25年10月１日　町制施行，御笠《みかさ》郡大野町となる

昭和47年４月１日　３万市特例法により市制施行，大野城市となる

## 春《かす》日《が》市

昭和28年１月１日　町制施行

昭和47年４月１日　３万市特例法により市制施行

### 筑《ちく》紫《し》野《の》市

昭和30年3月1日　御笠郡二日市町(明治28年8月27日，町制施行)・御笠村・山家《やまえ》村・筑紫村・山口村合併，筑紫野町となる

昭和47年4月1日　3万市特例法により市制施行

### 小《お》郡《ごおり》市

昭和28年12月1日　町制施行

昭和30年3月31日　御原《みはら》郡小郡町・味坂村・三国村・御原村・立石村合併，小郡村となる

昭和47年4月1日　3万市特例法により市制施行

### 太《だ》宰《ざい》府《ふ》市

昭和25年9月15日　町制施行

昭和30年3月1日　御笠郡太宰府町・水城村合併，太宰府町となる

昭和57年4月1日　市制施行

### 宗《むな》像《かた》市

昭和29年4月1日　宗像郡東郷町(大正14年10月1日，町制施行)・赤間町(明治31年6月25日，町制施行)・吉武村・河東村・南郷村・神興《じんごう》村の一部合併，宗像町となる

昭和56年4月1日　市制施行

平成15年4月1日　宗像郡玄海《げんかい》町(昭和30年4月1日，宗像郡神湊《こうのみなと》町〈明治39年5月1日，町制施行〉・田島村・池野村・岬村合併，玄海町となる)と合併

平成17年3月28日　宗像郡大島《おおしま》村(明治22年4月1日，村制施行)を編入

### 古《こ》賀《が》市

昭和13年4月17日　粕屋郡席内《むしろうち》村に町制施行，古賀町となる

昭和30年4月1日　粕屋郡古賀町・青柳村・小野村合併，古賀町となる

平成9年10月1日　市制施行

### 福《ふく》津《つ》市

平成17年1月24日　宗像《むなかた》郡福間《ふくま》町(明治42年4月1日，宗像郡下西郷村に町制施行，福間町となる，昭和29年4月1日，宗像郡福間町・上西郷村・神興村〈大字村山田を除く〉合併，福間町となる)・津屋崎《つやざき》町(明治30年6月4日，町制施行，明治42年4月1日，宗像郡津屋崎町・宮地村合併，津屋崎町となる，昭和30年3月1日，宗像郡津屋崎町・勝浦村合併，津屋崎町となる)が合体

### 朝《あさ》倉《くら》市

平成18年3月20日　甘木《あまぎ》市(昭和29年4月1日，甘木町・上秋月村・秋月町〈明治26年12月27日，町制施行〉・安川村・馬田村・下座《げざ》郡蜷城《ひなしろ》村・立石村〈明治22年9月，蜷城村相窪地区と福田村一ツ木・頓田・古賀・堤・来春・柿原地区を合併，立石村となる〉・福田村・三奈木村・金川村〈明治23年2月，蜷城村の間の組合村を解散〉合併，市制施行，甘木市となる，昭和30年3月10日，上座《じょうざ》郡高木村編入)・朝倉

郡杷木《はき》町(昭和14年4月17日，町制施行，昭和26年4月1日，上座郡杷木町・松末村・久喜宮村・志波村合併，杷木町となる)・朝倉町(昭和30年3月31日，上座郡朝倉村・宮野村・大福村〈明治42年6月15日，上座郡福成村・大庭村合併，大福村となる〉合併，朝倉村となる，昭和37年4月1日，町制施行)が合体

## うきは市

平成17年3月20日　浮羽《うきは》郡吉井《よしい》町(昭和30年1月1日，生葉《いくは》郡吉井町・江南村・福富村・千年村・船越村合併，吉井町となる)・浮羽町(昭和4年4月1日，生葉郡浮羽村・椿子村合併，御幸村となる，昭和6年1月1日，町制施行，昭和26年4月1日，生葉郡山春村・大石村・姫治村を編入，昭和26年4月1日，町名変更，浮羽町となる)が合体

## 宮《みや》若《わか》市

平成18年2月11日　鞍手《くらて》郡宮田《みやた》町(大正15年4月1日，町制施行，昭和2年4月1日，鞍手郡香井田村を編入，昭和30年3月31日，鞍手郡宮田町・笠松村〈大字上有木のうち弥ヶ谷地区を除く〉合併，宮田町となる)・若宮《わかみや》町(昭和18年2月11日，町制施行，昭和26年4月1日，鞍手郡若宮町・山口村・中村合併，若宮町となる，昭和30年3月31日，吉川町・笠松村の一部合併)が合体

## 嘉《か》麻《ま》市

平成18年3月27日　山田《やまだ》市(大正13年9月1日，町制施行，嘉麻郡熊田町となる，大正14年5月10日，町名変更，嘉麻郡山田町となる，昭和29年4月1日，市制施行，昭和30年4月5日，田川郡猪位金村の一部を編入)・嘉穂《かほ》郡稲築《いなつき》町(昭和16年4月17日，町制施行)・碓井《うすい》町(昭和16年4月17日，町制施行)・嘉穂町(昭和30年1月1日，嘉麻郡大隈町〈明治25年1月18日，町制施行〉・千手村・宮野村・足白村合併，嘉穂町となる)が合体

## みやま市《し》

平成19年1月29日　三池郡高田《たかた》町(昭和6年10月1日，三池郡岩田村・二川村・江浦村合併，高田村となる，昭和17年4月1日，三池郡飯江村・開村を編入，昭和33年8月1日，町制施行)・山門郡瀬高《せたか》町(明治34年1月1日，山門郡上瀬高町・下瀬高町合併，瀬高町となる，明治40年1月1日，山門郡瀬高町・本郷村・小川村・川沿村・緑村の一部合併，瀬高町となる，昭和31年9月30日，東山村〈明治40年1月1日，山門郡清水村・水上村合併，東山村となる〉を編入)・山川《やまかわ》町(明治40年1月1日，山門郡富原村・竹海村・万里小路《までこうじ》村・緑村の一部合併，山川村となる，昭和44年4月1日，町制施行)が合体

## 糸《いと》島《しま》市《し》

平成22年1月1日　前原《まえばる》市(明治34年9月15日，町制施行，昭和6年4月1日，志摩郡前原町・波多江村・怡土郡加布里村合併，前原町となる，昭和30年1月1日，前原町・怡土郡雷山村・長糸村〈年月不詳，怡土郡長飯本村を村名変更，長糸村とな

る〉合併，前原町となる，昭和30年4月1日，怡土村を編入，平成4年10月1日，市制施行）・糸島郡志摩《しま》町（昭和30年1月1日，志摩郡可也《かや》村・小富士村・芥屋《けや》村・桜野村〈昭和20年4月1日，志摩郡桜井村・野北村合併，桜野村となる〉合併，志摩村となる，昭和40年4月1日，町制施行）・二丈《にじょう》町（昭和30年1月1日，怡土郡深江村・福吉村・一貴山《いきさん》村合併，二丈村となる，昭和40年4月1日，町制施行）が合体

**朝《あさ》倉《くら》郡**

筑《ちく》前《ぜん》町《まち》　平成17年3月22日　朝倉郡三輪《みわ》町（明治41年9月1日，夜須《やす》郡大三輪村・栗田村合併，三輪村となる，昭和37年4月1日，町制施行）・夜須町（明治41年3月20日，夜須郡三根村・中津屋村・安野村合併，夜須村となる，昭和37年4月1日，町制施行）が合併

東《とう》峰《ほう》村《むら》　平成17年3月28日　朝倉郡小石原《こいしわら》村（明治22年4月1日，村制施行）・宝珠山《ほうしゅやま》村（明治22年4月1日，村制施行）が合併

**筑《ちく》紫《し》郡**

那珂川町《なかがわまち》　昭和31年4月1日　那珂郡安徳村・南畑村・岩戸村合併，町制施行，那珂川町となる

**糟《かす》屋《や》郡**

宇《う》美《み》町《まち》　大正9年10月20日　町制施行

粕《かす》屋《や》町《まち》　昭和32年3月31日　粕屋郡大川村・仲原《なかばる》村合併，粕屋町となる

篠《ささ》栗《ぐり》町《まち》　昭和2年1月1日　町制施行

昭和30年4月1日　粕屋郡篠栗町・勢門《せと》村合併，篠栗町となる

志《し》免《め》町《まち》　昭和14年4月17日　町制施行

新《しん》宮《ぐう》町《まち》　昭和29年11月1日　町制施行

昭和30年4月1日　粕谷郡新宮町・立花町合併，新宮町となる

須《す》恵《え》町《まち》　昭和28年4月1日　町制施行

久《ひさ》山《やま》町《まち》　昭和31年9月30日　粕屋郡久原村・山田村合併，久山町となる

**遠《おん》賀《が》郡**

芦《あし》屋《や》町《まち》　明治38年11月5日　遠賀郡芦屋町・山鹿村合併，芦屋町となる

岡《おか》垣《がき》町《まち》　明治40年10月1日　遠賀郡岡縣《おかあがた》村・矢矧《やはぎ》村合併，岡垣村となる

昭和37年10月1日　町制施行

遠《おん》賀《が》町《ちょう》　昭和4年4月1日　遠賀郡嶋門村・浅木村合併，遠賀村となる

昭和39年4月1日　町制施行

水《みず》巻《まき》町《まち》　昭和15年2月11日　町制施行

**鞍《くら》手《て》郡**

鞍《くら》手《て》町《まち》　昭和30年1月1日　鞍手郡剣町（昭和27年8月1日，町制施行）・西川村・古月村合併，鞍手町となる

小《こ》竹《たけ》町《まち》　昭和3年1月1日　鞍手郡勝野村に町制施行，小竹町となる

**嘉《か》穂《ほ》郡**

桂《けい》川《せん》町《まち》　昭和15年4月17日　町制施行

**田《た》川《がわ》郡**

糸《いと》田《だ》町《まち》　昭和14年1月1日　町制施行

大《おお》任《とう》町《まち》　昭和35年1月1日　町制施行

川《かわ》崎《さき》町《まち》　昭和12年4月1日　田川郡安真木村を編入

昭和13年8月15日　町制施行

香《か》春《わら》町《まち》　明治31年7月22日　町制施行

昭和31年9月30日　田川郡香春町・採銅所村・勾金《まがりかね》村合併，香春町となる

添《そえ》田《だ》町《まち》　明治40年1月1日　田川郡添田村・中元寺村合併，添田村となる

明治45年4月1日　町制施行

昭和17年2月11日　田川郡彦山村編入

昭和30年1月1日　添田町・津野村合併，添田町となる

赤《あか》村《むら》　明治22年4月1日　村制施行

福《ふく》智《ち》町《まち》　平成18年3月6日　田川郡金田《かなだ》町(大正5年5月28日，田川郡神田村に町制施行，金田町となる)・赤池《あかいけ》町(昭和14年11月3日，田川郡上野《あがの》村に町制施行，赤池町となる)・方城《ほうじょう》町(昭和31年8月1日，町制施行)が合併

**京《み》都《やこ》郡**

苅《かん》田《だ》町《まち》　大正13年8月1日　町制施行

昭和30年1月1日　京都郡苅田町・小波瀬村・白川村合併，苅田町となる

みやこ町　平成18年3月20日　京都郡犀川《さいがわ》町(明治37年2月1日，仲津郡東犀川村・西犀川村・南犀川村合併，犀川村となる，昭和18年2月11日，町制施行，昭和31年9月30日，仲津郡城井村・伊良原村を編入)・勝山《かつやま》町(昭和30年3月1日，京都郡諫山《いさやま》村・久保村・黒田村合併，勝山町となる)・豊津《とよつ》町(昭和18年4月1日，仲津郡豊津村・節丸村合併，豊津村となる，昭和30年3月1日，豊津村・祓郷《はらいごう》村の一部合併，豊津町となる)が合併

**築《ちく》上《じょう》郡**

吉《よし》富《とみ》町《まち》　明治29年5月1日　上毛《こうげ》郡東吉富村・高浜村合併，東吉富村となる

昭和17年5月19日　町制施行，吉富町となる

築《ちく》上《じょう》町　平成18年1月10日　築上郡椎田《しいだ》町(明治21年9月2日，町制施行，昭和30年1月1日，築上郡椎田町・八津田村・葛城村・西角田《にしすだ》村合併，椎田町となる)・築城《ついき》町(昭和30年4月1日，築上郡築城村・下城井村・上城井村合併，築城町となる)が合併

上《こう》毛《げ》町　平成17年10月11日　築上郡新吉富《しんよしとみ》村(昭和30年3月1日，上毛郡西吉富村・

南吉富村合併，新吉富村となる）・大平村《たいへい》（昭和30年4月1日，唐原村・友枝村合併，大平村となる）が合併

**三《み》井《い》郡**

大刀洗町《たちあらいまち》　昭和30年3月31日　三井郡大刀洗村・本郷村・御井郡大堰村合併，大刀洗町となる

**三《み》潴《ずま》郡**

大《おお》木《き》町《まち》　昭和30年1月1日　三潴郡大溝村・木佐木村・大莞《おおい》村合併，大木町となる

**八《や》女《め》郡**

広《ひろ》川《かわ》町《まち》　昭和30年4月1日　八女郡上広川村・中広川村合併，広川町となる
　　　　　昭和30年12月1日　八女郡下広川村の一部を編入

## ■ 祭礼・行事

(2010年９月現在)

〔１月〕

２～15 **歩射祭《ぶしゃさい》** ➔福岡市東区志賀島《しかのしま》・志賀海《しかうみ》神社(博多埠頭《はかたふとう》から志賀島行高速船志賀島下船)

いとうべんさし(大宮司一良)の指揮で若者の射手衆８人が正月２日から潔斎してこもり屋にこもり，歩射の稽古《けいこ》をし，１月１日・５日午前10時ころから祭礼，的回りを行い，いとうべんさしの天地四方を矢で払い，朱雀通《すざくどお》りに大《おお》的《まと》をおきこれをつぎつぎに射る。１射手衆３回，１回２矢。最後に的破りがあって終了する。潔斎にこの地独特の古風が残っており，全体の規模からしても県下第一等の歩射祭である。県指定無形民俗文化財。

３ **玉取祭** ➔福岡市東区箱崎・筥崎《はこざき》八幡宮(JR 鹿児島本線箱崎駅・福岡市営地下鉄箱崎宮前駅下車)

玉せせりともいわれる。３日の午後１時に直径30cm あまりの男玉・女玉を神楽殿《かぐらでん》に移してお玉洗い浄《きよ》めの式を行い，本社の恵比寿《えびす》神社にお供えする。ふたたび運びだされた玉は女玉は貝桶に，男玉は海水で身を浄めた裸体の若者たちの群れに投げこまれ，それを奪いあう。最後にこの玉を神職に渡したものが勝利者となり，その年の幸運と豊作を得るといわれている。

７ **鬼すべ** ➔太宰府《だざいふ》市宰府・太宰府天満宮(西鉄大牟田線二日市駅乗り換え太宰府線太宰府駅下車)

神仏混淆《こんこう》時代の安楽寺薬師堂の修正会《しゅじょうえ》を伝えるものとして意義がある。氏子の若者が鬼警固《おにけいご》とすべ方の２集団に分かれて，身体48カ所を縛した鬼を堂内にいれて，火攻めの攻防は壮絶をきわめる。社宝の鬼面の鼻面がはげているのは，堂内７回り半ごとに神職の打つ卯杖《うづえ》の傷跡である。鬼すべの前に行われるうそかえも有名である。県指定無形民俗文化財。

旧暦大晦日《おおみそか》～元旦 **和布刈神事《めかりしんじ》** ➔北九州市門司区門司・和布刈神社(JR 門司港駅バス和布刈行和布刈神社前下車)

奈良時代初期からの伝統ある行事。大晦日の干潮時にわかめを刈り取って聖壇にそなえてまつる。深夜，早鞆《はやとも》の瀬に松明《たいまつ》・忌鎌《いみがま》・忌桶《いみおけ》をもった神職がおりたってわかめの若芽をとる行事である。県指定無形民俗文化財。

〔２月〕

14 **飯盛《いいもり》神社のかゆ占** ➔福岡市西区飯盛・飯盛神社(西鉄バス四箇《しかた》田団地行飯盛下車)

２月14日(旧１月14日)の昼に大根《ほれだな》お供えがあり，夜半から奉仕者たる家筋のものがかゆを炊《た》く。15日早朝，神職が３つの金鉢にかゆを盛り，神前にそなえ，志賀の海人奉納の雌雄の鮑《あわび》貝を用いて盃事《さかずきごと》をする。３月１日(旧２月朔日《ついたち》)早暁，神職がかゆを殿上からとりだし，家筋の人びとは参殿し，かびのつき具合により本年の稲作の吉凶を占う。古来からの風習をよく伝えた農

耕儀礼である。県指定無形民俗文化財。

〔4月〕

17　**香椎宮《かしいぐう》奉納獅子楽《ししがく》**　➔福岡市東区香椎・香椎宮(JR鹿児島本線香椎駅，西鉄宮地嶽《みやじたけ》線香椎宮前駅下車)

春秋の香椎宮大祭に奉納される獅子舞。笛役5人以上，大太鼓役2人，小太鼓役2人，銅拍子1人の囃子《はやし》方にあわせ，雌雄2頭の獅子を舞役8人が交替で演じる。奉納の当日一番太鼓で獅子舞があることを伝え，二番太鼓で社員が集まる。三番太鼓でいよいよ獅子舞がはじまる。本宮拝殿前の庭と弁財天前の2カ所を楽庭とし，デハ(序)・ナカノキリ(破)・キリ(急)の3種類の舞がある。県指定無形民俗文化財。

第3日曜日　**等覚寺《とがくじ》の松会《まつえ》**　➔京都《みやこ》郡苅田《かんだ》町・白山多賀神社(JR日豊本線苅田駅下車)

毎年4月19日(もと旧暦2月19日)の神幸《じんこう》行事を中心に行われる。当日は仮屋(旅所)の前庭(松庭)に，高さ約10mの太い松の柱をたて，それを長さ60mほどの大綱3本でささえ，神輿のお下りのあと，松庭で，獅子舞・流鏑馬《やぶさめ》(馬とばせ)・お田植行事・薙刀《なぎなた》・松役(幣切り)などの行事が繰り広げられる。重要無形民俗文化財。

30　**大富《おおとみ》神社神幸《じんこう》行事**　➔豊前市四郎丸《しろうまる》・大富神社(JR日豊本線宇島駅下車タクシー)

4月30日午後，神前で幣をたてた船形(船御輿《ふなみこし》)のまわりに一文字笠・紋服・白扇姿の唄衆が蹲居《そんきょ》し，船歌を唱和することからはじまる。感応楽の奉納がすむと，笛衆，傘鉾《かさぼこ》，船形，神輿3台，神職がのった神馬の順で，宇島の八《や》尋浜《ひろはま》の御神幸場(旅所)までくだる。旅所の庭には市中からだされた幟《のぼり》をたてた大船型，岩山，人形をのせた飾山，少女歌舞伎が演ぜられる踊り車などの山車《やま》が集まり，夜半まで思い思いに練り歩く。翌日旅所では盛り砂にチガヤの束を18本植えて汐水をかけるお田植神事があり，また茅《ち》の輪《わ》を奉仕者がくぐり抜けて旅所の行事を終了する。県指定無形民俗文化財。

〔5月〕

3・4　**博多松ばやし**　➔福岡市内(JR鹿児島本線博多駅下車)

松ばやしは年神を迎えるため門松《かどまつ》をはやす中世の芸能で，さまざまに変化した芸態を示している。博多が貿易港として賑《にぎ》わいをみるころから通りもんとして正月15日に行われる博多町人の一大行事であった。かるさん肩衣《かたぎぬ》の子どもたちが太鼓を打ち，同じ姿の大人たちが傘鉾を押したて，福神・恵比寿《えびす》(陰陽2神)・大黒の3福神がそれぞれ馬にのり，稚児《ちご》は仮閣《さじき》にのって，言立《いいたて》(祝うた)をはやし歩く。稚児流は祝いの庭で地謡《じうたい》・太鼓・鼓・笛にあわせ，巫女《みこ》姿の稚児が舞う。現在は博多どんたく港まつりにあわせて，5月3・4日に行われる。県指定無形民俗文化財。

3・4　**下検地楽《しもけんちがく》**　➔行橋《ゆくはし》市下検地・王野神社(JR日豊本線行橋駅バス黒田行吉国下車)

楽打ちは，宮柱の指揮のもと親楽といわれる２人の青年の太鼓打ちと壮年の笛吹き２人のほかは言上申立人１人(小学生)，８～12歳の太鼓打ち10人，４～７歳の鉦打《かねう》ち10人の男の子が勇壮に打ち鳴らす。子どもたちは浅黄染め抜きの浴衣《ゆかた》，手甲《てっこう》，脚絆白足袋《きゃはんしろたび》，タスキ姿に頭にはニワトリの尾の羽をつけるので，一名ニワトリ楽ともいわれる。この楽はほかの豊前系が円陣式であるのと異なり，２列式であることと，太鼓打ちが年少の子どもであることなど特徴的なものとして残っている。県指定無形民俗文化財。

第２日曜日を最終日とする３日間　**生立八幡宮《おいたつはちまんぐう》神幸祭**　➔京都《みやこ》郡みやこ町《まち》・生立八幡宮(JR 日豊本線行橋駅乗り換え筑豊鉄道犀川駅下車)

初日は姥ケ懐《うばがふところ》の潮井《しおい》をとり，潮かきの行事，２日目は親車(山車)２基，かき山６基が同神社の馬場に勢揃《せいぞろ》いし，神輿《みこし》，神馬《しんめ》を先頭に大村地区内の三諸《みもろ》神社に神幸したのち，同夜から３日目早暁まで岩戸神楽を奉納する。続命《ぞくみょう》院《いん》および山鹿区からだされる親車(大山笠)は台上に社を組み幟《のぼり》を30本ほどたてる高さ約13m におよぶもので，県内でもとくに大きい。かき山はやや小型であるが，100人近くの山かきが鉦や太鼓にあわせて動く姿は勇壮である。県指定無形民俗文化財。

第３土・日曜日　**風治《ふうじ》八幡宮の川渡り神幸祭**　➔田川《たがわ》市伊田《いた》・風治八幡宮(JR 日《ひ》田彦山《たひこさん》線田川伊田駅下車)

初日正午から彦山川のほとりの社で祭典があり，対岸の旅所へむかって発輿が行われる。神輿が川瀬にはいると，対岸からの迎えの山車《やま》とこちら側からの随行の山車が彦山川《ひこさんがわ》にのりこむ。山車は，社屋のうえに幟，幣花をつけた幟山笠であり，上中下伊田地区から奉納される。約１時間川中で神輿などが練り回り，曳き手，梶棒《かじぼう》のかけ声，台上の采配《さいはい》の怒声，山車の囃子などがうずをまき，全員が水びたしとなる壮大な光景が繰り広げられる。旅所に１晩の通夜があり，番田河原《ばんだごうら》唄や獅子舞楽がある。翌日の還幸も同様の川渡りがある。県指定無形民俗文化財。

〔**７月**〕

１～15　**博多祇園山笠《ぎおんやまがさ》**　➔福岡市博多区・櫛田《くしだ》神社(JR 鹿児島本線博多駅，福岡市営地下鉄祇園駅下車)

町人の町博多に伝わる最大の祭で，氏神櫛田神社に奉納される山笠である。承天寺《じょうてんじ》開山の聖一国師《しょういちこくし》が施餓鬼棚《せがきだな》にのり，疫病をはらったことにはじまるといわれており，豊臣秀吉の町割によった各流《ながれ》の組織と年齢による役割が厳重にまもられている。１日に山笠をすえるところを神職がはらい(木屋入り)，当番町が箱崎浜で汐井をとることからはじまる。９日までに山を飾り，御神入れをし夕方全流が提灯《ちょうちん》をかざし汐井をとる。山は明治期まで10数 m におよぶ飾り山であったが，現在はすえたままの装飾豊かな飾山と，丈の低い舁山《かきやま》に分かれている。流れ舁《か》き，朝山，集団山笠があり，15日早朝に全山笠が社の境内に集合し，一番山から順に洲崎町までの約４km を疾走し，それぞれ当番町に帰り，解体しておわる。重要無形民俗文化財。

14　**岩戸神楽**　➔筑紫郡那珂川町《ちくしなかがわ》・伏見神社《ふしみ》(天神から西鉄バス一ノ瀬行山田下車)
主として，伏見神社の夏祭に奉納される神楽である。神楽の起源などについては詳細不明であるが，神前にて笹振りと称して那珂川(灘の川)にみそぎをして，榊《さかき》をもち反ぺいする舞があったと伝えられる。神楽は出雲《いずも》佐田神楽の系譜をくみ，明治維新《いしん》ころまで神職だけで奉納されていたが，神官の神楽座が廃止されてのち明治13(1880)年ころ，現在の伝承組織珍楽社《ちんがくしゃ》(岩戸神楽保存協会)が発足した。曲名は命和理《みことわり》といい，18種ある。神宮，祝詞《のりと》，多玖佐《たぐさ》，四神，榊，高所《たかどころ》，両刀《りょうとう》，相撲《すもう》，荒神《あらかみ》，折敷《おしき》(種蒔《たねまき》)，天神，問答，事代《ことしろ》，御弓，猿田彦，大山，磯羅《いそら》，岩戸の順である。県指定無形民俗文化財。

15～8月3日　**今井祇園行事**　➔行橋市今井，元永(JR 日豊本線行橋駅バス今井・宮の下行今井・宮の下下車)
祭の由来は建長6(1254)年，この地方に疫病が大流行したので，地頭職らが京都の八坂神社に参り祇園社を勧請《かんじょう》，翌年から悪病退散のお礼の祇園祭をはじめたといわれる。祭は山車，連歌奉納と八撥《やつばち》(稚児行事)からなる。山車は日ごろ祓川河口に埋めてある楠《くす》の大輪を掘りだして，参道の今井区に組み立てるが，古式豪壮で京都の祇園山車に似ている。連歌奉納は祭の期間中，連歌百韻をよみ神に奉納するという珍しい行事である。八撥は八王子の神童になぞらえた男女2神が若者の肩車にのって神幣を奉納する神事。祭が無事におわると悪病もなく，豊作が約束されると伝えられる。県指定無形民俗文化財。

18～23　**黒崎祇園行事**　➔北九州市八幡西区《やはたにし》黒崎(JR 鹿児島本線黒崎駅下車)
熊手須賀神社と藤田須賀神社の神幸に奉仕する祇園山笠である。起源は明らかでないが，周辺地域の祇園の成立時期や黒崎宿の成立時期から推察して江戸時代と考えられる。この祇園の山車は人形飾山(曳山)であるが，お汐井とり行事には笹山笠で行われる。笹山笠は最上部に笹をたて，その四方を杉葉勾欄《こうらん》，ボンテンで飾る。各山笠はお汐井とりをすませると人形飾山に衣替えし，各神社神幸に随従しそれぞれの氏子地域を練りまわる。祇園囃子《ばやし》は大太鼓，小太鼓，鉦のほかにほら貝がはいり，ほかの祇園囃子にない独特の調子をつくっている。県指定無形民俗文化財。

第3土曜日をはさむ前後3日間　**小倉祇園太鼓**　➔北九州市小倉北区城内・八坂神社(JR 鹿児島本線小倉駅下車)
起源は元和年間(1615～24)の初めころの夏に流行した疫病の平癒《へいゆ》を祈願して行った祇園会《え》にはじまる。盛大な都市型祇園が成立するのは元禄～享保年間(1688～1736)といわれている。藩政時代の祇園は神幸に傘鉾・人形飾山・踊り屋台・踊り子などが追従する形式のものであったが，明治以降この形式が失われ，現在の太鼓を主体とした祇園に移行した。太鼓祇園は約45cm の太鼓を山車の前後に1個ずつのせ，両面打ちであるから4人の太鼓打ちを配し，ジャンガラ(銅拍子)が2人ついてリードする。太鼓の表をカン，裏をドロと

いい，カンとドロでは打法が違い，それが混然として豪快な響きを発する。県指定無形民俗文化財。

第４土曜日をはさむ前後３日間　**戸畑《とばた》祇園大山笠行事**　➡北九州市戸畑区・浅生《あそう》神社(JR 鹿児島本線戸畑駅下車)

浅生神社に併祀されている須賀神社(浅生神社・菅原神社・中原八幡宮)の神幸である。八幡神社の記録によると，享和２(1802)年村内に疫病が蔓延《まんえん》したため平癒祈願祭をしたところ終息したので，村民が山笠をつくり祝ったとあり，これが大山笠行事の起源といわれている。山笠行事の特徴は，昼の幟山笠が夜には巨大な提灯山笠に衣替えすることである。山笠は舁山《かきやま》で，祇園囃子は太鼓・笛・すり鉦・チャンプク(銅拍子)を用い，大祓い・居神楽・大下り・おおたろうばやし・大上りの５曲の囃子が行事によって使い分けられる。重要無形民俗文化財。

〔８月〕

25　**千灯明《せんとうみょう》**　➡筑後市水田《みずた》・水田天満宮(JR 鹿児島本線羽犬塚《はいぬづか》駅下車)

境内全域に灯がともされるはなやかな招魂《しょうこん》行事である。盆の16日千灯明の寄があり，用意がはじめられる。22日ころから境内に花火棚と灯明台《やべつ》をたてる(舞台架《ぶてかけ》)。25日は鉢巻・腹巻姿の若者組が下宮の前の川で汐井かき(ミソギ)をし，各人提灯を掲げ神社にむかうと，日没になりかかり，いっせいに灯明に火がいれられる。提灯行がかけ声も勇ましく境内を練り歩き，灯明の火が池水に映《は》えるころ，花火が点火され，夜空に光芒《こうぼう》が飛び交い，光の大饗宴となる。県指定無形民俗文化財。

〔９月〕

旧８　**志賀海《しかうみ》神社神幸行事**　➡福岡市東区志賀島《しかのしま》・志賀海神社(博多埠頭《ふとう》から志賀島行高速船志賀島下船)

旧９月１日，社で神占があり，神幸となると氏子総がかりで準備にかかる。旧８日の午後９時すぎ，神輿はほとんど全員の氏子を供につれ，浜のお仮屋(頓宮《やどりみや》)までくだる。行列中異色のものとしては，１挺ずつの口《ろ》をもつ水夫長，ししの口をとる乳幼児，ささら，笛，太鼓の奏楽である。頓宮では龍の舞・八乙女の舞・羯鼓《かっこ》の舞がある。翌日，相撲・流鏑馬《やぶさめ》の奉納があり，行事はおわる。県指定無形民俗文化財。

15　**動乱蜂《どうらんばち》**　➡久留米市山川町・王子若宮《おうじわかみや》八幡宮(西鉄久留米駅西鉄バス田主丸《たぬしまる》行追分《おいわけ》下車)

久留米藩に砲術をもってつかえていた古川家は，代々山川町に住み，この地区の人たちに仕掛花火を伝授した。これが動乱蜂として伝えられ，毎年９月15日夜半に，若宮八幡宮の境内で古式花火が点火される。動乱蜂がすむと，観衆は今年も豊作を確信するとされる豪快な民俗行事である。県指定無形民俗文化財。

秋分の日を含む３日間　**八女《やめ》福島の灯籠《とうろう》人形**　➡八女市・福島八幡宮(西鉄久留米駅西鉄バス八女営業所行唐人町下車)

宝暦年間(1751～64)の灯籠献納にはじまり，飾人形・唐子細工《からこざいく》人形などを経て，久留米のからくり名人田中儀右衛門《ぎえもん》の創案により現在の間接操法になったと考えられている。境内に高さ８ｍ・間口14m・奥行６ｍ，３層２階建ての組立式屋台を建築し，そのなかで上演する。人形は下遣いと横遣いがあり，下遣い人形は床の下から直接ヒモを引いてあやつり，横遣いは人形を台車にすえ，台車を左右から繰りだす６本の棒で突いてあやつる。囃子方と唄方が２階で三味線・太鼓・鼓などではやし，地唄をうたう。重要無形民俗文化財。

秋分の日とその前日　**太宰府天満宮神幸行事**　➔太宰府市宰府・太宰府天満宮(西鉄大牟田線二日市駅乗り換え太宰府線太宰府駅下車)

康和３(1101)年，大宰権帥《だざいごんのそつ》大江匡房《おおえまさふさ》が夢の告げによってはじめたと伝えられる。８月末になると当番町による注連打《しめう》ちがはじまり，現在は８月の最終日曜日に注連打相撲《ずもう》，９月１日に注連立てが行われ，22・23日(秋分の日とその前日)のお下り・お上りになる。お下り・お上りのときは御神体を移した神輿に，猿田彦，駒形《こまがた》，榊童《さかきわらべ》，弓，太刀，御綸旨《ごりんじ》唐櫃《からびつ》，獅子頭，五行の鉾，御所車，神馬，騎馬の神官，輿丁《よちょう》，氏子，稚児行列などがしたがう。道中の道楽と本殿還御後に竹《たけ》の曲《はやし》が，お上りにさきだって倭舞《やまとまい》が奉納される。

30・10月１日　**大分《だいぶ》の獅子舞**　➔飯塚市大分・大分八幡宮(JR篠栗線筑前大分駅下車)

享保９(1724)年に村人が上洛《じょうらく》し，石清水《いわしみず》八幡宮から習得したもので，大分八幡宮の放生会《ほうじょうえ》に奉納される。獅子座は４座あり，年ごとに交替していくが，雌雄２頭の獅子方は定まった家があり，そこの若者が８年間継続して舞うことになっている。構成は頭取り４人が指導方となり，小太鼓・大太鼓・カチャン方とよぶ銅拍子が囃子としてある。演舞は通ばやし，はなのきり(序)，中のき(破)，はやしの早いもの(急)がある。県指定無形民俗文化財。

〔**10月**〕

９～11　**どろつくどん**　➔柳川市内(西鉄大牟田線柳川駅下車)

柳川藩祖立花道雪《たちばなどうせつ》，初代宗茂《むねしげ》夫妻の三柱《みはしら》をまつる三柱神社の神幸に奉仕する山車である。文政３(1820)年の神社造営のさい，江戸の神田《かんだ》ばやし，京都祇園の山鉾を参考にし山車をつくり，遷座式に奉納したことにはじまる。山車は車の上に四本柱をたてたもので，大太鼓・小太鼓・笛・ドラ・鉦の囃子がのる。さらに山車の前に面をつけた舞方がのり，神田ばやしにあわせて素朴な舞が行われる。県指定無形民俗文化財。

10　**日子山《ひこさん》神社風流《ふりゅう》**　➔柳川市古賀・日子山神社(西鉄柳川駅バス沖端行三明橋下車)

風流祭当日の行事は，座元から行列をととのえ先頭に傘鉾を奉持したもの２人，つぎに裃《かみしも》を着用した17歳から25歳までの若者で鼓をになったもの２人，つぎに道囃子大太鼓を打つ中老１人，つぎに獅子頭を冠り野袴《のばかま》を着用した少年が２人と取締り数人，行列の指揮者で行列をつくって進行し，鼓方が同音

に「ヤーホン・ヘー」ととなえて鼓を打ち，それにあわせて鉦，太鼓を打ち笛を吹いて日子山神社に到着。三囃子を打って下宮に到着。一囃子を打って村内を一周し，定めによって三十三囃子を打って終了する。県指定無形民俗文化財。

14(土日に重なる。3年に1度)　**多賀《たが》神社神幸行事**　➡直方《のおがた》市直方・多賀神社(JR筑豊本線直方駅下車)

神幸祭は，18世紀初めころ多賀神社宮司青山敏文《あおやまとしふみ》が京都下賀茂神社の御蔭《みかげ》祭《まつり》にならって行粧《ぎょうそう》をととのえたものである。神職は衣冠束帯《いかんそくたい》に正装し，氏子は裃《かみしも》に笠，刀の武士姿，一般信者は羽織《はおり》，袴《はかま》で続く。行列には日出海《ひのでうみ》・高砂山・花山などのほか，盾・矛・弓など古式の武器をもつものがあり特徴的である。神輿は神馬にのり，綿の覆いをかける。さらに鞍覆をつけ，上から鳳凰《ほうおう》を差しかける。また，宮司が揚輿にのるのは青山敏文が許されて以来の伝統とされる。行列は多賀神社を出発したあと市内を巡回して殿町の須賀神社の御旅所にむかう。還御では遠賀川で汐井行事をとり行う。行列に続いて山笠8本がたつ。県指定無形民俗文化財。

17　**宝満《ほうまん》神社奉納能楽**　➡みやま市高田町北新開《きたしんかい》・宝満神社(西鉄大牟田線開《ひらき》駅下車)

もと梅津(玉垂宮《たまたれぐう》の能芸師)の指導によったものであると思われ，喜多流に属する。面65点・衣装78点があり，これらは2代柳川藩主の夫人が奥州伊達《だて》から持参したと伝えられ，昭和になり立花家からゆずりうけたはやし方は中老年・老人が楽屋の衣装方をなす。奉納は現在午後3時から夜の10時ころまで行われている。農民能として全国でも有名な能である。県指定無形民俗文化財。

第3土・日曜日(隔年)　**綱分八幡宮《つなわきはちまんぐう》神幸行事**　➡飯塚市綱分・綱分八幡宮(西鉄飯塚バスセンターからバス筒野行綱分下車)

この祭りでは，獅子舞・神楽・神幸行列・流鏑馬・相撲が行われる。神楽は出雲《いずも》地方から伝えられ，舞いの数も事代《ことしろ》をはじめ，天《あま》の岩戸《いわと》など十数番が奉納される。獅子舞は約400年前から伝えられているもので，前庭・狂い舞いをはじめ馬場入り・神殿入りなど，獅子楽にあわせて舞うさまは伝統と荘重美にあふれている。神幸行列は，本宮からお仮屋までの道中を総勢160余人のものが神輿のお供をして行列を仕立てて進むが，なかでも，刀や鉄砲を肩にした小・中学生をはじめ，40余人の供揃いが「ユーイ」のかけ声ものどかに，羽熊《はぐま》を振り進むさまは，さながら大名行列をほうふつさせるものである。県指定無形民俗文化財。

第3日曜日　**北野天満神社神幸祭**　➡久留米市北野町中・北野天満宮(西鉄甘木線甘木駅下車)

まず，宮座と清祓が行われ，当日の午前中に神輿あらいの式があり準備がととのう。神前で今山・陣屋・中村・十郎丸区からだされる筵《むしろ》で胴をまき，上部に幟をたてた太鼓を赭熊《しゃぐま》・たっつけ袴のものが打つ太鼓風流が奉納される。

お汐井筒で道中を清めたあと，御輿は鉄砲，弓，槍，挟箱などの大名行列，つぎに大行事・小行事・御幣12本などをしたがえ，太鼓の音を響かせながら下宮までくだり，祭りは夕方まで続く。県指定無形民俗文化財。

22　**美奈宜《みなぎ》神社神幸行列**　➔朝倉市・美奈宜神社(西鉄甘木バスセンターからバス田主丸《たぬしまる》行林田下車)
神事は浦安の舞にはじまり，子どもの太鼓打ちが奉納され，そのあと，矢野竹・角枝で1対，上・下三奈木の各1対の計3対の獅子舞が奉納される。午後1時半神輿が発御し，行列は獅子3対，鬼8匹，羽熊4組，恵比須，大黒，猿太鼓，旗流，楽，神輿で構成され，総勢約200人である。羽熊は，高張提灯4，挟箱2，長柄1，台傘1，羽熊5〜11，鬼2という構成である。太鼓は荷原《いないばる》地区から大小1対がでて，2人の子どもが2本のバチで舞いながらたたく。

25　**稚児風流《ちごふりゅう》**　➔筑後市水田・水田天満宮(JR鹿児島本線羽犬塚駅下車)
稚児風流には3，4歳以上の男子が参加し，まず鼓13人，つぎに鉦4人，締太鼓4人，大太鼓2人と役割を進める。赭熊・陣羽織《じんばおり》・野ばかまの服装で胸にそれぞれの楽器をつけている。大太鼓は花蒲団《はなぶとん》をかけ御幣をたて，依代《よりしろ》となって風流の中心となり，ほかの演者は2列にむかいあって舞う。そのほかの役として笛，道風流，笠鉾などがある。舞には本風流，おがみばち，まくりゅう，道ばやしがある。県内の風流のなかでは古例である。県指定無形民俗文化財。

〔11月〕

19　**はやま行事**　➔福岡市東区・志式《ししき》神社(西鉄天神バスセンターからバス志賀島方面行奈多下車)
志式神社の秋祭に奉仕する行事で，魚をできるだけはやく料理し，神にささげる。午後10時すぎ夜の玄界灘で禊《みそぎ》を行ったのち，衣を正した早切り，すりばち，ひれさし役の青年3人1組が2組舞台にならぶと，ヒノキの俎《まないた》に大鯛《おおだい》をのせ，宮司の「見事な御魚，御料理なされ」の声で太鼓が打たれ，電光石火，料理がはじまる。ヒレ，頭を切り落とし，3枚におろす競技で約30秒の勝負である。県指定無形民俗文化財。

〔12月〕

8　**田代風流**　➔八女《やめ》市黒木町田代・八龍《はちりゅう》神社(JR久留米駅堀川バス黒木行黒木乗り換え田代行終点下車)
座は4座あり，それぞれ神課座《じんがざ》8戸からなり，32年に1回座元を担当するようになっている。神輿，大名行列がならび，そのあとに風流各座4組が奉仕する。鉦1個(2人)，小鉦2個(2人)，大太鼓1個(4人)，小太鼓4個(4人)，笛2人を基本とした構成である。秋の取入れのあと，豊作を神に感謝する祭座の行事・組織がよく伝えられており，演技などにも粉飾が少なく，筑後地方の典型的な風流である。県指定無形民俗文化財。

第1日曜日　**円座餅搗《えんざもちつき》行事**　➔築上《ちくじょう》郡築上町《まち》・清池《すがち》神社(JR日豊本線築城駅バ

ス寒田《さわだ》行袈裟丸《けさまる》下車)
清池神社の氏子でつくられた座が行う豊穣報恩の行事。当日朝，神前に酒・シトギ餅(米粉を練ったもの)・オコワをそなえ，座元ではまず子供座があり，ついでコイとフナがだされ納盃《のうはい》がある本座へ続く。座がおわると，庭に臼《うす》がおかれ，鉢巻き，しめこみ姿の青年が刺し棒で餅搗音頭をうたいながら鏡餅と12カ月の重ねをつく(1番臼)，つぎに空の臼をつき合い(2番臼)，3番臼は藁《わら》12束をいれた藁餅をつく。臼ごとに勇ましい臼ねりがあり，残りの餅は悪疫除，安産の守りとして争ってとられる。県指定無形民俗文化財。

＊『福岡県の民俗芸能』(西日本文化協会，1978年)，『福岡県百科事典』上・下巻(西日本新聞社，1982年)，『福岡県の民俗芸能―福岡県民俗芸能緊急調査報告書―』(福岡県教育委員会，1992年)による。
＊祝日法の改正があり，これに伴い，祭礼の日程も変更されたところが多い。現地見学には，その点を充分注意されたい。

## ■ 参考文献

**【福岡県における地域史研究の現状と課題】**

県下における地域史研究の現状を，自治体史の編纂《へんさん》状況とおもな古文書調査・収集の現状などを中心に紹介したい。まず自治体史については，『福岡縣史資料』(1932-43)，『福岡県史』(1962-65)刊行ののち，1980(昭和55)年から『福岡県史』編纂事業がスタートした。現在，近世・近代・民俗・文化の各編にかかわる史料の翻刻と研究論文・通史など計51冊が刊行されている。市町村では，1970年代の『直方市史』『田川市史』などに続き，80年代に『久留米市史』『甘木市史』『北九州市史』をはじめ県下29の市町村が自治体史刊行を開始した。90年代にはいると『太宰府市史』『宗像市史』『春日市史』『小郡市史』『田主丸町誌』など，26の自治体においてあらたに刊行がはじまった。とくに近年は，たとえば『甘木市史』や『柳川市史』のように，別編として資料集などを公刊している自治体もあり，本編とあわせて重要な成果である。以上が，福岡県における近年の自治体史編纂の概況である。総じていえば，80年代以降における自治体史編纂熱の高まりが指摘できる。

つぎに，県下の古文書調査・収集の現状をみていく。まず，福岡県立図書館(旧福岡県文化会館)では，1976年度から85年まで，県内各地域の古文書等所在確認調査を実施し，『福岡県古文書等緊急調査報告書』にまとめた。その後1988～91年には，近世海運関係資料調査，1993～95年には近世有明海沿岸干拓資料調査がそれぞれ実施され，報告書にまとめられた。これらに続き，現在は筑後川流域利水関係史料調査が進められている。一方，収集文書の目録としては，『福岡県近世文書目録』(第1-5集)，『収集文書目録』(第1-4輯)がある。

つぎに，旧柳川藩領域を中心として，県南地域の古文書の調査・収集を行っている柳川古文書館では，現在，史料目録が第19集まで刊行されているほか，『筑後高尾文書図録』『柳河藩の近世干拓』などがある。また，福岡県地域史研究所では，上述の『福岡県史』の編纂に付随して，毎年県下の古文書の調査・収集を行っている。目録の公刊はないが，紀要として『福岡県地域史研究』，広報誌『県史だより』がある。このほか，旧九州大学九州文化史研究所などの大学付属の施設，または福岡市博物館，福岡市総合図書館をはじめとする各市町村の博物館・資料館および図書館，教育委員会などによる古文書の調査・収集が行われ，一部は目録・資料集の刊行がなされ，文書の公開を行っている。

紙幅の関係上，割愛した部分が多い。くわしくは「地方史研究の現状　福岡県」(『日本歴史』578，1996. 7. 1)などを参照されたい。

**【自治体史(1975-2001)】**

(市　史)

甘木市史編さん委員会編『甘木市史』 甘木市史編さん委員会　1981-86
飯塚市誌編さん室編『飯塚市誌』 飯塚市役所総務部庶務課　1975

大川市誌編集委員会編『大川市誌』 大川市役所 1977
大野城市史編纂委員会編『大野城市史』民俗編 大野城市 1990
小郡市史編集委員会編『小郡市史』 小郡市 1996
春日市史編さん委員会編『春日市史』 春日市 1994-95
北九州市史編さん委員会編『北九州市史』 北九州市 1983-92
北九州市立文書館編『北九州市史』総目次・総索引 北九州市 1993
久留米市史編さん委員会編『久留米市史』 久留米市 1981-96
田川市史編纂委員会編『田川市史』 田川市役所 1974-79
太宰府市史編さん委員会編『太宰府市史』 太宰府市 1992-2005
筑紫野市史編さん委員会編『筑紫野市史』 筑紫野市 1999-2001
中間市史編纂委員会編『中間市史』 中間市 1978-92
直方市史編纂委員会編『直方市史』 直方市役所 1971-79
福岡市編『福岡市史』 福岡市 1983-96
豊前市史編纂委員会編『豊前市史』 豊前市 1991-93
宗像市史編纂委員会編『宗像市史』 宗像市 1994-99
山田市誌編さん委員会編『山田市誌』 山田市 1986
八女市史編さん専門委員会編『八女市史』 八女市 1992-93
行橋市編『行橋市史』 行橋市 1984
(町 史)
赤池町史刊行委員会編『赤池町史』 赤池町 1977
朝倉町史刊行委員会編『朝倉町史』 朝倉町教育委員会 1986
芦屋町誌編集委員会編『芦屋町史(増補改訂)』 芦屋町役場 1991
糸田町史編集委員会編『糸田町史』 糸田町 1989
浮羽町史編集委員会編『浮羽町史』 浮羽町 1988
宇美町誌編纂委員会編『宇美町誌』 宇美町役場 1975
大木町誌編さん委員会編『大木町誌』 大木町 1993
大任町誌編纂委員会編『大任町誌』 大任町 1970-74
岡垣町史編纂委員会編『岡垣町史』 岡垣町 1988
遠賀町誌編纂委員会編『遠賀町誌』 遠賀町 1986
頴田町史編纂委員会編『頴田町史』 頴田町教育委員会 1984
粕屋町町誌編纂委員会編『粕屋町誌』 粕屋町 1992
嘉穂町誌編集委員会編『嘉穂町誌』 嘉穂町教育委員会 1983
北野町史編纂委員会編『北野町史誌』 北野町 1991
鞍手町誌編集委員会編『鞍手町誌』 鞍手町町長 1974-95
黒木町史編さん実務委員会編『黒木町年表』 黒木町役場 1988
黒木町史編さん実務委員会編『黒木町史』 黒木町 1993
玄海町誌編纂委員会編『玄海町誌』 玄海町 1985
古賀町誌編さん委員会編『古賀町誌』 古賀町 1985
小竹町史編さん委員会編『小竹町史』 小竹町 1985

犀川町誌編集委員会編『犀川町誌』 犀川町 1994
篠栗町文化財専門委員会編『篠栗町誌』 篠栗町役場 1982-90
志免町町誌編纂委員会編『志免町誌』 志免町 1989
庄内町教育委員会編『庄内町誌』 庄内町 1998-99
上陽町文化財専門委員会編『上陽町郷土史年表』 上陽町教育委員会 1995
新宮町誌編さん室編『新宮町誌』 新宮町 1997
須恵町誌編集委員会編『須恵町誌』 須恵町役場 1983
添田町史編纂委員会編『添田町史』 添田町 1992
大刀洗町郷土誌編纂委員会編『大刀洗町史』 大刀洗町 1981
立花町史編纂委員会編『立花町史年表』 立花町 1991
立花町史編さん委員会編『立花町史』 立花町 1996
田主丸町誌編集委員会編『田主丸町誌』 田主丸町 1996
津屋崎町史編さん委員会編『津屋崎町史』 津屋崎町 1996-99
豊津町誌編纂委員会編『豊津町誌』 豊津町 1985
那珂川町教育委員会編『郷土誌那珂川』 那珂川町 1976
杷木町史編さん委員会編『杷木町史』 杷木町刊行委員会 1981
久山町誌編纂委員会編『久山町誌』 久山町 1996
福間町史編集委員会編『福間町史』 福間町 1997-2000
前原町役場編『前原町誌』 前原町役場 1991
三潴町史編さん委員会編『三潴町史』 三潴町史刊行委員会 1985
宮田町誌編纂委員会編『宮田町誌』 宮田町役場 1978-90
夜須町史編さん委員会編『夜須町史』 夜須町 1991
弥常義徳編『碓井町誌』 町長西好明 1982
吉井町誌編纂委員会編『吉井町誌』 吉井町 1976-80
吉富町史編さん室編『吉富町史』 吉富町史刊行会 1983
(村 史)
大島村教育委員会編『大島村史』 大島村 1985
大平村誌編集委員会編『大平村誌』 大平村 1986
新吉富村誌編集室編『新吉富村誌』 新吉富村 1990
ひらけゆくふるさと矢部編さん委員会編『矢部村誌』 矢部村 1992
宝珠山村誌資料編さん委員会編『宝珠山村誌資料』 宝珠山村 1992
星野村史編さん委員会編『星野村史』年表編 星野村 1995

**【通 史】**
磯村幸雄ほか編『日本城郭大系18』 新人物往来社 1979
井上義巳『福岡県の教育史』 思文閣出版 1984
「角川日本地名大辞典」編纂委員会編『角川日本地名大辞典40 福岡県』 角川書店 1988
川添昭二監修『粕屋郡教育史』 粕屋郡教育研究所 1974

川添昭二監修『福岡県の歴史』 光文館　1990
西日本文化協会編『福岡県史』全54巻　福岡県　1982-
西日本新聞社編『福岡県百科事典』 西日本新聞社　1982
平野邦雄・飯田久雄『福岡県の歴史』 山川出版社　1974
福岡県史編さん室編『福岡県史』全８冊　福岡県　1962-65
有馬学・川添昭二監修『日本歴史地名大系41　福岡県の地名』 平凡社　2004

【各時代史】

（原始・古代）

有光教一ほか『古代の新羅と日本』 学生社　1990
石井進『日本中世国家史の研究』 岩波書店　1970
小田富士雄編『古代を考える　磐井の乱』 吉川弘文館　1991
小田富士雄『倭国を掘る』 吉川弘文館　1993
川添昭二編『よみがえる中世１　東アジアの国際都市　博多』 平凡社　1988
工藤敬一『荘園公領制の成立と内乱』 思文閣出版　1992
栄原永遠男『奈良時代流通経済史の研究』 塙書房　1992
鈴木靖民ほか編『新版・古代の日本２　アジアからみた古代日本』 角川書店　1992
高倉洋彰『金印国家群の時代』 青木書店　1995
東野治之『遣唐使と正倉院』 岩波書店　1992
平野博之ほか編『新版・古代の日本３　九州・沖縄』 角川書店　1991
正木喜三郎『大宰府領の研究』 文献出版　1991
森貞次郎『九州の古代文化』 六興出版　1983
横山浩一編『図説 発掘が語る日本史６ 九州・沖縄編』 新人物往来社　1986

（中　世）

朝日新聞社福岡本部編『はかた学４ 甦る中世の博多』 葦書房　1990
石井進『日本中世国家史の研究』 岩波書店　1970
海津一朗『神風と悪党の世紀』 講談社　1995
亀井明徳『日本貿易陶磁史の研究』 同朋舎出版　1986
川添昭二『注解元寇防塁編年史料―異国警固番役史料の研究―』 福岡市教育委員会　1971
川添昭二『日蓮―その思想・行動と蒙古襲来―』 清水書院　1971
川添昭二『中世九州の政治と文化』 文献出版　1981
川添昭二『中世文芸の地方史』 平凡社　1982
川添昭二『九州中世史の研究』 吉川弘文館　1983
川添昭二『九州の中世世界』 海鳥社　1994
川添昭二『中世九州地域史料の研究』 法政大学出版局　1996
川添昭二『対外関係の史的展開』 文献出版　1996
川添昭二編『よみがえる中世１ 東アジアの国際都市　博多』 平凡社　1988
工藤敬一『九州庄園の研究』 塙書房　1969

工藤敬一『荘園公領制の成立と内乱』 思文閣出版 1992
佐藤鉄太郎『蒙古襲来絵詞と竹崎季長』 櫂歌書房 1994
瀬野精一郎『鎮西御家人の研究』 吉川弘文館 1975
田中健夫『倭寇と勘合貿易』 至文堂 1961
田中健夫『倭寇─海の歴史』 教育社 1982
福岡市博物館『堺と博多展』 福岡市博物館 1992
正木喜三郎『大宰府領の研究』 文献出版 1990
村井章介責任編集『週刊朝日百科 日本の歴史 9 蒙古襲来』 朝日新聞社 1986
村井章介『東アジア往還』 朝日新聞社 1995
山口隼正『中世九州の政治社会構造』 吉川弘文館 1983
山口隼正『南北朝期九州守護の研究』 文献出版 1989
(近 世)
朝日新聞福岡本部編『江戸の博多と町方衆』 葦書房 1995
朝日新聞福岡本部編『福岡城物語』 葦書房 1996
井上忠『貝原益軒』 吉川弘文館 1963
小田富士夫・藤丸詔八郎・松永幸男編『よみがえる小倉城下町』 北九州市立考古博物館 1992
柴多一雄「享保の飢饉と藩体制の転換」(『九州文化史研究所紀要』第39号) 1994
柴多一雄「宝暦・明和期における福岡藩政の展開」(『西南地域史研究』第 9 輯) 文献出版 1994
高田茂廣『近世筑前海事史の研究』 文献出版 1993
武野要子『藩貿易史の研究』 ミネルヴァ書房 1979
武野要子『博多の豪商』 葦書房 1980
中野等『豊臣政権の対外侵略と太閤検地』 校倉書房 1996
野口喜久雄『近世九州産業史の研究』 吉川弘文館 1987
本多博之「豊臣期筑前国における支配の構造と展開」(『九州史学』第108号) 1993
松下志朗『幕藩制社会と石高制』 塙書房 1984
百田米美編『筑後の藩札』 九州貨幣史学会 1979
百田米美編『柳川の藩札』 九州貨幣史学会 1979
百田米美編『筑前(福岡・秋月)の藩札』 福岡地方史談話会・九州貨幣史学会 1980
森山恒雄『豊臣氏九州蔵入地の研究』 吉川弘文館 1983
安川巌『物語福岡藩史』 文献出版 1985
山口宗之『真木和泉』 吉川弘文館 1973
山本博文『江戸城の宮廷政治』 読売新聞社 1993
(近代・現代)
石瀧豊美『玄洋社発掘─もうひとつの自由民権─』 西日本新聞社 1981
上杉聰・石瀧豊美『筑前竹槍一揆論』 海鳥社 1988
大城美知信・新藤東洋男『わたしたちのまち 三池・大牟田の歴史』 古賀書店

1983
大牟田市史編集委員会編『大牟田市史』下巻　大牟田市　1968
川添昭二・瀬野精一郎編『九州の風土と歴史』 山川出版社　1977
新藤東洋男『部落解放運動の史的展開』 柏書房　1981
新藤東洋男『明治・大正・昭和の郷土史　福岡県』 昌平社　1981
田中直樹『近代日本炭礦労働史研究』 草風館　1984
福岡県編『福岡県市町村合併史』 福岡県　1962
福岡県編『福岡県の歴史　新県庁舎竣工記念』 福岡県　1981
福岡県教育百年史編さん委員会編『福岡県教育百年史』第5・6巻　福岡県教育委員会　1980・81
福岡県警察史編さん委員会編『福岡県警察史』明治大正編・昭和前編　福岡県警察本部　1978・80
福岡県農地改革史編纂委員会編『福岡県農地改革史』上・中・下巻　福岡県　1950–53
福岡県労働部編『福岡県労働運動史』全2巻　福岡県　1982–89
福岡市総務局編『福岡の歴史』 福岡市　1979
八幡製鐵所所史編さん実行委員会編『八幡製鐵所八十年史』全4巻　新日本製鐵株式会社八幡製鐵所　1980
米津三郎ほか『北九州の歴史』 葦書房　1979

## ■ 図版所蔵・提供者一覧

カバー　原田人形屋・福岡県
見返し表　宮内庁三の丸尚蔵館
　裏上　福岡市博物館
　　下　福岡市教育委員会
口絵1上　福岡県教育委員会
　下　吉井町教育委員会
　2上　奈良国立博物館
　下　九州歴史資料館
　3上　宮内庁正倉院事務所
　下　福岡市埋蔵文化財センター
　4上　韓国文化財管理局文化財研究所撮影資料
　4・5下　清浄光寺・歓喜光寺
　5上　東京国立博物館
　6上　福岡市博物館
　下　福岡県立美術館
　7上　黒岩嵩・久留米市史編さん室
　下　北九州市立歴史博物館
　8上　石瀧豊美・(財)西日本文化協会福岡県地域史研究所
　下　水産航空(株)
p. 3　吉井町
p. 5　添田町役場情報観光課
p. 9　福岡市埋蔵文化財センター
p. 12　九州大学大学院比較社会文化研究科考古人類資料室・芦屋町教育委員会
p. 21　福岡県教育委員会
p. 26　宇原神社
p. 30　福岡市埋蔵文化財センター
p. 35　八女市教育委員会
p. 36右　八女市教育委員会
　左　東京国立博物館
p. 39　九州歴史資料館
p. 41　福岡市埋蔵文化財センター
p. 54　九州歴史資料館
p. 56・57　太宰府天満宮
p. 67　(財)福岡観光コンベンションビューロー
p. 75　宮内庁正倉院事務所
p. 79　福岡市教育委員会
p. 84　東京国立博物館
p. 86　福岡市教育委員会
p. 90　誓願寺
p. 95　福岡市埋蔵文化財センター
p. 97　福岡市埋蔵文化財センター
p. 99下　柳田純孝
p. 105　光文館
p. 113　清浄光寺・歓喜光寺
p. 115　宗像大社
p. 116　広島県立歴史博物館
p. 118　福岡市観光コンベンション課
p. 119　東京国立博物館
p. 122　宮内庁三の丸尚蔵館
p. 128　太宰府天満宮
p. 131　高良大社
p. 134　福岡市観光コンベンション課
p. 137　東京大学史料編纂所
p. 142　甲宗八幡神社・北九州市立歴史博物館
p. 145　中村令三郎・光文館
p. 150　筑後市
p. 153　太宰府天満宮
p. 155　高倉神社
p. 158　太宰府天満宮
p. 163上　朝日新聞社
p. 169　福岡市教育委員会
p. 177　(株)御花・光文館
p. 191　山口県文書館
p. 193　『福岡県史 第三巻 中冊』福岡県
p. 198　(財)秋月郷土館
p. 205　(財)久留米絣技術保存会・久留米市史編さん室
p. 207　木村桂三・久留米市史編さん室
p. 209　光文館
p. 211右　(財)出光美術館
　左　小学館(提供)
p. 213　北九州市立歴史博物館
p. 214　木村桂三・久留米市史編さん室
p. 217上　田川市石炭資料館
p. 219　大分八幡宮・(社)農山漁村文化協会
p. 224　貝原信紘・光文館
p. 225　光文館
p. 227　福岡県立伝習館高等学校・光文館
p. 229　福聚寺・北九州市立歴史博物館
p. 230上　福岡県立修猷館高等学校・光文館
　下　福岡県立伝習館高等学校・光文

館
p. 232　福岡県立図書館
p. 235　『軍艦千歳と筑後川』
p. 237　光文館
p. 248　林田守保・光文館
p. 258　光文館
p. 263　新日本製鐵(株)八幡製鐵所
p. 273　西日本新聞社
p. 274　西日本新聞社
p. 276　九州大学石炭研究資料センター
p. 278　西日本新聞社
p. 280　新日本製鐵(株)八幡製鐵所
p. 283　九州大学大学史料室
p. 285　田川市石炭資料館
p. 288　法政大学大原社会問題研究所・部落解放研究所
p. 290　福岡県立図書館
p. 293　九州大学大学史料室
p. 295　木村秀明
p. 297　九州大学石炭研究資料センター
p. 299　法政大学大原社会問題研究所・(財)西日本文化協会福岡県地域史研究所
p. 301　福岡市総合図書館
p. 304　木村秀明
p. 306　木村秀明
p. 309　西日本新聞社
p. 312　西日本新聞社
p. 314　西日本新聞社

敬称は略させていただきました。紙面構成の都合で個々に記載せず，巻末に一括しました。所蔵者不明の図版は，転載書名を掲載しました。万一，記載洩れなどがありましたら，お手数でも編集部までお申し出下さい。